소셜벤처 창업 핸드북

수잔 콜먼, 다프나 카리브 지음
윤지선, 정재인 옮김

mysc

일러두기

국내에서는 사회적 가치와 재무적 수익을 함께 추구하는 기업을 폭넓게 '소셜벤처'로 부르며, 그 중 정부의 인증을 받은 곳은 '(예비)사회적기업'으로 부르고 있다. 사회적 가치를 추구하지만 재무적 수익을 추구하지 않는 조직은 '비영리 단체'의 범위에 포함된다. 해외에서는 대체로 이런 구분 없이 사회적 기업(social enterprise)과 소셜벤처(social venture)를 함께 사용한다.

이 책에서는 '소셜벤처'를 다음의 세 가지 형태로 구분하고 있는데, 국내의 소셜벤처 개념과 유사한 '영리 소셜벤처', 세제 혜택 등을 위해 비영리의 형태를 유지하는 '비영리 소셜벤처', 이 두 가지 형태를 결합한 '하이브리드 소셜벤처'로 나누어 설명한다.

가장 필요할 때에

그리고 언제나 우리의 어머니를 사랑으로 보살펴 준

형제, 자매 데이빗과 모린에게 이 책을 바칩니다.

수잔 콜먼

소셜벤처 창업 핸드북

수잔 콜먼, 다프나 카리브 지음
윤지선, 정재인 옮김

사회적 기업가정신 분야는 날로 성장하고 있으며, 사회 변화를 목적으로 한 새로운 벤처 기업의 이야기를 우리는 쉽게 들을 수 있다. 하지만 학문의 영역에서는 통상적으로 사회적 기업가정신을 기업가정신의 한 종류로만 가르치면서 소셜벤처의 독특한 구조, 당면 과제, 목표 등은 다루지 않았다.

콜먼과 카리브는 이 책에서 최신의 이론과 연구를 바탕으로 사회적 기업가정신 정의의 경계를 제시하며 사회적 기업가정신이 무엇이고 무엇을 포함하지 않는지를 논한다. 이 책은 아래 몇 가지 주요 질문에 대한 답을 제시하고 있다.

- 사회적 기업가는 누구인가?
- 사회적 필요를 확인하고 해결하는 프로세스는 무엇인가?
- 영리 소셜벤처와 비영리 소셜벤처의 차이점은 무엇인가?
- 혁신의 역할은 무엇인가?
- 성과가 높은 기업을 어떻게 만드는가?
- 성공을 어떻게 측정할 것인가?

이 책은 맥락을 중시하고 글로벌한 관점을 더함으로써 독자가 사회적 기업가정신이 다른 나라와 문화권에서 어떻게 발전하고 작동하는지 이해할 수 있게 해준다. 또한 풍부한 콘텐츠와 사례, 웹사이트도 담고 있어 독자가 이 중요한 주제를 이해하는 데 필요한 모든 도구를 제공해 준다.

수잔 콜먼은 미국 코네티컷 주 웨스트 하트포드에 위치한 하트포드 대학교(University of Hartford)의 재무학과 교수이자 학과장으로 학부와 대학원에서 창업 재무, 기업 재무, 국제 경영을 가르치고 있다. 주요 연구 분야는 창업 재무와 소기업 재무이다. 특히, 여성 소유 기업의 재무 전략에 관한 논문과 단행본을 다수 출간했으며 경영 분야 언론에도 여러 번 인용되었다.

다프나 카리브는 이스라엘 리숀레지온에 위치한 매니지먼트 아카데믹 스터디즈 대학(College of Management Academic Studies, COMAS)에서 글로벌 이니셔티브와 디벨롭먼트(Global Initiatives & Development) 부대표와 기업가정신 센터 노버스(NOVUS)의 의장을 맡고 있으며 기업가정신학과 교수이다. 캐나다 HEC 몬트리얼의 겸임교수이기도 하다. 주요 연구 분야는 국제적 기업가정신, 기업가정신 교육, 기업가정신과 젠더이다. 유럽 위원회 등에서 수상한 바 있으며 이스라엘 교육부의 컨설턴트로서 기업가정신 프로그램에 대해 자문했다.

| 목차 |

I 사회적 기업가정신이란 무엇인가?

II 사회적 기업가정신의 핵심 요소

III 소셜벤처의 프로세스와 경영

IV 지속가능한 변화 만들기

서문

사회적 기업가정신은 오래 전부터 존재했지만 상대적으로 학문 연구의 한 분야로서는 새롭다. 하지만 최근 들어 몇 가지 요인들이 함께 작용하여 사회적 기업가정신 자체뿐만 아니라 사회적 기업가정신에 대한 교육과 학습도 주목을 받게 되었다. 첫째로 가장 중요한 요인은 경제가 세계화되면서 다른 나라에 거주하는 사람의 필요와 복지에 대한 인식이 커지게 된 점이다. 따라서 미국, 이스라엘, 유로존을 구성하는 국가 같은 선진국에 거주하는 사람은 자신의 국가 내의 충족되지 않은 사회적 필요와 개발 도상국에 거주하는 사람들의 충족되지 않은 필요에 대해 더욱 많이 인식하고 있다. 둘째, 혁신은 충족되지 않은 사회적 필요를 보다 큰 범위에서, 더 낮은 비용으로 다룰 수 있는 선택지를 증가시켰다. 특히 새로운 기술로 인해 보건, 빈곤, 기아, 교육, 사회 정의, 환경 보존 분야의 다양한 사회적 필요를 지역, 주, 국가, 심지어 다수의 국가나 세계적인 단위에서 다루는 우리의 역량이 강화되었다. 셋째로, 특히 고등학생과 대학생 연령대에서 무슨 수를 써서라도 이긴다는 기업의 사고방식에 대한 환멸이 커지고 있다. 오늘날 점점 더 많은 사람들이 경제적 목표와 사회적 목표를 통합할 수 있는 '선행으로 성공하는' 사회적 기업가의 사례에 끌린다.

이 책에는 사회적 기업가가 일반적인 상업적 비즈니스와 관련된 경영 방식과 자선단체 및 비영리기관과 관련된 사회적 목적을 어떻게 통합했는지를 보여주는 작은 사례가 가득 담겨 있다. 말하자면, 사회적 기업가정신의 지속적인 진화는 벽을 허무는 이야기와 같다. 앞으로 살펴볼 것처럼 세계화와 혁신은 매우 다양한 지역에 거주하는 사람들 사이의 시간, 거리, 이해의 벽을 무너뜨리는 역할을 했다. 마찬가지로 사회적 가치 창출과 경제적 가치 창출의 혼합은 상업적 벤처와 사회적 필요를 다루는 벤처 사이의 벽을 허물었다.

책의 흐름을 보면 《소셜벤처 창업 핸드북》은 네 가지 주요 주제를 중심으로 구성되었다. 그 중 첫 번째 주제의 제목은 '사회적 기업가정신이란 무엇인가?'로, 1장부터 3장까지의 내용을 포함한다. 1장은 사회적 기업가정신을 정의하고 사회적 가치 창출과 경제적 가치 창출 간의 차이를 알아보는 데 초점을 맞춘다. 또한, 오늘날의 환경에서 사회적 기업가정신의 중요성을 다루며 소셜벤처를 형성하는 맥락의 역할과 중요성을 짚어본다. 2장에서는 아직 부상하는 단계에 있는 사회적 기업가정신 분야를 이해하는 데 도움이 되는, 보다 넓은 기업가정신 분야의 주요 이론을 다룬다. 비영리 모델, 영리 모델, 하이브리드 모델을 포함하여 소셜벤처가 활용하는 주요 조직형태 모델을 살펴본다. 3장에서는 사회적 기업가에 초점을 맞추어, 독특한 특성과 사회적 기업가정신을 촉발하는 동기와 열망을 설명한다. 또한, 사회적 기업가 비전의 중요성과 소셜벤처 창업과 성장을 이끄는 데 있어 비전의 역할을 다룬다.

4장부터 6장까지를 포함하는 이 책의 두 번째 섹션 제목은 '사회적 기업가정신의 핵심 요소'이다. 4장에서는 사회적 기업가 서비스 수혜자, 기부자, 자원봉사자, 직원 등 다른 이해관계자로부터 지지를 이끌어내기 위해 가치를 창출하고 사회적 가치 창출에 자신의 비전을 활용하는 방법을 살펴본다. 5장에서는 이 책의 핵심 주제 중 하나인 소셜벤처 형성에 있어 맥락과 문화의 역할에 초점을 맞춘다. 이 장에서는 매우 다른 형태의 필요를 다루는 벤처가 어떻게 그리고 왜 다른 지역사회에서 만들어지고 성장하는지 이해하는 데 도움을 준다. 앞서 언급한 바와 같이 사회적 기업가정신이 한 분야로 부상한 데에는 혁신이 핵심 요인이 되었다. 이러한 관점에서 6장에서는 사회적 기업가정신의 맥락에서 혁신의 역할과 중요성을 살펴본다. 《소셜벤처 창업 핸드북》 전반에 걸쳐 새로운 제품, 서비스, 전달 체계, 기술 개발을 통해 사회적 가치를 창출하는 혁신적인 접근법의 사례를 제시한다.

세 번째 섹션의 제목은 '소셜벤처의 프로세스와 경영'이며 7장부터 10장까지를 포함한다. 7장에서는 창업 프로세스에 대한 다양한 모델을 비교하고 살펴본다. 그리고 소셜벤처의 창업 프로세스를 설명하는 데 활용할 수 있는 네 가지 주요 요소를 설명하며, 각각이 소셜벤처 창업과 성장 단계에서 어떤 역할을 하는지에 대한 예를 살펴본다. 8장은 소셜벤처 창업팀의 역학관계를 밝히기 위해 기획되었다. 우리는 소셜벤처 창업에 대해 외로운 기업가가 우주의 힘에 대항하여 전쟁을 치르는 이미지를 떠올리는 경우가 많지만, 사실상 많은 소셜벤처는 개인이 모인 팀이나 집단에 의해 설립된다. 8장에서는 소셜벤처 창업팀이 직면하는 몇 가지 도전 과제와 이러한 과제를 극복하고 핵심 이해관계자로부터 지지를 얻을 수 있는 전략을 설명한다. 9장은 신생 소셜벤처 경영의 전략, 방식, 접근법에 초점을 맞춘다. 다양한 필요, 기대, 이해관계를 갖고 있는 이해관계자 집단을 관리하는 것의 어려움을 다루며, 벤처의 핵심 가치와 미션을 따르면서도 종종 상충되는 이러한 요구를 충족하는 방법을 살펴본다. 세 번째 섹션은 10장 '비영리 및 영리 소셜벤처의 자금 조달'로 마무리된다. 제목과 같이 10장은 자금 조달 전략의 중요성과 자금 조달과 소셜벤처의 생존 및 확장의 연관성을 강조한다. 또한 비영리 소셜벤처와 영리 소셜벤처의 주요 자금 조달 전략과 각 유형의 소셜벤처에 자금 조달을 하는 데 있어서의 어려움을 설명한다. 이러한 어려움들이 어떻게 '하이브리드' 소셜벤처와 기타 혁신적인 접근법의 탄생으로 이어졌는지에 대한 논의로 10장이 마무리된다.

11장부터 13장까지를 포함하는 《소셜벤처 창업 핸드북》의 마지막 섹션 제목은 '지속가능한 변화 만들기'이다. 이 마지막 섹션에서는 앞에서 다룬 내용과 주제를 함께 엮어서 사회적 기업가가 자신의 벤처를 확장하고 지속가능한 사회 변화를 만들어 낼 수 있는 방법에 초점을 맞춘다. 11장에서는 측정과 지속가능한 사회적 가치 창출 사이의 중요한 연관성을 집중적으로 다룬다. 사회적 가치 창출과 사회적 임팩트를 측정하기 위해 현존하는 방법론 몇 가지와 아직 발전하고 있는 임팩트 보고 및 투자 기준(IRIS)과 같이 보다 새로운 방법론을 살펴본다. 12장에서는 더욱 큰 임팩트를 달성하기 위한 방안으로서 소셜벤처 확장의 전략을 살펴보며 이러한 전략이 실제 소셜벤처에 어떻게 적용될 수 있는지에 대한 사례를 알아본다. 마지막으로 13장에서는 앞선 장의 주제를 통합하여 소셜벤처가 지속적인 임팩트를 달성할 수 있는 방법을 살펴본다. 소셜벤처의 성공에 기여한 '성공 사례'에 대한 논의를 모아, 이러한 벤처들이 선진국과 개발도상국에서 '변화의 주체'로서 역할을 해낸 사례로 마무리한다.

각 장의 내용과 더불어 《소셜벤처 창업 핸드북》은 소셜벤처를 이해하고 그 효과를 높이는 데 도움이 되는 몇 가지 도구를 제공해 준다. 각 장은 해당 장에서 다루는 주제와 이론적 모델 및 '액션플랜'을 설명하는 '로드맵'으로 시작된다. 또한 각 장을 마치면 무엇을 배울 수 있는지를 설명하는 '목표'가 각 장마다 제시되어 있다. 다양한 사례 공유는 《소셜벤처 창업 핸드북》의 중요한 부분인데, 이들 사례를 통해 사회적 기업가가 지속되는 사회적 가치를 창출하는 방법을 살펴 볼 수 있기 때문이다. 각 장마다 실제로 작동하는 사회적 기업가정신의 여러 사례와 토론에 사용될 수 있는 사례가 포함되어 있다. 각 장의 마지막 부분에 있는 질문은 독자들로 하여금 해당 장에서 소개된 내용과 개념을 통합하고 적용하도록 함으로써 독자들이 이해한 것을 점검하고 확장시킨다. 마찬가지로 각 장은 실질적인 사례 공유와 관련 질문들로 마무리된다. 마지막으로 독자들이 '충족되지 않은 사회적 필요'를 다루는 것에 대한 자신의 열정을 확인하고 추구하도록 '행동하기' 내용을 제시한다. 이러한 활동은 독자들을 책과 교실을 넘어 자신도 '변화의 주체'가 될 수 있는 커뮤니티로 데려가 준다.

《소셜벤처 창업 핸드북》은 우리에게 흥미진진한 프로젝트였다. 저자인 우리 둘 다 대학 교수이지만 한 명은 재무를 가르치는 반면 한 명은 경영을 가르친다. 조금도 과장하지 않고 말하자면 흔치 않은 조합이다! 그것도 모자라 한 명은 미국인이고 한 명은 이스라엘 출신이기에 우리는 두 가지 다른 언어와 문화, 라이프스타일을 혼합했다. 기술에 대해 언급한 김에 말하자면, 우리 중 한 명은 새로운 기술에 매우 능숙한 반면 다른 한 명은 학생들보다 한 발짝 앞서 가기 위해 끊임없이 노력하고 있다. 이 프로젝트는 그런 우리를 단순히 우정이 아니라 학생들의 열망과 희망을 키우는 방향으로 기업가정신을 가르치는 것에 대한 열정으로, 하나로 묶어주었다. 이들 중 많은 수는 언젠가 자신의 벤처를 창업하거나 어떤 방법으로든 창업하는 벤처와 연관되게 될 것이다. 《소셜벤처 창업 핸드북》은 우리에게 독자인 여러분과 이 책의 마지막 마무리를 하는 동안에도 계속 진화하는 사회적 기업가정신의 '이야기'를 나눌 기회를 주었다. 아주 즐거운 여정이었고 여러분과 함께 이 여정을 떠날 기회를 갖게 되어 기쁘다.

감사의
글

《소셜벤처 창업 핸드북》의 저술에 있어 중요한 역할을 해준 많은 사람들 중에 몇 분들께 우리의 깊은 감사를 표하고자 한다. 먼저, 이 책 전반에 걸쳐 사례 공유를 통해 조명한 멋진 사회적 기업가들에게 감사를 드린다. 이 뛰어난 인재들 중 몇몇은 인터뷰에 기꺼이 자신의 시간과 경험, 통찰력을 나누어 주었다. 이러한 이야기와 훌륭한 사례가 없었다면 이 책은 나올 수 없었을 것이다.

이 책의 초고를 집필할 수 있도록 여름 연구비 지원을 해 준 하트포드 대학교 Barney 경영대학에 감사를 드린다. 또한 주요 콘퍼런스에 참석하고 기업가들을 인터뷰할 수 있도록 Coffin 지원금으로 후원해 준 하트포드 대학교에도 감사의 뜻을 전한다. 이 책의 기초가 된 연구에 재정적 지원과 기술적 지원을 해 준 이스라엘 리숀레지온에 위치한 매니지먼트 아카데믹 스터디즈 대학과 그 경영대학에 감사를 드린다. 이 책을 저술하는 전 과정에 걸쳐 귀중하고 통찰력 있는 코멘트를 해 주신 경영대학장 오렌 카플란 교수께 특별한 감사를 드린다. 또, 이 책의 최종 원고를 준비하는 데 도움을 준 하트포드 대학교의 여성 교육과 리더십 기금(WELF)에도 감사의 뜻을 전한다.

이런 유형의 책의 필요성을 인식해 준 출판사와 이 프로젝트를 진행할 수 있도록 우리를 격려하고 모든 단계에서 지원해 준 편집자 샤론 골란에게도 큰 감사를 드린다. 마찬가지로, 원고 탈고와 출판의 마지막 과정 속에서 우리를 이끌어주며 큰 인내심을 보여준 보조편집자 자바리 르젠드르에게도 감사드린다. 그리고 서로 다른 나라에 있는 두 저자가 서로 다른 언어로 작업한 내용을 통합할 수 있도록 교정·교열을 해 준 까미유 바인스타인에게도 특별한 감사를 전한다.

이 자리를 빌어 《소셜벤처 창업 핸드북》의 초고를 이 최종본으로 발전시키는 데 매우 귀중한 권고와 제안을 해준 감수자에게도 감사를 전하고 싶다. 가장 필요할 때 격려와 지지를 보내주어 큰 힘이 되었다.

마지막으로, 이 책이 나오기까지 지지와 사랑, 인내를 보내준 가족과 친구들에게 감사드린다. 특히, 수잔은 변함없는 사랑과 격려와 지지를 보내준 남편 빌에게 감사를 전한다. 또한 좋은 사람들의 행동이 어떤 차이를 만들 수 있는지에 대한 모범을 보여주는 형제, 자매 데이빗과 모린에게 감사를 전한다. 마지막으로, 이 책에 소개된 많은 사회적 기업가들처럼 너그러운 마음과 베푸는 정신을 가진 손자 벤에게 고마움을 전한다. 다프나는 자신의 영감의 원천인 사랑하는 가족에게 큰 감사를 전한다. 사랑과 믿음과 끊임없는 격려와 지지를 보내주는 남편 라난과 기업가정신에 대해 글을 쓰고자 하는 열정을 추구할 수 있도록 영감을 주고 동기부여를 해 준 자녀 토머, 오피르, 쉬르에게 고마움을 전한다. 그리고 꿈을 이룰 수 있도록 이끌어준 어머니 비앙카 바렐에게 특별한 감사를 전한다.

이 책의
구성

　　이 책에서는 생애주기상 각기 다른 단계에 있는 소셜벤처를 살펴볼 것이다. 생애주기 모델은 기업들이, 이 경우에는 소셜벤처들이, 초기 아이디어에서부터 사업 개시, 발전, 성장, 성숙에 이르기까지 다양한 단계를 거쳐간다고 말한다. 각 단계는 기업가에게 각기 다른 기회와 도전과제를 던져준다. 이에 대해, 필요한 자원을 확보하고, 발전하며, 전략을 상황에 맞춰 조정해 나가는 기업가의 역량이 해당 기업이 생존하여 성장할지 또는 좋은 의도가 실행의 실패로 인해 결국 실패로 남게 된 많은 사례 중 하나가 될지를 결정지을 것이다. 이 책을 통해 생애주기의 각 단계와 각 단계별로 사회적 기업가가 직면하게 되는 기회와 도전과제를 살펴볼 것이다.

　　이 책의 각 장에서는 소셜벤처를 발굴하고, 창업하고, 성장시키는 데 있어 중요한 요소를 다룬다. 여기에는 기회 포착, 자원 획득, 자금 조달, 그리고 교육, 훈련, 경험 측면에서 인적자원에 대한 요구사항이 포함된다. 또한, 성공적인 사회적 기업가가 어떻게 환경의 변화에 적응하는지와 어떻게 성과와 성공을 측정하는지에 대해서도 다룰 것이다. 독자들이 사회적 기업가정신의 특징과 선진국과 개발도상국에서의 주요 성공 요인을 깊이 이해하도록 돕는 것이 이 책의 목표이다. 이러한 지식이 바탕이 된다면, 사회적 기업가정신이 기업가가 활동하는 환경과 맥락 그리고 기업가의 소셜벤처에 대한 동기와 목표에 따라 다양한 형태로 나타날 수 있다는 사실을 더 잘 이해할 수 있게 될 것이다.

사회적 기업가정신이란 무엇인가?

1
사회적 기업가정신의 정의

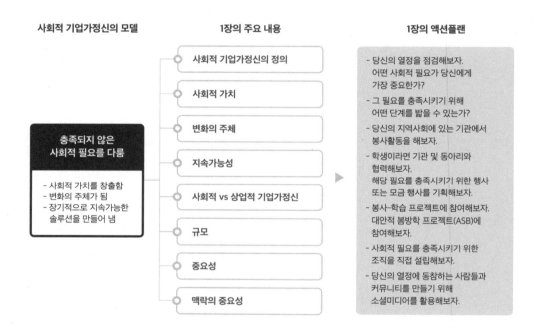

사회적 기업가정신의 모델

충족되지 않은
사회적 필요를 다룸

- 사회적 가치를 창출함
- 변화의 주체가 됨
- 장기적으로 지속가능한
  솔루션을 만들어 냄

1장의 주요 내용

사회적 기업가정신의 정의

사회적 가치

변화의 주체

지속가능성

사회적 vs 상업적 기업가정신

규모

중요성

맥락의 중요성

1장의 액션플랜

- 당신의 열정을 점검해보자.
  어떤 사회적 필요가 당신에게
  가장 중요한가?
- 그 필요를 충족시키기 위해
  어떤 단계를 밟을 수 있는가?
- 당신의 지역사회에 있는 기관에서
  봉사활동을 해보자.
- 학생이라면 기관 및 동아리와
  협력해보자.
  해당 필요를 충족시키기 위한 행사
  또는 모금 행사를 기획해보자.
- 봉사-학습 프로젝트에 참여해보자.
  대안적 봄방학 프로젝트(ASB)에
  참여해보자.
- 사회적 필요를 충족시키기 위한
  조직을 직접 설립해보자.
- 당신의 열정에 동참하는 사람들과
  커뮤니티를 만들기 위해
  소셜미디어를 활용해보자.

목표 ㅣ 이 장을 읽고 나면 다음을 할 수 있게 될 것이다.

1. 소셜벤처의 특징 서술하기
2. '경제적 가치'와 '사회적 가치'의 차이점 설명하기
3. 오늘날의 환경에서 사회적 기업가정신의 중요성 이해하기
4. 소셜벤처의 형태에 영향을 미치는 맥락 또는 환경의 중요성과 역할 인식하기
5. 자신의 커뮤니티 또는 보다 넓은 글로벌 커뮤니티의 소셜벤처 사례 제시하기

사회적 기업가정신의 정의

사회적 기업가정신이란 무엇인가? 오늘날 연구의 영역과 현장에서 사회적 기업가정신은 다양하게 정의되고 있다(Mair & Martí, 2005). 이 사회적 기업가정신에는 다음과 같은 공통의 특징이 있다.

- **충족되지 않은 사회적 필요를 인식하고 다룸**
- **'사회적 가치'를 창출함**
- **소셜 섹터 변화의 주체로서 활동함**
- **사회적 문제에 대한 지속가능한 솔루션을 만들어 냄**

이 책에서 우리의 과제 중 하나는 사회적 기업가정신에 무엇이 해당되고 무엇이 해당되지 않는지를 판단할 수 있도록 사회적 기업가정신의 정의에 대한 경계를 정하는 것이다. 이 책의 범주에서 우리는 사회적 기업가를 '사회적 필요를 충족시키기 위해 혁신적인 솔루션을 개발함으로써 사회적 가치를 창출하는 사람'이라고 정의한다. 이 과정에서 사회적 기업가는 통상적으로 비즈니스와 관련된 원리와 도구를 종종 사용한다. 여기에는 경영, 마케팅, 재무 등의 영역에서 쓰이는 원리와 도구가 포함된다. 또한, 앞으로 살펴보겠지만 많은 소셜벤처는 제품이나 서비스의 판매를 포함한 이윤 추구 활동을 통해 경제적 가치도 창출한다. 이는 소셜벤처로 하여금 상당한 규모와 범위를 달성하게 해준다는 측면에서 그 중요성이 더욱 커지고 있는 전략이다. 이제 이러한 주제를 더 깊이 탐구해보자.

사회적 가치의 창출

사회적 가치는 소셜벤처를 정의하는 속성 중 하나이다(Dees, 1998). 사회적 기업가정신은 사회의 충족되지 않은 필요를 다룸으로써 사회적 가치를 창출한다. 이는 기아, 건강, 안전, 인권, 교육, 환경 등의 영역을 포함한다. 사회적 기업가는 사회적 가치를 창출함으로써 특정 부류의 사람들에게 세상을 더 좋은 곳으로 만들어 주고자 한다. 예를 들어, 사회적 기업가 줄리 카니(Julie Carney)는 어린이의 45퍼센트가 영양실조로 고통받고 있는 르완다에 가든스포헬스(Gardens for Health, www.gardensforhealth.org)를 설립했다. 영양실조에 관한 통계치는 농촌 지역으로 갈수록 훨씬 높게 나타나는데, 이는 농촌 지역에서 빈곤의 정도가 더 심하기 때문이다. 영양실조 사례가 마을의 건강 클리닉에 접수될 때쯤 아이는 이미 심각한 상태에 처해 있는 경우가 많다. 이러한 지역사회의 부모들은 영양실조의 원인과 영향이 무엇인지, 영양실조의 신호를 어떻게 알아보거나 다루어야 하는지 이해하지 못하고 있다. 카니의 기관에서는 지역 보건소를 통해 부모들을 훈련하고 교육하는 프로그램을 개발했다. 어머니들은 아이의 영양실조 신호를 식별하는 법을 배우고, 지역사회의 다른 구성원에게서 영양실조가 나타나는지를 살펴보는 '감시자'의 역할 또한 담당한다. 동시에 어머니들은 자신의 가족을 위해 더 나은 선택을 할 수 있도록 좋은 영양의 기초를 배운다. 마지막으로 농업 확장 요원들은 훈련을 받은 후 지역사회를 대상으로 커피나 면화와 같이 이윤을 창출하기 위한 작물뿐 아니라 건강한 식용 작물을 재배하고 이를 지역 내에서 소비하도록 만드는 것의 중요성에 대해 교육한다. 이를 통해 각 가정은 자신의 식생활 필요를 충족시키는 데 도움이 되는 '주방 정원'을 만드는 법에 관한 훈련을 받는다.

변화의 주체

앞의 사례에서 가든즈포헬스는 르완다 어린이들의 영양실조 문제에 대한 혁신적인 솔루션을 개발함으로써 사회적 가치를 창출했다. 지역사회 기반의 교육과 훈련을 통해 부모와 지역사회 구성원들은 영양의 중요성에 대해 배웠고, 가족의 영양상의 필요를 채우는 데 도움이 될 정원을 스스로 만들 수 있게 되었다. 사회적 기업가 줄리 카니는 자신의 기관을 설립함으로써 기아의 영역에서 큰 규모의 사회적 필요를 충족시키는 창의적인 방법을 발견하였다. 그렇게 함으로써 줄리는 '변화의 주체'가 되었다. 가든즈포헬스는 가족들이 영양상의 필요를 채우는 데 도움이 되는 가족 정원과 지역사회 정원을 만들 수 있도록 지식과 도구를 제공함으로써 이들이 가난과 굶주림의 굴레에서 벗어날 수 있도록 돕는다. 그리고 이것은 더 나은 영양과 건강, 아동사망률의 감소, 생산성 향상으로 이어진다. 가든즈포헬스는 가족 구성원들이 자신의 삶에 대해 더 큰 힘과 주도권을 갖게 함으로써 혁신적인 변화를 만들어냈다. 독자 대부분에게 다음의 격언이 익숙할 것이다.

어떤 사람에게 물고기를 잡아 준다면 그는 하루 동안 먹게 될 것이다. 어떤 사람에게 물고기 잡는 방법을 알려준다면 그는 평생 동안 먹게 될 것이다.

아쇼카 재단(Ashoka)의 설립자이자 CEO인 빌 드레이튼(Bill Drayton)은 위의 격언을 다음과 같이 수정하여 말했다.

사회적 기업가는 단지 물고기를 잡아 주거나 물고기 잡는 방법을 알려주는 것으로 만족하지 않는다. 어업 분야 전반에 걸친 혁신을 이룰 때까지 멈추지 않을 것이다(www.ashoka.org).

줄리 카니는 이러한 '혁신'의 좋은 예인데, 무지를 지식으로, 의존성을 자립 역량으로 바꾸는 방법을 개발했다는 측면에서 그렇다. 줄리의 모델은 영양실조와 굶주림으로 고통받고 있는 다른 지역사회와 나라로 전파될 수 있고, 실제로 전파되었다. 이 책의 전반에서 살펴볼 사회적 기업가의 주요 도전과제는 '어업에 혁신을 가져옴'으로써 사회의 문제를 제거하거나 줄이는 변화를 이끌어내는 솔루션이나 전략을 만드는 것이다. 이러한 솔루션에는 제품·서비스, 전달 체계, 인프라, 환경 및 소셜벤처의 경영에 관련된 일부 또는 모든 측면에서의 급격한 변화가 포함될 수 있다. 사회적 기업가는 사회적 필요를 충족하기 위해 새로운 모델과 패러다임을 만들어 내는 '변화의 주체'이다(Seelos & Mair, 2005). 이러한 측면에서 그들은 새로운 개척자이다!

빌 드레이튼: 사회적 기업가정신 분야의 개척자

빌 드레이튼은 기업에서 성공 가도를 달리다가 진로를 바꿔 사회적 기업가정신을 한 분야로써 성장시키는데 집중했다. 이것은 우리에게 행운이다! 하버드와 옥스포드 대학교와 예일대 로스쿨에서 학위를 받은 후 드레이튼은 1970년에 최고의 경영 컨설팅 회사인 맥킨지(McKinsey and Company)에 입사했다. 그 후 지미 카터 대통령 직속 기구인 미국환경보건국(U.S Environment Protection Agency)에 합류하여 해당 기관이 환경적 미션을 달성하는 방식을 바꾸는데 중요한 역할을 맡았다(Bornstein, 1998).

1981년에 빌은 맥킨지에 파트 타임 직원으로 복귀했다. '업무 외 시간'에 전 세계의 사회적 기업가를 알리고 육성하기 위한 기관 아쇼카를 설립했다. 아쇼카는 기원전 3세기 인도 황제의 이름이다. 특히 잔혹했던 한 정복 전쟁 이후 그는 싸움을 그만두고 자신의 남은 생애를 공공의 선을 이루는 데에 바쳤다(Bornstein, 1998). 드레이튼은 1984년에 맥아더상(MacArthur Fellowship)을 수상했는데, 그 덕분에 아쇼카에 풀타임으로 전념할 수 있게 되었다. 아쇼카의 미션은 다음과 같다.

급격하게 진화하는 사회에 유연하게 대처할 수 있는 팀 오브 팀스(team of teams) 모델로 체인지메이커와 협력하는 사회적 기업가를 지원하는 것. 아쇼카는 누구라도 현대 사회에서 성공적으로 적응하고 살아남기 위해 공감, 팀워크, 리더십 및 체인지메이킹 스킬과 같은 중요한 자질을 배우고 적용할 수 있다고 믿는다.[1] (www.ashoka.org)

드레이튼은 이 미션을 추구하기 위해 아쇼카 사무소를 세계 곳곳에 설립했다. 또한, 후원자와 민간 재단으로부터 수백만 달러를 모금하였다. 이 후원금으로 아쇼카 펠로우십 프로그램을 시작하여 시스템 전체의 큰 규모의 변화를 만들어 낼 수 있는 잠재력이 있는 사회적 기업가에게 후원금을 지급하였다. 이러한 기업가 중 한 사람이 1993년 아쇼카 펠로우인 카일라쉬 스타야티(Kailash Stayarthi)인데, 스타야티는 아동 노동 착취 관습, 노예제도, 매춘 등에 반대하는 운동에서 글로벌한 리더십을 발휘하여 2014년에 노벨 평화상을 수상했다(www.ashoka.org). 1981년 설립 이후 아쇼카는 70개국에서 3천 명이 넘는 사회적 기업가를 후원했다.

지속가능한 솔루션의 개발

사회적 기업가정신에 대한 우리의 정의에서 마지막 요소는 '지속가능성'이다. 이는 시간이 지나도 계속 지속될 솔루션을 만드는 것을 의미한다. 달리 말하면 이는 시스템 자체의 변화를 동반하기도 하는 장기적인 솔루션을 만드는 것을 말한다. 그림 1-1에서 이를 설명하고 있다.

지속가능성을 달성하기 위한 전략 중 첫 번째인 정책 바꾸기는 법과 제도에 영향을 미치는 행동을 말한다. 이 전략의 예로서, 음주운전을 반대하는 엄마들(Mothers Against Drunk Driving, MADD, www.madd.org)은 음주 운전 사고로 사랑하는 가족을 잃는 가정의 수를 줄이기 위해 음주운전 법률 강화와 관련하여 활발한 활동을 펼쳤다. MADD는 미국 전역에 지부를 가진 강력한 민간 단체로 부상했다.

최근에는 기술의 진보에 따라 소셜벤처가 오픈 소스 전략을 도입할 수 있는 문이 열렸다. 가장 주목받는 사례 중 하나는 2001년도에 사회적 기업가 지미 웨일스(Jimmy Wales)가 만든 위키피디아(Wikipedia)이다. 위키피디아는 누구나 작성하고 수정할 수 있는 웹 기반의 다중 언어 무료 백과사전이다. 위키피디아의 웹사이트(www.wikipedia.org)에 따르면 이 소셜벤처는 창업 이후 급속도로 성장하여 지금은 세계에서 가장 큰 규모의 참고용 웹사이트 중 하나가 되었다. 매월 거의 5억 명의 사람들이 위키피디아를 이용하고 있으며, 이 사이트는 285개의 다른 언어로 쓰인 2천 2백만 개의 글을 보유하고 있다. 어떤 면에서는 위키피디아가 정보의 생산을 '민주화'하였고, 어떤 이슈나 주제에 대해 실시간으로 접근할 수 있게 해 준다.

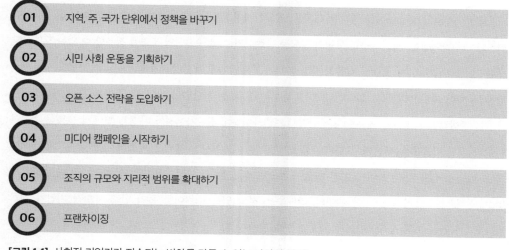

[그림 1-1] 사회적 기업가가 지속되는 변화를 만들 수 있는 다양한 방법[2]

티치 포 아메리카(Teach for America, www.teachforamerica.org)는 빈곤한 지역사회의 어린이들이 처한 교육 불평등에 대한 관심을 불러 일으키고, 교사 참여와 기부금의 형태로 후원을 이끌어 내는 데 미디어를 효과적으로 활용한 소셜벤처의 사례이다. 1989년에 웬디 콥(Wendy Copp)에 의해 설립된 티치 포 아메리카에서는 대학을 갓 졸업한 사회 초년생과 전문가를 모집하여 미국의 저임금 도시 및 농촌 지역 커뮤니티에서 2년 동안 가르칠 수 있도록 한다. 목표는 어려운 여건에 처한 학교의 학생들에게 양질의 교육을 제공함으로써 학생들의 미래 성공 가능성을 높이는 것이다. 본 프로그램의 임팩트를 말하자면, 2013~2014년 동안 1만 1천 명의 티치 포 아메리카 '단원'들이 75만 명이 넘는 학생들을 가르쳤다. 3만 2천 명의 동문 단원들이 교육 영역의 리더와 옹호자로서 자신의 영역에서 활동을 계속하고 있다는 점도 이에 못지 않게 중요하다. 티치 포 아메리카는 미디어를 잘 활용하고 있는데, 언론에 자주 기고하고 있고 어반

---

1. 한국어 미션 아쇼카 한국 홈페이지 참조 (http://korea.ashoka.org/) (역자주)
2. 아쇼카 펠로우십은 사회적 기업가가 지속가능한 변화를 만들어 낼 수 있는 여섯 가지 방법을 제시한다. (www.ashoka.org)

인스티튜드(Urban Institute), 메쓰메티카(Mathematica) 등 주요 연구 기관을 통해 연구 성과를 발표했으며 콥이 직접 두 권의 책을 저술하기도 했고 페이스북, 링크드인, 트위터, 유튜브 등의 소셜미디어에서 끊임없는 소통을 지속하고 있다. 또한, 티치 포 아메리카는 조직의 규모와 지리적 범위를 확대함으로써 지속가능성을 끌어올린 소셜벤처의 좋은 사례이다. 1990년에 500명이었던 단원이 오늘날 1만 1천 명으로 늘어났고, 티치 포 아메리카의 조직도 더 많은 학생을 돕기 위해 미국 내 48개 지역으로 활동 반경을 넓혔다.

프랜차이징(franchising)을 생각할 때 맥도널드나 지피루브(Jiffy Lube)[3]와 같은 기업을 떠올리기 쉽다. 하지만 프랜차이징은 매우 다양한 유형의 필요를 충족시키는 넓은 범위의 조직에 적용할 수 있는 모델이다. 프랜차이즈 모델에서는, '모(母)' 기관인 가맹 본부가 가맹점에게 자신의 이름과 비즈니스 모델을 사용하여 제품과 서비스를 판매하도록 허락한다. 가맹 본부는 교육, 전국 단위의 광고, 조달 등과 같이 가맹점에게 유용한 전반적인 서비스를 제공한다. 상업적인 프랜차이징에서는 가맹점이 가맹 본부에게 선불 수수료와 매출의 일정 비율을 납부한다. 프랜차이징 모델을 통해 모회사는 새로운 지점을 스스로 열 때 들여야 하는 모든 노력과 시간에 비해 훨씬 빠르게 사업을 확장할 수 있다. 차일드라인 인디아(CHILDLINE India)는 '소셜프랜차이징'의 한 예이다. 학대를 당하고 있는 어린이를 돕기 위해 사회적 기업가 제루 빌리모리아(Jeroo Billimoria)에 의해 1996년 인도 뭄바이에서 설립되었다. 이 기관은 의학적 도움, 피난처, 상담 등의 도움을 요청하는 어린이에게 연결될 수 있는 사람들로 구성한 무료 24시간 상담 서비스를 제공한다. 이 기관은 24시간 무료 전화 상담 서비스를 통해 전화를 걸어오는 어린이에게 의학적 지원, 피난처, 상담 등을 연결해 준다. 차일드라인과 같은 서비스가 인도 전역의 아이들에게 혜택을 줄 수 있다는 것을 인지한 설립자들은 차일드라인의 초기 성공을 확산하고 발전시켜 나갈 모델로서 소셜프랜차이징에 주목했다. 차일드라인의 카욜 메논(Kajol Menon) 상임이사는 2012년에 한 인터뷰에서 다음과 같이 말했다.

차일드라인은 한 도시에서 시작했던 초기 단계부터 규모를 확장하는 것을 계획했고, 이는 우리의 파트너들로 하여금 차일드라인이 자신에게 어떤 도움이 될 수 있을지를 쉽게 확인하여 자신들의 기관의 미션에 차일드라인을 매끄럽게 연결시킬 수 있게 해주었다. 공통의 전화번호, 로고에서 드러나는 차일드라인의 통일된 브랜드 정체성이 효과를 발휘했다. 작은 기관들은 차일드라인 브랜드를 활용함으로써 유익을 얻었다 (www.childline.org).

위의 인터뷰를 할 시점에 차일드라인 인디아는 172개 도시에서 415개의 파트너 기관과 함께 일하고 있었다. 2천 1백만 통 이상의 전화에 응답을 했고 3백만 명이 넘는 어린이들을 도왔다. 현재 차일드라인은 인도를 넘어 아시아 태평양 지역으로 확장하려는 계획을 세우고 있다.

사회적 기업가정신에 대한 정의를 더 잘 내리기 위해 사회적 기업가정신에 해당되지 않는 것도 논하고자 한다. 예를 들어, 사회적 기업가정신은 우리 대부분이 일상에서 참여하는 자원 봉사 형태의 활동(누군가에게 세차를 해주거나, 빵을 구워 판매하고 그 수익을 기부하거나, 지역 바자회에서 음식 부스를 여는 것 등)과는 다르다. 이는 이러한 활동이 필요하지 않거나 필요를 충족함에 있어 중요하지 않다는 의미가 아니다. 이러한 활동은 분명히 필요하고 중요하며, 우리 각자가 일상에서 우리의 커뮤니티 및 구성원을 도울 수 있는 방법이다. 그렇지만 이는 사회적 기업가정신과는 다르다.

이 책 전반의 사례 공유를 통해 소개할 다양한 기관에서 사회적 기업가정신의 기본적인 특징이 각각 어떻게 나타나는지 살펴볼 것이다. 또한, 맥락의 역할과 중요성을 강조하면서 사회적 기업가정신에 대한 세계적인 관점을 제시하고 이를 통해 창의적인 사회적 기업가들이 다양한 나라와 환경에서 사회적 필요를 다루는 방법을 살펴볼 것이다.

충족되지 않은 사회적 필요를 다룸	르완다의 가난한 농촌 지역사회의 필요는 영양가 있는 음식의 지속적인 공급이 될 수 있다. 비슷한 상황의 다른 지역사회의 필요는 깨끗한 물이 될 수 있다. 정치 탄압을 받고 있는 나라의 필요는 평등권과 사회 정의가 될 수 있다. 노숙자 문제는 거의 세계 모든 주요 도시의 문제가 될 수 있다.
사회적 가치를 창출함	사회적 가치는 충족되지 않았던 사회적 필요가 충족될 때 만들어진다. 가든즈포헬스는 영양과 건강을 증진하고 아동사망률을 줄임으로써 사회적 가치를 창출한다. 또한, 가정들과 지역사회를 참여시키고 그들의 역량을 강화함으로써 사회적 가치를 만들어낸다.
'변화의 주체'로 활동하는 사회적 기업가가 있음	사회적 기업가는 사회적 필요를 다루는 기존의 방법을 탈피한다. 달리 말해 그들은 문제를 다루는 새로운 모델을 만들어 냄으로써 "어업 분야 전반에 혁신을 가져온다." 예를 들어, 위키피디아는 우리가 지식과 정보를 생산하고 공유하는 방법을 혁신적으로 바꾸었다. 누구나 이에 참여할 수 있고 모두가 무료로 접속할 수 있다.
오랫동안 지속가능해야 함	빵을 판매하는 일과 같은 많은 자원봉사 활동은 거래의 속성을 가진다. 자원봉사자는 빵을 구워 판매한 수익을 단체에 기부한다. 이와 반대로 소셜벤처는 오랜 시간동안 지속되는 임팩트를 추구한다. 예를 들어, 사회적 필요가 굶주림이라면 어떤 사람에게 하루 치의 식량을 주는 방식으로 문제를 해결하려 하지 않는다.

[그림 1-2] '사회적 기업가정신'의 특성

---

3. 미국의 대표적인 자동차 유지보수 서비스 프랜차이즈 브랜드(역자주)

사회적 기업가정신은 '상업적' 기업가정신과 어떻게 다른가?

이 책을 통해 살펴보겠지만, 사회적 기업가정신과 상업적 기업가정신 사이에는 많은 유사점이 있다. 두 경우 모두 기업가는 자신의 이해관계자를 위해 가치를 창출해야 한다. 상업적 기업가정신의 경우 가치는 통상적으로 회사를 소유하고 있는 주주에게 경제적 보상을 하는 형태로 제공된다. 반면, 소셜벤처는 앞서 말한 것처럼 사회적 가치를 창출해야 한다. 다시 말해서 충족되지 않은 사회적 필요를 다루어야 한다. 앞에서 언급한 차일드라인의 사례에서 충족되지 않은 사회적 필요는 위험이나 학대에 처한 어린이에 대한 도움이었다. 재무 수업을 들어본 사람이라면 일반 벤처기업의 주주는 자신이 받게 될 보상을 회사의 매출과 수익, 그리고 그에 따른 배당금이나 자본이득의 형태로 측정한다는 점을 알 것이다. 소셜벤처의 이해관계자는 자신이 받게 될 보상을 도움을 받은 사람의 숫자나 해결된 문제의 개수, 사회적 필요가 충족되는 정도 등으로 측정할 수 있다.

통상적으로 사회적 가치와 경제적 가치는 상충된다고 여겨진다. 달리 말하면, 사회적 가치는 비영리기관이 제공하고, 경제적 가치는 영리기업이 제공한다고 보는 것이다. 하지만 최근에는 많은 학자들이 사회적 가치와 경제적 가치가 반드시 상충되지는 않는다는 주장을 지지하고 있다(Austin et al., 2006; Peredo & McLean, 2006). 오히려 그 두 가지는 소셜벤처와 상업적인 벤처 모두에게 가치 창출에 있어 상호 보완적인 두 측면이다. 특히, 하버드 대학교의 마이클 포터와 마크 크레이머 교수는 다음과 같이 '공유 가치'의 중요성을 역설했다(Porter & Kramer, 2011, p. 5).

공유 가치의 개념은 한 회사의 경쟁력을 강화하는 동시에 그 회사가 속한 지역사회의 경제적인 상황과 사회적인 여건을 개선하는 정책이나 사업 운영 방식으로 정의될 수 있다. 공유 가치 창출(CSV : Creating Shared Value)은 사회적 발전과 경제적 발전 사이의 연관성을 발견하고 이를 확장하는 것에 초점을 맞춘다.

공유 가치에 대한 포터와 크레이머의 정의의 장점은 사회적 기업가가 가치를 창출하고 전달하는 방법에 대해 더욱 폭넓은 틀을 제시한다는 점이다. 어떤 상황에서는 잘 작동할 수 있지만 또 다른 상황에서는 잘 작동하지 않을 수도 있는 '오래된' 비영리 모델에 더 이상 매이지 않는다. 전통적으로 비영리기관은 기부금, 지원금 및 모금 활동에 크게 의존해 왔는데, 이로 인해 지속가능성을 확보하거나 규모를 확장하기가 어려웠다. 이러한 형태의 자금은 경제 상황의 변화에 따라 변동되기 쉽기 때문이다. 이러한 어려움에 대응하여 소셜프랜차이징과 같은 새로운 수익 창출 모델이 등장함으로써 공유 가치 또는 혼합 가치의 창출이 가능해졌으며 보다 다양한 펀딩 방법이 생겨났다.

조직형태의 차이

　상업적 벤처와 소셜벤처 모두 각 조직의 목적을 달성하기 위해 특정한 유형의 조직형태를 선택해야 한다. 상업적 벤처에 적용되는 세 가지 주요 조직형태는 개인회사, 합자회사, 주식회사이다. 주식회사는 통상적으로 규모가 크고 공개 회사 또는 비공개 회사의 형태가 있다. 공개 기업은 주요 증권 거래소에서 주식이 거래되는 회사를 말한다. 반면, 비공개 회사의 주식은 창업자, 주요 직원, 가족, 투자자 등 비교적 작은 그룹의 내부 구성원에게 배분된다.

　소셜벤처는 영리기관과 비영리기관의 형태를 모두 취할 수 있다는 점에서 차별화된다. 영리 소셜벤처는 위에서 언급한 상업적 벤처의 조직형태 중 하나를 취할 수 있는 반면, 비영리 소셜벤처는 매우 다른 방식으로 조직될 수 있다. 사람들은 자신도 모르게 매일의 삶에서 영리기관과 비영리기관을 모두 대한다. 예를 들면, 차에 주유를 하거나 식당에서 햄버거를 사 먹을 때는 영리기관을 대하는 것이다. 반면, 대학교, 교회, 유나이티드웨이(United Way)나 적십자와 같은 기관은 비영리기관이다. 영리기업의 목표는 기업의 소유주에게 경제적 이익을 돌려주는 것인 반면, 비영리기관의 목표는 모든 수익이나 경제적 이익을 자신이 돕는 사람들의 유익을 위해 다시 사용하는 것이다.

　이 책에서는 영리, 비영리 그리고 혼합 형태의 소셜벤처를 설명하는 몇 가지 사례를 제시한다. 각각의 형태는 사회적 기업가정신이라는 보다 큰 틀 안에서 잘 작동한다는 것을 확인할 수 있을 것이다.

　상업적 벤처와 소셜벤처의 또 다른 유사점은 기관의 다양한 '이해관계자', 즉, 해당 기관에 대해 이해관계를 갖고 있는 사람들을 만족시켜야 한다는 점이다. 상업적 벤처의 이해관계자는 주주, 직원, 경영인, 이사회, 고객, 공급업체 등이다. 소셜벤처도 특히 영리기관으로 설립될 경우, 이해관계자가 이와 매우 유사하거나 동일할 수 있다. 하지만 소셜벤처가 비영리의 형태를 취한다면 이해관계자가 약간 다르거나 그 범위가 더 넓어질 수 있다. 더 넓은 범주의 이해관계자에는 도움을 받게 되는 수혜자, 다양한 펀딩 기관, 직원 및 자원봉사자, 이사회 또는 자문회 등이 포함된다. 앞으로 보겠지만 비영리기관은 영리기관보다 다양한 펀딩 방식을 적절히 조합하여 활용하는데, 여기에는 기부금, 지원금, 다양한 모금 활동과 이벤트를 통한 수익금 등이 포함된다. 비영리기관의 자원봉사자는 '인적 자원'의 측면에서 핵심적인 역할을 담당하는데, 무보수로 일하면서 제품과 서비스를 만들어내고 제공한다는 점에서 그렇다. 소셜벤처는 자원봉사자를 효율적으로 활용함으로써 비용을 절감할 수 있고 그 만큼 도움이 필요한 사람을 돕는 데 더 많은 자금을 투입할 수 있다.

상업적 벤처와 소셜벤처 모두 지속가능하기 위해서는 건강한 '수익 모델'을 필요로 한다. 수익 모델은 기업이 어떻게 비용보다 더 많은 수익을 창출할 것인가에 대한 설명이다. 이렇게 하지 못하는 기관은 장기적으로 생존하지 못할 것이다. 상업적 벤처 기업의 수익 모델은 일반적으로 제품이나 서비스를 생산 비용보다 높은 가격에 판매하는 것과 관련되어 있다. 앞서 언급한 것처럼 소셜벤처는 제품이나 서비스의 판매를 통한 수익뿐 아니라 기부금, 지원금 등의 수익도 창출할 수 있다. 이 경우에도 원리는 똑같다. 비용보다 더 많은 수익을 거두지 못하는 기관은 생존할 수 없다.

성공한 상업 벤처와 마찬가지로 성공한 소셜벤처도 이 원리를 이해하고 있고 수익 모델을 개발하고 이를 명확히 하기 위해 씨름한다. 이는 상업적 벤처와 소셜벤처 모두의 성공과 장기적인 생존을 위한 핵심 열쇠 중 하나이다. 이러한 관점에서 이 책에서 소개할 많은 소셜벤처의 수익 모델을 살펴보는 데도 지면을 할애할 것이다.

사회적 기업가정신의 규모는 얼마나 큰가?

사회적 기업가정신의 서로 다른 정의 때문에 현재 얼마나 많은 소셜벤처가 존재하는지에 대해 감을 잡기는 쉽지 않다. 하지만 몇 가지 중요한 자료를 통해 균형감을 잡을 수 있다. 그 중 첫 번째는 2009년에 49개 국가에서 사회적 기업가정신 활동에 대한 연구를 수행한 글로벌 기업가정신 모니터(Global Entrepreneurship Monitor, GEM)이다(Terjesen et al., 2012). GEM에 따르면 사회적 기업가는 다음의 설문에 "예"라고 답한 사람이다.

당신은 현재 홀로 또는 다른 사람들과 함께 특별히 사회적, 환경적, 지역사회 봉사의 목적을 가진 활동, 조직, 계획을 시작하려고 하거나 운영하고 있는가? 여기에는 사회적인 약자나 장애인에게 서비스 또는 훈련을 제공하거나 수익을 사회적 목적을 위해 사용하거나 지역사회 활동을 위한 자조 모임을 꾸리는 활동 등이 포함

된다(Terjesen et al., 2012, p. 37).

이 연구의 결과는 사회적 기업가정신의 수준이 국가와 지역에 따라 큰 편차가 있음을 보여주었다. 지역별로 볼 때 가장 높은 수준의 사회적 기업가정신이 나타난 지역은 미국으로, 생산가능인구의 5퍼센트가 사회적 기업가정신과 관련된 일을 하고 있었다. 반면, 서유럽 지역은 3.08퍼센트, 동남아시아 지역은 가장 낮은 수치인 1.64퍼센트의 연관도를 나타냈다.

[표 1-1] 2009년 생산가능인구의 사회적 기업가정신 연관도 (백분율)

지역	백분율(%)
미국	5.00
카리브해 지역	5.17
라틴아메리카	3.06
사하라 사막 이남 아프리카	3.22
서유럽	3.08
동유럽	2.65
중동 및 북아프리카	1.91
동남아시아	1.64

[출처] 글로벌 기업가정신 모니터 2009년 사회적 기업가정신에 대한 보고서

GEM의 2009년 연구는 사회적 기업가정신과 상업적 기업가정신 사이의 흥미로운 차이점도 밝혔다.

1. **사회적 기업가정신의 확산 속에서도 여성의 참여율이 남성에 비해 낮은 점으로 미루어 볼 때 사회적 기업가정신에 대한 세계적인 성별 격차는 여전히 존재하지만, 그 차이가 상업적 기업가정신의 영역에 비해 작다.**
2. **사회적 기업가는 상업적 기업가에 비해 평균 연령이 낮다. 소셜벤처를 설립할 가능성이 가장 큰 사람은 대부분 25~35세 및 35~44세의 연령층에 해당한다.**
3. **보다 높은 수준의 교육을 받은 사람일수록 사회적 기업가정신에 연관된 일을 할 가능성이 더 높다.**

비영리 소셜벤처의 임팩트를 잘 보여주는 또 다른 귀중한 자료 출처는 어반 인스티튜트에서 출간한 비영리 연감(The Nonprofit Almanac)이다(Roeger et al., 2012). 영리와 비영리 소셜벤처에

대한 세계적인 관점을 제시하는 GEM과는 달리 비영리 연감은 미국이라는 한 국가와 비영리라는 사회적 기업가정신의 한 부분에 대한 관점만을 제시한다. 이 연감에서는 경제적 임팩트의 측면에서 비영리기관이 2010년에 미국 GDP의 5.5퍼센트를 차지했으며, 임금의 9퍼센트를 차지했다고 추정하였다(Roeger et al., 2012, p.24).

이 보고서에서 규정한 넓은 범주의 '비영리기관'에는 다양한 형태의 기관이 포함된다. 2010년 미국 내에 501(c)(3)[4]자선단체 유형에 해당하는 비영리기관이 대략 1백만 개에 달한다고 밝혔다. 이는 2000년 이후 42.3퍼센트 성장한 수치이다. 분야 별로 살펴보면 직업 훈련, 주거, 재난 구조, 청소년 육성, 식량 배분 등의 복지 분야 서비스를 제공하는 비영리기관이 전체의 3분의 1을 차지했고, 두 번째로 큰 분야인 교육이 전체 비영리기관의 5분의 1을 차지했다.

이러한 자료들은 사회적 기업가정신의 크기, 범위 및 임팩트에 관한 풍부한 정보를 제공한다. 또한 사회적 기업가정신이 빠르게 확산되고 있음을 보여준다. 그 이유는 무엇일까? 그리고 왜 지금일까?

[표 1-2] 2010년 미국의 분야별 자선단체

지역	개수	백분율(%)
예술, 문화, 인문학	39,536	5.00
교육	66,769	5.17
환경	16,383	3.06
보건	44,128	3.22
복지	124,360	3.08
외교	7,533	2.65
기타 공공 및 사회적 편익	43,875	1.91
종교 관련	23,502	1.64
합계	366,086	100.1

[출처] 비영리 영감, 2012

오늘날 사회적 기업가정신이 왜 이토록 중요한가?

사회적 기업가정신은 새로운 현상이 아니다. 사실 오랫동안 우리 주변에 있었다. 초기 사회적 기업가로는 크림전쟁 중 부상병을 간호했고 최초의 간호학교를 설립한 플로렌스 나이팅게일(Florence Nightingale, 1821-1920)과 '청결의 일상화'를 추구했던 레버 브라더스(Lever Brothers)[5]의 창업자

윌리엄 레버(William Lever, 1851-1925)가 있다. 그러나 지난 십 년 간 소셜벤처의 수가 증가하고 점점 더 많은 대학에서 사회적 기업가정신에 대한 강의를 교육과정에 포함하면서 사회적 기업가정신이 더욱 주목을 받게 되었다. 최근 들어 사회적 기업가정신이 이처럼 중요한 주제가 된 이유는 무엇일까 ?

그림 1-3에서 보는 바와 같이, 한 가지 이유는 점점 더 많은 기업가들이 우리가 '고든 게코(Gordon Gekko) 경영학파'라고 부를 부류에 대해 점점 더 환멸을 느끼고 있다는 점으로 설명할 수 있다. 고든 게코는 '월 스트리트(1987)'라는 영화에서 배우 마이클 더글라스(Michael Douglas)가 연기한 다소 비도덕적인 투자 은행가로, 찰리 쉰(Charlie Sheen)이 연기한 젊은 투자 은행가를 타락시키는 데 중요한 역할을 한 인물이다. 이 영화에서 고든의 가장 인상적인 대사는 "탐욕이란, 이 보다 더 나은 단어가 없군요, 좋은 것입니다."였고 그의 사치스러운 생활 방식과 다른 사람을 무시하는 태도는 그러한 원칙을 더 강화했다. 반면, 오늘날의 사회적 기업가 중 많은 사람들은 '트리플 바텀 라인(triple bottom line)[6]이라고 불리는 것에 더 집중하는데 이는 이윤뿐 아니라 사람과 지구를 포함하는 개념이다. 이들은 자신의 개인적인 성공을 통해 얻은 유익을 다른 사람들에게 돌려줌으로써 나눠야 한다고 믿는다. 많은

[그림 1-3] 오늘날의 사회적 기업가정신

---

4. 501(c)(3) 기관은 미국 연방법에 따라 연방소득세를 면제받는 기관으로, 미국 내 비영리기관의 가장 보편적인 형태이다. (역자주)
5. 세계적으로 가장 큰 소비재 및 식음료 기업 중 하나인 유니레버의 전신 (역자주)
6. 바텀 라인(bottom line)은 기업이 궁극적으로 추구하는 이윤을 말하는데, 더블 바텀 라인(double bottom line)은 이윤과 함께 사회적인 가치를, 트리플 바텀 라인은 이에 더해 환경적인 가치도 함께 추구하는 것을 말한다. (역자주)

사람들은 이러한 신념을 공유하고, 자신의 시간, 돈, 재능을 해비타트, 빅 브라더스 빅 시스터즈(Big Brothers and Big Sisters)[7], 또는 지역 무료급식소와 같이 의미 있는 일을 하는 곳에 기부를 하며 자신의 행동으로 보여주는 것이다. 점점 더 많은 성공한 기업가들이 개인적으로 성공한 것만으로는 충분하지 않다고 느끼고 있다. 다른 사람들이 성공하도록 도와주기 위해 무엇인가 더 해야 한다는 필요를 느끼고 있는 것이다. 흥미롭게도 2010년에 '월 스트리트'의 속편인 '월 스트리트: 머니 네버 슬립스'가 개봉했는데, 마이클 더글라스가 약간 상태가 회복된 고든 게코로 다시 출연했고 샤이아 라보프(Shia LaBeouf)가 그의 딸의 약혼자로 출연했다. 둘이서 조쉬 브롤린(Josh Brolin)이 연기한 또 다른 악랄한 투자 은행가를 끌어내릴 계획을 짠다.

사회적 기업가정신에 영향을 미친 두 번째 요인은 어떤 정부도 -아무리 크고 많은 영역을 아우르는 정부라 하더라도- 모든 필요를 다룰 수 없다는 것에 대한 인식이 점점 커지고 있는 점이다. 이런 관점에서 사회적 기업가는 필요가 전혀 충족되지 않거나 일부 충족되지 않은 영역에서 그 격차를 해소하고자 하는 경우가 많다. 예를 들어, 미국에서는 중앙 정부, 주 정부, 지역 단위의 정부 모두가 보건, 영양, 교육, 환경, 안전 등의 문제에 깊이 관여하고 있다. 그럼에도 불구하고 이러한 서비스에 격차가 있고, 이는 사회적 기업가에게 기회를 만들어 준다. 이와 같은 소셜벤처 중 하나로 코네티컷 하트포드의 여성과 어린이를 위한 과도기적 주거 시설인 마이 시스터스 플레이스(My Sister's Place)가 있다. 1982년에 설립된 마이 시스터스 플레이스는 "가정폭력, 퇴거, 실업, 또는 정신질환으로 인해 갑자기 거리로 내몰린 사람을 위한 피난처"이다(www.sistersplacect.org). 주로 여성인 수혜자가 생활 및 직업 기술을 습득함으로써 더욱 안전하고 안정적인 주거 공간으로 이사할 수 있도록 유급 직원과 자원봉사자가 돕는다. 그 과정에서 이 여성들이 자녀를 다른 주 정부 지원 프로그램에 맡기기 보다는 자녀들과 함께 있거나 재결합할 수 있도록 돕는다. 이런 관점에서 보면 소셜벤처는 정부 기관에서 제공하는 서비스를 중복 제공하기 보다는 보완하고자 한다. 많은 사람들은 소셜벤처가 이러한 일을 더욱 효율적으로 그리고 더 낮은 비용으로 하며, 그렇게 할 수 있는 이유 중 하나는 유급 노동자보다 자원봉사자를 활용하기 때문이라고 말한다. 이러한 보다 저비용의 서비스 전달은 소셜벤처가 납세자뿐만 아니라 이해관계자에게도 경제적 가치를 창출하는 방법 중 하나다.

사회적 기업가정신의 빠른 성장에 기여한 세 번째 요인은 전 세계적인 '대공황'의 여전한 영향과 그 이후의 늦은 회복이다. 2007년 12월부터 2009년 6월까지 계속된 대공황 기간 중(미국 비즈니스 주기 팽창과 수축(U.S. Business Cycle Expansions and Contractions), 2014), 미국에서 800만 명이 일자리를 잃었다. 공황 이후 거의 4년이 지나 우리가 이 책을 쓰는 시점에 이들 중 절반만이 새로운 일자리를 찾았다. 2008년 이후로 수천 개의 가정이 집, 저축, 자존감, 그리고 많은 경우에 희망을 잃었다. 유럽 국가들도 나름대로의 금융 위기를 겪었고 그 중 어떤 나라는 다른 나라보다 더 큰 위기를 겪었다. 그리스의 상황은 특히 심각했는데, 오늘날 그리스 생산가능인구의 25% 이상이 실업 상태이다. 이러한 금융 위기와 점차 드러나는 정부의 재정적자에 직면하여 미국을 포함한 많은 나라들이 '긴축' 정책으로 대응했다. 이는 교육, 보건, 심지어 안전 등의 분야에 걸쳐 정부 사업의 큰 삭감으로 이어졌다. 따라서 우리는 진취적인 사회적 기업가의 재능이 그 어느 때보다도 필요한 환경에 놓여있다. 마지막으로, 가난한 개발도상국에는 세상에서 가장 빈곤한 수백만에서 수억 명의 사람들이 있다. 연구 결과에 따르면 경기 침체가 시작된 선진국보다 이들 개발도상국에서 전 세계 경기 침체의 영향이 더 크게 나타났다(국제통화기금, 2009a; 같은 글, 2009b).

사회적 기업가정신의 부상에 기여한 마지막 요인은 비즈니스의 원칙과 활동을 활용하여 상업적인 필요뿐 아니라 사회적인 필요도 다룰 수 있다는 인식이다. 회계, 재무, 마케팅, 관리, 운영과 같은 분야는 사회적 기업가의 '툴킷'의 일부로, 이것들을 결합하여 소셜벤처를 시작하고 발전시키고 성장시킬 수 있다. 우리는 상업적인 벤처와 마찬가지로 소셜벤처도 미션, 목표, 시스템과 통제, 측정가능한 성과를 갖고 있는 것이 도움이 된다는 것을 확인했다. 이러한 인식을 바탕으로 소셜벤처 경영에 대해 보다 체계적인 접근을 하게 되었다. 즉, 좋은 마음과 좋은 의도로 사회적 기업가정신의 여정을 시작할 수 있지만, 이 경주를 마치고 지속가능한 임팩트를 내기 위해서는 소셜벤처를 경영하기 위한 구조와 체계를 만들어야 한다. 이 책은 성공한 사회적 기업가들이 이 목표를 달성한 방법에 대한 사례를 담고 있다.

세계적인 관점 그리고 맥락의 역할

맥락이라는 용어는 벤처기업이 활동하는 보다 큰 환경을 말하며, 이 책 전반의 기본적인 전제는 맥락이 중요하다는 것이다. 보다 큰 환경이 소셜벤처의 유형과 소셜벤처가 사용하는 전략을 빚어낸다. 세계적인 관점에서의 시사점은 소셜벤처가 선진국과 개발도상국에서 매우 다른 형태를 취할 수 있다는 점이다.

기업가정신의 부재가 개발도상국의 빈곤의 주된 원인이라는 것이 일반적인 생각이다. 하지만 유엔에서 편찬한 자료와 경제협력개발기구(OECD)의 연구에 따르면 개발도상국의 국민들이 인구에 대비하여

---

7. 아동과 청소년을 어른 자원봉사자와 매칭하여 멘토링을 받도록 하는 미국의 비영리단체 (역자주)

기업가적인 활동에 더 많이 참여하고 있다. 사실 대부분의 개발도상국에는 기업가가 넘쳐나는데, 여기에는 상상할 수 있는 거의 모든 제품과 서비스를 길에서 판매하는 수천 명의 사람들도 포함된다.

소셜벤처의 유형도 맥락에 따라 차별화된다. 개발도상국의 기업가는 빈곤과 기아, 그리고 보건의료, 교육, 깨끗한 물, 주거, 기본적인 안전과 같은 필수 서비스 부재의 문제를 퇴치하고자 한다. 이러한 나라의 기업가는 동료 시민에게 힘을 실어주고 그들이 자립할 수 있도록 도우며 빈곤의 악순환을 끊음으로써 자신이 속한 지역사회를 돕기 위해 소셜벤처를 만든다. 따라서 개발도상국에서는 사회적 기업가가 생명을 유지하는 데 필요한 서비스 제공에 있어 발생하는 큰 격차를 메우고자 하는 경우가 많다. 그 과정에서 기업가는 자신이 속한 지역사회와 국가에서 또는 전 세계에서 롤 모델과 리더가 되곤 한다. 그라민 은행의 창립자 무하마드 유누스 교수는 이에 대한 좋은 사례이다. 유누스는 전통적인 은행 대출을 받기에 너무 가난한 기업가에게 소액 대출을 해주는 마이크로크레딧의 개념을 발전시킴으로써 자신의 고국 방글라데시에서 대출과 금융을 혁신했다. 그의 성과와 영향력은 그의 고국과 세계에서 모두 인정받았다. 아쇼카 펠로우이기도 했던 유누스는 빈곤을 퇴치하고 소규모 기업가에게 힘을 실어주는 데 있어 세계적인 모델을 만든 업적으로 2006년에 노벨 평화상을 수상했다(www.grameen.com).

그에 반해 선진국에서의 사회적 기업가정신은 충족되지 않은 사회적 필요에 대한 개인적인 경험을 통해서라기보다는 지식, 인식, 정보가 '선행'을 하고 세상을 더 나은 곳으로 만들고자 하는 동기와 만나 생겨난다. 개발도상국의 사회적 기업가처럼 선진국의 사회적 기업가도 충족되지 않은 사회적 필요를 다룬다. 그 중 일부는 생명 유지에 필요한 서비스의 격차일 수도 있지만, 그와 마찬가지로 삶의 질을 높이는 데 있어 존재하는 격차를 다룰 가능성도 있다. 즉, 이들이 매일의 생존에 필요한 제품과 서비스를 제공하는 것은 아니지만 사람들이 처한 상황을 개선하고 더 나은 삶을 살 수 있는 기회를 제공한다. 이런 관점에서 선진국의 사회적 기업가는 이미 갖춰져 있으며 정부, 기업, 시민사회 기관이 제공하고 있는 서비스를 보완하는 역할을 할 수 있다. 해비타트(Habitat for Humanity)는 미국에서 시작하여 전 세계로 빠르게 뻗어나간 소셜벤처의 한 사례이다. 해비타트는 후원자와 자원봉사자를 모집하여 주거를 위한 비용을 마련하기 어려운 개인과 가정에게 집을 지어주고 수리해 준다(www.habitat.org). 현재 해비타트는 미국 내 1,500개 이상의 제휴 기관을 가지고 있고 전 세계의 다양한 기관과 협력하여 60만 개 이상의 집을 짓거나 수리했다.

또 다른 경우, 사회적 기업가는 맥락적 경계를 넘어 선진국에서 판매되는 제품과 서비스의 지원을 통해 개발도상국에 서비스를 제공한다. 이런 방법은 지속가능성을 확보하는 길을 제시해 주기 때문에 사회적 기업가정신에 있어 점점 더 인기를 얻고 있는 수익 모델이다. 탐스 슈즈(TOMS Shoes)의 창업자 블레이크 마이코스키(Blake Mycoskie)는 소셜벤처를 시작할 때 이 모델을 적용했다. 탐스는 신발을 생산하고 판매하는데, 적절한 가격을 설정하여 한 켤레의 신발이 팔릴 때마다 또 다른 한 켤레를 개발도상국의 어린이에게 준다. 탐스 홈페이지에는 이렇게 적혀 있다.

신발은 상처, 감염과 질병으로부터 어린이들의 발을 보호해 준다. 아이들이 건강하면 학교에 갈 수 있고, 가벼운 질병을 이겨낼 수 있고, 자라서 자신의 잠재력을 온전히 실현할 수 있다.

탐스는 미국과 같은 선진국의 다양한 소매점에서 신발을 판매한다. 이러한 판매를 통한 수익으로 탐스는 60개국 이상의 어린이에게 무료 신발을 비롯하여 다양한 형태의 발에 신는 제품을 나눠줄 수 있었다.

1장 질문

1. 사회적 기업가정신의 정의에 포함되어야 하는 주요 요소는 무엇인가?

2. '사회적 가치'라는 용어는 어떤 의미인가?

3. 사회적 가치는 경제적 가치와 어떻게 다른가?

4. 소셜벤처가 '지속가능한' 솔루션을 개발하는 것이 왜 중요한가?

5. 사회적 기업가정신이 자원봉사와 어떻게 다른가? 둘 중 하나가 다른 하나 보다 더 중요한가?

6. 비영리 소셜벤처와 영리 소셜벤처의 차이점은 무엇인가?

7. 오늘날 소셜벤처가 왜 이토록 중요한가? 2008년 이후 어떤 사건들로 인해 충족되지 않은 사회적
   필요가 생겨났는가?

8. 충족되지 않은 사회적 필요의 예를 들어 보자.

   사회적 기업가가 각각의 필요를 해결할 수 있는 방법에는 무엇이 있는가?

9. '맥락'이라는 용어는 어떤 의미인가?

   특정한 지역사회에서 설립된 소셜벤처의 유형에 맥락이 어떻게 영향을 끼치는가?

10. 당신이 깨닫지 못한 사이에도 이미 생활 속에서 몇몇 소셜벤처를 만났을 것이다. 구매했던 제품이나
    서비스 또는 당신이나 당신의 부모님이 시간이나 돈을 기부했던 기관을 생각해 보라. 이들 소셜벤처 중
    몇 가지에 대해 설명해 보라. 이들은 어떤 사회적 필요를 충족하고자 하는가?

사례 공유

카붐! (KaBOOM!)

카붐!은 미국 어린이들의 놀이를 살리기 위한 비영리 소셜벤처이다(www.kaboom.org). 사회적 기업가 대럴 하먼드(Darell Hammond)는 1995년, 두 어린이가 안전한 놀이공간이 없어 버려진 차에서 놀다가 질식사한 사건에 대한 기사를 읽고 카붐!을 창업했다. 카붐!의 미션은 다음과 같다.

지역사회의 참여와 주도를 통해 멋진 놀이공간 만들기. 궁극적으로, 우리는 미국의 모든 어린이의 도보권 내에 놀이공간이 있는 것을 꿈꾼다.

하먼드에 따르면, 미국 어린이들은 '놀이 결핍'으로 고통받고 있다. 그는 이 세대가 이전의 어떤 세대보다도 놀이 시간이 적고 이는 다음과 같은 신체적, 지적, 사회적, 감정적 문제로 이어진다고 주장한다.

1. 아동 비만

2. 주의력 결핍/과다행동, 불안, 우울증

3. 폭력 및 다른 행동 장애

4. 사회적, 인지적, 창의적 발달 저해

더 나아가 하먼드는 건강한 놀이공간의 부족이 도시 내 녹지 부족을 가져오며, 주민들이 함께할 수 있는 놀이공간의 부족이 지역사회 분열을 가져온다고 주장한다. 가난한 지역사회의 어린이는 놀이터에 필요한 공공 또는 민간의 자원이 없기 때문에 특히 더 취약하다.

이 문제를 해결하기 위해 하먼드는 이중 전략을 사용했다. 먼저, 그는 지역사회에 뿌리를 두고 있으며 놀이터를 기획하는 것을 돕고 궁극적으로 놀이터를 관리하고 유지할 수 있는 기관과 협력한다. 카붐!은 이러한 기관에 큰 프로젝트를 기획하고 개발하는 법, 지역사회 자원봉사자를 동원하는 법, 모금하는 법에 대한 교육을 제공한다. 지역 내 기관은 이러한 기량을 갖춤으로써 힘을 얻고, 지역사회 내 다른 필요에 대해 자원을 동원할 수 있는 자신감을 가지게 된다.

두번째로, 카붐!은 놀이터를 만들기 위해 지역사회 파트너와 협력하는 기업 자원봉사자를 위한 팀 빌딩 활동을 개발한다. 기업 파트너는 팀 빌딩 활동에 대한 회비와 기부의 형태로 재정적 지원을 한다. 이 모든 과정은 지역사회와 기업 자원봉사자들이 모여 놀이터 프로젝트를 완수하는 데서 오는 성취감을 나누는 빌드 데이(Build Day)로 막을 내린다. 이 과정이 성공적으로 끝난 후, 참여 기업과 직원들이 해당 지역사회에 더 많은 헌신과 지원을 보내주는 경우도 종종 있다. 카붐!은 지역사회와 기업이 모두 참여하는 이 독특한 조합을 활용하여 미국 내 50개 주 모두에 '아이들에게 영감을 받은' 놀이공간을 만들 수 있었다. 카붐!의 설립 이후 2,200개 이상의 놀이터가 만들어졌고 약 600만 명의 어린이가 이를 이용하고 있다.

사례 질문

1. 카붐!은 어떤 충족되지 않은 사회적 필요를 공략하는가?
2. 카붐!은 어떻게 사회적 가치를 창출하는가?
3. 카붐!은 자신이 활동하는 지역사회 내에서 변화의 주체로서 역할을 했는가?
4. 지속 가능성을 확보하기 위해 카붐!은 어떤 단계를 거쳤는가?

행동하기

상업적인 기업가와 마찬가지로 사회적 기업가도 열정 때문에 자신의 사업을 시작한다. 사회적 기업가의 경우, 그 열정이 특별한 사회적 문제 또는 충족되지 않은 필요를 향해 있다. 다양한 사회 문제와 필요에 대한 당신의 태도를 생각해 볼 때, 당신의 열정은 무엇인가? 예를 들어, 미국의 전 영부인인 미셸 오바마는 특히 어린이와 청소년의 건강한 식생활과 운동에 대한 열정을 보여줬는데, 이는 미국에서 날로 커지는 아동 비만 문제를 해결하기 위함이었다. 미셸 오바마는 어떻게 이러한 열정을 표현했고 어떤 유형의 임팩트를 가져왔는가? 특정한 사회적 필요에 대한 당신의 열정을 생각해 볼 때, 그 필요를 채우기 위해 당신은 어떤 행동을 취할 수 있는가? 또는 어떤 행동을 이미 취했는가? 다음과 같은 행동들을 고려해 볼 수 있다.

1. 충족되지 않은 사회적 필요를 다루는 지역사회 기반의 조직에서 봉사활동 하기
2. 학생이라면, 사회적 필요를 다루는 교내 기관이나 동아리와 협력하기
3. 행사나 모금 행사를 기획하기
4. 봉사-학습[8] 프로젝트에 참여하기
5. 충족되지 않은 사회적 필요를 다루기 위한 조직·기관을 직접 설립하기
6. 소셜 미디어를 통해 같은 열정을 공유하는 사람들 간의 커뮤니티 만들기

인터넷 활용하기

'행동하기'에서 당신이 열정을 갖고 있는 사회적 문제나 충족되지 않은 사회적 필요를 확인했다면, 인터넷을 통해 해당

필요를 다루는 소셜벤처를 찾아보자. 몇 개나 찾았는가? 그 중 하나의 소셜벤처를 골라 특징을 말해보자. 연혁은 어떻게

되는가? 미션은 무엇인가? 누구를 돕고자 하는가? 어떻게 사회적 가치를 창출하는가? 어떤 조직형태를 활용하는가?

범위는 지역적, 전국적인가 또는 세계적인가? 어떻게 변화의 주체로서 역할을 하는가? 지속가능성을 갖추기 위해 어떤

전략을 사용했는가? 지속가능성이라 함은 소셜벤처가 오랜기간 지속할 수 있는 역량을 말한다.

---

8. 봉사-학습(Service-learning)은 학습 목표를 지역사회 봉사와 연계함으로써 사회적 필요를 충족함과 동시에 실제적인 학습 경험을
  제공하는 교육 접근법이다.(역자주)

2
사회적 기업가정신의 이론과 모델

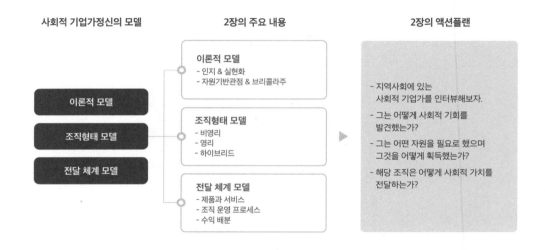

사회적 기업가정신의 모델	2장의 주요 내용	2장의 액션플랜

이론적 모델	**이론적 모델**
	- 인지 & 실현화
	- 자원기반관점 & 브리콜라주
		- 지역사회에 있는
		  사회적 기업가를 인터뷰해보자.
		
		- 그는 어떻게 사회적 기회를
		  발견했는가?
		
		- 그는 어떤 자원을 필요로 했으며
		  그것을 어떻게 획득했는가?
		
		- 해당 조직은 어떻게 사회적 가치를
		  전달하는가?

조직형태 모델	**조직형태 모델** - 비영리 - 영리 - 하이브리드	
전달 체계 모델	**전달 체계 모델** - 제품과 서비스 - 조직 운영 프로세스 - 수익 배분	

목표 | 이 장을 읽고 나면 다음을 할 수 있게 될 것이다.

1. 사회적 기업가정신에 적용되는 주요 이론적 모델에 대해 설명하기
2. 소셜벤처가 사용하는 주요 조직형태 모델을 구분하기
3. 서로 다른 조직형태 모델의 상대적 장점과 단점을 설명하기
4. 이 장에서 다루는 조직형태 모델을 활용하고 있는 다른 소셜벤처의 사례 들기
5. 소셜벤처가 사회적 가치를 전달하는 다양한 방법을 설명하기

사회적 기업가정신을 이해하는 데 있어 이론적 모델의 역할

1장에서는 이 책 전반에 걸쳐 사용할 사회적 기업가정신의 정의를 제시하였다. 그리고 빈곤, 기아, 교육, 환경, 사회 정의와 같은 영역에서 충족되지 않은 사회적 필요를 다룸으로써 사회적 가치를 창출하는 것의 중요성을 강조했다. 사회적 기업가정신에 대한 정의에는 대부분 사회적 가치 창출이 핵심 요소로 포함된다. 많은 소셜벤처는 지속가능성을 확보하기 위한 수단으로 특정한 형태의 경제적 가치도 창출한다. 이런 관점에서 사회적 가치와 경제적 가치는 반드시 상호 배타적인 것이 아니라 한 연속체의 부분들이다(Austin et al., 2006). 앞으로 살펴볼 텐데, 어떤 조직은 사회적 가치 창출을 더 강조하는 반면 어떤 조직은 경제적 가치 창출을 더 중시하며, 점점 더 많은 조직들이 이 두 가지 사이의 균형을 이루고자 노력하고 있다. 이러한 '하이브리드' 조직들은 1장에서 다룬 것과 같은 '공유 가치'를 창출한다.

이 장에서는 사회적 기업가정신을 설명하는 데 도움이 되는 몇 가지 이론적 모델을 다루면서 그것들이 어떻게, 왜 적용될 수 있는지 이해하기 위한 틀을 제시할 것이다. 앞으로 보게 되겠지만 이러한 이론적 모델은 서로를 보완하는 경우가 많다. 이 모델들을 모두 함께 고려함으로써 이 주제에 대한 이해를 보다 넓고 깊게 할 수 있다. 또한, 비영리에서부터 영리 상업적 기업과 하이브리드 형태를 포함하는 사회적 기업가정신의 다양한 조직형태 모델을 제시할 것이다. 수많은 사회적 기업가들이 자신의 목표를 달성하는 데 이 모델들을 활용하였다. 특정한 모델을 선택하는 것은 기업가의 목표와 그가 활동하는 맥락 또는 환경에 달려 있다. 마지막으로, 사회적 가치 창출에 대한 전달 체계 모델을 다루고 이 장을 맺을 것이다. 소셜벤처는 자신이 생산하는 제품과 서비스를 통해, 제품과 서비스를 생산하는 방법을 통해, 제품과 서비스의 판매로 얻은 수익을 분배하는 방식을 통해 사회적 가치를 창출하고 전달할 수 있다는 점을 살펴볼 것이다.

사회적 기업가정신의 이론적 기초

사회적 기업가정신이라는 현상이 새로운 것이 아님에도 불구하고 사회적 기업가정신에 대한 이론은 상대적으로 새로운 것이며 아직도 발전하고 있다. 그렇지만 사회적 기업가정신 이론은 기업가정신 전반에 대한 우리의 연구에서 도출된 주요 이론에 바탕을 두고 있다. 이 섹션에서는 사회적 기업가정신을 연구하는 데 기초가 되는 주요 기업가정신 이론 중 일부를 간단하게 설명하고 그에 대한 사례를 제시할 것이다.

인지 이론

사회적 기업가정신에 적용되는 두 가지 중요하고 상호 연관된 이론은 인지 이론과 실현화 이론이다.

인지 이론에서는 개인이 정보를 접하고 처리하는 방법을 살펴본다(Mitchell et al., 2002). 사회적 기업가정신의 관점에서 볼 때, 기업가의 행동은 자신이 접근할 수 있는 정보의 형태와 그 정보를 어떻게 처리하고 그것에 어떻게 반응하는가에 따라 만들어질 것이라고 생각할 수 있다. 예를 들어, 기아 문제에 대해 알게 된 누군가는 그 문제를 완화하기 위한 행동을 취할 동기부여가 될 수 있다. 1장에서 살펴본 카붐!의 사례에서는 사회적 기업가 대럴 해먼드가 가난한 지역사회 어린이를 위한 안전한 놀이공간이 부족한 것에 동기부여가 되었다. 인지 이론에서는 사회적 기업가의 환경의 중요성과 기업가가 그 환경을 해석하는 방법을 강조한다(Eggers & Kaplan, 2013). 그리고 그것이 기업가의 조직이 충족되지 않은 사회적 필요에 반응하는 방식에 영향을 미친다.

실현화 이론

인지 이론과 연관된 실현화 이론에서는(Sarasvathy 2001, 2004) 개인이 불확실한 환경적 조건 하에서 활동한다고 주장한다. 이러한 불확실성에 직면했을 때, 사람들은 활용 가능한 대안의 범위 안에서 한 가지 행동 방침을 선택하는 것으로 반응한다는 것이다. 실현화 이론은 사회적 기업가정신을 연구하는 데 특별히 밀접한 관련이 있는데, 이는 실현화 이론이 인지 이론과 마찬가지로 기업가에 대한 환경 또는 맥락의 영향력을 강조하기 때문이다. 이것은 앞서 1장에서 소개한 주제 중 한 가지이며, 이 책의 전반에 걸쳐 계속 발전시켜 나갈 것이다. 모든 사회적 기업가는 어느 정도의 불확실성에 직면한다. 이러한 불확실성의 본질은 다양하며 기업가가 어디에 있는가와 그가 활동하고 있는 환경의 유형에 따라 결정된다. 선진국에서의 불확실성에는 경제 상황, 문화적 유행의 영향력, 법과 규제, 조세제도 등이 포함될 수 있다. 반면, 개발도상국에서는 내전, 정치적 쿠데타, 기근과 기아, 전염병, 검열, 인권 침해 등도 불확실성에 포함될 수 있다. 각각의 불확실성은 사회적 기업가가 자신을 둘러싼 환경을 인지하는 방법과 자신의 소셜벤처를 개발하고, 시작하고, 키우는 과정에서 하는 선택에 영향을 미친다.

실현화 이론의 실제 : 임브레이스 신생아 체온 유지기

개발도상국에서 사용할 수 있는 저가의 아기 체온 유지기를 개발한 소셜벤처 임브레이스 (www.embrace.org)를 창업한 네 명의 기업가는 실현화 이론의 실제 사례를 보여준다. 제인 첸(Jane Chen), 라이너스 량(Linus Liang), 나가낸드 머티(Naganand Murty)와 라훌 패니커(Rahul Panicker)는 모두 스탠포드 대학교의 '최고의 가격 적정성을 위한 기업가적 디자인(Entrepreneurial Design for

Extreme Affordability Program)' 과정의 수강생이었고 여기서 임브레이스 신생아 체온 유지기에 대한 아이디어를 생각해 냈다. 연간 약 2천만 명의 조산아 또는 저체중아가 태어나는데 그 중 보통 개발도상국에 있는 약 4백만 명은 많은 경우 저체온증으로 인해 사망한다. 아기가 태어나서 어머니의 자궁을 떠나는 순간 체온이 떨어지기 시작한다. 조산아와 저체중아는 건강한 체온을 유지하는 데 충분한 체지방이 없기 때문에 특히 취약하다. 스탠포드 대학교 학생이었던 네 명의 기업가는 처음에는 병원에서 사용되는 전통적인 형태의 인큐베이터 보다 작고 저렴한 버전을 개발했다. 그런데 제품의 타깃으로 삼고자 했던 아기들 중 상당수가 병원이나 전통적인 인큐베이터에 전력을 공급할 수 있는 안정적인 전력원에 대한 접근성이 없는 농촌 지역사회에서 태어난다는 것을 알게 되었다. 이러한 환경적 불확실성에 대응하여, 네 명의 기업가는 충족되지 않은 이 사회적 필요를 해결하기 위한 혁신적인 기술을 개발했다. 그 결과로 탄생한 임브레이스 신생아 체온 유지기는 작은 침낭과 발열 패드가 들어가는 내부 주머니로 구성되어 있다. 패드에는 37℃(체온)에서 녹아 4시간에서 6시간 동안 온도를 유지하는 밀랍과 같은 특수한 물질이 들어 있다. 어머니들은 전기 또는 뜨거운 물 가열기를 활용하여 약 25분 동안 패드를 데움으로써 신생아 체온 유지기를 '활성화'시킬 수 있다. 따라서 이 제품은 안정적인 전력원에 의존하지 않는다. 또한, 임브레이스는 휴대하기가 매우 쉬우며 전통적인 인큐베이터에 비해 훨씬 저렴한 가격으로 판매된다(전통적 인큐베이터는 2만 달러, 임브레이스 인큐베이터는 200달러).

임브레이스는 지역 비영리기관과 협력하여 신생아 체온 유지기를 병원과 지역 보건소에 배포했다. 그리고 이 기관들은 신생아의 건강을 지키기 위해 신생아 체온 유지기를 필요로 하는 어머니들을 확인했다. 임브레이스의 이야기는 인지 이론과 실현화 이론 모두에 대한 훌륭한 사례이다. 창업가들은 개발도상국에서의 저체온증으로 인한 신생아 사망 문제에 대해 알게 되었다(인지). 또한, 농촌 지역사회에서 발견한 환경적 불확실성에 맞춰 자신들의 제품 디자인을 수정하고 혁신했다(실현화). 임브레이스 신생아 체온 유지기를 만들어 내면서 이들 기업가들은 개발도상국의 어머니와 아기들을 위한 보건의료 서비스의 기획과 전달에 있어 '변화의 주체'로서의 역할을 했다.

자원기반관점

세 번째 중요한 이론은 자원기반관점(Resource-Based View, RBV)으로 각 기업은 유형 자원과 무형 자원의 혼합물을 대표한다는 전제를 바탕으로 한다(Barney, 1991). 유형 자원에는 금융 자본, 다른 기부금, 시설과 장비, 사람들이 포함될 수 있다. 무형 자원에는 교육과 경험이라는 형태의 인적 자본과 계약과 네트워크라는 형태의 사회적 자본이 포함될 수 있다. 사회적 기업가정신의 맥락에서 보면, 자원기반관점에서는 기업가가 자신의 벤처를 시작하고 성공하도록 만드는 데 필요한 모든 자원을 반드시 다 가지고 있지 않다는 점을 인정한다. 그 대신 사회적 기업가는 보통 내적, 외적 자원과 역량을 활용한다. 임브레이스 신생아 체온 유지기의 사례에 비추어 보면, 내적 자원에는 시간, 에너지, 창업가 4인의 재능 등이 포함된다. 외적 자원에는 후원자와 대기업의 재정적 후원과 제품 배포를 도울 비영리기관의 네트워크 등이 포함된다. 아래 살펴볼 세컨드 라이프 바이크스(Second Life Bikes)의 경우, 이러한 자원에 자원봉사 노동력, 공간, 금융 자본이 포함될 수 있다. 세컨드 라이프 바이크스의 사례는 지역사회 의식, 주인 의식, 중고 자전거를 수리하고 재활용하는 데서 오는 자부심과 같은 무형 자산의 중요성도 보여준다.

브리콜라주(Bricolage)

기업가가 성공하기 위해 필요한 자원을 확보하는 방법을 설명한다는 점에서 브리콜라주 이론은 자원기반관점과 밀접하게 연관되어 있다. 브리콜라주라는 용어는 인류학자 클로드 레비-스트라우스 (Claude Levi-Strauss 1967)가 문제를 해결하거나 기회를 활용하는 새로운 방법에 이르기 위해 활용가능한 자원을 재조합하는 과정을 설명하기 위해 처음 사용하였다. 최근에는 브리콜라주가 자원의 제약을 가진 기관에 특별히 적합한 전략으로 여겨졌다(Baker, 2007). 베이커와 넬슨에 따르면, 브리콜라주에는 세 가지 주요 특징이 있다(Baker and Nelson, 2005). 첫째로, 브리콜라주는 주어진 문제 또는 기회를 다루기 위한 행동에 대한 지향을 포함한다. 둘째로, 종종 다른 기업이 가치 없다고 보는 투입물에서 가치를 발견하는 것을 포함한다. 셋째로, 새로운 목적을 달성하기 위해 자원을 조합하는 것을 포함한다.

브리콜라주 이론은 사회적 기업가정신에 대한 우리의 연구에 특히 적합한데, 사회적 기업가는 사회의 충족되지 않은 필요를 대변하는 주제나 문제를 다루는 경우가 많기 때문이다. 여기에는 교육, 보건, 기아, 인권과 사회 정의, 환경과 같은 분야가 포함된다. 이러한 중요한 필요에서 특정 부류의 사람들은 종종 '소외'된다. 이에 비추어 사회적 기업가의 임무는 그와 같은 필요를 다루는 새롭고 창의적인 방법을 찾는 것이다. 소셜벤처도 가난한 지역사회와 개발도상국과 같은 자원이 부족한 환경과 관련이 있는 경우가 많다. 따라서, 사회적 기업가는 사회적 가치를 창출하는 데 지렛대 역할을 할 수 있는 자원을 주도적으로 찾고 활용해야 한다(Di Domenico et al., 2010). 세컨드 라이프 바이크스는 자원기반관점에 더해 브리콜라주의 실제 사례를 보여준다.

브리콜라주의 실제 : 세컨드 라이프 바이크스

세컨드 라이프 바이크스(www.secondlifebikes.org)의 미션은 더 많은 사람들, 특히 어린이들로 하여금 더 자주 자전거를 타게 하는 것이다. 사회적 기업가 케리 마틴(Kerri Martin)이 설립했으며 뉴저지주의 애즈베리 파크에 위치한 세컨드 라이프 바이크스는 사람들이 중고 자전거를 기부하고, 자전거 수리·유지·안전에 대해 배우고, 일정 시간 이상 자원봉사를 한 후 리퍼 자전거를 얻을 수 있는 지역사회의 중심지가 되었다. 이 기관의 사회적 목표는 자전거를 구입하기 어려운 도시의 어린이에게 자전거를 제공함으로써 운동할 기회를 주는 것이다. 그리고 이 아이들은 자원봉사를 통해 자신의 자전거를 '얻고' 가게에서 자전거를 수리하면서 목표 의식과 자존감도 갖게 된다.

세컨드 라이프 바이크스는 자원봉사 노동력과 시간, 돈, 중고 자전거의 기부를 포함하여 지역사회 내부의 자원에 크게 의존한다. 점점 더 많은 사람이 이 기관과 이 곳의 미션에 대해 알게 되면서 중고 자전거를 수리한 리퍼 자전거를 판매함으로써 수익도 얻게 되었다. 세컨드 라이프 바이크스는 창업자들이 특히 버려지는 중고 자전거 및 부품과 같이 지역사회 내에서 구할 수 있는 자원을 활용했다는 점에서 사회적 브리콜라주의 훌륭한 예이다. 중고 자전거는 어린이들에게 안전한 환경과 기술과 목표의식을 줌으로써 '새로운 목적을 달성'한다.

사회적 기업가정신의 조직형태 모델

이 섹션에서는 소셜벤처가 사용하는 세 가지 주요 조직형태를 알아볼 것이다. 이 세 가지는 비영리, 영리, 하이브리드 모델이다. 소셜벤처를 비영리기관과 연관 짓는 경우가 많지만 점점 더 많은 소셜벤처가 영리와 하이브리드 형태를 취하고 있는데, 그 이유는 아래에서 살펴볼 것이다. 또 한 가지 유념해야 할 점은 각 조직형태 모델이 별개의 형태가 아니라 '순수' 비영리기관에서부터 '순수' 영리기업 또는 상업기업에 이르는 연속 선상의 단계인 경우가 많다는 점이다. 뒤에서 살펴볼 사례 공유 및 다양한 사례에서와 같이 소셜벤처 조직은 이 연속선상에서 어디든 위치할 수 있다.

비영리 모델

전통적인 소셜벤처의 조직형태 모델은 비영리기관이다. 상업적인 벤처와 달리 비영리기관은 수익(매출에서 비용을 뺀 금액)을 주주에게 배분하지 않는다. 그 대신 잉여 자금을 다양한 이해관계자를 돕는 데 사용한다. 비영리기관으로 조직을 구성하는 데는 몇 가지 혜택이 있다. 한 가지 혜택은 비영리기관에게는 일반적으로 많은 지역, 주, 국가 세금이 면제되고 이에 따라 수익의 보다 큰 부분을 서비스를 제공하는 데 사용할 수 있다는 점이다. 비영리 모델의 두 번째 혜택은 자선 기부금은 세제 혜택을 받으며 이 점이 잠재적 후원자에게 기부에 대한 유인이 된다는 점이다. 세 번째이자 매우 중요한 혜택은 비영리 벤처는 주주로부터 주가를 유지하거나 단기간에 수익을 극대화해야 한다는 압박을 받지 않기 때문에 자신의 소셜미션을 '정직'하게 지켜 나가기가 더 쉬울 수 있다는 점이다.

미국의 비영리 소셜벤처는 대부분 501(c)(3) 조직으로 등록되어 있다. 이 명칭은 미국의 내국세입법의 한 부분에 명시된 것으로 어떤 민간 소유주나 개인에게도 수익을 배분하지 않는 조직에게 적용된다(www.irs.gov). 그 대신 '자선단체'라고도 불리는 501(c)(3) 기관은 다양한 이해관계자를 돕는 데 수익을 사용한다. 이 정의에 부합하는 기관은 수익에 대해 세금을 내지 않아도 된다. 또한 세금 공제가 되는 기부금을 받을 수 있는데 이것이 많은 비영리 소셜벤처의 주된 매출원이다.

캐나다의 비영리기관

캐나다의 비영리 섹터에는 등록 자선단체, 재단, 비영리기관의 세 가지 유형의 조직이 있다(Carter & Cooper, 2009). 자선단체는 자선단체를 규제하는 캐나다 국세청의 자선단체 부서에서 명시하는 기준에 부합하는 프로그램을 운영하는 기관이다. 미국과 같이, 캐나다의 자선단체에 기부하는 개인과 단체는 세금 혜택을 받는다. 재단은 등록 자선단체의 한 유형으로 주로 자금의 분배를 위해 존재하는 기관이다. 비영리기관은 동아리, 기관, 또는 조합으로 자선단체는 아니지만 사회복지와 시민의 삶의 개선을 목적으로 조직되어 활동하는 조직이다. 비영리기관도 자선단체와 마찬가지로 세금 혜택을 누린다. 비영리 기업은 구성원과 경영진으로부터 독립된 법인으로 설립된 '하이브리드' 기관이다. 수익을 낼 수 있지만, 그 수익을 주주, 구성원, 경영진에게 배분하는 것이 아니라 기관의 미션을 달성하는 데 사용해야 한다(www.sectorsource.ca).

비영리 모델 사례 공유 : 해비타트(Habitat for Humanity)

해비타트(www.habitatforhumanity.org)는 비영리 소셜벤처의 사례이다. 해비타트의 사명 선언문은 다음과 같다.

> **해비타트는 모든 남성, 여성과 어린이에게 제대로 된 안전하며 알맞은 가격대의 살 곳이 있어야 한다고 믿는다. 우리는 자원봉사 노동력과 기부금을 활용하여 전 세계에서 집들을 짓고 수리한다. 우리의 파트너 가정들은 이러한 집을 무수익, 무이자 주택담보대출이나 혁신적인 자금 조달 방법을 통해 구입한다.**

해비타트는 자원봉사자를 활용하여 전 세계의 저소득 또는 빈곤의 타격을 받은 지역사회의 집을 복구함으로써 이 미션을 추구한다. 그 후 이런 집은 다른 방법으로는 집을 구입할 수 없었을 가정에 적당한 가격으로 판매된다. 해비타트의 활동에 필요한 자금은 개인과 대기업의 지원금과 기부금으로 채워진다. 1976년 설립 이래로 해비타트는 60만 이상의 가정에 집을 제공했다.

이러한 꽤 많은 이점에도 불구하고 비영리 형태에는 몇 가지 약점이 있다. 그 중 한 가지는 비영리기관이 돕는 이해관계자 중 상당수는 자신이 받는 서비스에 대한 가격을 지불할 수 없다는 점이다. 따라서 비영리기관은 '고객'으로부터 발생하는 매출을 안정적인 수익원으로 의지할 수 없다. 이에 반해 많은 비영리기관은 다양한 대체 수익원으로부터 모금을 하기 위해 상당한 시간을 투여한다. 따라서 많은 비영리기관은 만성적으로 자원이 한정되어 있으며 이로 인해 큰 임팩트를 창출하거나 활동을 확대하기가 어렵다. 둘째로, 이러한 자원의 제약은 숙련된 관리자를 고용하고 유지하기 어렵게 만드는데, 이는 비영리 섹터의 임금과 기타 혜택이 영리 섹터보다 대체로 낮기 때문이다. 또한 자원의 제약은 주어진 임무에 대해 지속적으로 일하기 보다 간헐적으로 일하는 경우가 많은 자원봉사자가 하는 일에 대한 의존도를 높임으로써 측정가능한 성과를 도출하기 더욱 어렵게 만든다.

영리 모델

사회적 기업가정신에 대한 과거의 정의 중 몇 가지는 비영리 조직형태에 초점을 많이 맞추고는 했다. 하지만 최근에는 이러한 흐름에 변화가 생겼다. 점점 더 많은 새로운 소셜벤처가 영리 또는 하이브리드 조직으로 만들어지고 있다. 영리 벤처는 기업의 소유주인 주주에게 경제적 수익을 돌려준다. 상장기업에서는 이러한 경제적 수익이 배당금과 자본 이익의 형태로 나온다. 비상장기업에서는 경제적 수익이 창업가, 창업가의 가족 구성원, 주요 직원, 투자자를 포함하는 주주에 대한 배분의 형태로 나온다.

영리기업의 조직형태는 비영리 벤처의 약점을 어느 정도 '바로잡아' 준다. 어떤 조직이 상장

기업이라면 기부금, 지원금, 제품과 서비스의 판매뿐 아니라 은행 대출과 기업 부채 및 투자를 포함한 넓은 범위의 자금 조달 방법을 활용할 수 있다. 또한 영리 벤처는 그 성격상 수익을 창출하는 것에 중점을 둔다. 따라서 반드시 매출이 비용을 초과하도록 한다. 이러한 요인들로 인해 영리 벤처는 운영 활동과 투자금 상환에 활용할 수 있는 자금을 확대할 수 있다. 따라서 영리기업은 재능 있는 관리자와 직원에게 시장의 시세대로 보상을 해주기에 더 좋은 위치에 있다. 비영리기관과 달리 영리기업은 손실을 내면서 운영하거나 매일의 업무를 관리하는 데 자원봉사자에게 많이 의존할 가능성이 낮다.

영리 모델 사례 공유 : 힌트(HINT)

힌트 워터(www.drinkhint.com)는 영리 소셜벤처의 한 사례이다. 힌트는 미국에서 급속하게 확산되고 있는 아동 비만을 퇴치하고 설탕이 첨가된 음료와 탄산음료에 대한 대안을 제공하기 위한 수단으로 카라 골든(Kara Golden)이 샌프란시스코에서 설립하였다. 힌트는 천연의 맛을 더한 병에 든 생수를 생산하고 판매하며 고객에게 "설탕 말고 물을 드세요"라고 설득한다. 힌트의 제품은 아마존닷컴과 홀푸드를 포함한 다양한 유통업체와 식료품업체 및 천연식품업체를 통해 미국 전역에서 판매되고 있다. 2012년에 힌트의 매출액은 3천만 달러를 넘었다.

영리 소셜벤처를 운영하는 것의 도전과제 중 하나는 사회적 목표와 경제적 목표 간의 알맞은 균형을 이루는 것이다. 어떤 연구자들은 수익과 주주를 위한 이익을 창출하는 것에 대한 압박이 영리기업으로 하여금 자신의 소셜미션에서 빗나가게 만들 수 있다고 말한다. 사회적 기업가의 목표와 주주 및 투자자의 목표가 너무나 달라서 그 둘 사이의 균형을 맞추기가 어려울 수 있다는 점을 지적하는 것이다. 그럼에도 불구하고 영리 모델은 소셜벤처가 직면하는 주요 도전과제 중 한 가지를 다루는 데 매우 효과적일 수 있다. 바로 생존하고 성장하기에 충분한 자금을 창출하고 모으는 것이다.

영리조직의 형태

영리기업은 다음의 세 가지 주요 조직형태 중 하나를 취한다: 개인기업, 공동기업, 법인기업(Brigham & Ehrhardt, 2014, pp. 5-9). 개인기업은 자신을 위해 사업을 시작하는 한 명의 개인으로 구성된다. 추가적인 직원도 있을 수 있지만 유일한 소유주는 창업가 한 명이다. 개인기업은 주로 매우 작고 지역 수준에서 영업하는 것이 보편적이다. 주요 이점은 진입이 쉽다는 점과 보고 의무가 적다는 점이다. 세금 관점에서 보자면 개인기업은 기업가 자신의 개인적인 소득과 기업의 소득에 대해 각각의 세금신고서를 제출하지 않아도 된다는 이점이 있다. 이러한 형태의 조직에 대해서는 개인 소득과 기업 소득이 모두 기업가의 개인 소득세신고서에 보고되며 개인 소득세의 대상이 된다.

두 번째 조직형태인 공동기업은 두 명 이상이 기업을 설립할 때 해당하는 유형이다. 공동기업도 개인기업과 똑같은 이점을 많이 가지고 있다. 이에 더해 공동기업은 한 명 이상의 소유주의 재원을 활용할 수 있기 때문에 보다 큰 금액의 자금을 모을 수 있다는 이점이 있다. 하지만 개인기업과 공동기업 모두의 약점은 무한책임의 문제이다. 이는 기업과 소유주가 함께 고소를 당할 수 있음을 뜻한다. 둘 사이의 '경계'가 없기 때문이다. 그런데 기업 소유주들이 무한책임의 문제에 대응하기 위한 몇 가지 방법을 찾아냈다. 한 가지 방법은 책임 보험에 가입하는 것으로 많이 사용되는 방법이다. 공동기업의 경우, '유한' 책임의 형태도 있다. 유한 책임 조합원이 자본을 출자하지만, 고소를 당하거나 기업이 실패하게 될 경우 자신이 이미 출자한 금액에 대해서만 책임을 지는 것이다. 따라서 이들이 손실을 입을 가능성은 제한적이다.

앞서 언급한 것과 같이 개인기업과 공동기업의 형태는 작은 규모와 중간 규모의 조직에 적합하다. 하지만 이러한 형태는 일반적으로 성장을 지향하거나 보다 큰 규모를 가진 기업의 필요를 충족시켜주지 못한다. 특히, 성장을 지향하는 기업에게 큰 금액의 외부 자본을 유치할 방법을 제시해 주지 못한다. 이러한 관점에서 법인기업의 조직형태는 개인기업 또는 공동기업의 한계점을 보완해준다. 법인기업은 그 회사를 설립한 창업가와 별개의 법적 실체이다. 다른 두 가지 형태와 달리, 법인기업에는 유한 책임의 이점이 있는데 이는 회사가 고소를 당해도 회사의 소유주와 직원들은 고소를 당하지 않는다는 것을 뜻한다. 법인기업은 대체로 개인기업과 공동기업보다 규모가 크기 때문에 외부 자본을 유치하기에 더 좋다. 상장기업 또는 조직화된 거래소에서 거래되는 기업은 채권과 주식을 발행할 수 있다. 표 2-1은 영리 조직과 비영리 조직의 주요 차이점을 요약한 것이다.

이러한 매력에도 불구하고 법인기업에는 몇 가지 단점이 있다. 보고 의무의 부담이 매우 크며 상장기업의 경우 특히 더 그렇다. 또한 법인기업은 '이중 과세'의 문제를 겪는데, 기업가가 회사로부터 얻은 자신의 개인적인 소득뿐만 아니라 회사의 소득에 대해서도 보고하고 세금을 납부해야 하기 때문이다. 즉, 같은 소득이 한 번은 회사 수준에서 또 한 번은 개인적인 수준에서 두 번 과세되는 것이다.

법인기업 형태가 규모가 작은 기업에게 유한책임과 같은 중요한 이점을 제공해준다는 인식이 확산되면서 이러한 기업들의 필요를 충족하기 위한 두 가지 다른 조직형태가 등장했다. 이는 S-법인(S-Corporation)과 유한책임회사(LLC)로, 두 가지 모두 창업가와 직원들에게 유한책임이라는 보호막을 제공해준다. 또한, 두 가지 형태 모두 회사의 수익은 기업가의 개인적인 세금신고서에 반영되기 때문에 이중 과세의 문제도 피할 수 있다. 마지막으로, 조직형태는 반드시 고정적인 것이 아니며 시간에 따라 진화할 수 있다. 예를 들어, 한 기업가가 개인기업으로 기업을 시작했다가 기업이 성장하고 그 필요가 점점 복잡해짐에 따라 법인기업의 형태 중 한 가지로 바꿀 수 있다.

[표 2-1] 영리 조직과 비영리 조직의 주요 차이점

	영리	비영리
미션	주주를 위해 경제적 가치를 창출하는 것	지역사회 구성원을 위해 사회적 가치를 창출하는 것
고객	제품과 서비스에 대해 시장 가격을 지불함	시장 가격을 지불하기 어려운 경우가 많음
직원	숙련도 또는 직무에 따라 급여를 받음	자원봉사자의 노동력에 크게 의존
관리자	급여를 받으며, 더 높은 성과를 내도록 인센티브를 받는 경우 많음	영리 섹터에 비해 적은 급여를 받는 경우가 많음
수익	주주에게 배당금으로 지급하거나 회사에 재투자함	운영을 위한 자금과 타깃 수혜자에게 혜택을 제공하는 데만 사용할 수 있음
세금	수익에 대해 법인소득세를 납부함. 주주는 배당금에 대한 개인적인 소득세를 납부함	법인소득세를 납부하지 않으며, 미국 국세청에 의해 비영리기관의 지위에 적합한 것으로 간주될 경우 개인소득세를 납부할 주주가 없음
자금	주요 재원에는 제품과 서비스 판매 수익, 부채, 자본이 포함됨	주요 재원에는 기부금, 모금 행사를 통한 모금액, 재단 또는 정부의 지원금, 그리고 간혹 소득이 포함됨
조직형태	개인기업, 공동기업, C-기업, S-기업, 유한책임회사(LLC)	501(C)(3)

하이브리드 모델

점점 더 많은 소셜벤처가 한 가지 틀 아래 영리와 비영리 활동을 결합하는 하이브리드 조직 모델을 개발함으로써 비영리와 영리 모델의 이점을 모두 결합하려는 시도를 하고 있다. 이는 한 소셜벤처 내에서 영리 조직은 매출, 수익, 주가에 집중하는 반면 비영리 조직은 해당 벤처의 소셜미션에 집중할 수 있게 해준다. 이러한 관점에서 하이브리드 형태는 '두 가지 세계의 가장 좋은 점'을 결합할 수 있는 가능성을 가지고 있다. 이러한 조직형태를 이용하는 기관은 일반적으로 영리 조직에서 발생한 수익의 일부를 비영리 조직으로 보냄으로써 보다 지속적이고 안정적인 자금조달 형태를 만들어 간다.

앞으로 사회적 기업가정신의 도전과제 중 하나는 영리와 비영리의 목표를 모두 담아낼 수 있는

조직형태를 더욱 발전시키고 개선해 나가는 것이다. 이러한 새로운 조직형태 중 하나로 2008년에 버몬트주에서 처음 도입된 저수익 유한책임회사(Low-Profit Limited Liability Company, L3C)가 있다. 이름이 내포하고 있는 것과 같이, 저수익 유한책임회사의 주된 미션은 경제적 가치보다는 사회적 가치를 창출하는 것이다. 그럼에도 불구하고 저수익 유한책임회사는 재단으로부터 부채 또는 자본의 형태로 프로그램연계투자(Program-related investments, PRIs)[1]를 받을 수 있다는 유연성을 갖고 있다. 다른 영리 조직과 마찬가지로 저수익 유한책임회사의 소유주는 세후 수익도 가져갈 수 있다.

하이브리드 형태의 두 번째는 베네핏기업(benefit corporation) 또는 비콥(B Corp)[2]이다. 기업이 비콥 자격을 얻기 위해서는 지역사회에 혜택을 제공하면서 주주를 위해 가치를 창출한다는 이중 목표를 가지고 있어야 한다. 즉, 비콥은 그 두 가지 약속을 모두 지켜야 하는 것이다. 이런 관점에서 비콥으로 기업을 조직화하는 것은 사회적 목적의 희생이 따를 수도 있는 더 높은 수익에 대한 주주들의 요구로부터 회사를 보호해준다. 베터 월드 북스(Better World Books)는 비콥으로 조직된 하이브리드 소셜벤처이다.

하이브리드모델 사례 공유 : 베터 월드 북스(Better World Books)

베터 월드 북스(www.betterworldbooks.com)는 노트르담 대학교에서 만난 세 명의 사회적 기업가가 2002년에 설립한 온라인 영리 서점이다. 중고책 판매 수익금을 문해교육 프로그램에 사용하는 것이 그들의 아이디어였다. 졸업 후, 셋은 자신들의 소셜벤처에 대한 아이디어를 발전시켰고 2003년 노트르담 소셜벤처 사업계획서 경진대회에 사업계획서를 제출했다. 대회에서 수상을 하여 7,000달러의 상금과 경험 많은 기업가로부터 멘토링을 받게 되었는데, 이 멘토는 나중에 베터 월드 북스의 대표이사이자 CEO가 되었다. 세 명의 창업가는 작게 시작했는데, 먼저 책을 모은 후 판매하여 지역 커뮤니티 센터에서 진행할 독서 프로그램의 비용을 충당하고자 했다. 인터넷의 힘을 알아차리고는 신속하게 온라인으로 모델을 옮겨 보다 큰 규모로 중고책을 모으고 판매하고자 했다. 베터 월드 북스는 책 한 권이 판매될 때마다 책 한 권을 비영리 문해교육 프로그램에 기부한다. 또한, 매출의 1%를

---

1. 미국의 재단들이 자신의 미션에 부합하는 자선 활동을 후원하기 위해 하는 투자로, 일정 기간 내에 잠재 수익을 가져다줄 수 있는 투자를 말한다. 주로 은행이나 민간 투자자들이 사용하는 대출, 대출담보, 주가연계예금, 자선단체나 상업적인 벤처에 대한 자선 목적의 자본 투자 등의 자금조달 방법이 포함된다.(역자주)
2. 베네핏기업은 미국의 각 주에서 인가해주는 법인 형태이며, 비콥은 법인 인가 지역과 무관하게 비영리기관 비랩(B Lab)에서 자체 평가기준을 충족한 세계 어느 기업에게나 부여하는 인증이다. 비콥이란 기업이 창출하는 긍정적인 사회환경적 성과를 측정하는 인증 제도로, 기업의 운영과 비즈니스 모델이 이해관계자(지배 구조, 기업 구성원, 지역 사회, 환경, 고객)에게 어떻게 영향을 미치는지 전반적으로 평가해서 일정 점수 이상을 획득하면 인증을 부여한다. (역자주)

도서관과 비영리 문해교육 프로그램에 기부한다. 오늘날 베터 월드 북스는 2백만 권 이상의 새 책과 중고책을 취급하며, 매달 백만 권 이상의 책을 판매한다. 이렇게 하여 전 세계에서 도서관과 문해교육 활동을 후원하기 위해 1,400만 달러 이상을 모금하였다. 베터 월드 북스는 주주에게 가치를, 문해교육 파트너에게 책과 재정적 지원을, 그리고 원래대로라면 쓰레기 매립지에 묻혔을 수백만 권의 중고책을 '재활용'하여 환경에 혜택을 제공함으로써 트리플 바텀 라인 비즈니스 모델을 적용하고 있다.

저수익 유한책임회사와 베네핏기업 모두 미국 주 단위에서 통과된 법률에 따라 인가를 받는다. 두 가지 유형 모두 수익은 전부 과세 대상이어서 비영리기관과 같은 세금 혜택을 누리지 못한다. 2013년 6월 기준으로 저수익 유한책임회사 법률은 미국 9개 주에서 시행 중이었고, 총 850개 기업이 저수익 유한책임회사로 등록되었다(www.intersector13c. com/13c_tally). 이와 마찬가지로, 2014년 4월 기준으로 미국 20개 주에서 베네핏기업 법률을 제정하여 베네핏기업의 설립을 허가하였다(www.benefitcorp.net).

영국의 공동체이익회사(Community Interest Company, CIC)

다른 나라에서도 비영리기관과 기업의 이점을 결합하는 새로운 하이브리드 조직형태에 대한 시도가 이어져 왔다. 이러한 목적으로 2006년 영국에서 새로운 형태의 자선 조직인 공동체이익회사가 만들어졌다. 공동체이익회사 형태는 이에 해당하는 기관으로 하여금 자선단체 지위를 신청하지 않고도 공공의 이익을 목적으로 하는 활동을 할 수 있게 해준다. 공동체이익회사는 자신의 미션을 추구하기 위해 수익을 창출할 수 있으며 유한책임 보호의 혜택을 받는다. 또한 규제와 보고 의무에 있어 부담이 적다(www.cicassociation.org.uk).

사회적 가치 창출을 위한 전달 체계 모델

소셜벤처의 다양한 조직형태 모델에 더해, 사회적 가치를 창출하고 전달하는 방법에 있어서도 다양한 모델이 있다. 예를 들어, 어떤 소셜벤처는 충족되지 않은 특정한 사회적 필요를 겨냥한 제품 또는 서비스를 만든다. 다른 벤처는 기업을 운영하는 방식을 통해 사회적 가치를 창출한다. 사회적 가치를 창출하는 세 번째 방법은 기업 수익의 상당 부분을 사회적 문제를 위해 사용하는 것이다. 이 섹션에서는 사회적 가치에 대한 이러한 '전달 체계' 각각에 대해 알아보고 사례를 살펴볼 것이다.

제품과 서비스를 통한 사회적 가치 전달

첫 번째 그룹은 자신이 전달하는 제품 또는 서비스를 통해 충족되지 않은 사회적 필요를 직접 겨냥하는 기관들이다. 이것이 아마 우리에게 가장 친숙한 사회적 가치 전달 체계일 것이다. 여기서 말하는 사회적 필요는 깨끗한 물과 같이 대규모이거나 전 세계적일 수도 있고 특정 도시의 노숙인 문제와 같이 보다 지역적인 것일 수 있다. 이러한 전달 체계 유형의 한 예로 전 세계 위기 지역에 의료 서비스를 제공하는 국경없는의사회(www.doctorswithoutborders.org)를 들 수 있다. 이들 지역은 주로 개발도상국 또는 가난한 나라의 지역이거나 전쟁, 이주, 대량학살, 자연 재해로 인해 의료 서비스에 대한 필요가 가중된 나라들이다. 1971년 프랑스에서 설립된 국경없는의사회(프랑스 및 세계 여러 곳에서 Médecins Sans Frontières, MSF로 알려짐)는 70개 이상의 나라에서 수백만 명의 사람에게 의료 서비스를 제공하였다. 2012년 한 해에만 830만 명에게 외래진료를 해주었다. 같은 해에 160만 건의 말라리아를 치료하였으며 대략 30만 명의 보통에서 심각한 수준의 영양실조에 걸린 어린이들을 급식프로그램에 적용시켰다(국경없는의사회 국제 활동 보고서 2012). 의료 서비스는 전 세계에서 자신의 서비스를 자원봉사로 제공하는 의사, 간호사와 다른 의료 전문가에 의해 제공되며 국경없는의사회의 자금 중 90퍼센트 이상이 개인 후원과 비영리기관의 후원으로 채워진다. 가장 필요한 사람들에게 의료 서비스를 제공한 공로를 인정받아 1999년에 노벨평화상을 수상하였다.

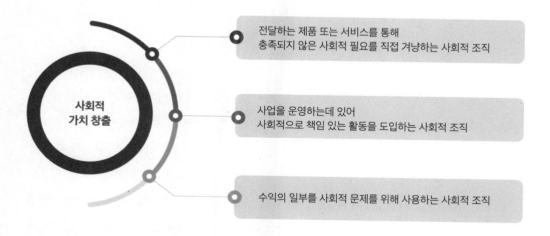

[그림 2-1] 사회적 가치 창출을 위한 전달 체계 모델

조직의 운영 프로세스를 통한 사회적 가치 전달

조직이 사회적 가치를 전달하는 두 번째 방법은 그 조직이 무엇을 하는가 보다는 그것을 어떻게 하는가와 관련이 있다. 즉, 이러한 기업과 조직은 자신의 일을 관리하고 수행하는 데 사회적으로 책임 있는 활동을 도입한다. 지속가능성, 건강, 교육적 발전, 취약계층 고용에 적합한 활동을 도입하는 기업이 이에 해당할 수 있다. 이러한 사회적 가치는 기업의 사명 선언문에 포함되어 있는 경우가 많으며 기업의 프로그램과 활동을 만들어가는 동력이다. 이러한 기업 중의 하나로, 2012년에 13억 달러의 매출을 올린 세계적인 사무실 가구 및 관련 제품 제조사 하워스(www.haworth.com)가 있다. 하워스는 사업 활동에 있어 지속가능성을 확고하게 추구하며 다음과 같은 '지속가능성 비전 선언문'을 작성했다.

하워스는 지속가능한 기업이 될 것이다. 우리는 더욱 지속가능한 활동에 직원을 참여시킨다. 우리는 환경에 중립적이거나 환경을 개선하는 공정을 개발하고 사용하며, 고객을 위해 유연하고 지속가능한 사무공간 솔루션을 만들어 낼 수 있는 방향으로 우리의 자원을 활용한다. 이 모든 활동을 세계적으로 수행함으로써 우리의 환경을 보호하고 복구하며 경제적 가치를 창출하고 지역사회를 지지하며 강화한다.

하워스는 녹색 건축, 녹색 에너지, 녹색 교통, 지속가능성의 영역에서 주요 목표를 설정하였다. 관련 계획에 '구성원'으로 불리는 직원을 참여시키는 다양한 프로그램과 활동을 갖추고 있다. 매년 주주를 위한 연간보고서를 작성하는 것에 더해 모든 이해관계자가 이러한 목표 대비 달성도를 검토할 수 있도록 '지속가능성 보고서'를 출간한다.

수익 배분을 통한 사회적 가치 전달

특히 영리기업이 사회적 가치를 전달할 수 있는 세 번째 방법은 사회적 문제를 위해 수익의 일부를 사용하겠다는 약속을 하는 것이다. 코네티컷주 하트포드에 위치한 더 워커 그룹(www.thewalkergroup.com)은 사회적 기업으로 운영하기 위해 다음과 같은 선언문을 채택하였다.

더 워커 그룹은 모두의 유익을 위해 사업을 운영하는 데 전념한다. 우리는 기업이 투자자에게 투자에 대한 공정하고 적정한 이익을 돌려줄 필요와 우리 모두가 연결되어 있다는 인식 사이의 균형을 맞출 수 있고 그렇게 해야 한다고 믿는다. 궁극적으로 우리는 함께 번영하거나 실패한다.

고객에게 다양한 기술 및 데이터 관리 서비스를 제공하는 더 워커 그룹은 이 사명 선언문에 따르기 위해 분배된 이익을 세 가지 이해관계자, 즉, 보통주주, 직원, 지역사회에 똑같이 배분한다. 지역사회의 필요를 다루기 위해 더 워커 그룹은 재단을 설립하여 펀딩에 대한 제안서를 검토하고 그에 대응한다. 그뿐 아니라 자선단체인 리셋(reSET)을 설립하여 코네티컷주 내 사회적 기업의 발전을 홍보하고 지원한다. 직원들을 참여시킬 방법으로 더 워커 그룹은 매년 일정 시간을 배정하여 기술적 지원을 필요로 하는 비영리기관에 프로보노 서비스를 제공할 수 있게 한다. 직원들도 지역사회 내의 소셜벤처가 후원하는 다양한 활동에 봉사하고 참여한다.

요약

이 장에서는 사회적 기업가정신을 이해하는 데 도움이 되는 틀을 제시해주는 네 가지 주요한 이론을 살펴보았다. 첫 번째 이론인 인지 이론에서는 개인이 정보를 접하고 처리하는 방식을 살펴본다. 두 번째 이론인 실현화 이론에서는 개인이 환경적 불확실성이라는 조건 아래에서 활동한다고 주장한다. 이 두 가지 이론은 모두 사회적 기업가가 기회를 인지하고 그에 반응하는 데 있어 환경의 영향력을 강조한다. 나머지 두 이론인 자원기반관점과 브리콜라주에서는 사회적 기업가가 인적, 사회적, 재정적 자본의 영역에서 필요한 자원을 확보하고 개발하는 방법을 다룬다.

또한, 이 장에서는 사회적 기업가정신의 세 가지 주요한 조직형태 모델을 소개하였는데 이는 비영리 모델, 영리 모델, 그리고 비영리와 영리 모델의 특징을 모두 포함하는 하이브리드 모델이다. 이러한 조직형태 모델에 더하여 사회적 가치를 전달하는 데 있어서의 세 가지 다른 모델을 다루었다. 그 중 첫 번째는 생산하는 제품과 서비스를 통해 가치를 제공한다. 두 번째는 조직의 운영 프로세스를 통해 사회적 가치를 제공한다. 마지막으로, 세 번째 전달 체계 모델은 수익의 배분을 통해 가치를 제공한다. 이처럼 다양한 이론과 모델은 사회적 기업가정신의 풍성함을 보여준다. 이 책의 사례 공유를 통해 사회적 기업가가 충족되지 않은 필요를 인지하고 그에 반응하며 자신의 벤처를 조직하고 사회적 가치를 전달하는 다양한 방법을 살펴볼 수 있을 것이다.

2장 질문

1. 인지 이론에서 말하는 바는 무엇이며, 그것이 사회적 기업가정신에 대한 우리의 연구에 어떻게 적용될 수 있는가?

2. 사회적 기업가가 환경적 불확실성에 대처하는 법에 대해 이해하는 데 실현화 이론은 어떤 도움을 주는가?

3. 자원기반관점은 무엇이며, 그것이 사회적 기업가정신에 대한 우리의 연구에 어떻게 적용될 수 있는가?

4. 사회적 기업가가 필요한 자원을 획득하는 데 사용하는 창의적인 전략을 이해하는 데 브리콜라주 이론은 어떤 도움이 되는가?

5. 소셜벤처가 사용하는 세 가지 주요한 조직형태 모델을 논해보자. 각각의 이점과 약점은 무엇인가?

6. 소셜벤처가 사회적 가치를 전달할 수 있는 세 가지 주요한 방법을 논해보자. 각자의 경험 또는 학습을 통해 각각에 대한 예를 제시해보자.

사례 공유

아포포(Apopo): 쥐를 훈련시켜 생명을 구하기

아포포(www.apopo.org)에 대한 아이디어는 1995년에 바트 윗젠스(Bart Weetjens)가 영국의 다이애나 왕비가 지지했던 세계적인 지뢰 문제에 대한 해결책을 탐색하던 중 떠올린 것이다. 당시에 윗젠스는 자신의 모국인 벨기에의 앤트워프 대학교에 재학 중이었다. 현재, 전 세계에서 66개 국가와 7개 지역이 지뢰의 영향을 받고 있다. 이러한 지뢰는 사람들에게 심각한 건강상의 위험을 초래할 뿐 아니라 해당 지역의 경제적 발전에 구조적인 장애물이 되고 있다. 어린시절부터 애완용 햄스터, 저빌, 쥐를 키웠던 윗젠스는 냄새 탐지기로 저빌을 활용하는 것에 대한 기사를 접하고 호기심을 갖게 되었다. 쥐에 대한 경험을 바탕으로 윗젠스는 쥐들도 뛰어난 후각을 갖고 있으며 쥐를 훈련시킬 수 있다는 것을 알았다. 또한 쥐는 전 세계 어디에나 있다.

1997년에 윗젠스는 자신의 아이디어를 발전시키기 위해 벨기에 정부로부터 재정적 지원을 확보했다. 아이디어의 콘셉트가 구체화되면서 윗젠스는 탄자니아의 소코이네 농업 대학교와 파트너십을 맺었다. 그곳에서 쥐를 훈련시키기 시작했고, 이 쥐들은 생명을 살릴 수 있는 잠재력을 가지고 있어 영웅 쥐라는 별명으로 불렸다. 이 용도로 훈련된 쥐의 구체적인 유형은 아프리카 도깨비쥐로, 사하라 이남 아프리카 토종이며 그 지역 기후에 잘 맞는다. 이 쥐의 수명은 약 8년이어서, 한 번 훈련되면 몇 년 간 자신의 임무를 수행할 수 있다. 날카로운 후각 외에도 쥐를 사용하는 데 있어 추가적인 이점은 쥐가 지뢰를 폭발시킬 정도로 무겁지 않다는 점이다. 따라서, 쥐가 훈련을 받아 보호해야 하는 사람보다 쥐의 생존 확률이 더 높다. 쥐를 훈련시키는 데는 약 7,700달러가 사용되는데 이는 개를 훈련시키는 데 드는 비용의 약 3분의 1 수준이다. 개와 달리, 쥐에게는 집 시설이나 주기적인 수의과 치료가 필요 없다. 훈련 시설에서 목표 지점까지 이동하기도 훨씬 쉽고 비용도 덜 든다.

사업 개시 이후, 아포포는 현재도 본부 역할을 하는 탄자니아를 넘어 모잠비크, 태국, 앙골라, 캄보디아로 확장하였다. 2012년 연간 보고서에는 아포포가 그 해에 396개 마을을 방문하고 조사했으며 841개의 지뢰와 휴대용 무기 및 탄약 은닉처를 파괴했다는 내용이 담겨 있다. 이를 통해 6백만 평방미터 이상의 땅이 개간될 수 있었다.

2003년에 윗젠스는 쥐 탐지 기술을 결핵 탐지라는 새로운 용도에 확대함으로써 기존의 개념을 확장하였다. 결핵은 세계적으로 가장 많은 생명을 앗아가는 질병 중 하나로, 주로 개발도상국에서 매년 거의 2백만 명이 결핵으로 사망한다. 윗젠스의 아이디어를 발전시킨 결과, 아포포는 세계 은행의 개발 시장 세계 대회(World Bank Development Marketplace Global Competition)에서 우승했다. 윗젠스는 이 대회 상금을 쥐를 훈련시켜 사람의 객담 샘플에서 폐결핵을 탐지할 수 있도록 하는 계획의 초기 자금으로 활용했다. 오늘날 아포포는 결핵 검사에 탐지 쥐를 활용하는 탄자니아와 모잠비크의 지역 병원과 협력하고 있다. 2012년에 아포포의 쥐는 31,575개의 샘플을 검사했고, 555명의 환자들의 결핵 진단과 치료를 가능하게 했다.

영웅 쥐의 기여도를 인정하여, 2009년에 아포포는 쥐 입양 프로그램을 도입했다. 2012년까지 2천 명 이상의 사람들이 영웅 쥐를 입양하였고 이로써 전체 자금의 약 5퍼센트에 해당하는 금액을 기부하였다. 아포포는 페이스북(www.facebook.com/heroRAT)과 트위터(www.twitter.com/HeroRATS)를 포함한 소셜 미디어를 활용하여 '영웅적 사건'을 공유하며 자신의 사업과 임팩트에 대한 이야기를 확산한다. 추가 재원에는 정부 및 연구 지원금, 재단, UNDP, 현물 기부가 포함된다. 아포포는 NGO로 조직되어 있다. 유엔은 NGO를 '공익을 옹호하여 문제를 다루기 위해 지역적, 국가적, 또는 국제적 수준에서 조직된, 주로 정부로부터 독립적인 비영리 그룹(www.unrol.org)'으로 정의한다. NGO는 임무 중심적인 성향을 띠며 공통의 관심사를 가진 사람들로 구성된다. NGO는 다양한 서비스 및 인도주의적인 기능을 종종 매우 비용 효과적인 방법으로 수행함으로써 정부 기관의 업무를 보완한다.

사례 질문

1. 사회적 기업가 바트 윗젠스로 하여금 소셜벤처를 위해 자신의 아이디어를 발전시키도록 한 것은 무엇이었는가?

2. 아포포는 어떤 충족되지 않은 사회적 필요를 다루는가?

3. 어떠한 환경적 요인이 이러한 충족되지 않은 사회적 필요를 낳는가?

4. 윗젠스가 이러한 유형의 벤처를 시작하기 위해 어떤 종류의 유·무형의 자원이 필요했을 것이라고 생각하는가?

5. 어디서 그러한 자원을 확보할 수 있는가?

6. 아포포의 수익 모델은 무엇인가? 즉, 어떻게 비용보다 많은 매출을 창출하는가?

7. 아포포의 조직형태 모델은 무엇인가? 아포포의 조직형태 모델이 수익 모델을 뒷받침해 주는가? 설명해보자.

8. 아포포는 어떻게 사회적 가치를 창출하고 전달하는가?

행동하기

당신의 지역사회에 있는 소셜벤처를 찾아 그곳의 창업가나 구성원을 인터뷰할 약속을 잡아보자. 그런 후 다음 질문에 답해보자.

1. 창업가는 어떻게 사회적 기회를 발견했는가?

2. 창업가에게 필요했던 자원은 무엇이었으며 그것을 어떻게 확보하였는가?

3. 창업가가 '브리콜라주' 또는 '손에 있는 자원을 가지고 아쉬운 대로 무언가 만들어 내는 방법'을 활용한 사례로는 무엇이 있는가?

4. 창업가는 어떤 조직형태를 선택했으며 그 이유는 무엇인가?

5. 해당 기관은 어떻게 사회적 가치를 전달하는가?

인터넷 활용하기

아쇼카는 사회적 기업가들에게 자금을 지원하는 세계적인 기관이다. 아쇼카 홈페이지 (www.ashoka.org 또는 www.ashokakorea.org)에서 이들 기업가의 프로필을 확인해보자. 그 중 한 명을 선택하여 다음 질문에 답해보자.

1. 해당 소셜벤처는 어떤 기회를 다루는가?

2. 외부 환경은 어느 정도로 영향력을 미쳤는가?

3. 기업가가 자신의 벤처를 시작하는 데 필요로 한 자원은 무엇이었는가?

4. 기업가는 그 자원을 어떻게 확보하였는가?

5. 기업가는 자신의 벤처에 어떤 조직형태 모델을 적용했는가?

6. 해당 조직형태 모델의 이점과 약점은 무엇인가?

7. 해당 벤처는 어떻게 사회적 가치를 전달하는가?

3
사회적 기업가는 누구인가

사회적 기업가정신의 모델

소셜임팩트 이론

- 영향력(strength, S)
- 즉각성(immediacy, I)
- 수(number, N)

3장의 주요 내용

○ 사회적 비전

○ 사회적 문제에 대한 열정

○ 사회적 기업가가 되려는 동기

○ 사회적 기업가적 의지

○ 개인적 역량

○ 교육, 경험

3장의 액션플랜

- 사회적 롤모델을 주변에 두어 당신에게 영향력을 더욱 끼칠 수 있게 해보자 ('영향력').
- 사회적 개념과 행동을 기획하기 위한 팀이나 그룹을 만들어보자 ('즉각성').
- 아이디어의 호소력을 높이기 위해 잠재적 지지자들에게 당신의 필요를 보여주자.
- 대중 기반의 전략을 활용해보자 ('수').
- 당신의 사회적 비전을 정해보자. 당신의 사회적 행동의 주요한 동기를 이해해보자. 당신의 지식, 경험, 정보 등에서 출발하여 주변에 있는 것은 무엇이든지 활용하고 그 다음으로 다른 사람들에게 의견과 피드백을 요청해보자.

목표 | 이 장을 읽고 나면 다음을 할 수 있게 될 것이다.

1. 사회적 기업가의 독특한 특성 설명하기
2. 사회적 기업가정신에서 비전의 의미를 이해하기
3. 사회적 열정의 의미를 파악하고 사회적 활동과의 연관성을 찾아내기
4. 사회적 기업가정신을 끌어내는 동기와 열망에 관해 논의하기
5. 의도와 경험과 교육 등 사회적 기업가를 이끄는 동력을 분석하기

사회적 기업가의 등장

1990년대 후반부터 사회적 기업가정신은 세계적인 분야로 자리잡았고 사회적 기업가정신이라는 용어도 광범위하게 사용되고 있다. 소셜 비즈니스는 계속 부상하고 발전하고 있으며 더 많은 이해관계자에게 혜택을 주는 동시에 더욱 지속가능해지고 있다. 이러한 새로운 현상은 더 많은 재능과 전문성, 아이디어와 관심을 끌어모으고 있다. 하지만 사회적 기업가정신이 점점 대중화되고 있음에도 불구하고 사회적 기업가란 누구이며 이들이 정확히 어떤 일을 하는지에 대한 확실한 정의는 부족한 상황이다.

사회적 기업가라는 용어는 사회적이고 환경적인 목적을 추구하는 기업가를 묘사하기 위해 정부 및 다른 이해관계자들에 의해 만들어졌다. 이러한 목적은 수익 창출이나 이윤 극대화를 넘어 충족되지 않은 사회적 필요에 대응하는 제품, 서비스 및 전달 체계에 대한 확장된 관점에 이른다(Borgaza & Defourny, 2001; Pearce, 2003; Peredo & Chrisman, 2006). 이와 같은 현상의 사례로, 빈곤을 완화하는 수단으로서 예비 기업가에게 소액의 융자금을 연결해 주는 비영리기관 키바(Kiva, www.kiva.org/start)가 있다. 맷 플레너리(Matt Flannery)와 그의 아내 제시카 재클리(Jessica Jackley)가 2007년에 시작한 키바는 선진국에 거주하는 사람들이 개발도상국의 소규모 기업에 자금을 빌려줄 수 있게 하는 온라인 대출 플랫폼이다. 플레너리와 재클리가 자신의 기관을 소개할 때 보여주는 반짝이는 눈빛은 이 일을 향한 그들의 열정을 나타낸다(Flannery, 2007, 2009).

사회적 기업가는 긍정적인 사회적 변화를 만들고자 개인과 사회와 환경 등 타인을 위해 행동을 취한다. 1장에서 언급한 제루 빌리모리아는 어린이에게 보건의료와 기타 필요한 서비스를 제공하는 비영리기관 차일드라인 인디아(www.childlineindia.org.in)를 설립함으로써 거리를 떠돌거나 노동을 하는 수백만 아이들의 삶을 변화시켰다. 비슷한 사례로 베로니카 코사(Veronica Khosa)는 지역사회를 기반으로 남아프리카의 환자에게 돌봄을 제공하는 타테니(Tateni, www.tateni.co.za)를 설립하여 수천 명의 에이즈 환자들이 존엄하게 삶을 마감할 수 있는 기회를 주었다. 아일랜드의 사회적 기업가 캐롤린 캐시(Caroline Casey)는 기업들이 장애인을 고용하고 돕는 데 새로운 접근법을 개발하도록 돕는 칸시(Kanchi, www.kanchi.org)를 설립했다. 이러한 이야기들은 다양한 대의에서 영감을 받아 자신의 커리어와 삶을 사회적 기업가정신에 헌신하기로 결정한 전 세계의 기업가들 중 일부의 사례일 뿐이다. 사회적 기업가는 세상을 바꾸겠다는 낭만적인 꿈을 가진 비전가(visionary)로 종종 묘사된다. 이 장에서 우리는 사회적 기업가의 생태계 안에서 그들이 가지는 독특한 특성과 의도와 역량 등을 파악하기 위해 사회적 기업가의 유전자를 분석할 것이다.

사회적 기업가는 긍정적인 사회적 변화를 만들기 위해 행동을 취하는 타인 중심적인 사람이다. 사회적·환경적인 목적에 의해 움직이지만 보통 기업가적이고 비즈니스에 능숙한 사람이기도 하다. 사회적 기업가는 자신의 관심 분야에 대해 잘 알고 있어야 하고 사회성이 있어야 하며 자신의 대의를 위해 적극적으로 뛰어들어야 한다. 이들은 사회적 열정과 비즈니스의 방식을 독특하게 결합함으로써 자신의 목적을 이룬다.

이론적 기초

사회적 기업가의 유전자를 분석하기 위해서는 소셜임팩트 이론의 틀을 통해 검토하는 것이 유용하다. 이 이론은 한 사람의 감정, 생각이나 행동을 변화시키는 요인들(사람, 상황, 아이디어 등)의 영향력의 크기를 다룬다. 이 이론은 다양한 사회적 프로세스에 적용되어 왔으며 수많은 실험을 통해 검증되었다. 소셜임팩트 이론은 영향력(strength, S)과 즉각성(immediacy, I)과 집단 내 구성원의 수(number, N)의 작용을 통해 한 개인이 얼마나 큰 임팩트(Impact, F) 를 경험하는지를 다룬다.

표 3-1에 요약된 것처럼 한 개인이 사회적 영향력에 대응하는 정도는 표에 기재된 요인들과 함께 증가한다(Latane, 1981; Latane & Bourgeois, 1996; Nowak, Szamrej & Latane, 1990).

소셜임팩트 이론과 사회적 기업가정신의 연관성은 사회적 목적의 활동과 사업을 촉진하는 임팩트 요인에서 찾을 수 있다. 한 개인은 분명히 다양한 요인의 영향을 받는다. 하지만 타인을 위해서 또는 다른 어떤 목적을 위해서 무언가를 하고자 하는 욕구를 만들어 내는 동기에 대해서는 더욱 깊이 탐색해 볼 필요가 있다.

[표 3-1] 소셜임팩트 이론과 사회적 기업가의 프로필 간의 연계

요인	주 요소	백분율(%)
영향력	영향력을 끼치는 집단이 개인에게 있어 얼마나 중요한가	마틴 루터 킹 박사(Dr. Martin Luther King), 마더 테레사(Mother Teresa), 무하마드 유누스 교수(Prof. Muhammad Yunus)는 사회적 기업가의 행동을 촉진함에 있어 롤 모델이 가지는 영향력을 누구보다 잘 보여준다. 키바[1]는 2005년 10월, 맷 플레너리와 제시카 재클리에 의해 설립되었는데 그들은 유누스 교수의 스탠포드 경영대학 강의에서 영감을 받았다.
	영향력이 있는 인물이나 롤 모델은 개인으로 하여금 행동을 취하게 하는 데 큰 영향을 끼친다.	
즉각성	집단이 개인에게 영향력을 끼치기 위한 시도를 하는 동안 그 개인에게 시·공간적으로 얼마나 가까이에 있는가.	암 생존 아이들의 삶의 질과 돌봄 서비스를 향상시키고자 하는 비영리기관 키즈스트롱(kidsSTRONG)[2]은 크리스틴 파이제티(Christine Faisetti)에 의해 설립되었는데 크리스틴은 소아암으로 아들을 잃었다. 플레이웍스(Playworks)[3]의 설립자인 질 비알렛(Jill Vialet)은 쉬는 시간과 방과 후 프로그램에서 게임 및 다른 조직적인 활동을 진행하는 풀타임 '코치'를 배정함으로써 초등학교의 놀이 시간을 개선한다. 코치들은 아메리코(AmeriCorps) 국가 봉사 프로그램의 멤버들이다.
	사람들은 집단이나 아이디어에 더 많이 노출될수록 큰 영향을 받는 경향이 있다.	
	사회적 기업가에 대한 집단이나 아이디어의 영향력의 크기는 애초에 그 기업가가 매력적으로 느끼거나 그와 가까운 영역을 다룰 때 더욱 커진다.	
수	집단 내 구성원의 수는 중요하다.	사회적 기업가가 어떻게 대중에게 영향을 받는지를 보여주는 사례는 많다. 그 중 킥스타트(KickStart)[4]의 설립자인 마틴 피셔(Martin Fisher)와 닉 문(Nick Moon)은 저가격-고임팩트의 제품들을 만들어 냈다. 그들의 최신 제품 중 하나는 농부들이 강과 연못과 얕은 우물 등에서 물을 끌어와서 최대 2에이커까지의 땅을 개간할 수 있게 해주는 수동 조작 펌프이다. 킥스타트에 의해 영향을 받은 사람들의 수는 매우 많다. (예를 들면, 78만 명이 빈곤을 벗어났고 15만 5천 개의 회사가 설립되었다.)
	사회적 기업가는 대중에게 영향을 받는다. 다수의 대중을 돕고 그들을 통해 자신의 아이디어를 퍼뜨리고자 한다.	

1. www.kiva.org/ 참조
2. www.kidsstrong.org/cms 참조
3. www.playworks.org 참조
4. www.kickstart.org/ 참조

사회적 기업가는 누구인가?

사회적 기업가는 제품과 서비스와 지식과 아이디어의 판매 또는 보급을 통해 사회적 목적을 달성하고자 한다. 여러 전통적인 자선단체처럼 사회적 기업가는 타인을 돕고자 하는 목표에 의해 동기부여 된다. 또한 많은 사회적 기업가는 사회적 목표뿐 아니라 재무적 목표도 갖고 있으며 이러한 측면에서 상업적 기업가와 닮았다. 하지만 이 장에서 살펴볼 것처럼 사회적 기업가는 전형적인 자선사업가도 아니며 전형적인 상업적 기업가도 아니다. 이 둘의 특성을 결합하지만 더 나아가 지속가능한 사회적 가치를 창출한다.

어떤 연구자들은 사회적 기업가를 사회적인 문제에 대한 혁신적인 솔루션을 만드는 사람이라고 설명한다. 다른 연구자들은 사회적 기업가를 경제적 가치에 초점을 두는 상업적 기업가와 구별하면서 사회적 가치의 창출을 주요한 특성으로 강조한다. 많은 연구에서 충족되지 않은 사회적 필요를 다루는 것에 대한 열정을 사회적 기업가의 주요한 동기로 강조한다. 또 다른 연구자들은 소셜미션에 대한 사회적 기업가의 헌신을 강조한다. 다른 연구에서는 사회적 기업가의 프로필을 조명하기 위한 방편으로 사회적 기업가정신의 프로세스에 초점을 맞춘다. 이러한 연구에서는 소셜벤처를 시작하는 프로세스에 보통 사회적 기업가의 개인적 동기와 가치가 포함된다는 점에서 독특하다는 것을 보여준다. 이러한 독특한 특성은 기회 식별, 자원 동원, 조직 인프라 개발, 지역사회 참여, 성과 측정 등의 영역에서 다른 프로세스로 이어진다(Alvord, Brown, & Letts, 2004; Bornstein, 2004; Dees & Anderson, 2003a,b; Lasprogata & Cotton, 2003; Mair & Marti, 2006).

'사회적 기업가정신: 새로운 이론이 필요하지 않은 이유와 여기에서 어떻게 나아갈 것인가(Dacin, Dacin, and Matear, 2010)'라는 제목의 연구 논문에서는 사회적 기업가에 대한 37개의 다른 정의를 요약한 표를 제시한다. 그리고 '사회적 기업가의 유형 분류: 동기, 탐색 프로세스 및 윤리적 도전과제(Zahra, Gedajlovic, Neubaum, and Shulman, 2009)'라는 논문에서는 더 많은 정의가 포함된 표를 보여준다. 우리는 이처럼 다양한 정의를 단순화하고자 표 3-2를 통해 공통의 주제들을 기업가적 특성, 사회 지향성, 비전, 변화를 만들고자 하는 바람의 네 가지 주요한 영역으로 분류했다. 이러한 분류를 통해 사회적 기업가는 다차원적인 관점에서 볼 때 더 잘 이해할 수 있음을 확인할 수 있다. 결국 사회적 기업가는 기업가적 특성과 사회적 인식을 결합하여 의미 있는 사회적 변화로 이어질 비전을 추구하는 사람이다.

사회적 기업가는 사회 문제에 대한 혁신적인 솔루션을 만들어 낼 수 있는 독특한 특성과 동기를 갖고 있다. 이들은 자신의 비전과 소셜미션에 대한 헌신과 의미 있는 사회적 변화를 만듦으로써 임팩트를 창출하고자 하는 바람에 의해 동기부여 된다.

[표 3-2] 사회적 기업가를 정의하는 다양한 특성

기업가적 특성	사회적 목적	비전	변화 만들기
• 자발성 및 위험의 감수: 지속가능한 사회적 변화를 위해 아이디어와 역량과 자원을 동원 • 혁신과 풍부한 자원: 혁신적인 솔루션, 사회의 필요에 따라 때로는 급진적인 혁신 • 사회적 필요의 파악과 경각심 • 사회적 기회의 추구: 인식 및 기회에 대한 주도적 탐색	• 사회적인 책임이 있고, 윤리성이 강한 기질, 사회적 행동 • 섹터와 주제의 선정: 비영리, 정부. 지역사회, 환경, 취약 계층 대상 • 재무적 성과는 우선순위가 아님 • 경영의 방향성과 방식: 경영은 사회적 목적에 초점을 맞춤 • 측정에는 사회적 결과물이 포함되며, '트리플 바텀 라인'을 활용하여 서비스를 평가함 • 조직 구조: 영리 기업과 소셜미션을 추구하는 비영리 구조의 혼합 (하이브리드)	• 투지: 비전과 소셜미션을 추구하는 것에 대해 굳게 결심함 • 비전의 확산: 상황과 때를 가리지 않고 어느 곳으로나 확산함 • 변화하는 필요를 정확히 집어내고 그에 대응함 • 사회적 상황 및 사건의 탐색: 사회적 기회는 발견되거나 창조되어야 함	• 변혁적인 변화를 목표로: 생태계의 모든 측면을 아우르면서 변화를 만드는 것을 목표로 함 • 지속가능성: 지속가능하고 큰 규모의 변화를 추구함. 지속되는 임팩트의 창출 • 사회적 가치의 창출 • 새로운 사회적 주제를 전면에 내세움. 새로운 사회적 주제를 활용하여 일상과 관행을 재구성함

[출처] Alvord, Brown & Letts, 2004; Austin, Stevenson & Wei-Skillern, 2006; Brinkerhoff & Brinkerhoff, 2004; Bornstein, 2004; Dees, 1998a,b; Dees & Anderson, 2003a,b; Drayton, 2002; Zahra, Gedajlovic, Neubaum & Shulman, 2009

비전

　모든 기업가는 비전을 가지고 있으며 사회적 기업가 빌 드레이튼에 따르면 "모든 사람은 체인지메이커이다(Drayton, 2006)." 그러나 각 개인이 비전을 실현하는 방식은 다르다. 어떤 사회적 기업가는 포괄적이며 사회에 커다란 임팩트를 가져다주는 비전을 갖고 있다. 예를 들면 위키피디아의 설립자인 지미 웨일스는 전 세계 누구나 접속하고 수정할 수 있는 웹 기반의 백과사전을 만들었다. 세컨드 라이프 바이크를 만든 캐리 마틴과 같은 사회적 기업가는 특정 지역사회와 지역의 충족되지 않은 사회적 필요에 초점을 맞춘다. 사회적 기업가는 혁신적인 솔루션을 낳게 하는 다양한 종류의 사회적·환경적 문제에 깨어 있다. 어떤 사람은 충족되지 않은 사회적 필요를 보고 그것을 극복할 수 없는 문제로 간주하는 반면, 사회적 기업가는 사회의 변화로 이어질 새로운 기회로 본다. 또한, 사회적 기업가는 자신의 목적을 이룰 수 있도록 도와줄 수 있는 사람들과 비전과 열정을 공유하는 것의 중요성을 알고 있다. 이 비전과 열정은 사회적 기업가의 기업가적인 추진력에 있어 핵심적인 요소이기도 하다.

　'비전'에 대해서도 다양한 정의가 존재하는데, 대부분은 비전을 기업가의 직관적이며 광범위한 사고 체계와 각성의 결과물에 대한 긍정적인 이미지로 묘사한다. 비전은 현재의 상황을 상상한 미래의 상태와 연결하는 다리이다. 비전은 주로 바람직하고 도전적이며 성취가능한그림이다. 비전은 내적으로 구축되기 때문에 각각 다른 모습을 보이는데, 어떤 비전은 더 혁신적이고 어떤 비전은 더욱 위험을 감수한다(Covin & Slevin, 1991; Kreiser, Marino, & Weaver, 2002; Lumpkin & Dess, 1996). 비전은 사회적·환경적 또는 지역사회의 열망과 결합될 때 전통적인 기업가적 비전을 넘어 더 넓은 범주의 원리들 및 이상과 현실의 차이를 좁히고자 하는 기업가의 열정적인 의지까지 포함한다. 이런 측면에서 사회적 기업가는 비전가이다. 사회적 기업가는 평범함 너머를 바라보며 이상을 추구한다. 그들은 사회적 문제를 해결하기 위한 혁신적인 접근법을 만들어 개인의 아이디어, 자원, 그리고 그것들을 생산하는 행동의 합보다 더 큰 결과를 얻는다.

　《어떻게 세상을 바꿀 것인가: 사회적 기업가와 새로운 아이디어의 힘(2004)》이라는 책에서 본스테인(Bornstein)이 정의한 사회적 기업가는 비전을 추구하는 과정에서 주요한 문제들을 다룸으로써 변혁적인 동력을 만들어내는 사람이다. 이처럼 용감한 기업가들은 자신의 비전을 다양한 장소의 다양한 사람들에게 전파할 때까지 포기하지 않는다. 비전은 신생 벤처의 전략과 성과를 이끌기 때문에 사회적 기업가의 기업가적 여정의 근간이 된다는 주장도 있다(Ruvio, Rosenblatt, and Hertz-Lazarowitz, 2010). 또한, 여러 연구에서 기업가적 프로세스에 있어 비전의 중요한 역할에도 주목한다. 비전이 담긴 시나리오는 기업가로 하여금 자신의 비전에 동조하는 지지자들을 결집하고 동원하는 것을 가능케 한다. 지지자들은 결국 소셜벤처에 전적으로 참여하여 그 비전을 현실로 만들기 위해 일하게 된다. 그러므로 사회적 기업가의 비전은 비즈니스의 전략적 가치와 경쟁우위를 창출함에 있어 중심축이 된다. 비전은 벤처를 시작하게 하는 자극제일 뿐 아니라 비전의 추종자들에게 동기를 부여하는 주요 원천이기도 하다(Cogliser & Brigham, 2004; Ensley et al., 2000; Gupta, MacMillan & Surie, 2004; Larwood, Falbe, Kriger & Miesing, 1995; Levin, 2000; Nanus, 1992; Sashkin, 1988).

사회적 기업가의 비전은 전통적인 기업가의 비전보다도 강력하다고 할 수 있다. 사회적 기업가의 목표와 목적은 사회와 지역사회, 환경을 향하기 때문에 이들의 비전은 타인 중심적이며 이타적이다. 이들의 목적은 지구촌에 함께 사는 사람들의 삶의 질을 향상시키는 것이다. 우리는 사회적 기업가에게 특별한 유대감을 가지는 경우가 많은데, 그들이 가장 절망적이고 도움이 절실한 사람들의 삶을 긍정적인 방향으로 바꾸기 위해 때로는 영웅처럼 투쟁하기 때문이다. 이런 관점에서 사회적 기업가정신을 사회적 가치 창출과 경제적 가치 창출 사이의 '싸움'으로 볼 필요가 없다. 오히려 사회적 기업가는 사회적·경제적 측면에서 모두 삶의 질을 향상시키는 방향으로 타인을 위해, 그리고 타인에 의해 가치를 창출하는 것에 관심을 둔다.

사회적 기업가는 비전과 열정으로 특징지어지며, 이를 통해 자신의 미션에 대한 지지자를 더 쉽게 끌어들일 수 있다. 사회적 비전은 전통적인 기업가적 목적 너머로 확장되어 더 넓은 생태계와 다양한 이슈들을 포괄한다. 사회적 기업가의 열정은 이상적인 조건과 현실의 간극을 좁히는 데 도움이 된다. 이러한 비전과 열정의 조합은 사회적 기업가로 하여금 충족되지 않은 사회적 필요를 해결할 수 있는 혁신적인 솔루션을 개발함으로써 긍정적인 사회적 변화와 지속가능한 사회적 가치를 창출하도록 이끈다.

열정

앞서 말했듯이 사회적 기업가는 자신의 열정에 동기부여를 받아 사회와 환경을 위해 행동한다. 자신의 소셜벤처의 미션을 정하고 액션 플랜을 수립하고 나면 이들은 자신의 일에 열정을 바친다. 때때로 이들은 돈키호테처럼 풍차와 싸우고 극복할 수 없을 것처럼 보이는 장애물에 직면해서도 앞으로 나아간다. 복잡한 사회적 문제들을 해결하는 것의 어려움을 받아들인다. 그 증거로 사회적 기업가는 깨끗한 물, 굶주린 사람들을 위한 음식, 폭력 근절 등 정부가 충분한 자원을 투입하지 못하거나 솔루션을 찾을 수 없었던 영역에 진입한다. 사회적 기업가는 열정에 힘입어 자신이 발견하게 된 충족되지 않은 필요에 대응함으로써 긍정적인 사회적 변화를 만들어 낼 것을 더욱 결심한다.

디즈(Dees, 1998a,b)에 따르면 사회적 기업가는 "소셜미션에 대한 열정을 비즈니스적인 규율과 혁신, 그리고 의지와 결합시킨다". 사실 사회적 기업가는 두 가지 무형의 자원을 가지고 벤처를 시작한다. 바로 (1)지식, 경험과 정보, (2)열정, 헌신, 대의에 대한 신념과 행동을 유발하는 내적인 불씨이다. 대의에 대한 열정은 때때로 사회적 기업가의 논리적이고 체계적인 사고를 마비시킬 수 있다. 장애물을 덜 위협적인 것으로 간주하며 실제로는 제한된 가치를 가지고 있는 이점과 자원에 집중할 수 있다. 하지만 사회적 기업가는 자신의 생각과 행동을 전파함으로써 다른 사람들을 끌어모으며 이를 통해 생태계 내 핵심 인물의 신뢰를 얻을 수 있다. 어떤 의미에서 열정은 사회적 기업가의 아이디어를 행동으로 바꾸는 로켓 연료이다. 흔히 사회적 기업가는 자신이 세상을 바꿀 수 있다는 믿음을 가지고 있는 순진한 사람으로 여겨진다. 그렇지만 이들의 열정, 의지와 고집은 커다란 역경 가운데서도 비전이 실현될 때까지 그것을 추구하게 하는 원동력이 된다. 예를 들어, 아이를 잃는 것만큼 열정을 자극하는 것은 없다. 다른 가정은 이 고통을 피하게 해주고자 하는 바람이 음주운전을 반대하는 엄마들의 성장과 확장의 주된 요인이었다. 이처럼 열정은 소셜벤처를 시작하게 하는 원동력이며 그 이후의 과정에서 힘을 실어주는 요인이다.

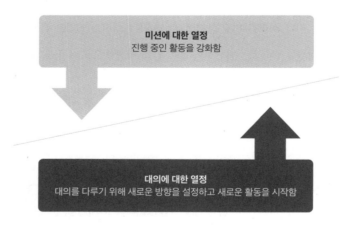

[그림 3-1] '열정'과 신생 소셜벤처

'실현하고자 하는' 열정은 사회적 기업가로 하여금 결연하고 주도적인 사람이 되게 한다. 이들은 자신을 필요로 하는 곳 어디서나 복잡하고 예측할 수 없는 문제들에 대한 혁신적인 솔루션을 만들어 내고 싶어 한다. 열정은 다른 사람들이 장애물로 여기는 곳에서 사회적 기업가가 전진할 수 있도록 힘을 실어준다.

재클린 노보그랫츠(Jacqueline Novogratz)와 에스테르 뒤플로(Esther Duflo)와 제시카 재클리(Jessica Jackley)는 사회적 기업가적인 일에 대한 열정을 보여주는 사례이다.[5] 이들이 자신의 소셜미션에 관해 이야기하며 자신의 소셜벤처가 도왔던 사람들과 그 사람들의 삶에 일으킨 변화에 대해 묘사할 때는 얼굴이 밝게 빛난다. 에스테르 뒤플로는 MIT대학 경제학부의 빈곤 완화와 개발경제학 담당 압둘 라티프 자밀 교수(the Abdul Latif Jameel Professor)이자 J-PAL(Abdul Latif Jameel Poverty Action Lab)의 설립자 겸 디렉터이다. 뒤플로는 개발도상국의 미시경제학적 문제를 연구하는 일에 헌신해 왔으며 개발도상국 빈곤층의 삶의 질을 향상시킨 업적으로 많은 학술상을 받았다. 뒤플로와 아비지트 배너지(Abhijit Banerjee)의 공저인 《가난한 경제학: 전 세계 빈곤과 맞서는 방법에 대한 근원적인 재고》[6]는 파이낸셜타임스와 골드만삭스가 선정한 2011년 올해의 비즈니스 서적에 선정되었다.

동기

사회적 기업가정신은 사람들이 사회 변화를 다룰 단체나 기업을 구상하고 만들어 운영하도록 고무시키는 다양한 동기의 독특한 교차점을 제시해 준다. 사회적 기업가는 사회적 목적을 달성하고자 하는 강한 동기를 갖고 있다. 이윤 창출은 사회적 기업가의 주요 동기가 아니다. 사회적 기업가는 오히려 사회 복지와 사회적 정의의 창출, 그리고 사회적 문제와 충족되지 않은 필요의 해결을 위해 노력한다. 사회적 자본의 증가, 커뮤니티의 결속력 증대, 이해관계자의 적극적 참여, 지역사회 및 주민의 삶의 질 향상과 같은

---

5. TED에서 Jacqueline Novogratz: http://www.ted.com/talks/jacqueline_novogratz_inspiring_a_life_of_ immersion.html; TED에서 Esther Duflo: http://www.ted.com/talks/ esther_duflo_social_ experiments_to_ fight_poverty.html; TED에서 Jessica Jackley: http://www.ted.com/talks/Jessica_jackley_poverty_money_and_ love.html.

6. 한글 제목 '가난한 사람이 더 합리적이다: MIT 경제학자들이 밝혀낸 빈곤의 비밀'(역자주)

부가적인 혜택을 창출하고자 하는 경우도 많다. 일반적으로 상업적 기업가정신과 관련된 전략과 도구를 사용하는 경우도 많지만 사회와 환경, 지역사회의 유익을 위해 이러한 도구를 활용하는 것이다.

이를 테면 메타분석법과 같은 동기에 관한 다양한 모델과 이론이 있으며(Colquitt, LePine, & Noe, 2000; Klein, 1998) 몇몇 연구자는 사회적 기업가만의 구체적이고 특별한 동기에 관해 연구하기도 했다(Dees, 1998a; Drayton, 2002; Mair & Marti, 2006; Martin & Osberg, 2007; Peredo & McLean, 2006). 그럼에도 불구하고 사회적 기업가의 동기를 설명하고자 하는 실증적인 시도는 상대적으로 적은 편이다. 표 3-3에서 우리는 사회적 기업가의 동기와 연결 지을 수 있는 주요 모델에 관해 기술했다.

개인적 경험

어떤 사건을 목격하거나 경험하는 것은 사회적인 아이디어를 생산하는 프로세스에 있어 중요한 동기가 된다. 개인적 경험은 창의성과 혁신의 원동력이 되며 사회적 기업가를 자극하여 충족되지 않은 사회적 필요에 대처하는 새로운 접근법을 모색하게 한다. 예를 들면, 전쟁이나 자연 재해나 빈곤에 노출된 지역에 거주하는 것은 긍정적인 변화를 만들고자 하는 사회적 기업가의 열정을 강화할 수 있다. 반대로 솔루션이 잘 작동하는 것과 같은 좋은 상황은 그 좋은 소식을 전파하고 솔루션을 다른 곳에 복제하기 위해 사람들의 인식을 높이도록 독려함으로써 사회적 기업가에게 동기를 부여하고 그를 지탱해줄 수 있다. 사회적 기업가는 사회적인 이슈에 민감하기 때문에 자신의 직접적인 경험을 통해 충족되지 않은 필요를 포착하며, 그 필요를 유망한 새로운 아이디어를 낳는 기회로 바꿀 수 있다(아쇼카 보고서 참조; Lee & Venkataraman, 2006; Sarasvathy, 2001; Zahra, Gedajlovic, Neubaum, & Shulman, 2009; Zahra, Rawhouser, Bahwe, Neubaum & Hayton, 2008).

사회적 기업가가 되고자 하는 동기는 다양한데, 개인적인 경험이나 독특한 개인적 특성이나 행동을 요구하는 사회적·환경적 문제 또는 개인적인 성취를 추구하는 경향 등이 있다. 이러한 동기 중 다수는 긍정적인 사회적 임팩트를 창출하고자 하는 열망에 뿌리를 두고 있고 이 열망은 사회적 행동을 일으키는 요인이 된다. 동기 이론은 다양한 동기부여 요인을 열거하며 사회적 기업가에게 영향을 주는 요인을 설명하는 데 도움이 될 수 있다.

[표 3-3] 사회적 기업가의 동기: 일반적인 주요 동기 모델을 통해 자세히 살펴보기

주요한 동기부여 속성	모델/이론	사회적 기업가의 맥락	사례
만족감/ 자아실현	매슬로우 (Maslow)의 욕구 피라미드 (Maslow, 1970)	사회적 기업가정신은 사회적 기업가로 하여금 타인의 필요를 채워 줌으로써 피라미드의 꼭대기에 도달하게 한다는 점에서 독특하다.	사회적 기업가정신은 사회 복지를 제공하려는 동기에서 시작되고 이후 안전과 행복을 주는 것으로 진화된다. 사회적 기업가정신은 자존감을 높여주고 자아 실현을 독려한다.
성취와 인정/ 일 그 자체/ 책임감/ 발전/ 제공되고 있는 것에 대한 기대/ 제공되고 있는 것을 얻을 기회가 있을 것이라고 믿음	헤르츠베르크 (Herzberg)의 동기부여 요인 :두 가지 요인 이론 (Herzberg, 1968) 브룸(Vroom)의 기대 이론 (Vroom, 1964)	사회적 기업가와 관리자는 다음과 같은 방법을 통해 사람들에게 동기를 부여한다: - 성취를 인정함 - 자신의 직무를 규정할 책임을 부여함 - 업무의 의미를 부각함. 예를 들어, 돌봄이 필요한 사람을 돕는다는 측면을 강조 사회적 기업가는 변화를 만들고자 하는 바람, 그리고 자신의 꿈을 실현할 수 있는 역량과 자원을 보유하고 있다는 믿음에 의해 움직인다. 이는 사회적 기업가에게 주요한 동기부여 요인이다.	TROSA(약물 중독자를 위한 삼각 주거 선택권. Triangle Residential Options for Substance Abusers. www.trosainc.org)를 설립한 캐빈 맥도널드(Kevin McDonald)의 이야기는 사람들의 성취를 통해 동기를 부여하는 것의 중요성을 보여준다. 맥도널드는 자신의 목적이 약물 중독자들과 성범죄자들이 "중독에서 벗어나고 기술을 배움으로써 결국 새로운 삶을 시작하는 일을 돕는 것"이라고 말한다. 중독에서 벗어난 직원들의 이야기는, 그들의 성취를 인정하고 능력을 믿어주며 도움을 필요로 하는 다른 사람들을 돌볼 수 있게 해 주는 것이 그들이 사회적 목적의 일을 하도록 동기부여하는 데 중요한 역할을 한다는 것을 보여준다. 노스웨스트센터(Northwest Center, www.nwcenter.org)의 이야기는 1965년 워싱턴 주의 발달장애를 가진 자녀를 둔 학부모들이 자녀를 보호 시설로 보내는 것을 거부하고 발달장애 학생은 교육을 받을 수 없다는 편견과 싸우면서 시작되었다. 그들은 함께 모여 공립학교에서 거절당한 아이들을 위한 대안적 교육 프로그램인 '지체아를 위한 노스웨스트 센터'를 만들었다. 대의에 대한 강한 믿음과 목적을 이룰 수 있다는 강한 자신감에 동기부여 되어 이들은 '모든 능력을 가진 사람들'을 위한 센터를 설립했다.
독립성 / 업무활동의 다양성/ 자신의 행동에 대한 더 많은 통제/ 개개인을 성숙한 사람으로서 존중함	아지리스 이론 (Argyris, 1976)	사회적 기업가는 무엇보다 기업가이다. 기업가는 공간, 독립성, 스스로의 행동과 성과에 대한 통제를 필요로 한다. 이들은 통제를 당하는 것과 자신의 아이디어나 행동에 제약을 받는 것을 견디지 못한다.	교육가이자 활동가인 제시카 탕(Jessica Tang)과 탕이 세운 '젊은 성취자 과학과 수학 시범 학교(Young Achievers Science and Math Pilot School)'의 이야기는 독립성과 다양성, 다양한 활동의 개발이 주요한 동기부여 요소로서 사회적 기업가에게 어떤 의미를 가지는지를 보여준다. 제시카는 컨설턴트나 의사나 변호사가 되라는 압박을 느꼈지만 "그런 것들은 나의 관심 분야가 아니다"라고 말했다. 그는 "가난, 이웃, 경제적 기회"가 학생들과 그들이 학교에서 성공할 수 있는 능력에 큰 영향을 끼친다는 것을 발견했다. 이에 제시카는 인종 연구를 지원하는 커리큘럼을 만들려는 국가적 노력의 일환으로, 공평한 학교를 장려하는 운동으로 시작한 TAGB(교사 활동가 집단-보스턴, Teacher Activist Group Boston)을 공동 설립했다.

선행을 하는 사람들

전통적인 기업가는 재무적 성공과 개인적 부를 쌓고자 하는 동기를 가진 사람으로 묘사되는 반면, 사회적 기업가는 긍정적인 사회적 변화를 만드는 것에 대한 열정을 가진 사람으로 여겨진다. 사회적 기업가의 대상은 지역사회와 사회 전체, 환경을 포함하며 그들의 활동 무대는 전 세계이다.

사회적 기업가는 사회적인 동기로 인해 선행을 하는 사람이다. '선행을 한다'는 것은 사실 인간에게 내재된 특성이다. 이것은 모든 종교와 가정의 가치에서, 그리고 공식적·비공식적 교육 커리큘럼에서 강조되는 내용이다. 또한, 대부분의 사람들은 타인을 돕는 것으로부터 만족감을 느끼고 힘을 얻는다. 그들은 이를 통해 더욱 사회적인 목적을 가진 활동에 참여하고픈 동력을 얻는다. 따라서 '선행을 하려는' 동기는 사회적 필요를 충족하기 위한 솔루션을 만드는 더 많은 활동으로 이어진다. 유누스 교수가 소셜 비즈니스인 그라민은행을 시작하고자 했던 동기는 바로 이 '선행을 하려는' 동기를 보여준다. 그는 다음과 같이 말했다.

"저는 몇 명의 가난한 사람들에게 소액의 돈을 담보 없이 주는 것으로 시작했어요. 이후 그 사람들이 이것을 얼마나 좋게 생각하는지를 깨달았어요. 프로그램을 확장하려면 더 많은 돈이 필요했죠. 은행 대출을 이용하기 위해 저는 제 자신을 보증인으로 세웠어요. 다른 은행의 도움을 받기 위해 제 프로젝트를 그 은행의 프로젝트로 바꾸었고 나중에는 중앙 은행의 프로젝트로 바꾸었어요. 시간이 흐르면서 저희의 일을 위한 최고의 전략은 독립적인 은행을 설립하는 것이라는 점을 알게 되었고, 저희는 실제로 그렇게 했습니다. 이 프로젝트를 공식적인 은행으로 전환해서 중앙 은행으로부터 돈을 빌려 사람들에게 돈을 빌려주었어요. 기부자들이 저희의 일에 관심을 갖고 저희를 지원하고자 하면서 저희는 기부자들(국제 원조 기관)로부터 돈을 빌리거나 지원금을 받았어요. 그러다가 어떤 시점에 자립할 것을 결정했어요. 이 결정으로 인해 예금을 걷음으로써 자체적으로 돈을 융통하는 일에 집중하게 됐죠. 이제 그라민은행은 차용자에게 빌려주는 돈보다 더 많은 금액을 예금으로 갖고 있어요. 1년에 5억 달러를 빌려주는데, 평균적으로 200달러 이하의 금액을 담보 없이 450만 명의 차용자에게 빌려주며 99퍼센트의 상환율 기록을 유지하고 있어요. 저희는 주택 자금 대출, 학자금 대출, 연금 저축, 마을 휴대전화 대여 사업을 위한 대출과 걸인들을 방문판매원으로 만들기 위한 대출 등 많은 프로그램을 하나씩 차례로 도입했어요."[7]

사회적 기업가의 동기에 대한 연구에서 때때로 사회적 목적, 사업적 목적, 상업적 목적을 동등한 위치에 놓는다는 점에 주목할 필요가 있다. 하지만 사회적 기업가정신을 연구하는 대부분의 연구자들이 강조하는 것은 사회적 기업가가 사업적 목적이나 재무적 목적을 가지고 있다고 하더라도 이는 보다 우선하는 사회적 목적을 이루기 위한 수단으로 여겨진다는 점이다. 이와 마찬가지로, 펜실베니아 대학의 와튼센터(Wharton Center), 뉴욕대학의 스턴스쿨(Stern School), 듀크대학의 푸쿠아 스쿨(Fuqua School)과 영향력 있는 경영대학의 2010년 연례 모임에서는 사회적 기업가정신을 '선행으로 성공하는 것'으로 지칭했다.

사회적 기업가적 의도

기업가적 의도는 연구 영역에서 후속 행동에 대한 예측 변수로 여겨진다(Ajzen, 1987, 1991; Bird, 1988; Katz & Gartner, 1988; Krueger, Reilly & Carsrud, 2000; Shaver & Scott, 1992). 의도는 혁신적인 아이디어를 자극하고 그것을 실제로 만듦으로써 기회 활용을 촉발하는 주요 요인이 된다. 아첸(Ajzen)의 계획된 행동 이론(1991)과 크루에거(Krueger), 레일리(Reilly), 칼스루드(Carsrud)의 모델(2000)을 바탕으로 한 그림 3-2는 사회적 기업가적 의도의 프로세스를 보여준다. 사회적 기업가의 의도는 사회적 목적을 가진 주제에 대한 자세와 사회적 기업가의 개인적인 특성 및 경험의 영향을 받는다는 것을 보여준다. 그리고 이러한 요소들은 사회적 인식, 사회적 규범과 문화, 충족되지 않은 필요와 외부적인 사회적 영향력의 맥락에 내재되어 있다. 그림 3-2는 또한 사회적 기업가의 행동하는 성향은 그 일을 하는 것이 얼마나 바람직하며 실현 가능한 지에 대한 자기 인식의 영향을 받는다는 것을 보여준다.

사회적 기업가의 의도는, 사회적인 이슈를 행동을 취하는 바람직한 장으로 만드는 자세, 개인적 경험, 특성의 독특한 조합이다. 이렇게 함으로써 사회적 의도는 사회적 행동으로 바뀐다.

기회는 사회적 의도의 또 다른 측면이다. 사회적인 이슈를 더욱 바람직하거나 실현가능한 것으로 여기는 기업가는 사회적인 기회에 더 많이 주의를 기울인다.

---

7. Muhammad Yunus, "Social Business Entrepreneurs Are the Solution." http://www.grameen-info.org/index.php?option=com_content&task=view&id=217&Itemid=206&limit=1&limitstart=3.

따라서 사회적 의도에는 빈곤 완화, 어린이 교육, 장애인 지원과 같은 사회적 대의의 호소에 대한 인지가 포함된다. 이러한 인지는 문화와 사회적 인식 등의 외부적인 힘과 경제적·정치적 요인의 영향을 받는데 이 모든 것은 나라와 문화에 따라 다르다. 그러므로 개인의 인지는 자신의 사회적 의도, 동기, 행동하고자 하는 의지에 영향을 준다. 한 개인이 특정한 사회적 대의에 대해 더 열정적이고 헌신적일수록 그가 긍정적인 사회적 변화를 일으키는 방식으로 행동할 확률이 더욱 커진다.

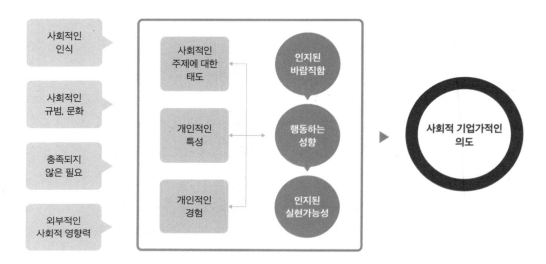

[그림 3-2] 사회적 기업가적인 의도
[출처] 아첸(Ajzen)의 계획된 행동 이론(1991)과 크뤼거(Krueger), 레일리(Reilly), 칼스루드(Carsrud) 모델(2000)에서 차용·각색함

기회는 그곳에

사회적 기업가에게 기회란 긍정적인 사회적 임팩트의 가능성을 제공하는 것으로 여겨지는 상황을 의미한다. 그 후, 진정한 필요와 연결되는 기회는 그것을 진지하게 추구하기 위해 시간과 에너지와 돈을 투자하는 것을 정당화할 수 있다(Guclu, Dees, & Anderson, 2002). 많은 사회적 기업가에게 기회의 부상은 그들을 사회적 행동으로 이끌기에 충분하다. 사회적인 방향성을 가진 기회를 활용함으로써 사회적 기업가는 아이디어를 발전시키고 적합한 솔루션을 만들고자 하는 마음을 가지게 된다. 사회적인 의도는 사회적인 기회를 만들고 이를 추구하게 하는 원동력이다.

나이지리아 기업가의 사례는 사회적 기업가정신의 맥락에서 기회의 역할을 잘 보여준다(Novy-

Hildesley, 2006). 나이지리아에서 교환학생으로서 영국에 온 어떤 여학생은 영국인 친구들이 아프리카 여성들의 피임 문제에 관해 알지 못한다는 점을 발견했다. 기회는 그곳에 있었다! 기업가정신에 관한 MBA 수업에서 그는 자국의 피임 문제와 여성 건강에 관한 인식을 높이기 위한 사회적 프로젝트에 대한 아이디어를 구상했다.

역량과 개인적 특성

사회적 기업가정신은 기업가적인 역량, 개인적 특성, 사회적인 인식·관심과 관련된 능력을 통합하는 혼합된 현상이다. 슈왑 재단(Schwab Foundation)에 따르면 사회적 기업가는 '리차드 브랜슨(Richard Branson)[8]과 마더 테레사(Mother Teresa)로 대표되는 특성들을 결합한다'[9] 사회적 기업가는 사회적, 생태적, 환경적, 세계적인 맥락이라는 그들의 자연적인 주거 환경에서, 지속가능한 임팩트를 가질 의미 있는 사회적 변화를 창출하고자 애쓴다. 이와 같은 임팩트는 기업가적인 접근을 통해서만 창출될 수 있다. 사회적 기업가는 사회적인 맥락 안에서 비즈니스의 원리, 자원, 아이디어를 도입한다. 이러한 비즈니스적이고 기업가적인 도구와 전략을 활용함으로써 사회적 기업가는 장애물을 최소화하거나 극복하면서 혁신적이고 임팩트 있는 솔루션을 만들어 낼 수 있다.

사회적 기업가는 때때로 가장 위험이 크지만 긍정적인 사회적 임팩트의 가능성도 매우 큰 시장의 최첨단에서 일한다. 이들은 성공적인 소셜벤처를 만들기 위해 강력한 사회적 임팩트를 만들어낼 수 있는 혁신적인 아이디어에서 출발한다. 그 다음, 그 아이디어를 효율적이고 지속가능하며 측정과 확장이 가능한 비즈니스 모델과 결합한다. 예를 들면, 28세의 세스 배논(Seth Bannon)과 벤 라모스(Ben Lamothe)가 설립한 아미쿠스(Amicus, www.amicushq.com)는 자원봉사자의 페이스북 소셜그래프를 유권자 등록 및 고객 데이터와 연결시키는 온라인 도구를 통해 자원봉사자를 기금 모금자로 만든다. 이는 비영리기관이 자원봉사자의 인맥을 통해 잠재적인 신규 기부자와 연결되는 것을 가능케 한다. 이와 비슷하게 2009년에 당시 17세였던 시몬 번스타인(Simone Bernstein)과 15세였던 그의 동생 제이크(Jake)는 전국적인 웹사이트 벌룬틴네이션(www.volunteennation.org)을 개설했다. 여름 동안 이들은 자신의 동네인 미주리주 세인트루이스 지역의 십대들을 위한 자원봉사 기회를 모두 나열한

---

8. 버진 그룹을 창립하여 다국적 기업으로 성장시킨 영국의 기업가(역자주)
9. http://www.schwabfound.org/sf/SocialEntrepreneurs/Whatisasocialentrepreneur/index.htm. 참조

웹사이트를 만들었다. 시몬은 기존에는 자원봉사 정보를 모아 놓은 곳이 거의 없다는 사실을 알게 되었고, 이것이 그들의 동기가 되었다. 마지막으로, 27세의 제이슨 아람브루(Jason Aramburu)는 바이오 숯을 활용하여 동아프리카의 농부들이 기후 변화에 대비하고 더 많은 식량을 수확하도록 돕는 리-챠(re-char)를 설립했다. 바이오 숯은 곡물과 동물의 배설물로부터 만들어진다. 농부들은 60달러만 투자하면 매년 200달러를 절약하고 곡물 수확량을 26퍼센트 증대시키며 화학비료의 사용을 80퍼센트 절감할 수 있다. 이들 소셜벤처는 과학과 기술의 힘을 활용하여 현실 세계의 사회적 필요에 대한 혁신적인 솔루션을 만들어 낸 젊은 기업가들의 파급력 있는 사례이다.

사회적 기업가의 역량과 능력을 파헤치는 연구의 결과로 사회적 기업가의 프로필에 관한 몇 가지의 통찰이 발견되었는데 이는 표 3-4에 요약되어 있다.

[표 3-4] 사회적 기업가의 주요 역량과 특성에 관한 정리

1	변화를 창출하는 자신의 능력에 대한 변함없는 확신
2	안전하고 관습적인 사고와 자신의 '안전지대'로부터 벗어남
3	사회적 기업가정신은 단지 사업이 아니라 이들의 삶의 중심 논리임
4	높은 수준의 가치와 도덕성, 사회적 의식
5	윤리적이고 책임 있는 행동
6	사회·환경·지역사회의 여건에 대한 인식과 공감
7	혁신적 솔루션의 창조자 및 발명가
8	지속가능한 솔루션과 지속적인 변화의 추구. 이들은 단기적인 솔루션에 만족하지 않고 자신의 솔루션을 장기적인 것으로 확장하고자 노력함
9	'새로운 문제와 기회에 대해 주변의 자원들을 결합하여 행동에 옮김(Baker&Nelson 2005:333)' 자원의 제약에 직면했을 때 해결책을 고안함
10	사회적 가치를 창출하고 지속하며 사회와 커뮤니티와 환경을 이롭게 하는 일에 참여함 다양한 이해관계자를 참여시킴
11	제품 또는 서비스를 생산 및 판매하는 활동에 높은 수준의 경제적 위험을 감수하며 자율권을 보유
12	참여적이고 협력적인 본성. 이타주의적
13	새로운 기회의 추구 및 숨겨진 자원의 탐색
14	개인적 부에 적은 관심. 이익의 사회적 분배에 더 높은 관심. 그러나 시장의 힘에도 주의를 기울이며 도덕적 책무와 이익 추구의 동기 사이에서 균형을 이룸
15	혁신, 적응, 학습에 지속적으로 참여함
16	변화, 새로운 방향을 탐색하는 것, 이미 알려진 것을 넘어서는 것을 즐거워함

사회적 기업가의 특별함

사회적 기업가는 사회적 목적을 달성하는 것을 추구한다. 개인적인 이득에 크게 관심을 두지 않으며 오히려 특정한 사회적 이슈를 다룸으로써 타인을 위한 변화를 만드는 일에 관심을 가진다. 그렇기 때문에 사회적 기업가는 재무적인 이득이나 손실에 관심을 덜 보인다. 대신 미래의 문제와 어려움을 만들지 않으면서 오늘날 부상하는 문제와 어려움에 대한 필요를 충족하는 일에 더욱 신경을 쓴다. 많은 성공적인 사회적 기업가는 작은 범위 또는 지역 단위에서 사회적 필요를 다루는 것에 그치지 않고 다른 사람들을 돕고, 봉사하며 역량을 강화하기 위해 자신의 미션의 사회적 임팩트를 확장하고자 한다. 많은 신생 기업이 – 심지어 가장 미션을 중시하는 기업일지라도 – 임팩트를 확장함에 있어 커다란 어려움에 직면하지만 사회적 기업가는 가장 크게 임팩트를 확장할 수 있는 사회적인 솔루션을 고안한다. 확장에 성공하는 사회적 기업은 소셜미션을 지키면서도 비용 대비 수익을 증대할 수 있는 기업이다. 예를 들면, 벨루 워터(Belu Water)는 탄소 중립적인 병 생수를 판매하는 기업이다. 벨루의 제품은 재활용 물질이 최대치로 함유된 재료로 만들어지며 사용 후 재활용이 가능하다. 회사의 수익은 안전한 물 프로젝트를 후원하는 일에 사용된다. 벨루는 재활용 유리와 자연분해 플라스틱 병을 사용하기 위해 비용을 더 지출한다. 사업을 확장하기 위해 직접 판매 대신 도매 판매로 전환했고 사회적인 약속을 외부 아웃소싱을 통해 지킨다. 이전까지는 직접 안전한 물 프로젝트를 진행하면서 상당한 비용과 사업의 복잡성을 감수했다.

HCT는 규모의 경제에 대한 보상이 큰 시장에서 사업을 하는 운송회사이다. 회사가 커질수록 수익에 비례해 비용을 감소할 수 있는 여력이 커진다. 하지만 HCT는 규모를 확장하면서도 소셜미션에서 눈을 떼지 않았다. 운영을 간소화하고 혁신적이며 접근이 용이한 운송 솔루션을 제공하면서 환경에 대한 영향을 지속적으로 줄이고 있으며, 이 모든 과정에서 수익을 더 많이 창출할수록 사회적 임팩트도 커진다는 점을 명심하고 있다. 빠르게 진화하는 사회적 기업가정신 분야는 소셜 섹터에서 임팩트를 확장하는 혁신적인 접근법에 대해 더 많은 가능성을 제시해 줄 수 있다.

사회적 기업가는 자신의 평판에 신경을 쓴다. 그들은 이해관계자에게 충실하며 자신의 활동을 통해 가치를 만들어 내고 싶어 한다. 사실 명성은 사회적 기업가로 하여금 사람, 단체, 금융 자본, 다른 유·무형 자산의 형태로 필요한 자원을 끌어올 수 있게 한다는 점에서 소셜벤처의 가치 사슬의 한 부분이라고 할 수 있다. 이것은 중요한데, 사회적 기업가는 충족되지 않은 필요를 해결하기 위해 새롭고 혁신적인 자원의 '조합'을 추구하기 때문이다.

자원을 확보하는 전형적인 기업가적 프로세스는 사회적 기업가정신에 적용되지 않을 수 있는데, 투자자나 자원 제공자가 재무적인 보상을 바랄 수 있기 때문이다. 반면, 소셜벤처는 상업적 기회가 아닌 사회적 기회를 다루려는 목적으로 설계된다. 따라서 재무적 보상을 극대화하고자 하는 투자자는 소셜벤처에 투자하는 것을 주저할 수 있다. 하지만 점점 더 많은 투자자들이 관리 가능한 수준의 위험과 높은 성장 전망이 결합된 재무적인 보상과 사회적인 혜택을 모두 추구하고 있다. 최근의 이러한 경향은 자신의 평판과 성공을 지렛대로 삼을 수 있는 사회적 기업가에게 더 많은 기회를 제공한다. 이와 같은 측면에서 사회적 기업가는 자신의 소셜벤처에 투자자와 자원 제공자를 끌어모으도록 해줄 다양한 '조합'을 탐색할 필요가 있다. 페이스북이나 트위터나 링크드인을 활용하는 사회적 목적의 전략은 사회적 은행, 윤리적 은행, 임팩트 투자, 크라우드펀딩과 같이 새롭게 떠오르는 재무적인 트렌드와 웹기반의 집합적 훈련과 결합하여 다양한 조합을 만들어 내면서 사회적 기업가로 하여금 자신의 벤처를 시작하는 데 필요한 자원을 모으게 해준다.

앞서 살펴본 것처럼 사회적 기업가는 사회적 대의에 대한 관심을 불러일으키는 데 핵심적인 역할을 한다. 관심을 일으키고 난 후, 사회적 기업가는 혁신가, 인도주의자, 혁명가, 비전가, 관리자, 수익 창출가 등과 같이 상호작용하는 복수의 역할을 수행하면서 다양한 관심사와 동기를 갖고 있는 광범위한 이해관계자에게 지속적인 가치를 제공한다. 사회적 기업가는 또한 이러한 다양한 이해관계자 집단의 역학관계와 상호작용을 조율하는 중요한 역할을 맡는다. 사회적 기업가정신은 감정과 참여와 관련이 있기 때문에 사회적 기업가는 자신의 이해관계자 집단을 효과적으로 모으고 그들과 함께 일하기 위해 각 이해관계자 집단에 매우 세심해야 한다(Mair & Nobia, 2006; Shaw & Carter, 2007; Short, Moss & Lumpkin, 2009).

요약

이 장에서는 사회적 기업가의 프로필을 설명했다. 사회적 기업가의 주요한 특성과 역량, 동력, 의도, 동기를 묘사하기 위해 몇몇 사회적 기업가의 사례를 조명했다. 사회적 기업가는 소셜미션을 달성하기 위해 기업가적 기술을 활용하고 사회적·환경적 문제에 대한 솔루션을 찾아내는 일을 즐기며 의미 있는 사회적 변화를 만들어 낸다는 아이디어로부터 동기부여를 받는다. 이들은 이러한 독특한 특성을 바탕으로 지역사회와 전 세계의 중요한 문제를 다루기 위해 혁신, 풍부한 자원, 기회를 결합한다. 사회적 기업가의 관심과 열정은, 충족되지 않은 사회적 필요를 다루는 수단으로서 역할을 하는 자신의 소셜벤처에 투영된다. 이러한 소셜벤처는 사회적 기업가로 하여금 자신의 아이디어를 실제적인 행동으로 옮기게 한다. 사회적 기업가는 자신의 벤처를 확장함으로써 자신이 돕는 개인과 지역사회의 수를 극적으로 늘릴 수 있다.

사회적 기업가의 주요 목적은 사회적 가치를 창출하는 것이지만 대부분의 소셜벤처는 어떠한 형태로든 경제적 가치도 창출한다. 사실, 경제적 가치의 창출은 소셜벤처를 설립하고 지속하고 성장시켜야 하는 사회적 기업가의 과제에 있어 핵심적인 요소일 수 있다. 주주에게 경제적인 가치도 제공하는 소셜벤처를 설립함으로써 사회적 기업가는 현재나 미래의 소셜 비즈니스에 투자할 수 있는 수익을 창출함과 동시에 더 많은 투자자를 끌어들일 수 있다. 이러한 비즈니스 모델은 '선행으로 성공하기'라는 사회적 기업가다운 목표를 반영한다.

사회적 기업가는 충족되지 않은 사회적 필요가 어떤 환경으로부터 나오는지에 관계없이 - 즉, 필요이든 기회이든 - 그것을 다루기 위한 새로운 기회를 끈질기게 좇는다. 이들은 자신이 창출하는 사회적·경제적 성과를 위해서 이해관계자들을 높은 수준의 충성도와 책임 의식으로 대한다. 이 장에서는 영리기업과 비영리기관 중 무엇을 설립하느냐와 상관없이 사회적 기업가의 주요 목적은 긍정적인 사회적 변화를 이룩하는 것이라는 점을 보여준다. 사회적 기업가는 사회 변화의 주체로서 자신의 환경을 변화시키고 세상에서 가장 어렵고 다루기 힘든 문제에 대한 솔루션을 발견하기 위해 혁신적인 방법을 도입한다. 이 책에서 계속 살펴볼텐데, 다양한 연령과 인종, 국적의 사회적 기업가들은 우리가 사는 세상을 단지 일부 사람만이 아니라 모두에게 더 좋은 곳으로 만들기 위해 매일 노력한다. 당신은 사회적 기업가가 될 자질을 갖추고 있는가?

3장 질문

1. 사회적 기업가의 주요 특성은 무엇인가?

2. 사회적 기업가에게 열정이 그토록 중요한 이유는 무엇인가? 열정은 없으나 사회적인 목적을 가진 사람이 소셜벤처를 시작할 수 있다고 생각하는가?

3. 사회적 기업가의 동기와 행동을 설명하는 데 있어 소셜임팩트 이론의 연관성을 설명해보자. 이에 대한 사례를 제시해보자.

4. 사회적 기업가의 비전과 기업가적 특성 사이의 상호 관계를 어떻게 설명할 수 있는가?

5. 사회적 기업가가 신규 벤처를 창업하는 프로세스에 있어 사회적 기업가적인 의도가 핵심적인 이유를 설명하는 요인 세 가지를 나열해보자.

6. 사회적 기업가에 대한 비판 중 하나는 이들의 동기가 개인적인 관점에서 나온다는 점이다. 이 장에서 소개된 동기부여 모델 중 하나를 선택하여 이 비판을 반박해보자. 이 비판에 대해 어떻게 생각하는가?

7. 그림 3-2에서 제시한 것처럼 사회적 기업가적인 의도는 다양한 환경적 요소에 의해 규정된다. 이것은 사회적 기업가적인 의도가 열악한 지역에서만 나타난다는 것을 의미하는가? 그에 대한 사례를 제시해보자.

8. 사회적 기업가는 '변화를 만드는 것'을 추구한다. 이것은 어떤 점에서 열정적이거나 사회적 비전을 갖는 것과 다른가? 사례를 제시해보자.

9. 이 장에서는 그라민은행 설립자 유누스 교수의 사례가 언급되었다. 표 3-4에 소개된 역량과 개인적인 특성 중에서 유누스 교수의 활동 및 행동과 가장 관련이 있다고 생각하는 세 가지를 선택해보자.

10. 이 장에서는 기회의 역할에 대해서도 언급했다. 당신은 기업가정신, 특히 사회적 기업가정신에 있어 기회와 과거 경험과의 관계를 어떻게 보는가?

사례 공유

에듀바터(EduBarter)

총우(Cong Wu)는 대부분의 학생이 외교관의 자녀인 중국 청두시의 미국 고등학교에서 영어를 가르치는 35세의 교사이다. 총우가 남편과 사별한 지 거의 7년이 되었고 부모님과 두 명의 어린 남동생과 13살짜리 아들 드쉬(Deshi)와 함께 살고 있다. 총우를 제외한 다른 가족은 직업이 없다. 그들은 작은 집에 살면서 소박한 삶을 영위하고 있다. 드쉬는 우수한 학생이었고 특히 중국화를 잘 그렸다. 하지만 총우는 드쉬에게 사교육을 시켜줄 형편이 되지 않아, 드쉬는 집에서 그림을 그려야 했기에 자신의 잠재력을 최대로 발휘하지 못하고 있었다. 중국화는 드쉬에게 큰 성취감을 주었고 이에 총우는 자신의 영어 교육 전문성과 드쉬에게 필요한 그림 수업을 물물교환하는 아이디어를 생각해냈다. 총우는 자신이 근무하는 고등학교의 중국화 교사에게 찾아가 중국화 교사의 아들에게 영어를 가르쳐 주겠다는 제안을 했다. 그 대가로 드쉬는 그림 수업을 받는 것이었다. 총우의 아이디어는 잘 진행되었다. 그는 물물교환의 개념 - 즉, 교육 서비스의 무료 교환 - 을 구체화하여 학교의 어린 학생들이 자신의 경우와 같이 그 지역 내 많은 가정의 형편상 받을 수 없었던 과외수업을 받도록 하는 것이 매우 실용적일 것이라고 생각했다.

그는 한 사람 한 사람을 찾아가서 그들의 아이들에게 필요한 지식과 전문성을 교환할 수 있도록 서로 짝을 맺어주고자 했다. 처음에는 사람들을 설득하여 지지를 끌어내는 것이 매우 어려웠다. 잠재적인 공급자와 잠재적인 고객 모두 콘텐츠의 질적인 측면 때문에 주저했다. 이 아이디어는 완전히 새로운 것이었고 혁신에 대해 거의 열려있지 않았던 생태계 속에서 사람들의 사고방식을 바꾸는 것은 힘든 일이었다. 하지만 총우는 사람들의 필요가 있으며 지식교환의 개념이 그 지역의 많은 사람에게 솔루션이 될 것이라는 점에 대해 확고했다.

총우가 옳았다. 사람들에게 커다란 필요가 있었고 얼마 후 총우의 아이디어는 청두 지역에서 매우 유명해졌다. 지식교환 활동은 총우의 동네에 있는 한 학교에서 시작되었다. 이후 총우와 다른 주주들은 지식교환 사업을 위해 인근의 한 건물을 리모델링했고 학생들끼리도 서로 지식을 교환하기 시작하면서 사업은 새로운 방향으로 전개되었다. 예를 들면, 기타 수업을 수학 수업과 교환하거나 매니큐어 기술을 패션 컨설팅과 교환하는 등 많은 사례들이 생겨났다.

어느 날 한 미국인 교수가 몇 명의 외교관과 함께 총우의 고등학교를 방문했다. 이 교수는 과외수업을 받을 형편이 되지 않는 학생을 돕기 위한 총우의 기업가적인 활동에 대해 전해들은 후 총우를 만나게 해달라고 부탁했고, 총우의 성공적인 지식교환 개념에 큰 관심을 보였다. 몇 달이 지난 후 그는 총우에게 연락해서 지식교환 활동을 전산화하여 더 많은 가난한 학생들에게 제공할 수 있도록 기부를 하겠다는 제안을 했다. 총우가 아이디어를 생각해낸 지 3년 후 에듀바터가 설립되었다. 곧이어 더 부유한 가정의 학생들도 전산화 된 지식교환 개념에 관심을 갖게 되었고 해당 플랫폼을 사용하기 시작했다. 이 사례에서 총우의 소셜 비즈니스는 필요 기반의 조건 하에 시작되어 기회 기반의 비즈니스로 진화했다.

사례 질문

1. 총우의 사례에 나타난 기업가적인 특성을 세 가지 이상 나열해보자. 해당 특성을 사례 공유에서 어떻게 찾았는지 설명해보자.

2. 혹자는 총우가 개인적인 동기로부터 새로운 벤처를 시작했다고 생각할지 모른다. 총우의 사회적인 동기를 찾아보자.

3. 이 장에서 다룬 동기 모델 중 어떤 것이 총우의 사회적 동기에 적용되는가? 사례 공유에서 예를 들어보자.

4. 총우의 비전은 무엇이며, 그 비전이 어떻게 에듀바터를 설립하겠다는 미션을 추구하게 했는가?

5. 이 장에서는 사회적 목적에 관한 다양한 관점이 소개되었다. 하나의 관점을 택하고 총우의 이야기를 총우의 사회적 목적의 관점에서 설명해보자.

사례 공유

사만야(Samanya)는 뉴올리언스 출신의 36세 여성이며 수년 동안 가족 비즈니스로 작은 슈퍼마켓을 운영했다. 2005년 8월, 허리케인 카트리나가 뉴올리언스를 강타하여 사만야의 동네를 휩쓸었다. 몇 달 후 사만야는 처참한 상황에서 벗어나고자 가족들과 함께 미시시피주의 잭슨시로 이사했다. 사만야의 가족이 잭슨에서 슈퍼마켓을 새로 열기 위해 필요한 자원을 구하는 동안 사만야는 뉴올리언스에 있는 자신의 동네를 '도울 수 있는 무언가'를 하고 싶었다. 이것은 '단순한 바람'을 넘어섰다. 사만야는 이 생각에 완전히 사로잡혔고 비전을 갖게 되었다. "그것은 연민이나 친절을 넘어서는 것이었어요. 제가 그 곳에 있었고…. 그 모든 것은 진짜로 악몽과 같았어요…. 저는 변화를 만들어야 했어요"라고 사만야가 말했다. 카트리나가 그녀의 동네를 덮친 지 4년 후에도 사만야는 여전히 자신의 비전을 실행하는 것에 대해 강하게 동기부여 되어 있었다. 사만야는 뉴올리언스에서 여성들이 운영하는 레스토랑을 설립했다. 지역 여성들이 자신의 집에서 자신이 가장 잘하는 음식을 만들었고 사만야의 직원들이 그 요리를 홍보하고 요리를 모아 고객에게 배달했으며 재무와 물류를 담당했다. 이 비즈니스 모델은 집을 잃어버린 여성이 자선 기금이나 공적 지원금을 구하는 대신에 자신의 전문성을 활용하여 돈을 벌 수 있도록 하기 위해 고안되었다. 뿐만 아니라 최소 25 퍼센트 이상의 요리는 빈곤 지역의 학교에 할인된 가격이나 무료로 제공되었다.

행동하기

사회적 기업가는 소셜 섹터의 특별한 동기에 이끌린다. 이들은 다른 기업가나 사회적 비전가와 차별화되는 역량과 특성을 가진 것으로 묘사된다. 사회적 기업가의 프로필을, 사회적 기업가적인 벤처를 설립하는 프로세스와 연결하기 위한 액션 플랜에 대한 제안을 다음과 같이 요약했다.

1. 당신의 주변을 사회적 롤 모델로 채워서 그들의 영향력을 높여보자(영향력).
2. 사회적 개념과 행동을 설계하기 위해 팀이나 집단을 구성해보자(즉각성).
3. 아이디어의 호소력을 높이기 위해 잠재적인 후원자들에게 당신의 필요를 보여보자. 예를 들어 아마존의 정복 당한 지역 여행하기, 아프리카의 고아원 방문하기 등.
4. 대중 기반의 전략을 활용해보자(수). 예를 들어 아이디어를 내고 구체화하기 위한 크라우드소싱이나 아이디어를 실현하기 위한 크라우드펀딩 등.
5. 당신의 사회적 비전을 정해보자. 그것을 적은 뒤 그것에 대한 타인의 의견을 구하고 그것이 한 편으로는 타깃 집단에게, 또 다른 한 편으로는 핵심 활동가에게 적합하도록 조정해보자.
6. 당신의 사회적 행동의 주요한 동기를 이해해보자. 이것은 아이디어를 더욱 구체화하는 데 도움이될 것이다. 예를 들면, 당신은 약물에 중독된 십대들에게 기본적인 안전을 제공하는 것에 더욱 관심을 두는가(매슬로우), 아니면 '변화를 만들' 필요를 더욱 느끼는가(브룸의 기대 이론)?
7. 당신의 지식과 경험과 정보에서 시작하여 주변에 있는 것은 무엇이든 활용하고 그 다음으로 다른 사람들에게 의견과 피드백을 구해보자. 이는 아이디어에 대한 당신의 열정과 행동 그리고 현실 사이의 균형을 맞추는 데 도움이 될 것이다.

인터넷 활용하기

두 명의 사회적 기업가를 인터넷에서 검색해보자. 이들의 어린 시절의 사회적 지향성과 동기, 그리고 사회적 행동과 관련된 과거 경험을 포함한 이들의 전기를 찾아보자. 표 3-4에서 역량과 특성 세 가지를 선택하여, 선택한 사회적 기업가를 선택한 관점에서 분석해보자. 그리고 이러한 역량이 어떻게 드러나는가에 대한 유사점과 차이점을 논해보자. 이들 사회적 기업가는 서로 어떤 차이점(섹터, 시장, 국가적 환경 등)을 갖고 있는가? 이는 자신의 사회적 역량과 특성을 적용하는 방식에 영향을 미칠 수 있다.

II

사회적 기업가정신의
핵심 요소

4
가치 창출:
기업가와 이해관계자의 관점

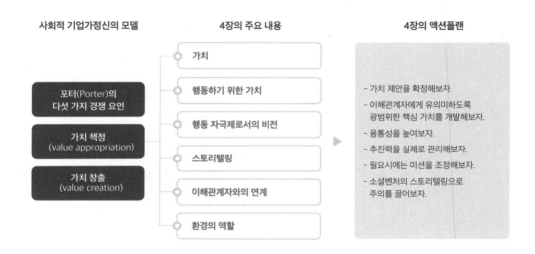

사회적 기업가정신의 모델	4장의 주요 내용	4장의 액션플랜
포터(Porter)의 다섯 가지 경쟁 요인	가치	- 가치 제안을 확정해보자.
가치 책정 (value appropriation)	행동하기 위한 가치	- 이해관계자에게 유의미하도록 광범위한 핵심 가치를 개발해보자.
가치 창출 (value creation)	행동 자극제로서의 비전	- 융통성을 높여보자.
	스토리텔링	- 추진력을 실제로 관리해보자.
	이해관계자와의 연계	- 필요시에는 미션을 조정해보자.
	환경의 역할	- 소셜벤처의 스토리텔링으로 주의를 끌어보자.

목표 ㅣ 이 장을 읽고 나면 다음을 할 수 있게 될 것이다.

1. 소셜벤처 창업의 동기가 되는 자극 요인 분류하기
2. 소셜벤처 미션의 잠재적 후원자를 모으는 자극 요인 식별하기
3. 사회적 기업가정신을 고무시키는 데 있어서 가치 창출과 가치 책정을 구분하기
4. 자극 요인으로서 비전의 역할 강조하기
5. 다양한 이해관계자 집단을 모으는 데 있어서 스토리텔링의 중요성을 인식하기

사회적 행동에 대한 자극제로서의 가치 창출

흔히 사회적 기업가는 세상을 바꾼다는 낭만적인 꿈을 꾸는 이상주의적인 몽상가로 묘사되곤 한다. 그러나 이들은 내면의 목적(어떤 중요한 면에서 세상을 바꿔야 한다는 목적)에 의해 동기부여 되어, 결연히 앞서 행동하는 사람들이기도 하다. 이들은 복잡하고, 예기치 못한 문제를 해결하는 데 도움이 되는 벤처를 만들고 싶어한다. 사회적 기업가는 변화가 일어나도록 하는 창의적인 방법을 찾아내며 행동을 통하여 지속가능한 결과를 이루는 길을 만들어 나간다. 다른 사람은 장애물이 있다고 보는 영역을 사회적 기업가는 극복해야 할 도전과제로 여긴다. 사회적 기업가는 지역 공동체와 사회가 운영되고 있는 방법을 변화시키는 해결책을 찾는 것을 즐거워한다. 예를 들어, 라이더스 포 헬스(Riders for Health)는 콜맨(Coleman) 부부가 1990년에 아프리카를 방문하여 녹슨 차량들이 길가에 많이 버려져 있는 것을 본 후 시작되었다. 이것을 보고 콜맨 부부는 해결책을 찾아야겠다는 자극을 받았다. 이들의 사업은 사하라 사막 이남의 아프리카에 있는 보건 분야 파트너들의 차량을 유지·관리하는 것이다. 콜맨 부부의 비전은 모든 사람에게 보건의료 서비스가 미칠 수 있는 세상이다.

사회적 기업가는 자신의 행동의 영향력을 극대화하고, 현재 상황과 이상 사이의 갭을 없애고 싶어한다. 이 장에서는 새로운 소셜벤처를 시작하고 초기 단계를 넘어 성장하며 소셜벤처의 미션과 행동의 영향력을 확장하는 데 도움을 주는 자극 요인들에 중점을 둘 것이다. 이와 함께, 가치 창출에서 행동 자극으로 향하는 길을 함께 따라가 볼 것이다. 그 과정에서 사회적 기업가의 가치를 창출하고자 하는 목표가 새로운 소셜벤처를 창업하게 하는 원동력으로 작용하는 것을 보게 될 것이다. 가치 창출은 사회적 목적을 달성함으로써 또는 사회적 목적과 경제적 목적을 함께 실현함으로 구체화될 수 있다. 그러므로 이미 어떠한 종류의 가치를 창출하고 있는 벤처는 지속가능한 사회적 가치를 창출해내고, 더욱 광범위한 이해관계자들을 참여시키며, 벤처가 다루는 활동 영역을 넓히기 위한 수단으로서 자신의 기업에 사회적인 특성을 추가할 수 있다.

이론적 기초

경쟁우위의 원천으로서의 사회적 가치

사회적 기업가의 분명한 목적은 자신의 이익을 추구하기 보다는 사회의 문제를 줄이거나 해결하는 것이다. 그렇게 사회적 기업가는 자신의 기업이나 자기 자신을 위한 이윤 창출을 극대화하는 것보다 다른 이들을 위한 가치를 창출한다는 원칙을 따른다. 그러므로 사회적 기업가정신의 초점은 사회적 가치 창출,

즉, 다양한 이해관계자 집단을 위한 지속가능한 해결책을 제시하는 방향으로 사회적 가치를 만들어내는 것이다. 마이클 포터(Michael Porter)가 경쟁우위에 관하여 저술한 글(Porter, 1980)을 통하여 사회적 기업가정신에서 말하는 가치 창출 모델의 한 면을 들여다볼 수 있다. 포터는 다섯 가지의 경쟁 요인을 열거하였다. 이 다섯 가지는 1) 신규 진입자의 위협 2) 대체 제품이나 서비스의 위협 3) 구매자의 교섭 능력 4) 공급자의 교섭 능력 5) 기존 경쟁 업체의 경쟁이다. 포터의 모델에 따르면, 가치 사슬의 모든 부분이 이 다섯 가지 요인에 대응하도록 구축되어 있을 때 벤처는 보다 더 큰 가치를 생산해낸다. 이와 비슷하게 소셜벤처는 가치 사슬의 각 부분에 사회적 가치 창출을 접목할 방법을 찾아 낼 수 있다. 예를 들자면 많은 사회적 기업가들은 즉시 이용 가능하고 가격이 저렴하거나 다른 사람들이 원하지 않는 자원을 동원한다. 사회적 기업가는 이 전략으로 알맞은 가격에 그들의 이해관계자에게 사회적 가치를 창출해줌으로써 비용 측면에서 경쟁우위를 얻을 수 있다. 이것과 유사하게, 벤처의 미션에 사회적 가치를 결합하는 것은 다른 경쟁자들에게 '진입 장벽'을 생성할 수 있다. 유비(Yoobi)의 창업주이자 사회적 기업가인 이도 레플러(Ido Leffler)는 최근에 있었던 하트포드 대학의 강연에서 말하기를, 자신의 고객 중 70퍼센트는 유비의 소셜미션 때문에 유비의 제품을 구입한다고 밝혔다고 말했다. 유비는 어린이를 위한 학용품을 만드는데, 고객이 구입하는 제품마다 그에 상응하는 제품을 학용품이 필요한 학교에 기부한다.

사회적 기업가정신에서 가치란 충족되지 않은 사회적 필요에 대응하고 사회에 긍정적 영향을 끼치며 지속가능한 사회적 변화를 이루는 것으로 정의된다. 또한, 가치 창출에는 규모와 범위의 확장을 이룸으로써 임팩트를 확산하며 제시된 솔루션이 이롭고 바람직한 결과를 가져올 것이라고 타깃층을 확신시키는 것도 포함된다.

가치를 창출하는 데 있어서는 사회적 난제를 다루기 위한 혁신적인 아이디어가 매우 중요하다. 그리고 소셜벤처 미션 맥락 안에서 가치의 역할을 결정짓는 데에는 융통성이 요구된다. 전략적 기업가정신에 대한 연구에서는 가치 창출(value creation)과 가치 책정(value appropriation)을 구분지으며, 신생 벤처는 자신이 창출하고자 하는 가치의 종류를 명확히 할 필요가 있다고 강조한다. 이는 다른 종류의 가치에는 다른 활동과 사업 결정이 따르기 때문이다. 가치 창출은 어떤 활동을 지원하기 위해 필요한 자원에 비해 그 활동이 가지는 효용성을 나타낸다. 반대로, 가치 책정이란 특정 이해관계자들이 손에 쥐게 될 가치의 몫을 말한다. 이 장에서 보게 되겠지만 가치에 대한 각기 다른 관점은 소셜벤처에서 각기 다른 핵심 가치로 나타나게 되며, 이는 곧 각기 다른 이해관계자 집단의 주의를 끌게 된다(Hitt, Ireland, Camp & Sexton, 2001; Moore, 2000; Santos, 2009; Smillie & Hailey, 2001).

사회적 가치를 통해 이해관계자의 참여를 자극하기

신생 소셜벤처는 자신의 미션, 행동, 프로세스를 중심으로 이해관계자를 결속시키는 가치를 개발한다. 사회 참여적인 신생 상업적 벤처 또한 특정한 대의명분을 발전시키는 가치를 창출할 수 있는데, 이러한 가치는 사회적으로 책임 있는 행동을 중심으로 이해관계자를 결속시키는 역할을 한다.

신생 소셜벤처가 가치를 통해 참여를 자극하는 방법 중 하나는 동일한 가치를 지지하는 사람들의 관심을 끄는 것이다. 이는 게시판이나 텔레비전, 인터넷, 광고, 전단지 등을 이용하여 소셜벤처의 가치를 알림으로써 가능하다. 그 예로는 열대 우림 보전이나 식수 공급, 식량 공급, 난민을 위한 주거 시설 공급 등의 사회적 필요를 그려내는 사진, 영상, 개인적인 이야기와 추천의 말 등이 있다.

사람들이 소셜미션을 지지하도록 격려하는 또 다른 방법은 사람들로 하여금 '안전지대'에서 나오도록 독려하는 것이다. 이 방법은 수동적이고 이 영역에 대한 정보가 없는 대중에게 가슴 벅차고 강력하거나 충격적인 이야기를 들려주어 대중이 새로운 소셜벤처의 가치를 끌어안을 필요가 있음을 강조하는 것이다. 앨 고어(Al Gore)가 '불편한 진실(An Inconvenient Truth)'과 같은 영화나 연설, 기사에서 기후 변화의 영향에 대한 캠페인을 벌인 것은 이러한 종류의 전략에 기반한 것이다. 사람들과 기관, 지도자, 정부로 하여금 어떠한 사회적 대의명분을 지지하고 그에 수반하는 미션에 따른 행동을 취하도록 자극함으로써 임팩트를 만들어 낼 수 있다. 표 4-1에서 새로운 소셜벤처의 가치가 어떻게 각기 다른 이해관계자들의 마음을 끌 수 있는지 예를 제시하였다.

사회적 기업가의 핵심 업무 중 하나는 사회적인 아이디어와 미션으로 이끌리도록 지지자들을 자극하는 요소를 알아내는 것이다. 사회적 가치 중심으로 사람들을 모음으로써 이들이 자극을 받도록 할 수 있다. 사회적 가치는 다양한 집단의 사람들에게 닿을 만큼 그 범위가 충분히 넓어야 하지만 동시에 해당 소셜벤처가 다양한 이해관계자에게 가치를 더해주는 방법과 이 방법이 다른 솔루션보다 우월함을 강조할 수 있을 만큼 충분히 명확해야 한다.

소셜벤처이든 상업적 벤처이든, 신생 벤처는 자신의 독특한 사회적 문화를 형성할 필요가 있다. 그 문화를 만들어 내기 위해서 기업은 자신의 경험과 '이야기'를 발전시키고 축적한다. 그리고 이 경험과 스토리는 해당 소셜벤처의 가치와 미션과 일관되어야 한다. 그러므로 소셜벤처가 사회적 가치에 기반을 두게 하거나 소셜벤처에 사회적 가치를 더하는 것은 조직의 독특한 문화를 확립하기 위한 여러 다른 활동 안에 내재된 복잡한 과정이다. 이 과정에는 참여와 시간(예를 들어, 팀 회의, 업무 모니터링, 과정의 문서화, 벤처의 기준에 따라 신입 직원 훈련하기)이 요구된다. 그렇지만 새로운 벤처를 시작할 때 조직 문화를 만들어가는 활기 넘치는 과정을 통하여 건설적이며 사회의 필요에 부응하는 혁신을 낳을 수 있다. 그 예로 직원 훈련을 통하여 다른 이해관계자들을 참여시키고 훈련하는 아이디어가 나올 수 있다. 마찬가지로, 수자원 관리에 중점을 둔 프로젝트를 수행하기 위한 절차를 개발하고 소통하는 도중에 오물 처리 과정에 대한 보완적인 아이디어 또한 떠오를 수 있다.

신생 소셜벤처는 주로 하나의 특정한 사회적 필요를 다루는 데에 중점을 두는데, 이는 또 다른 이슈를 다루려면 일반적으로 그 벤처가 감당하지 못하는 시간, 자금, 전문성, 기타 자원이 필요하기 때문이다. 그럼에도 불구하고 위에서 언급한 것과 같이, 사회적 기업가는 자신의 벤처의 가치 사슬에 사회적 가치를 접목하기 위한 다른 방법을 찾는 경우가 많다. 예를 들면, 원자재의 재사용·재활용이 한 신생 벤처 창업자의 전문 분야에 속하며 주요 이해관계자에게 의미 있는 영향력을 끼칠 수 있다면 해당 벤처는 이 분야에 집중하게 될 수 있다. 다른 활동 영역을 개발하는 것은 사업의 관점에서는 이익이 되지 못할 수 있으나 사회적 관점에서는 매우 유익할 수 있다. 이런 관점에서 어떤 벤처는 청년들의 역량 강화, 고아를 위한 자선 기금 조성, 노인을 위한 지역 센터 자원봉사와 같이 지금 당장에는 자신의 직접적인 사업 범위에서 벗어나 있는 것으로 보이는 사회적 영역을 다룰 수도 있다. 이러한 부가적인 활동은 창업가의 사회적 가치와 일치하며 보다 장기적으로는 벤처의 지속가능성, 평판, 재정적 풍요도를 보장하는 전략적 혜택을 가져다줄 수 있다. 이에 대한 예로, 표 4-1에 소개된 버클류 프로그램(Buckelew Program)은 정신질환을 앓는 사람을 돕는 데에 초점을 맞추지만 환경 친화적인 제품 및 활동에도 앞장서고 있다(Basu & Palazzo, 2008; Sullivan, 2007; van Aaken, Splitter & Seidl, 2013; Weaver, Treviño & Cochran, 1999).

표 4-2에서는 소셜벤처가 한 영역에 집중하는 것이 어떻게 다른 영역에서의 사회적 가치 창출로 이어지도록 '문을 열어줄 수 있는지'를 보여준다. 따라서 환경보호에 집중하는 벤처가 1) 안전하고 환경보호에 책임 지는 근로 환경을 만들고 장려할 수 있으며 2) 직원들로 하여금 환경보호의 책임을 지지하는 활동과 행사에 자원하도록 독려할 수 있고 3) 청정 환경과 지속가능성을 지지하는 데 기업들의 참여를 촉진하며 4) 조직과 직원들의 환경보호 활동 참여를 통하여 지역사회의 삶의 질을 전반적으로 향상시킬 수 있다.

[표 4-1] 이해관계자의 관심을 끄는 사회적 가치

신생 소셜벤처	사회적 성격을 가진 주요 가치[1]	이해관계자
책임 있는 지역사회 발전을 위한 연합체 (Coalition for Responsible Community Development)	지역사회 청년들에게 파트타임제 일자리 제공, 50명의 핵심 그룹 청년들을 위한 집중 사례 관리, 지역 청년들이 경력 개발 관련 강의를 수강하도록 지역사회 대학과 제휴, 청년 육성 프로그램 시작, 빈 주택과 다세대 주택에서의 불법 행위 방지를 위한 프로그램 기획[2]	• 지역사회의 '규범적인' 청년·청소년 • 지역사회 비행 청년·청소년 • 규범적 또는 비행 청년·청소년의 가족 • 학교, 대학, 교육 체계 • 지역사회 관련 조직
크리살리스 (Chrysalis)	노숙인과 저소득층이 직업을 찾고 유지할 수 있도록 필요한 자원과 지원을 제공함으로써 이들이 자립하여 생활할 수 있는 길을 마련해 주는 비영리기관. 수혜자가 직접 주도하여 직업을 찾을 수 있도록 권한 부여, 실무 훈련과 일자리 및 임금에 대한 강조, 지역 내 기업과 커뮤니티 및 지방자치 정부는 유지·보수와 직원 채용 필요를 충족하기 위해 크리살리스 수혜자들을 고용.[3]	• 노숙인 • 제품을 공급하고 인력을 모집하는 지역 내 기업 • 경찰, 복지 서비스, 지방자치 보조 서비스 조직 • 지역사회 주민 • 노숙인·실직자·빈곤층을 지원하는 지역사회 혹은 국가 기관
버클류 (Buckelew)	"버클류 프로그램의 미션은 우리 지역사회 주민과 가족들에게 정신적, 감정적, 행동적 건강 서비스와 중독 치료 프로그램을 제공함으로써 회복력, 희망을 증진하여 이들의 삶의 질을 향상시키는 것이다", "지속가능한 삶을 장려하는 환경보호의 책임과 실천은 이러한 미션 달성에 필수적이다", "서로에게, 우리 고객에게, 지역사회에 지속가능성을 실천할 모델 제시, 환경 친화적 제품과 서비스를 구입, 판매, 사용하려 노력한다"[4]	• 정신질환 혹은 다른 장애를 가진 지역 주민 • 각종 (정신)질환을 가진 사람의 가족 • 정신질환 전문가 • 정신질환자를 돕는 지역사회 혹은 국가 기관 • 기타 신체적, 정신적, 사회적으로 고통 받는 사람과 그의 가족 • 지역사회 내에서 환경 보호의 필요를 자각하고 있는 사람들

1. 사회적 가치 중 일부를 나열하였다.
2. www.coalitionrcd.org/sus_com.html 참조
3. www.changelives.org/about_us 참조
4. www.buckelew.org/about/mission.html 참조

[표 4-2] 사회적 행동을 자극하는 영역과 행동 도표

행동을 위한 가치	환경	시장	조직 차원	지역사회와 이해관계자[5]
지원	환경보호. 예를 들면, 탄소 발자국 최소화하기, 물 사용 줄이기, 효과적인 포장재 처리 등	안전한 작업 환경 보장, 신뢰할 만한 기업의 미션, 제품, 경영 활동에 대해 시장에 약속, 사회적 행동과 실행에 있어 롤 모델이 되기	인권 존중을 보장, 작업장에서의 권리를 온전히 준수할 것을 보장, 직원의 자발적 참여와 기업 참여를 장려	지역사회에서 변화를 일으킴, 경쟁우위를 만들어냄, 이해관계자가 기대하는 제품을 제공함
역량 강화	사업장 주변 지역의 환경, 쾌적함, 건강, 안전을 지킬 지속가능한 시스템을 개발하고 활용함	접근성, 효용성, 품질과 혁신성을 포함한 벤처의 제품에 대한 기대를 충족함으로써 소비자와 고객에게 권한을 부여함	시간제 혹 기간제 직원을 포함하여 조직의 모든 직급의 직원 훈련	청년들의 기회 불균등 문제를 해결하도록 청년들에게 권한 부여
혁신 전달	환경적 문제를 다루는 혁신적인 제품 생산, 폐기물과 환경오염 및 소음의 위험을 줄이는 혁신적인 프로세스 고안	최첨단 혁신 개발, '이미 알려진' 것만이 아닌 혁신적인 것을 시장에 내놓도록 자원과 전문 기술을 분배함, 혁신은 제품생산 공정이나 포장 혹은 배송 방법에서 나타날 수 있음. 다양한 지리적 위치에 있는 시장에 새 제품을 진입시킴	채용, 보상 제도, 다양성을 고려한 채용 절차 등에 있어 새로운 방식 활용 또는 개발	혁신 과정에 지역사회의 참여 유도, 도입된 혁신이 어떠한 이해관계자의 이익이나 다른 프로세스에도 해가 되지 않도록 함
책임감 있는 운영	환경 보호를 증진하는 재질과 도구, 절차의 사용, 환경에 탄소 발자국 최소화하기	제품과 서비스의 투명성과 품질 개선, 자료 및 보고서와 정보에 대한 이해관계자의 접근성 제고함	조직의 기대, 규율, 기준과 이러한 것들의 확고함을 더욱 분명히 함, 사업 단위 사이에 일관성을 높임, 내부 행동 규칙 개선	정보와 자료나 정책 등에 접근할 수 있도록 함, 행동 규칙 개선, 공급망 투명성
윤리		제품 생산에 사용된 재료와 노동 인력 공개, 제품이나 서비스 결함에 대한 책임을 짐, (빈부, 노소, 장애인, 모든 국적과 인종을 포함한)어떠한 고객에게도 윤리적인 서비스를 보장함	사업 파트너들이 윤리적 행동 규칙을 준수하도록 훈련 프로그램을 증진함, 벤처의 사업 영역에 해당되는 모든 법규를 준수하도록 함, 공급망 관리의 책임성 제고	노예 노동이나 인신매매의 위험을 줄이는 절차 운영

사회적 행동을 촉구하는 데 있어서 공유된 비전의 역할

사회적 대의는 그것에 대한 관심을 공유하는 사람들이 연합할 때 행동으로 이어질 수 있다. 사람들의 관심사는 다양하기 때문에, 관심이 행동으로 이어지는 것은 소셜벤처의 목표를 달성하는 데 필요한 활동에 대한 폭넓은 동의를 얻어야 하는 복잡한 과정이다. 하나의 대의를 중심으로 사람들을 연합하는 방법 중 하나는 다른 사람들의 독특한 열망과 그 대의를 연결하는 것이다. 사람들이 어떤 대의를 지지함으로써 자신의 이익이 충족되고, 자신이 기대하는 바와 필요가 채워지고, 자신에게 중요한 목표가 이루어질 수 있다는 것을 보게 되면 그 사회적 대의는 자신의 개인적인 것이 된다. 또한, 사람들이 사회적 대의를 지지하도록 촉구하기 위해서는 사람들의 신뢰를 얻어야 한다. 다양한 이해관계자가 그 대의가 가치 있고, 윤리적이며, 실현 가능하며, 대립하는 여타 대의에도 나쁜 영향을 미치지 않는다는 것을 신뢰할 수 있어야 한다. 마지막으로, 소셜벤처가 목적을 이루기 위해 사용한 방법이 효과적이고 윤리적이며

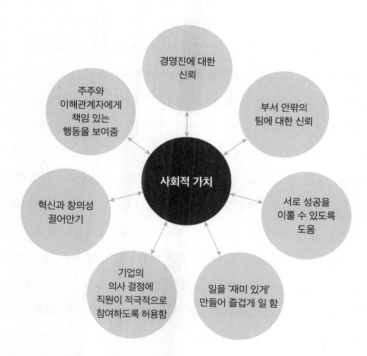

[그림 4-1] 다양한 종류의 소셜벤처에서의 자극 요인: 사회적 가치에 내재되어 있는 요인

---

5. 고객, 소비자, 공급자, 투자자, NGO, 정부 기관, 잠재적인 직원을 포함한다

지속가능하고 바람직한 결과를 만들어 낼 것이라는 점을 이해관계자들이 신뢰할 수 있어야 한다.

개인이 사회적인 일에 주도적인 역할을 맡기 위해서는 그 이면에 있는 아이디어를 신뢰해야만 한다. 이 신뢰를 형성하기 위한 좋은 방안 중 하나는 비전 공유이다. 사회적 기업가의 비전은 현재 상태에서 자신이 이상적으로 생각하는 상태의 모습으로 가도록 이끄는 '로드맵'이다. 이 '이상적 상태'와 그 이상적 상태로 향하는 기업가의 길은 공유된 가치로 나타나 다른 사람들을 끌어들이고 참여시키고 동기부여하여 소셜벤처가 목표를 이루는 것을 돕게 한다(Baum & Locke, 2004; Dees, 1998; Ensley, Carland & Carland, 2000; Ensley, earson & Pearce, 2003; Greenberger & Sexton, 1988).

그림 4-1은 가치를 공유한다는 의식 형성에 있어 신뢰의 역할을 보여주고 있다. 그림 4-1에서 보듯이, 신뢰라는 것은 경영진에 대한 신뢰, 사회적 목표를 위해 일하는 팀에 대한 신뢰, 이해관계자와 그들의 능동적 참여에 대한 신뢰, 성공을 이루는 방법으로서 상호 간의 신뢰를 포함하는 넓은 의미의 신뢰이다.

사회적 행동을 촉진하기 위해서는 사회적 기업가가 공유된 비전을 개발해야 한다. 상업적 벤처의 비전은 기업가의 '이상적인' 경제적 상태의 결과일 수 있는 반면, 소셜벤처의 비전은 집단이 공유하는 '이상적인' 사회적인 상태 위에 세워져야 한다. 이렇게 하기 위해서 사회적 기업가는 자신이 발전시키고자 하는 사회적 대의를 중심으로 대중을 모아야 한다. 그러므로 공유된 비전은 한 사람의 개인적인 일이 '공공의' 일로 변화되는 것을 가능케 한다. 이 변화는 기업가의 공유하고 설득하는 능력에서 비롯하기도 하지만, 가장 중요한 것은 현재와 미래의 이해관계자로부터 신뢰를 얻는 능력이다. 이는 서로 다른, 그래서 서로 다른 대의와 미션을 위해 싸울 수도 있는 다양한 이해관계자 집단의 다양한 관점을 인지하고 이것들을 하나로 통합함으로써 가능하다. 이러한 다양한 집단들은 공통의 비전을 중심으로 세력을 모으고 그 비전을 자신의 것으로 만들 수 있다.

사회적 기업가는 종종 자신의 비전에 대해 혹은 벤처의 소셜미션을 다루는 방법에 대해 여러 사람들의 의견을 듣는 브레인스토밍 시간을 가진다. 다양한 일들에 관한 서로 다른 집단의 의견에 대한 정보를 모으거나 그 비전을 지지하는 집단의 사고방식을 만들어 내기 위함이다. 이 정보를 통해 기업가는 직접적인 이해관계자로 생각되지 않는 사람들까지도 포함하는, 많은 사람들의 마음에 와 닿을 수 있는 보다 폭넓고 포괄적인 비전을 만들 수 있다(Alvord, Brown & Letts, 2004; Nanus, 1992; Strange & Mumford, 2002; Witt, 2007).

공유되는 비전과 가치는 소셜벤처의 구조와 지위에 영향을 미치지만, 반대로 소셜벤처의 구조와 지위가 공유되는 비전과 가치에 영향을 미치기도 한다. 그림 4-2에서는 이러한 요소들 간의 관계를 보여준다. 예를 들어, 노숙인에 대한 관심을 넓히자는 공유된 가치에서부터 '사회적인 아이디어를 발전시키는 새로운 상업벤처'가 일어나서 노숙인들이 일을 하여 보수를 받을 수 있도록 노숙인들이 만든 제품을 판매할 수 있다. 이와 동시에, 이런 벤처는 성인 노숙인뿐 아니라 그들의 자녀와 가족에게도 관심을 가짐으로써 공유되는 비전과 사회적 가치에 영향을 미칠 수 있다.

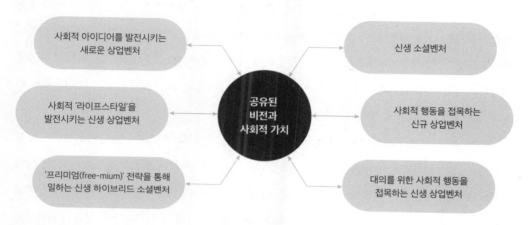

[**그림 4-2**] 공유된 비전, 사회적 가치, 소셜벤처의 구조와 지위 사이의 상호 관계

사회적 기업가의 비전은 사회적 행동을 자극하고 지지한다. 비전은 사회적 기업가의 여정 가운데 그에게 길과 결과를 보여줌으로써 길잡이 역할을 하며, 그 결과 소셜벤처의 설립을 촉진한다. 비전은 한 개인의 개인적인 일을 '공공의 일'로 변화시켜 소셜벤처의 미션과 행동에 대한 지지를 이끌어낸다. 스토리텔링은 사회적 기업가의 비전과 행동을 알리기 위한 좋은 전략이 될 수 있다.

이해관계자의 참여를 촉진시키는 데 있어서 이야기의 역할

사람들은 이야기를 좋아한다. 부모로서 우리는 우리 아이들에게 이야기를 들려준다. 직장에서 우리는 조직의 역학관계에 대한 이야기를 하면서 동료들과 대화하며, 개인적 생활에서도 이와 똑같이 친구들과 이야기를 한다. 하지만 사업의 비전을 말할 때가 되면 기업가들은 자신의 파트너들에게 이야기를 들려주는 '여행'을 데려가기보다 그래프나 통계 수치로 말하려는 경향이 있다. 이해관계자들은 어떠한 대의를 자신의 마음 속에 그릴 수 있을 때 그것에 대해 더욱 쉽게 공감하게 된다. 그래서 사회적 기업가는 이야기를 통하여 이해관계자들의 참여를 유도하는 경우가 많다. 이러한 이야기는 신생 벤처의 다양한 면에 집중할 수 있는데, 예를 들어 충족되지 않은 사회적 필요, 그러한 필요를 다루는 방법, 임팩트의 규모를 확장하기 위한 다양한 방안 등이 있다. 정상적인 학교 교육으로부터 배제당한 아시아의 버려진 부족 어린이들의 이야기를 들려주며 이 어린이들의 사진을 보여주거나 학교 교육을 받지 못한 결과를 묘사함으로써(예를 들어, 청소년 범죄 증가, 십대 임신 증가 등), 사회적 기업가는 이해관계자들의 주의를 끌고 "모든 어린이가 교육을 받을 수 있게 한다"는 벤처의 미션으로 이들을 모을 수 있다. 이것은 지역사회 대학교 내에서 해당 부족 출신 아이들의 비율을 보여주는 도표를 사용하는 것보다 훨씬 더 효과적인 접근 방식이 될 수 있다.

임팩트를 강화하기 위해 여러 가지 방법으로 이야기를 들려줄 수 있다. 한 방법은 '미션 팀'을 구성하는 것이다. 이것은 어떠한 미션이나 대의명분의 원인이 되는 어떤 사회적 필요를 경험하였거나 경험하고 있는 사람들로 이루어진 전담팀이다. 이 팀 구성원에는 자신이 살고 있는 지역에서 학교 교육을 받지 못한 부족 아이들, 기업가 혹은 비전가(사회 참여를 하며 이 대의를 위한 행동을 취하려는 사람), 충족되지 못한 필요의 결과(즉, 이 부족의 암울한 미래)를 설명할 수 있는 전문가, 다양한 이익 단체 및 지역사회 대표 등이 있다. 예를 들어, 노인을 위한 지역 센터를 세우려고 투자자를 모으기 위해, 친지 가족들로부터 외면당한 노인, 사회복지 요원, 지역사회 요원들이 함께 미션팀을 구성하여 잠재적 투자자에게 현재 상황을 자세히 이야기로 들려줄 수 있다. 이러한 개인적 스토리와 경험은 강력한 임팩트를 만들어 낼 수 있다.

그렇지만 이야기를 들려주는 것은 과업의 일부분일 뿐이다. 사회적 기업가는 자신의 미션을 발전시키는 것도 원한다. 하나의 추상적인 생각이 구체적인 솔루션이 되기 위해서 사회적 기업가는 자신의 행동이 미칠 잠재적 영향을 함께 생각할 수 있는 이해관계자 집단과 함께 사회적 필요를 충족하기 위한 대체 솔루션을 논의할 필요가 있다. 이 논의를 하면서 솔루션을 생산하고 전달하는 방법, 임팩트를 확장하기 위한 전략, 결과를 측정하고 평가하는 수단 등을 함께 논의할 수 있다.

소외된 부족의 사례에서 이 문제에 가장 관심이 있는 이해관계자 집단 중에는 지역 NGO가 있을 수 있다. 그럼에도 불구하고 소셜벤처는 이 아이들에게 교육, 건강, 음식, 물을 공급하는 대의를 도모할 수 있는 한 세계적인 식료품 기업이나 전국적으로 영업하는 은행을 끌어들이고자 노력할 것이다. 이야기를 들려줌으로써 직접적인 관련이 없는 집단도 그 대의에 공감하고 참여하게 될 수 있다. 다양한 집단을 참여시키는 것은 어떠한 대의를 지지하는 하나의 생태계를 구축하는 데에 도움이 되므로 중요하다. 이 생태계가 있음으로 인해 소셜벤처의 미션, 대의, 그것을 다루는 방식, 모니터링 절차를 다양한 각도에서 살펴보고 논의하는 것이 가능하며, 이를 통하여 더욱 폭넓은 범위의 관심과 기대에 부응하는 것이 가능해진다. 결국 이 생태계는 향후 생길 수 있는 비전, 미션, 전략에 대한 의견 충돌을 방지하는 데 도움이 된다. 그러므로 비전은 주로 그 낙관적이고 도전 의식을 불러일으키며 성취 가능하다는 본질 때문에 다양한 이해관계자를 한데 모으는 접착제가 된다. 비전은 각 사람들이 대의를 형성하며 그것을 위한 전략을 세우는 데 있어서 개인의 행동과 역할에 대해 의사 결정을 하고 개인적인 책임을 지게 할 정도로 유연성을 유지하면서도 하나의 사회적 대의를 중심으로 개인들이 결집하는 것을 가능하게 한다. 비전은 각 집단의 필요와 선호 및 욕구에 따라 대의, 미션, 행동을 구체화하는 플랫폼의 역할을 한다. 그림 4-3은 사회적 기업가의 비전과 팀원 및 이해관계자의 참여와 충족되지 않은 사회적 필요를 다루기 위한 행동 사이의 연결고리를 보여준다(Baum, Locke & Kirkpatrick, 1998; Nanus, 1992; Levin, 2000; Rudd, 2000).

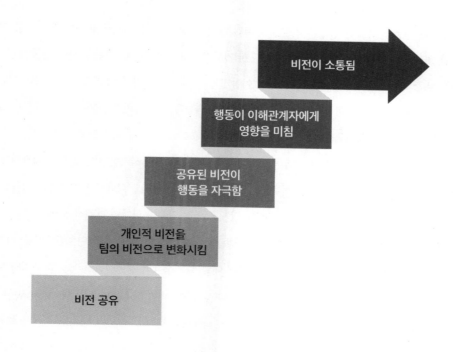

[그림 4-3] 행동 자극제로서의 비전

NGO는 비영리적이며 정부와 무관하게 독립적으로 행동하는 비정부조직이다. 이들은 공통의 관심사와 가치를 지닌 자원봉사자들에 의해 세워지며 운영된다. 대부분의 NGO는 인권, 환경, 교육, 보건과 같은 특정한 주제를 중심으로 조직된다. NGO는 다양한 서비스와 인도주의적 기능을 수행한다. NGO는 그 지향점에 따라서 몇 가지로 분류된다. 자선 NGO는 주로 피라미드 구조의 최하층(Bottom of the Pyramid, BOP)에 있는 사람들의 필요를 채워준다. 서비스 NGO는 보건 교육과 지역사회의 문제를 다루는 활동을 한다. 참여적 NGO는 정보, 지식, 재정, 자원, 인력 등을 공급함으로써 프로젝트의 실행을 가능하게 한다. NGO가 운영되는 수준은 지역 주민들이 자신의 계획을 능동적으로 세울 수 있는 지역사회 기반일 수도 있고, 시와 관련된 기관과 기업에서 활동을 기획하는 도시 기반일 수도 있고, 전국적 또는 세계적 수준일 수도 있다.

공유된 행동의 중요한 특징은 건설적인 의견 대립, 비판적 사고, 피드백을 포함하는 소통, 면담의 창구를 열도록 장려하는 분위기와 참여하는 분위기를 만드는 것이다. 기업가는 다른 사람들이 중요하게 여기는 비전의 요소를 알아내기 위해 어떤 이야기들이 나오며 그것이 어떤 방식으로 표현되는가에 주의를 기울여야 한다. 사회적인 비전과 미션을 만들 때는 다양한 집단이 중요하다고 여기는 요소를 포함해야 한다. 이런 요소들을 비전과 미션에 통합함으로써 기업가는 보다 많은 사람들을 그 대의에 참여시킬 수 있다. 이렇게 서로 다른 집단으로부터 온 요소들을 포함시키는 것은 많은 이해관계자 집단, 잠재적 이해관계자들의 기대, 이들이 선호하는 것이 무엇인지를 알리고 교육하며 설명하는 역할을 한다. 게다가 이러한 능동적인 참여는 대의와 관련된 잠재적 도전 과제를 다루며 해결하는 데에 도움이 된다. 다른 이들의 아이디어와 우선순위를 포함시킴으로써, 사회적 기업가는 초기 이해관계자들 사이에서 긍정적인 사고방식을 발전시켜 나가고 소셜벤처가 대중에게 소개되기 이전일지라도 그 벤처가 나아갈 길을 닦을 수 있게 된다(Mair & Marti, 2006; Nowak, Szamrej & Latané, 1990; Rangan, Karem & Sandberg, 1996; Rudd, 2000). 예를 들면, 재료의 재활용과 같은 사회적 대의의 전제를 활용하는 벤처는 재활용 소재로 만들어진 제품을 구매하도록 소비자를 설득해야 한다. 그렇지만 소비자들은 각기 다른 취향, 신념, 필요를 가진 다양한 집단으로 이루어져 있다. 어떤 사람들은 비싸지 않은 제품을 선호하여 자연스럽게 재활용 소재의 제품을 구매할 수 있다. 또 다른 사람들은 맞춤형 제품을 원하기 때문에 재활용 소재로 된 제품의 구입을 꺼릴 수 있다. 게다가 다양한 지역, 나이, 직업, 성별의 고객들은 재활용 제품에 대해 각기 다른 선호도를 나타낼 수 있다. 이들 중 어떤 고객은 한 번도 재활용의 개념을 들어보지 못한 사람일 수도 있다. 다른 한편으로 이 소셜벤처는 재활용 제품을 판매하는 데 관심을 가질 뿐 아니라 재활용이라는 개념의 임팩트를 확장하는 데에도 관심을 가진다. 이 벤처의 비전, 미션, 대의는 재활용이라는 아이디어를 중심으로 다양한 집단을 모으는 수단이 된다. 그러나 이와 같은 소셜벤처를 만들기 위해서는 사회적 기업가가 재활용에 관련된 잠재적 이해관계자의 기대와 필요를 알아냄으로써 그들의 다양한 취향과 선호도를 반드시 인식해야 한다. 그러므로 사회적 행동은 다양한 집단의 사람들이 공유할 수 있을 만큼 충분히 넓은 비전을 개발함으로써 가속화된다(Austin, Stevenson & Wei-Skillern, 2006; Dees, Anderson & Wei-Skillern, 2004; Thompson, Alvy & Lees, 2000).

사회적 기업가정신을 자극하는 데 있어서 환경의 역할

3장에서 논의했듯이, 소셜임팩트 이론(Latané Bourgeois, 1996)에 따르면 사회적 기업가정신의 추진력은 개인에게 미치는 환경의 영향 - 영향력, 즉각성, 집단 내 구성원의 수 측면에서의 영향 - 에 크게 좌우된다. 연구에 따르면 외부 환경은 사람들이 사회적이며 기업가적인 행동을 취하도록 자극함으로써 사회적 기업가정신을 형성하는 데에 중대한 역할을 한다. 이에 따라, 사회적 기업가는 내적인 영향뿐 아니라 외부의 영향에 의해서도 움직인다. 그러므로 이들은 여러 사회적 주제 중에서, 예를 들면 공정함, 인권, 지역이나 사람을 보호하는 것, 투명성 같이 자신이 외부 환경으로부터 흡수한 것을 '들여와서' 소셜벤처에 통합한다. 그러므로 공정함이라는 주제는 일터에서 사람들이 승진하는 데 있어서의 공정함이라는 형태로 나타날 수 있고, 인권 향상이라는 주제는 다양한 민족의 사람들이 일자리를 얻도록 하는 형태로 나타날 수 있다. 이런 종류의 활동 범위는 소셜벤처를 넘어 학교로, 지역사회로, 더 큰 지역 환경으로 확대될 수 있다.

사회적 기업가정신의 추진력으로서 집단의 영향력, 즉각성, 집단 내 구성원의 수는 다음과 같은 서로 다른 종류의 행동을 이끌어낼 수 있다.

(a) 도전과제와 충족되지 않은 사회적 필요에 대한 솔루션 제공을 목적으로 하는 새로운 기업가적인 시도

유명한 패스트푸드 가게인 맥도날드는 영양, 건강, 음식 원산지에 관련된 사회적 가치를 전파하고자 했다. 이를 위하여 맥도날드는 '영양학적 가치를 전파하는' 영역에서 활동하는 다른 사회적 기업가들을 후원했다. 이 '추진력'은 영양성분 분석 스캐너를 개발하는 새로운 사업의 탄생으로 이어졌다. 이 스캐너는 그 이후로 맥도날드의 모바일 앱으로 출시되었고 이제는 소비자에게 실시간 영양 정보와 업데이트된 온라인 맞춤형 식사 설계 프로그램을 제공하고 있다.

(b) 기존 사업을 사회 지향적 사업으로 변화시키기

환경적 자극은 기존의 상업적 기업을 더욱 사회적으로 책임 있는 기업으로 변화시키거나 이미 사회적 목표를 가지고 있던 회사의 사회 지향적 성격을 더욱 향상시킬 수 있다. 꼬미 일 포(Comme-il-faut)[6]는 영리 지향적인 중형 민간 패션 브랜드이다. 이 회사는 이미 사회적 행동에 참여하고 있었지만, 사회적으로 책임을 지는 기업들에 대한 지지가 더욱 커지는 방향으로 외부 환경이 변하자 이러한 사회적 활동을 더욱 강화했다. 이와 같이, 기업가는 사회적 책임을 지는 방식으로 제품을 생산·전달하는 방법을 도입할 수 있다. 환경 친화적 생산 방식이 가장 보편적인 예이다.

(c) 기업의 사회적 기업가정신

오늘날의 기업은 산업 공해 줄이기, 채용 과정에서의 공정성 강화, 산업 소음 제한과 같은 사회적 자극에 더욱 열려 있고 이러한 자극을 실행 계획으로 이어 나간다. 이러한 기업의 활동은 기업 내부와 외부에서 사회적 기업가정신을 더욱 진전시키는 '추진력'이 된다. 이에 대한 예는 많은데, 마이크로소프트, 애플, 구글은 사회적 책임을 지는 행동과 대의에 참여함으로써 직원들을 일깨우고 관련된 다른 회사들의 롤 모델이 되고 있다.

요약

이해관계자들이 소셜미션을 지지하도록 자극하는 것은 쉬운 일이 아니다. 대의명분은 명료하지 않을 수 있고, 아이디어는 당장 시급해 보이지 않을 수도 있으며, 투자수익률(return on investment, ROI)은 확실하지 않거나 없을 수도 있다. 그럼에도 불구하고 신생 소셜벤처는 어떻게 서로 다른 기대와 필요와 이해관계를 가진 이해관계자들을 자극하고 참여시킬지에 집중해야 한다. 넓은 의미를 포함하면서도 일관성 있고 한결같은 사회적 가치에서 여러 집단들은 자신의 독특한 기대에 부응하는 연결고리를 찾을 수 있다. 하지만 이렇게 공유될 수 있는 연결고리는 저절로 생기지 않는다. 사회적 기업 팀은 사회적 가치를 개발하고 이를 다른 사람들을 끌어들이고 참여시킬 수 있는 방법으로 전달하는 일에 자원과 시간을 할애해야 한다.

사회적 가치와 사회적 활동에의 참여 수준과 유형 차이는 외부 환경에 의해 영향을 받는다. 현재 충족되지 않은 필요와 도전과제는 사람들이 사회적 대의를 수용하고 행동을 취하도록 자극하는 데 있어 중요한 역할을 한다. 사회적 기업가는 다양한 이해 집단의 충족되지 않은 필요를 다루기 위해 새롭고 획기적인 자원의 조합을 개발함으로써 자신이 처한 환경에 대응한다. 벤처의 대의와 미션이 각 집단에게 얼마나 중요한가에 따라 그 집단이 자극을 받아 행동하고 활발하게 참여하는 정도가 결정될 것이다.

6. 사회와 환경 보고서(Social and Environment Report)
   http://www.comme-il-faut.com/user_files/english/Agenda/social/CIF_Eng_report.pdf. 참조

4장 질문

1. 이론적 개념의 '사회적 가치'가 신생 소셜벤처의 창업을 자극하는 데 있어 어떤 주된 역할을 하는가? 이 사회적 가치는 신규 상업(비 사회적) 벤처의 창업을 자극하는 데 있어서도 같은 역할을 하는가?

2. 표 4-2에서 나온 '행동을 위한 가치' 중 두 가지를 고르고, 이론적 개념의 '사회적 가치'라는 측면에서 이 두 가지 가치 사이의 관계를 설명해보자.

3. 이 장에서 소개된 가치를 통하여 사회적 행동을 자극하는 세 가지 방법 중 한 가지를 택해보자. 신규 벤처의 설립과 성장을 위해 해당 방법을 사용할 때의 이점과 어려운 점에 대하여 논해보자.

4. 몇 년 전에 에코넷(Econet)이라는 남아프리카 공화국의 통신 회사가 지역에 태양열 충전소를 개발하고 곳곳에 충전소를 세워 그곳에서 휴대폰을 충전하고, 조명이나 다른 전자기기에 필요한 전력을 공급하기 시작했다. 이 충전소들은 전기 공급이 일정치 않은 시골에 거주하는 사람들의 삶을 변화시키는 데 도움이 되고 있다. 에코넷이 행동을 취하게 한 주요 추진력에는 어떤 것이 있는가?
에코넷은 사람과 지구를 위한 변화를 만들기 위해 비즈니스 모델을 바꾸었고, 동시에 수익성이 좋은 새로운 매출원을 만들어 냈다. 이 변화는 에코넷에 새로운 길을 열어주었는데, 이제 에코넷은 충전소들을 활용하여 지역사회를 위한 백신을 저장할 냉장고에 전력을 공급한다[7]. 이 추가적인 시도에서 드러나는 주요한 추진력에는 어떤 것이 있는가? 이러한 것들이 에코넷의 주된 미션을 변화시키는가?

5. 멕시코의 시스테마 비오볼사(Sistema Biobolsa)의 최고 경영자 알렉산더 이튼(Alexander Eaton)은 착한 농경지 관리방식(Buen Manejo del Campo, BMC)으로 농업 폐기물을 강력한 유기질 비료와 재사용 가능하고 메탄 함량이 높은 생합성 바이오가스 연료로 변화시키는, 고품질 모듈식 생분해 시스템의 시스테마 비오볼사를 생산, 보급, 홍보하고 있다. 이 회사는 교육, 소액금융, 역량 강화를 통해 시스테마 비오볼사를 홍보한다. 이들의 모델은 라틴 아메리카 전역에 있는 수천만 명의 중소규모 농부들이 더욱 효과적으로 건강하고 지속가능하게 경작할 수 있도록 하는 잠재력을 가지고 있다[8]. 당신은 알렉산더 이튼이 어떤 방식으로 그의 미션에 이해관계자를 참여시킬 것을 추천하겠는가?

6. 당신의 지역사회에 새로운 프로젝트가 시작되었다. 10~15세 아이들이 자신의 지역사회를 위해 소셜벤처를 시작하도록 독려하는 목적의 대회를 여는 것이다. 당신은 조언을 부탁받았다. 이 계획과 관련된 다섯 개 정도의 이해관계자 집단을 나열하고 이들을 자극할 가장 중요한 다섯 가지 가치를 나열해보자. 당신의 선택에 근거를 대보자.

7. 그림 4-1을 참조하여, 활발한 소셜벤처를 만들기 위해 가장 중요하다고 생각하는 두 가지 요인을 선택하고 이러한 요소를 보여주는 두 가지 종류의 소셜벤처를 택해보자. 당신의 선택에 대하여 설명해보자.

8. 한 사회적 기업가가 아프리카 농촌 지역의 문맹을 줄이려는 비전을 가지고 있다. 그림 4-3에 근거하여, 이 비전을 어떻게 전달하고 소통할 것인지 계획해보자.

9. 세 가지 유형의 사회적 기업가정신의 실천(즉, 새로운 기업가적인 시도, 기존의 기업을 사회 지향적인 기업으로 변화시키는 것, 기업체의 사회적 기업가정신) 각각에서 사회적 기업가정신의 추진력(집단의 영향력, 즉각성, 구성원의 수)에 대하여 논해보자. 어떤 통찰을 얻게 되었는가?

10. 브라이언 포드(Brian Forde)의 사회적 기업 다시 생각하기(Rethinking Social Enterprise) 테드 강연을 보자(www.youtube.com/watch?v=HeYEuNaxva4). 브라이언의 강연에서 스토리텔링의 역할을 논해보자. 스토리텔링이 브라이언의 생각을 홍보하는 데 도움이 되었는가? 당신에게도 자극이 되었는가?

---

7. http://www.entrepreneur.com/article/227044#ixzz2lkwuuRAP. 참조
8. http://fusion.net/abc_univision/story/top-10-social-entrepreneurs-2012-16124. 참조

사례 공유

룩마예(Rukma Ye)

인도네시아 말랑(Malang) 출신의 사회적 기업가 룩마예(Rukma Ye)는 두 가지 다른 요인의 영향을 받아 소셜벤처를 창업하게 되었다. 하나는 그의 남동생에 대한 개인적인 경험이었고, 다른 하나는 탐스슈즈(TOMS shoes)의 '원포원(One-for-One)[9]' 아이디어였다(www.toms.com/our-movement). 룩마예의 남동생 위비소노는 신체적, 정신적으로 3세 연령에 머물러 있게 되는 희귀 증후군 진단을 받았다. 룩마예의 부모는 그 진단에 너무나 속상하여 그 병을 무시하고 위비소노를 정상적인 아이처럼 대했다. 하지만 위비소노는 다른 돌봄이 필요했다. 그의 뇌는 정상적으로 발달하지 않았다. 거의 말을 하지 못했으며 글을 읽을 수도 없었고, 무엇보다 여러 가지의 건강 문제로 자주 병원에 입원해야 했다. 위비소노는 15세에 합병증으로 사망했다. 이러한 개인적 경험이 자극제가 되어 25세의 대학생이었던 젊은 룩마예는 정신적 문제를 겪고 있는 성인을 대상으로 하는 온라인 문해 교육 프로그램을 만들었다. 룩마예는 당시의 인도네시아에서 그 프로그램을 어떻게 상업화해야 할지 몰랐지만 그 일에 열정이 있었고 끝까지 포기하지 않았다. 아이디어가 발전해 나감에 따라 계속해서 프로그램을 수정하고 새로운 기능을 추가했다. 룩마예는 다운증후군이 있는 55세 이웃 여성에게 읽고 쓰는 법을 가르치며 자신의 프로그램을 시험해보았다. 결과는 희망적이었다.

십 년 뒤에 룩마예와 그의 가족이 인도네시아 벽지의 동부 섬을 여행했을 때, 그 지역 마을의 빈곤함을 보고 큰 영향을 받았다. 룩마예는 그러한 지역사회를 돕기 위해 무언가를 하기로 마음먹었다. 당시 그는 인도네시아에서 손꼽히는 좋은 회사에서 웹 개발자로 일하고 있었다. 어느 주말에, 그는 이 가난한 마을로 다시 와서 지역 주민들로부터 전통 수공예품을 구입했다. 그리고 인터넷에 그 제품들을 더 높은 가격에 소개하였다. 룩마예는 수공예품을 구입했던 돈에 추가하여 자신이 판매한 수익의 50퍼센트를 그 지역에 기부하기로 결정했다. 자신의 새로운 소셜벤처에 너무나 신이 나서 가는 곳마다 그 이야기를 하였고, 곧 그 아이디어를 지지하는 사람들이 자신의 주변에 있음을 발견하게 되었다. 사람들은 룩마예의 비전과 그것을 성취하기 위한 실용적인 방법을 열렬히 환영했다. 그의 후원자들이 여러 시골의 지역사회를 여행하며 수공예품을 구매하고 다시 팔고 수익의 반을 기부하면서 그의 온라인 소셜벤처는 점점 확장했다. 이 후원자들은 인도네시아 시골 벽지 사회를 후원하자는 아이디어도 전파했다. 그 결과, 후원도 지속적으로 증가했다.

룩마예와 그를 둘러싼 생태계는 비전, 행동, 결과에 의하여 고무되었다. 이들은 수공예품을 보급하고 광고하며 마케팅하는 데 있어 혁신을 도입했다. 또한, 고객도 책임 있게 대함으로써 신뢰할 만하고 책임감 있는 소셜벤처라는 평판도 얻게 되었다. 룩마예의 벤처는 그 해의 가장 영향력 있는 사회적 사업 중 하나로 평가 받아 국가에서 주는 상을 받기도 하였다. 이 미션을 확장하기 위해 룩마예는 세계적인 제조업자이자 자기 회사의 유통 채널을 가지고 도움을 준

친한 친구와 협업했다. 그 결과 사업이 크게 번창했다. 시골 지역사회들은 수공예품에 대한 요청을 점점 더 많이 받았고 제품 판매를 통한 수익 증대로 혜택을 받았다.

그럼에도 불구하고 룩마예는 온라인 프로그램을 통해 정신적 문제를 겪고 있는 사람들을 돕고자 하는 결심이 확고했다. 어메이징 레이스(The Amazing Race)의 출연자에 관한 TV 다큐멘터리를 보다가 탐스슈즈의 '원포원' 아이디어에 대해 알게 되었다[10]. 여기에 마음이 매료되어 자신의 프로그램으로 시장에 진입하는 데 이 아이디어를 사용하기로 결심했다. 룩마예는 인도네시아에서 정신적 문제를 겪는 사람을 지원하는 센터들을 타깃으로 삼았다. 100달러를 판매할 때마다 개인교사 한 명을 포함하여 함께 온라인 프로그램과 컴퓨터 한 대를 기부했다. 룩마예는 자신의 비전과 미션을 지지하는 사람들을 팀으로 모았다. 팀 멤버들은 인도네시아 전역에서 정신지체장애인들을 돕는 전문가들에게 온라인 프로그램 사용법을 무료로 지도해주었다. 그와 동시에 룩마예와 이해관계자들은 소셜 수공예 벤처가 더욱 잘 운영되도록 혁신을 도입하려 노력하고 있다.

사례 질문

1. 룩마예의 수공예 벤처는 어떤 의미에서 소셜벤처인가?

2. 룩마예의 벤처의 주요한 사회적 가치에는 어떤 것이 있는가?

3. 그림 4-1을 참조하여, 룩마예의 벤처에서 두드러지는 세 가지 자극 요인을 나열해보자.

4. 룩마예의 소셜벤처에서 환경의 역할은 무엇인가?

5. 당신은 룩마예를 사회적 가치를 도입함으로써 이윤을 추구하는 비즈니스맨으로 여기는가, 아니면

   자신의 벤처의 존속을 위해 상업화를 고려해야만 했던 사회적 기업가로 여기는가?

---

9. 신발 한 켤레가 팔릴 때마다 한 켤레를 기부하는 모델(역자주)
10. 블레이크 마이코스키(Blake Mycoskie)는 탐스의 설립자이자 최고 신발 기부자이며 지금은 전 세계적 운동이 된 원포원 아이디어를 만든 사람이다. 블레이크는 미국 CBS 방송사의 황금 시간대 프로그램인 어메이징 레이스에 참가하였다. 블레이크는 그의 여동생 페이지(Paige)와 함께 세계를 여행하고 백만 달러 우승 상금 획득자보다 불과 몇 분 늦게 결승선에 도착했다.

행동하기

신생 소셜벤처는 많은 집단들의 지지를 촉구할 필요가 있다. 그러나 사회적 영역에서 사람들을 설득하는 것은 어려운 일인데, 이는 비록 아이디어는 중요하지만 특별히 시급해 보이지 않기 때문이다. 다음과 같은 제안이 다른 사람들을 자극하는 데 있어 사회적 기업가에게 도움이 될 수 있을 것이다.

1. 기업의 미션과 가치 제안을 결정할 때, 다양한 이해관계자 집단의 시각을 통해보자.

2. 대부분의 이해관계자 집단의 선호사항과 기대를 아우를 수 있을 만큼 넓은 핵심 가치를 개발해보자. 사람들은 자신이 가치 있다고 여기는 것에 의해 움직인다. 소셜벤처는 이해관계자 집단에게 매우 중요한 부분으로 핵심 가치를 확장해 나감으로써 자신의 핵심 가치를 유지한다.

3. 행동을 촉구하는 목적으로 가치와 미션을 전파할 때는 융통성을 발휘해보자.

4. 벤처가 발전하는 각 단계에 발휘되는 추진력의 적절성을 직접 관리하고 모니터해보자.

5. 사회적 문제가 해결되거나 무관한 일이 되면, 대상 집단을 다른 집단으로 확장하거나 바꿈으로써 미션을 조정하는 것이 매우 가치 있는 일이 될 수 있다.

6. 소셜벤처와 사회적 문제 혹은 사회적 솔루션에 대한 스토리텔링을 통해 참여를 유도해보자.

인터넷 활용하기

표 4-3은 오늘날 선도적인 몇 개의 기업에서 그들의 사회적 책임과 인식, 역할을 나타내는 문구들을 보여준다. 이들 글로벌 기업의 경영진이 스핀오프를 통해 새로운 소셜벤처, 즉, 모기업의 사회적 가치에 기반한 소셜벤처를 세우고 싶어한다고 가정해보자. 목록에서 두 회사를 선택해보자. 기존 기업의 사회적 가치와 주요 서비스·제품에 바탕을 두면서도 새롭고 독립적인 소셜벤처가 되도록 어떻게 소셜 스핀오프 기업의 설립을 준비할 수 있을지에 대해 경영진에게 조언해보자.

[표 4-3] 오늘날의 선도적인 기업에서 가치의 역할

기업	사회적 성격을 가진 주요 가치[11]
코카콜라 (Coca-Cola)	"…우리 이해관계자들의 기대를 충족하고 회사의 지속가능성과 경영 성공을 보장하는 동시에 우리의 사회적, 환경적, 경제적 성과를 계속적으로 향상시킨다"[12] 에너지 관리, 물 관리, 지속가능한 포장, 공정하고 안전한 작업 환경, 제품에 대한 책임, 지역사회의 지속가능한 개발 지원[13]
에이치앤엠 (H&M)	"우리의 지속가능성에 대한 열망은 지속적인 발전을 향한 우리 기업의 가치와 운동에서 나왔다. 이것은 우리 사업에서 요구되며 측정되는 것이다"[14] 유행에 민감한 고객들에게 패션을 제공하고, 책임 있는 파트너를 선택하여 보상하며, 윤리적으로 행하며, 기후 변화에 대응하며, 절약하고, 재사용하고, 재활용하며, 천연자원을 책임 있게 사용하며, 지역사회를 강화한다.[15,16]
봄바디어 (Bombardier)	"…우리 제품에 위험 물질이나 규제 화학물질 사용을 줄이거나 없애기 위해 우리 고유의 노력과 산업 공동의 노력을 통한 진전을 지속한다", "…현행의 중요도 매트릭스(materiality matrix)를 개정하기 위한 외부 이해관계자 평가를 완료한다", "…우리의 핵심 인재 조달 매니저들에게 기업의 사회적 책임(CSR)에 대해 훈련한다", "우리 지역사회 참여도를 측정하기 위한 보편적인 핵심성과지표(Key Performance Indicators, KPIs)를 규정한다"[17,18,19]
마이크로소프트 (Microsoft)	"에너지 효율성을 위한 조치, 재생 에너지, 외부에서 탄소 감량 프로젝트에 대한 투자와 함께 물 사용과 폐기, 그리고 추적하기 위하여 우리가 사용하는 글로벌 탄소 발자국 추적 시스템을 강화한다", "EEA와 협력하여 만들어진 클라우드 기반의 기후 데이터 무료 검색 서비스인 펫치클라이밋(FetchClimate)을 개시함으로써 실제로 누구나 어디에서든 기후 정보에 접근할 수 있도록 한다", "장애를 가진 사람들의 역량 강화한다"[20,21]
맨파워 (Manpower)	"기업(사업체, 정부, NGO 등)에 직접 서비스하는 우리 사업의 특성상 우리는 지역, 광역, 글로벌한 차원에서 수많은 이해관계자들과 지속적으로 접촉하고 있다", "정보 제공에 대한 투자는 우리의 사업 전략과 관련된 귀중한 자료를 산출해낸다는 것을 동료들에게 보여줌으로써 지속적인 성장 동력을 구축하는 데 전념한다" "맨파워 그룹은 다양성과 포괄성이 윤리적이며 실제적인 이슈라고 여긴다"[22]

11. 사회적 가치 중 일부를 제시하였다.
12. http://assets.coca-colacompany.com/51/be/fa1c9a664de5bb38e0304d6ce2af/CCI_CSR_2011.pdf 참조
13. 출처: 2011 기업의 사회적 책임 보고서(Corporate Social Responsibility Report, 2011). http://assets.coca-colacompany.com/51/be/fa1c9a664de5bb38e0304d6ce2af/CCI_CSR_2011.pdf 참조
14. http://about.hm.com/content/dam/hm/about/documents/en/CSR/reports/Conscious%20Actions%20Sustainability%20Report%202012_en.pdf 참조
15. http://about.hm.com/content/dam/hm/about/documents/en/CSR/reports/Conscious%20Actions%20Sustainability%20Report%202012_en.pdf 참조
16. 출처: 지속가능성 보고서(Sustainability report). http://about.hm.com/AboutSection/en/About/Sustainability/Reporting-and-Resources/Reports.html#cm-menu 참조
17. http://csr.bombardier.com/pdf/en/EDL_Bombardier_ENGLISH-mapL.pdf 참조
18. http://csr.bombardier.com/en/csr-approach 참조
19. 출처: 봄바디어 CSR 보고서(Bombardier CSR report). http://csr.bombardier.com/pdf/en/EDL_Bombardier_ENGLISH-mapL.pdf 참조
20. http://www.microsoft.com/about/corporatecitizenship/en-us/reporting/ 에서 다운로드함
21. 출처: Microsoft2012citizenshipreport. http://www.microsoft.com/about/corporatecitizenship/en-us/reporting/ 참조
22. http://www.manpowergroup.com/wps/wcm/connect/6b1180d6-9487-46c5-99d6-cbc6bbe2bbc3/GRI_2010.pdf?MOD=AJPERES 참조

5
세계적 맥락: 소셜벤처 형성에 있어 문화의 역할

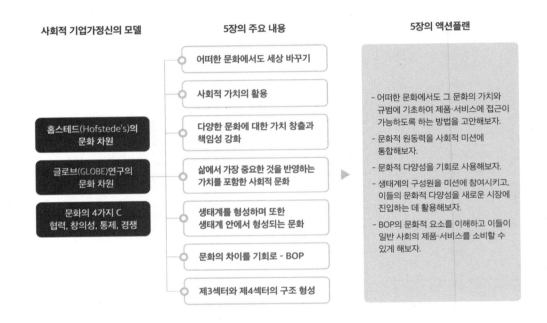

사회적 기업가정신의 모델

- 홉스테드(Hofstede's)의 문화 차원
- 글로브(GLOBE)연구의 문화 차원
- 문화의 4가지 C 협력, 창의성, 통제, 경쟁

5장의 주요 내용

- 어떠한 문화에서도 세상 바꾸기
- 사회적 가치의 활용
- 다양한 문화에 대한 가치 창출과 책임성 강화
- 삶에서 가장 중요한 것을 반영하는 가치를 포함한 사회적 문화
- 생태계를 형성하며 또한 생태계 안에서 형성되는 문화
- 문화의 차이를 기회로 - BOP
- 제3섹터와 제4섹터의 구조 형성

5장의 액션플랜

- 어떠한 문화에서도 그 문화의 가치와 규범에 기초하여 제품·서비스에 접근이 가능하도록 하는 방법을 고안해보자.
- 문화적 원동력을 사회적 미션에 통합해보자.
- 문화적 다양성을 기회로 사용해보자.
- 생태계의 구성원을 미션에 참여시키고, 이들의 문화적 다양성을 새로운 시장에 진입하는 데 활용해보자.
- BOP의 문화적 요소를 이해하고 이들이 일반 사회의 제품·서비스를 소비할 수 있게 해보자.

목표 | 이 장을 읽고 나면 다음을 할 수 있게 될 것이다.

1. 기업가의 영역에 있어 문화의 이론적인 맥락에서 소셜벤처에 작용하는 문화의 역할 이해하기
2. 문화와 사회적 기업가정신의 공생적 관계 논하기
3. 사회적 사업이 기업가적인 흐름 전반에 걸쳐 발전할 수 있게 하는 문화의 구성요소 식별하기
4. 지역적 문화와 세계적 문화의 측면에서 생태계 분석하기

문화와 사회적 기업가정신

이 장에서는 소셜벤처를 시작하고 발전시키는 데 있어서 국가적 문화의 역할을 집중적으로 살펴볼 것이다. 또한, 사회적 기업의 아이디어와 미션을 확산하기 위해 한 지역의 문화에서 글로벌한 문화로 맞춰 나가는 데 있어 사회적 생태계에 대한 지식, 원동력 식별, 관련 통로 개발을 강조하여 살펴볼 것이다.

문화는 모든 곳에서 나타난다. 국가적, 지역적, 민족적 문화와 조직 문화가 있으며 심지어 실리콘 밸리 첨단 기술 문화와 같은 산업 문화도 있다. 또한, 각기 다른 지역이나 국가 안에서의 기업 문화나 여러 다른 기관 안에서 나타나는 민족의 문화와 같이 문화의 결합도 존재한다. 이러한 각각의 문화나 문화의 결합은 소셜벤처를 창업하려는 기업가에게 도전과제를 안겨준다. 예를 들면, 다음에 나오는 각각의 조직은 상대적으로 열세에 있는 인구 집단 안에서 시민으로서의 권리를 지키고자 하는 소셜미션을 가지고 있다.

1. **시민 권익 프로젝트(The Civil Rights Project—Proyecto Derechos Civiles, www.civilrightsproject. ucla.edu)는 인종적, 민족적 불평등을 해결하는 데 집중하는 운동이며, 연구 프로젝트, 교육 계획과 교육 활동, 콘퍼런스에 자금을 지원한다.**

2. **올라잇츠(All Rights, www.kolzchut.org.il/en/Main_Page)는 이스라엘의 유대인과 아랍인 중 상대적으로 취약한 계층에 속한 사람들의 사회적 권리를 신장시키는 데 중점을 두고 있다. 이 단체는 대형 이스라엘인 전문가 집단이 개발하여 운영하고 있으며, 위키피디아와 같은 웹사이트를 만들어 이스라엘 안에서의 권리와 자격 문제를 다루고 있다.**

3. **아타얄(ATAYAL, www.atayal.org)은 원주민들의 문화와 정신을 보존하는 한편, 이러한 원주민 커뮤니티 (즉, 미국과 캐나다의 원주민들, 오스트로네시아의 부족 집단)를 서로 이어주는 형태로 시민의 권리를 해석해 내는 기관이다. 원주민 지역사회 간의 소통을 증진하기 위한 활동과 네트워크 개발에 참여하고 있다.**

이 세 가지 예에서 보듯이, 비슷한 소셜미션을 가진 소셜벤처들이 자신이 속한 문화적 맥락에 따라 다른 형태를 취하고 있다. 각각의 사례에서, 벤처의 미션은 그 벤처가 속한 상위의 국가, 지역, 민족 문화의 생태계 속에 내포되어 있다. 그러므로 사회적 기업가는 자신의 사회적 생각과 미션의 실현에 도움이 될 문화 요인들에 주의를 기울여야 한다(Austin, Stevenson & Wei-Skillern, 2006; Rao, Morrill & Zald, 2000).

글로벌한 소셜벤처는 자신의 비전과 미션을 다양한 시장에 심으려는 시도를 할 때 다양한 문화에서 오는 도전과제에 직면하게 된다. 벤처가 다른 나라들로 확장을 했거나 다른 나라에서 이용할 수 있는 제품이나 서비스를 만들었거나 아니면 한 나라를 기반으로 하면서 다수의 나라에 이해관계자를 두고 있는 상황일 수도 있다. 어떠한 경우이든 문화가 중요하다.

문화는 한 지역사회의 가치, 통상적인 규범, 습관, 행동, 신념으로 이뤄진다. 한 지역사회의 충족되지 않은 필요를 바탕으로 하는 소셜벤처는 다른 지역사회에서는 완전히 적합하지 않을 수도 있다. 그러므로 큰 규모와 영향력을 갖추고자 하는 소셜벤처는 문화적 차이를 파악하고 이해하며 그에 대처할 수 있어야 한다. 문화는 복잡하며 다면적이다. 본질적으로 문화는 개인과 집단이 공유하는 가치, 태도, 신념, 전제, 인공의 산물을 포함하고 있으며 개인의 행동에 대한 길잡이 역할을 하는 것으로 여겨진다. 문화는 소셜벤처의 내·외부적 관계의 모든 측면을 아우르며 벤처에 직간접적으로 연관된 구성원의 활동에 영향을 미친다.

이론적 기초

사회적 기업은 사업 관련 요소와 문화적 요소가 혼합된 - 예를 들면 유연성, 모호한 것에 대한 관용, 기업 내적으로는 사업 프로세스에 초점을 맞추고 기업 외적으로는 시장에 초점을 맞추는 것 등 - 독특한 문화를 발전시켜 간다. 이러한 요소들은 경영 연구 모델에 기초를 두고 있지만, 신생 상업적 벤처의 문화와 차별화되는 신생 소셜벤처의 문화의 특색을 가지고 있다. 쉐인(Schein, 2004)과 같은 경영 연구 분야의 선두주자들은 문화란 한 회사의 내적인 동력을 한데 모으는 접착제라고 했다. 이 문화는 신념, 가치, 통상적 규범, 상징, 일어나는 일들, 집단의 성격으로 이루어지며, 이러한 것들은 그 집단만의 독특한 업무 수행 방법에 나타난다. 이와 비슷하게, 소셜벤처에서도 문화는 창업가의 동기, 의도, 관심사와 벤처의 활동을 연결하는 고리 역할을 한다. 헤이르트 홉스테드의 영향력 있는 저작(Geert Hofstede, 1991:5)에서는 문화를 "어떤 집단 혹은 범주에 속한 사람들을 다른 이들과 구분 짓는 생각의 집합적 프로그래밍"으로 정의했다. 홉스테드는 그의 연구에서 사회적 기업가정신의 영역에서 연구자들의 흥미를 끄는 국가 문화 유형을 다루었다(Diochon, Durepos & Anderson, 2011; Hoogendoorn, Pennings & Thurik, 2010). 사회적 기업가정신의 맥락에서 이러한 문화의 관점과 연관성은 표 5-1에 요약되어 있다.

홉스테드의 저작에 많은 영향을 받은 최근의 글로브(Globe) 연구[1](House, Hanges, Javidan, Dorfman & Gupta, 2004)에서는 62개 문화에서 금융 서비스, 식품 가공, 통신 등의 서로 다른 산업 안에 실제로 일어나는 사회적 관행과 추구하는 사회적 가치를 아우르는 문화의 차원을 밝혔다. 문화 차원에는 불확실성, 회피성, 권력 거리, 기관의 집단 이기주의, 집단 내 집단 이기주의, 성 평등 의식, 적극성,

[표 5-1] 홉스테드의 문화 차원 모형을 사회적 영역과 연결하기

홉스테드의 차원	내용	사회적 의미
권력 거리	사람들이 기업 내에서 권력의 차이를 인식하는 방식을 나타낸다.	사회적 기업가정신에서 이 문화 차원의 의미는 사회적 기업가의 비공식적이고 비수직적인 사업 활동에 있다. 사회적 기업가는 직접 대상 집단과 생태계 집단을 대하므로 상대적으로 적은 권력 거리로 기업을 경영할 가능성이 크다.
개인주의 vs. 집단주의	개인이 집단으로 단결되어 상황에 대처하고 생각과 감정 등을 공유하는 정도를 의미한다.	공유와 집단화는 사회적 기업가정신에서 주된 요소이다. 따라서 이 문화 차원은 사회적 기업가정신과 연관성이 있다.
불확실성 회피 지수	불확실성과 애매모호함에 대한 관용을 일컫는다.	사회적 기업가정신은 시작 단계에서 불확실한 영역에서 제 역할을 한다. 게다가 사회적 기업가는 모호하거나 흔치 않은 상황에서 발생하는 일에 민감하고, 그 일을 기업가적인 기회로 전환시키며 앞으로 나아간다.
남성성 vs. 여성성	남성과 여성의 전형적인 특징에 근거한 문화의 척도를 말한다. 남성적 문화는 보다 경쟁적, 독단적, 물질적, 야심찬 특성을 보이는 반면, 여성적 문화는 사회적 관계, 감정, 보살핌에 가치를 둔다고 여긴다.	사회적 기업가정신에서 가지는 의미는 두 가지 문화의 속성을 혼합하는 데 있다. 사업에 관련된 요소들은 남성성에서 비롯될 수 있는 반면, 사회적 자각, 이타성, 돌봄은 여성성에서 비롯될 수 있다.
장기 지향성 vs. 단기 지향성	전략적인 사고와 이에 대비되는 전술적인 사고와 활동을 말한다.	사회적 기업가정신에서의 의미는 위와 마찬가지로, 아직 다루지 못한 사회적, 생태학적, 환경적 문제를 개선하기 위한 즉각적인 행동과 함께 장기적인 영향력과 지속가능성을 추구하는 두 가지 태도의 혼합에 있다. 둘 다 사회적 기업가에게 중요하다.

미래 지향성, 성과 지향성, 인간 지향성이 있다. 이렇게 문화를 범주화하는 것은 사회적 기업가 자신이 지향하는 바와 신념에 맞는 가치를 중심으로 벤처를 설립할 수 있게 하며 자신의 벤처에서 상대적으로 적게 대표되거나 중요도가 낮은 가치를 알 수 있게 해준다. 예를 들어, 많은 경우에 기업의 설립자는 '현재 당면한 문제'에 관심을 가지는데, 이는 특정 주제의 인식 강화 또는 특정 집단의 권리를 위해 싸우는 것과 같은 자신의 아이디어가 최대한의 임팩트를 가지도록 하기 위함이다. 이러한 '미래 지향성'을 이해하는

---

1. 글로브(GLOBE) 연구는 문화와 사회적, 조직적, 리더십 효용성 사이의 관계를 개념화하기 위한 목적의 장기적인 프로그램이다. 1994년부터 대략 160명의 학자들이 함께 62개 문화 내의 사회적 문화, 조직 문화와 효과적인 리더십의 속성을 연구했다.

것은 벤처의 지속가능성에 있어 결정적인 역할을 한다. 비록 미래 지향을 위해 '현재 당면한 문제'에 배분할 시간과 자원을 줄이는 한이 있더라도 말이다. 미래에 집중하는 것은 기업가가 벤처의 앞으로의 필요와 요구 및 기대에 더욱 적절하게 부합하도록 벤처의 전략을 수립하는 데 도움이 될 수 있다.

문화는 가치 창출에도 중요한 역할을 한다. 카메론(Cameron), 퀸(Quinn), 디그래프(DeGraff)와 타코어(Thakor)의 영향력 있는 유형 분류 체계인 경쟁 가치 모형(the Competing Values Framework, 2006)에서는 지도자, 기업가, 가치 창출을 추구하는 벤처 경영자가 고려하는 각기 다른 수준의 분석을 언급했다. 여기에서는 세 단계(개인, 벤처, 환경)에서 조화가 이뤄지는 것이 필요함을 강조하는 동시에, 협동, 창조, 통제, 경쟁의 가치를 강조한다. 그러므로 이 경쟁 가치 모형은 한 벤처의 가치와 문화를 이해하는 지침서 역할을 할 수 있다. 이 모형은 사회적 기업가가 소셜벤처의 다양한 측면에서의 상호 관계와 조화와 대립을 진단하고 관리하는 데 도움이 될 수 있다. 그러므로 소셜벤처에서 이 모델이 가지는 의미는 가치 창출을 위한 사회적 기업가, 소셜벤처, 생태계의 역학 관계를 다루는 데 있다.

널리 용인되는 이 두 모델을 골조로 활용하여 우리는 성공적인 소셜벤처에서 찾아볼 수 있는 핵심적인 문화 요소를 대표하는 4가지 C 모델을 개발할 수 있다.

소셜벤처에 있는 4C 문화

협력(Collaboration)

협력의 문화는 통합, 단결, 인도적인 작업 환경, 헌신과 충성에 초점을 둔 유연성, 재량을 강조한다. 사회적 기업가정신에서 협력의 문화는 참여적인 의사 결정 과정과 소셜벤처 생태계 구성원들의 높은 참여를 장려한다.

창의성(Creativity)

창의성의 문화는 빠르고 쉽게 변하며 경쟁적인 사업 환경을 운영해 나가기 위한 차별화에 초점을 맞춘 유연성과 재량을 강조한다. 사회적인 기업가정신의 맥락에서 혁신은 충족되지 않은 사회적 필요에 대한 지속가능한 솔루션을 개발하는 수단이다. 더 나아가 창의성의 문화는 예상하지 못한 '혼란스러운' 상황이나 환경을 관리하는 벤처의 유연성, 적응성, 능력에 큰 중요성을 두는데, 이 모든 것들은 소셜벤처에게 결정적으로 중요하다.

통제(Controls)

통제의 문화는 뚜렷한 권위 계급 체계와 같이 보다 관료주의적이고 안정적이며 명확한 환경을 지향하는 조직적 구조와 연관이 있다. 소셜벤처는 흔히 더욱 유동적이며 융통성 있는 경영 방식과 결부되지만, 그럼에도 불구하고 통제와 관련된 절차와 조치를 포함시키는 것은 벤처가 목표를 달성하도록 하는 데 중요하다. 또한 이러한 체계와 통제는 공통의 목적을 중심으로 다양한 이해관계자를 단결시키는 데 중요한 도구로 사용될 수 있으며, 상당한 규모와 범위를 달성하고자 하는 소셜벤처에게 필수적이다.

경쟁(Competition)

경쟁의 문화는 경쟁 우위를 창출하는 것을 도전과제로 여긴다. 이를 성취하는 한 방법은 핵심 공급자와 구매자를 묶어 두는 활동을 통해서이다. 또 다른 전략은 주요 경쟁자로부터 자신을 차별화할 수 있는 지속가능한 방법을 찾는 것이다.

소셜벤처는 사회적 요소와 사업적 요소 및 문화 요소들이 혼합된 독특한 문화를 발전시켜 나간다. 글로벌한 소셜벤처는 다양한 문화권의 이해관계자들을 만족시켜야 하는 추가적인 과제를 맞이한다. 홉스테드의 모델을 통해 주요한 문화 인자를 이해함으로써 사회적 기업가는 문화에서 비롯되는 차이를 좁힐 수 있다. 경쟁 가치 모형 또한 사회적 기업가, 소셜벤처, 생태계의 역학을 다룸으로써 서로 다른 문화 출신의 이해관계자들을 위해 가치를 창출하는 방법을 수립하는 데 도움이 될 수 있다.

사회적 기업가적인 문화가 있는가?

문화와 사회적 기업가정신은 공생적 과정으로 연결되어 있다. 문화는 사회적 기업가정신을 자극하고 형성하며 그 결과로 시간이 지남에 따라 사회적 기업가정신과 사회적 사업과 사회적 행동은 문화적인 가치를 강화한다. 사회적 기업가정신은 사회의 변화와 긴밀히 연결되어 있다. 변화를 장려하는 국가적 문화가 명백히 있는 반면, 이를 저지하는 국가의 문화도 있다. 그러나 사회적 기업가는 변화가 일어나게 하고, 그렇게 함으로써 임팩트를 만들어 내기 위한 모든 노력을 기울이게 마련이다.

가치

사회적 기업가는 가치에 의해 움직인다. 사회적 기업가는 자신이 열정을 느끼는 대의를 중심으로 자신의 벤처를 설립한다. 그러므로 사회적 가치는 소셜벤처 안에 녹아들어 있다. 사회적 기업가는 자신의 개인적 가치를 활용하여 자신의 벤처 안에도 이러한 가치를 내포하는 문화를 만들기 위해 노력한다. 예를 들어, 열대 우림 보호나 소외 지역에 깨끗한 물을 공급하려는 목적을 위해 싸우는 소셜벤처는 모든 이해관계자에 대한 윤리적이고 책임 있는 행동에 기반한 내부 조직 문화를 만들 것이다.

규범

규범은 한 조직 혹은 문화 내에서 '정상적'인 것, 또는 받아들여지는 것으로 이루어져 있다. 사회적 기업가는 사회적 규범을 변화시켜 자신의 소셜벤처의 미션이 규범에 포함되도록 하는 방향으로 일한다. 규범은 또한 소셜벤처의 활동과 성과 측정 방식에서도 나타난다. 그 예로서, 어떤 사회적 기업가는 빈 병과 캔을 휴지통에 버리는 현재의 통상 규범을 빈 병과 캔을 재활용 통에 넣는 새로운 규범으로 바꾸려는 시도를 할 수 있다. 사회적 기업가정신은 세계적으로 관심을 끄는 문제에 집중하기 때문에, 특정 이슈나 특정한 국가에 한정되지 않은 보다 상위에 있는 문화를 개발함으로써 국가적이며 문화적인 차이를 극복하는 것이 중요하다. 그렇게 함으로써 소셜벤처는 하나의 이슈나 국가에 한정되지 않는 가치와 더 높은 책임 의식을 창출하는 것이 가능해진다. 예를 들어, 홈리스 월드컵(The Homeless World cup, www.homelessworldcup.org)은 노숙생활을 축구와 연결시킨 선구적인 소셜벤처이다. 오늘날 노숙인 문제는 세계적 이슈이기 때문에 이 소셜벤처는 전 세계 노숙인의 생활 개선을 위한 지속가능한 프로그램 개발이라는 미션을 위해 70개 국가의 파트너 기관을 지원하고 지도해줌으로써 이들의 활동을 조직화하는 일에 일차적으로 집중하고 있다. 노숙인들의 삶을 나아지게 만든다는 미션에 힘을 실어주는 국제적인 가치와 규범을 확립함으로써 이 소셜벤처는 한 가지 이슈나 한 국가를 넘어선 사회적 가치를 창출하고 있다(George & Zahra, 2002; Leiserowitz, Kates & Parris, 2006; Shepherd & Patzelt, 2011).

사회적 기업가적 문화의 주요 특징

사회적 행동은 어떻게 일어나는가? 사람들은 실제로 어떻게 기관을 변화로 이끄는가? 단체나 기관은 어떻게 사회적 행동을 지속하는가? 이런 행동은 저절로 일어나지 않는다. 다른 생각과 행동을 장려할 뿐 아니라 개개인이 사회적 행동과 변화에 대하여 생각하도록 자극하는 조건을 만들어 내는 문화적 맥락에서 일어난다. 사회적 기업가의 문화는 삶에서 가장 중요한 것들 – 우리 사회가 소중히 여기는 것들 – 을 반영하는 가치를 아우르며 그 가치에 값으로 매길 수 없는 의미를 부여한다. 이러한 가치는 혁신, 기회 활용, 자원 동원, 창의성, 윤리적 행동을 장려하고 그렇게 함으로써 사회적 행동을 증진시키는 문화를 만들어 낸다.

생태계라는 모델은 생물학에서 나왔다. 생물학자들은 생물체와 생물체를 둘러싼 환경 간의 복잡한 관계를 함께 고려할 때 특정한 연구 대상을 훨씬 더 깊이 이해할 수 있다는 것을 발견했다. 사회적 기업가정신에서 전략적 경영 분야를 연구하는 연구자들은 생물학적 체계와 조직 체계 사이에 유사점을 발견했다. 그래서 기업가, 기업, 조직이 직면하는 광범위한 힘의 복잡성과 역학 관계를 정리하기 위해 '생태계 전략'을 고안했다. 생태계 모델은 기업가와 소셜벤처가 활동하는 보다 넓은 환경을 포함시킨다. 이 모델은 특히 사회적 기업가에게 중요한데, 사회적 기업가는 빠르게 진화하는 정치적, 경제적, 물리적, 문화적 환경에서 상호 작용하는 구성원들의 복잡한 체계를 활용해야 하기 때문이다.

생태계

사회적 기업가의 문화는 어떤 한 생태계 안에서 작용한다. 당연히 생태계의 구성요소는 그 문화의 구조와 역학 관계를 빚어낼 것이다(그림 5-1 참고). 이러한 구성요소 중 하나는 생태계의 자원이다. 자원에는, 사람, 프로세스, 인프라 등이 있을 수 있다. 이들의 흐름, 강도, 유연성은 한 조직이나 시장에서 사회적 기업가의 문화를 형성하는 데 결정적인 역할을 한다. 가치와 규범은 생태계의 또 다른 구성요소이다. 이 두 가지 요소는 특정한 생태계 내에서 사회적인 인식, 생각, 행동이 일어나는 정도를 나타낸다. 자원의 역학 관계, 가치, 규범을 이해함으로써 생태계의 잠재적 문제점을 발견할 수 있다. 여기에는 서로 다른 이해관계자들의 태도와 이익을 반영하는 유형의 제약과 무형의 불평과 반대가 포함될 수 있다. 한 생태계 안에는 소셜벤처의 파트너십과 그 소셜벤처가 목표를 달성하도록 도울 수 있는 잠재적인 보완 조직들이 포함된다. 이러한 다양한 조직은 사회적 대의를 도모하기 위해 시간, 재정, 재능 및 다른 자원을 할당한다. 자연적, 정치적, 사회적 조건과 같은 환경적 조건은 사회적 기업가의 문화에 매우 큰 영향을 미친다. 환경적 조건에 있어 불리한 위치에 있는 생태계는 우선 심각한 자원의 제약에 대처하는 수단으로 사회적인 문화를 확립하게 될 것이다. 이러한 경우에 사회적 기업가는 소셜벤처의 운영 모델이 성공하기 위해 필요한 최소한의 결정적인 환경 조건을 알아내야 한다. 그리고 나서 이 정보를 활용하여 벤처를 시작하고 새로운 지역으로 확장할 수 있다(Neuwirth, 2011; Ferguson, 2011; Landes, 1999; Prahalad , 2010).

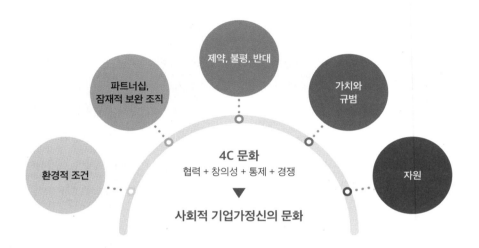

[그림 5-1] 생태계와 소셜벤처의 4C 문화 사이의 관계

문화 사례: '피라미드의 최하층(Base of the Pyramid, BOP)'

세계 인구는 지난 200년간 거의 7배 증가한 반면, 빈곤 속에 살고 있는 인구수는 거의 비슷하게 유지되고 있다. 이는 세계 인구 중 빈곤 속에 살고 있는 인구의 비율이 90퍼센트를 훨씬 더 넘던 수치에서 15퍼센트 이하로 극적으로 감소했다는 것을 의미한다. 어떻게 거의 60억의 인구가 200년 전에 세계 경제를 덮고 있던 빈곤으로부터 벗어난 것일까?

'피라미드의 최하층'(그림 5-2 참고)은 아직도 빈곤에서 벗어나지 못한 개인과 가구를 말한다. 세계은행의 추산에 따르면 오늘날 여전히 전 세계 수십억 명의 사람들이 빈곤 속에 살고 있다. BOP 문화를 이해함으로써 사회적 기업가는 가난한 사람들에게 그들이 필요로 하고 원하는 제품과 서비스를 공급할 수 있다. 이뿐만 아니라, 창의적인 방법을 통해 가난한 사람이 자신의 삶의 질을 향상시킬 제품과 서비스를 활발히 소비하는 소비자로 전환될 수 있다. 그러므로 피라미드의 최하층은 사회적 기업가에게 이 계층의 충족되지 않은 사회적 필요를 다룰 솔루션에 문화적 특징을 통합시킬 수 있는 풍부한 기회를 제공한다. 이러한 솔루션은 BOP 가구에게 필요한 제품, 서비스와 선택 사항을 제공해 준다. BOP의 규모를 고려할 때 이러한 솔루션은 규모의 확장과 지속가능성을 달성하는 데도 도움이 된다.

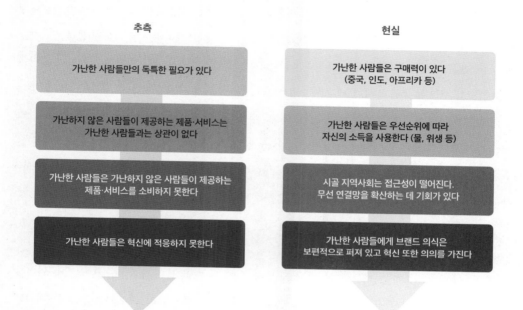

추측

- 가난한 사람들만의 독특한 필요가 있다
- 가난하지 않은 사람들이 제공하는 제품·서비스는 가난한 사람들과는 상관이 없다
- 가난한 사람들은 가난하지 않은 사람들이 제공하는 제품·서비스를 소비하지 못한다
- 가난한 사람들은 혁신에 적응하지 못한다

현실

- 가난한 사람들은 구매력이 있다 (중국, 인도, 아프리카 등)
- 가난한 사람들은 우선순위에 따라 자신의 소득을 사용한다 (물, 위생 등)
- 시골 지역사회는 접근성이 떨어진다. 무선 연결망을 확산하는 데 기회가 있다
- 가난한 사람들에게 브랜드 의식은 보편적으로 퍼져 있고 혁신 또한 의의를 가진다

[그림 5-2] 피라미드의 최하층 - 추측과 현실의 비교

BOP의 필요를 다룰 창의적인 방법에는 다음과 같은 것이 있다.

일회분 포장

가난한 사람들은 보통 일정치 않은 수입 때문에 힘들어한다. 어떤 사람들은 하루 임금으로 하루를 버티고 어떤 사람들은 일자리가 없는 기간을 보내기도 한다. 그러므로 BOP 문화에서는 현금을 보수적으로 사용하며 현금이 있을 때만 구매를 하게 한다. 그리고 가난한 사람들은 그날에 필요한 것만 사는 경향이 있다. '일회용 용량 혁명'은 다양한 제품(샴푸, 로션, 커피 등)을 가난한 사람들이 살 수 있고 현금 흐름을 관리하는 데 더욱 편리한 소용량 포장으로 판매하고자 소외 지역에 있는 사회적 기업가들이 개발한 새로운 사회적 접근법이다. 예를 들어, 인도의 판왈라스(paanwallas: 담배 및 잡화를 파는 작은 가판대)에서는 담배를 낱개로 팔아 가난한 사람들이 구입할 수 있도록 하며 말레이시아에서는 삼수(samsu: 저렴한 술)를 작은 병에 넣어 판매한다.

신용과 상담 활용

사회적 기업가는 가난한 사람들이 즉시 구입하지 못할 제품이나 서비스를 신용으로 구입할 수 있게 하는 프로그램을 개발함으로써 일정치 않은 수입에 대응할 수 있다. 이 접근법은 BOP 가구에게 '경제에 대한 지식'의 기초를 소개해 주며, 그들은 신용, 빚, 시간을 조율하여 제품 값을 지불하는 전략을 배울 수 있다. 가난한 사람들에게 필요한 물건과 서비스를 구입할 수 있는 선택사항을 소개하며, 시간을 두고 감당할 수 있는 지불 전략을 세우는 방법을 가르쳐 줌으로써 이들이 보다 큰 규모의 소비를 통해 삶을 현저히 개선하고 빈곤에서 빠져나오도록 할 수 있다. 예를 들어 멕시코 시멕스(Cemex)사의 파트리모니오 오이 프로그램(Patrimonio Hoy program, www.cemex.com)은 고객들이 건축 자재를 살 수 있도록 신용 거래를 제공하며, 브라질의 카사스 바이아(Casas Bahia, www.casasbahia.com.br/)라는 가구·전자·가전제품 소매기업은 고객에게 신용 대출을 제공한다.

'직접 참여하기(do-it-yourself)' 접근법

BOP 시장에 집중하는 소셜벤처는 가격을 낮출 수 있는 대안을 소개해 줌으로써 소비 과정을 용이하게 만들 수 있다. 직접 참여하기 접근법은 소비자를 결과물뿐 아니라 구매 과정에도 참여시키는 것이다. 이렇게 하여 절약형 상품을 일괄 판매하고 일반적으로는 가난한 사람들이 접하기 어려운 제품의 가격을 적절하게 조정해주는 방법이다. 전통적으로 다른 문화에 맞춰진 제품과 서비스를 BOP 계층이 소비하도록 그들의 구매력과 구매 의사를 만들어 내기 위해서는 BOP 문화를 깊이 탐구해야 한다.

인터넷 사용

시골 지역에서 인터넷 접근이 가능해지면 전 세계의 제품과 서비스의 상대적 가격과 시장의 행태와 판매 기회로의 접근이 가능해진다. 예를 들어, 인터넷에 노출된 브라질의 원주민 부족들은 가장 가까운 도시에서 제품에 대한 수요가 주중보다 주말에 두 배 높다는 시장 정보를 이용하여 즉각적으로 수입을 증가시켰다. 이 부족들은 주중에는 자신의 상품을 다른 시장에서 팔고, 주말에는 그 도시의 시장에서 팔기 시작했다. 이들은 인터넷으로 인해 매출, 효율성, 물류 관리를 개선할 수 있었다. 이 부족에게 인터넷을 소개해 준 소셜벤처는 기술을 활용하여 이익을 얻는 법을 가르치고, 평가하고 계산하여 지역 시장에 반영하는 법을 교육함으로써 선행을 하기 위해 이 일을 했다.

소셜벤처는 가난한 사람들의 일정치 않은 수입을 고려할 뿐 아니라 BOP의 사람들이 피라미드의 상위 계층에 초점을 맞춘 것이라고 인식하는 제품과 서비스를 소비할 수 있도록 하는 BOP 문화도 고려하는 창의적인 방법을 개발하는 데서 기회를 찾을 수 있다. 가난한 사람들에게 이러한 제품과 서비스를 제공할 수 있는 방법에는 다음과 같은 것들이 있다.

- 구입 가능한 가격으로 제공하기—주로 일회분량 혹은 저용량 포장으로
- 이용 가능하게 제공하기—가난한 사람들은 구매할 수 있을 만큼의 현금을 벌기까지 하루 종일 일해야 한다. 그러므로 제품과 서비스는 지리적으로 이들이 거주하고 일하는 지역에 전달되어야 한다.
- 접근성을 고려하여 제공하기—제품과 서비스에 접근하는 것이 쉬워야 한다 (Karnani, 2005; Kuriyan, Ray & Toyama, 2008; Prahalad, 2010).

사회적 기업가는 어떤 대의를 다루기 위해 자신의 벤처를 시작하며 그 대의를 지속가능한 영향력을 만들어 내는 데 도움이 될 문화로 발전시키기 위해 고군분투한다. 그러므로 소셜벤처와 이를 둘러싼 생태계는 서로 영향을 미친다. 소셜벤처는 소셜벤처가 속한 생태계의 문화에서 나오며, 동시에 소셜벤처 내부의 문화는 생태계의 문화에 영향을 미친다. 생태계의 자원, 가치, 규범을 해석함으로써 소셜벤처는 실제적인 도전과제에 대한 해결책을 개발할 수 있다. 세계적인 규모의 소셜벤처에서는 문화가 벤처와 상위 생태계 사이의 결정적인 연결고리 역할을 담당한다.

문화적 맥락에서 영리와 비영리의 관점

사회적 기업가정신은 "미션과 관련된 영향력"을 통해 가치를 창출한다(Dees, 1998). 다양한 유형의 환경, 필요, 도전과제가 있기에 시급한 사회적 문제에 대한 새로운 솔루션이 나오게 된다. 그러므로 사회적 기업가정신에 새로운 모델과 구조가 도입될 기회는 충분히 있으며, 이러한 모델과 구조는 광범위한 문화적 배경 안에서 양분을 받아 성장·발전할 수 있다.

서로 다른 유형의 사회적 사업은 문화적인 원동력에 따라 서로 다른 노선을 취한다. 원동력은 벤처의 성장과 성공에 기여하는 역량, 인적 능력, 벤처 자원이다. 사회적 맥락에서 소셜벤처에게 가장 중요한 핵심 원동력 중 하나는 사회적 기업가의 문화이며, 이 문화는 내부 문화(기업 수준)와 외부

문화(지역사회와 국가 수준)를 대표하는 규범과 가치를 동반한다. 사회적인 행동, 계획, 계속적인 역동성(공정한 인력 채용, 윤리적 경영 등)을 지원하는 문화를 만들어낼 수 있는 역량과 힘은 소셜벤처에게 있어 문화적인 원동력이 된다. 그림 5-3은 문화적 원동력과 다양한 유형의 사회적 기업가적 구조 사이의 연계를 보여준다(Wooten and Cameron, 2010).

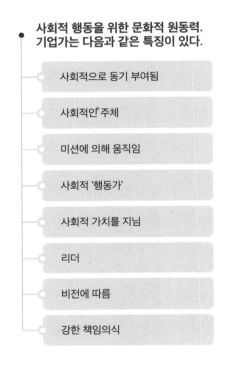
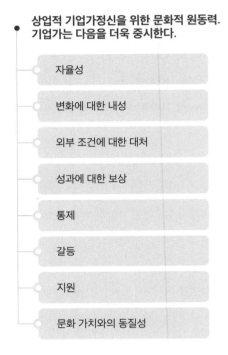

[그림 5-3] 문화적 원동력과 사회적 기업가정신

사회적 기업가정신은 목표와 활동 및 성과에 있어 상업적인 면과 사회적인 면 모두를 다루므로 사회적 인식이 강한 문화와 상업적인 것을 지향하는 문화 모두와 관련있다. 이렇게 사회적 태도와 영리 지향적인 태도가 혼합된 문화는 이 둘 중 어떠한 부문에서든 사회적인 스타트업이 만들어지는 것에 영향을 미칠 수 있다. 소셜벤처에서 수익 창출, 원가 관리, 수익성 달성과 같은 보다 상업 지향적인 목표는 소셜벤처의 자급률 달성이라는 실제적인 차원을 대표하며, 그 결과로 기부금과 정부 지원금에 대한 의존을 줄이고 벤처를 확장할 수 있는 가능성을 높인다.

많은 영리 소셜벤처는 비영리기관에 서비스를 제공하거나 자신의 기업 내부에서 사회적으로 책임 있는 방식으로 행동한다. 이러한 벤처는 전통적인 자본 시장뿐 아니라 자선 성격의 시장에도 접근할 수 있다. 그러므로 제4섹터의 구조는 소셜벤처의 투자자들로 하여금 사회적인 목적을 지지하면서도 자신의 투자에 합당한 수익을 얻을 수 있게 한다. 이러한 '임팩트 투자' 경향은 최근 들어 강력한 힘을 발휘하고 있는데 이는 임팩트 투자가 투자자들로 하여금 사회적인 목표와 재무적인 목표를 모두 달성할 수 있게 해주기 때문이다. 앞으로 임팩트 투자는 계속해서 성장하여 소셜벤처가 혁신하고 확장하며 성장하는 것을 돕는 데 핵심적인 역할을 함으로써 훨씬 더 많은 사람들에게 혜택을 줄 것으로 기대된다.

제드 에머슨(Jed Emerson)은 임팩트 투자 분야의 개척자이며 '혼합 가치 투자'라는 것을 개발했다(www.blendedvalue.org). 에머슨은 많은 소셜벤처가 흔히 알고있는 사회적 모델에 정확히 들어 맞지 않고 상업적 요소와 사회적 요소 모두를 포함하고 있다고 주장한다. 그에 따르면, 대안적 구조는 투자자와 기업가와 다른 이해관계자들이 다양한 수준의 재무적 성과와 함께 사회적 임팩트를 추구하는 것을 가능하게 한다. 이에 따라 제4섹터 기업은 사회적, 환경적 대의와 미션을 사업적이며 기업가적인 접근법과 통합시킨다. 어떤 제4섹터 기업은 더 나아가 포용적 거버넌스, 투명한 보고, 공정한 보상, 환경적 책임, 지역사회 봉사, 공익을 위한 이윤의 기부 등과 같은 특색을 포함한다.

보다 기업가적이며 활발한 문화와 생태계에서 성장한 영리 소셜벤처는 사회적 목표와 상업적 목표를 모두 다루는 데 있어 실제로 더 성공적일 수 있다. 이러한 문화와 생태계는 잘 발달된 금융 시장과 기업에 적용되는 법 제도와 기술적 지원, 평가 및 보고 기준과 같은 많은 이점이 있다. 그리고 이러한 이점은 제4섹터 기업들이 성장하고 성숙하도록 이끄는 환경을 조성한다.

요약

사회적 사업은 한 문화에서 발생한 필요에서부터 부상하지만 종종 세계적인 확장을 목표로 삼으며 그 방법으로 제품과 서비스의 상업화를 택하는 경우가 있다. 이러한 확장을 위해서는 그 벤처가 속했던 문화에 기초하고 있던 기둥을 조정하여 새로운 지역의 가치와 규범, 그 곳의 문화에 맞추는 것이 필요하다. 이 장에서 살펴보았듯이, 환경적 조건은 사회적 기업가의 문화에 매우 중요한 영향을 끼친다. 사회적 사업을 촉진하거나 가속화하는 문화적 요소를 이해하는 것은 이 요소들을 다른 사람들이나 기업에 옮김으로써 그 타당성과 매력을 유지하도록 하는 데 중요하다. 사회적 기업가정신에서 문화의 역할은 BOP에서는 다른 방식으로 반영되어 나타난다. 이 장에서는 세계적인 규모로 소셜벤처의 미션, 목표, 활동을 전파하는 데 있어 문화의 역할을 구체화시켜 보여주는 다양한 기관의 예와 사례 연구를 제시했다.

5장 질문

1. 사회적 영역에서 문화의 핵심적인 역할에는 어떤 것이 있는가?

2. 일반적으로 소셜벤처에 적용되는 두 가지 가치와 두 가지 관련 규범을 살펴보자. 한 특정 지역사회의 소셜벤처에 적용되는 두 가지 가치와 두 가지 관련 규범을 살펴보자. 그 유사점과 차이점을 설명해보자.

3. 왜 다른 지역에서 상이한 형태의 소셜벤처가 부상하는지 이해하는 데 있어 홉스테드의 모델이 어떤 역할을 하는지 설명해보자.

4. 사회적 생태계와 사회적 문화 사이의 상호 관계에는 어떠한 것이 있는가? 당신의 대답을 뒷받침할 예를 제시해보자.

5. 소셜벤처가 책임 의식을 갖는 것이 왜 그토록 중요한가? 소셜벤처가 책임 의식을 다 하지 못한다면 어떠한 잠재적 손해를 입게 되겠는가?

6. 세계적으로 일어나는 사건들이 소셜벤처에서 문화가 가지는 역할에 영향을 미쳤다고 생각하는가?

7. 소셜벤처에서 4가지 C의 문화와 생태계 사이의 관계를 말해보자(그림 5-1 참조). 생태계의 두 요소와 4가지 C 중 두 요소를 골라보자. 당신이 고른 그 요소를 기반으로 소셜벤처를 설계해보자.

8. BOP 문화에서 소셜벤처가 고려해야만 하는 주요한 인자는 무엇인가?

9. BOP에서 충족되지 않은 사회적 필요의 예를 몇 가지 제시해보자. 사회적 기업가가 각각의 필요를 다룰 방법에는 어떠한 것이 있는가?

10. 소셜벤처를 통해 BOP 문화에 진입하는 것은 가난한 사람들을 낮게 보는 것이며, 이것은 대상 집단보다는 사회적 기업가를 위한 해결책이라는 비판이 있다. 이에 대해 어떻게 생각하는가?

사례 공유

사회적 고아원

베트남 껀터(Cần Thơ) 출신의 42세 여성 롱왕(Long Wang)은 출생 시 버려진 아기들을 위한 고아원을 운영하고 있다. 이 고아원은 아기들이 생존할 수 있도록 돕고, 건강과 삶의 질을 높이며, 무엇보다 아기들이 태어났을 때 결핍되어 있던 정서적 돌봄과 가족의 사랑과 온기를 주기 위한 목적을 가지고 있다. 롱왕은 22세 때 우연히 자신이 아기였을 때 입양되었다는 것을 알게 되었다. 이것이 그에게 출생 시 버려진 다른 아기들을 돕기 위한 소셜벤처를 시작하겠다는 동기가 되었다. 롱왕은 고아원을 설립하여 베트남과 중국의 다양한 단체로부터 기부금을 받아 10년 이상 운영했다. 이와 동시에 육아 정보와 전 세계의 고아 현황 정보를 제공하는 웹사이트를 만들었다. 또한, 통계 자료와 고아와 양부모들의 추천사도 실어 놓았다.

롱왕은 고아원을 관리하고 운영하는 데 많은 어려움을 겪었는데, 주로 지역 문화에서 비롯한 태도와 신념 때문이었다. 그는 변화와 사회적 가치에 대해 편협했던 그 지역의 관습과 마주해야 했다. 롱왕은 이렇게 말한다.

내가 사는 지역의 태도는 자신의 가정을 생존시키는 데 집중되어 있었다. 사람들은 어떠한 이타적 행동도 이해하거나 지지할 수 없었다. 나는 "비영리기관을 운영하여 가족을 위한 돈은 어떻게 벌 것이냐"라는 질문을 자주 들었는데, 이 질문은 가족을 부양할 돈을 벌지 못하는 고아원은 떠나야 한다는 의미였다. 하지만 나는 고아원을 넘겨주지 않았다. 많은 작은 성공이 쌓여 큰 성공을 이루게 되었다. 이렇게 귀엽고 불쌍한 아기들을 돕겠다는 나의 열정이 너무나 강해서 내가 주변으로부터 받았던 냉대는 내가 고아원을 성장시키기 위해 더욱 열심히 노력하도록 자극하는 역할을 할 뿐이었다.

롱왕은 자신의 웹사이트를 통해 사회적 가치를 추구하는 몇몇의 세계적인 기업에 연락을 취했고 이들 중 한 곳과 협력 관계를 구축하여 베트남 안팎에 고아원 분원을 세우게 되었다. 롱왕은 자신의 사회적 사업을 아이들의 집(The Children's Home)으로 개명하고 성공적이며 지속가능한 입양을 위해 아이들을 가족과 연결하는 프로젝트를 추가했다. 롱왕은 자신의 사업 모델을 영리 지향적 소셜벤처 모델로 바꿨다. 이와 동시에 롱왕과 그의 사업은 사회적 이슈에 더욱 깊게 개입했는데, 전적으로는 아니지만 주로 출생 시 버려진 아기들의 문제를 다루었다. "이렇게 민감한 사회적 이슈를 다룰 때에도 사업 지향적이 되어야 합니다" 라고 롱왕은 말한다.

졸라 코네(Zola Kone) 이야기

졸라 코네는 나이지리아 서부의 요루바족(Yoruba) 출신의 37세 사회적 기업가이다. 오늘날 그는 미국 플로리다에 본사를 둔 세계적인 사회적 기업을 경영하며, 이 기업은 전 세계의 많은 가족에게 사회적인 가치를 제공하고 있다.

코네와 그의 쌍둥이 여자 형제 잘리카(Zalika)는 나이지리아 라고스(Lagos) 인근 소외된 지역의 허물어져가는 세 칸 방 집의 식구가 열 다섯인 가정에서 나고 자랐다. "우리 집에는 깨끗한 물이나 전기가 없었던 때가 있었다"라고 코네는 회상한다. 코네와 잘리카는 명석하고 활동적인 아이들이었다. 남매는 학교에서 공부하는 한편 가계 수입에 보탬이 되고자 12세부터 인근 공장에서 일했다. 2003년에 잘리카는 건축학 연구에 대해 국가에서 주는 매우 명망 있는 성적 우수상을 받아 먼 곳에 있는 대학교로 이사했다. 코네는 잘리카가 매우 자랑스러웠다. 그런데 이사한 이틀 후에 잘리카는 나이지리아의 두 민족 간 폭력 분쟁 중에 죽임을 당했다. "잘리카는 길을 건너지 말았어야 할 때 길을 건넜을 뿐이에요. 잘리카는 그런 정치적 충돌에 연루된 적도 없고 그런 폭력적인 사건에 대해 알지도 못했어요"라고 코네는 울먹이며 말했다. 코네는 큰 충격을 받았다. 자신의 사랑하는 누이를 기념하고 폭력으로 인해 '뜻하지 않게' 사랑하는 사람을 잃은 다른 가족들을 위로할 프로젝트를 찾아보기 시작했다. 그는 잘리카의 전문 분야를 기념하여, 나이지리아에서 환경 친화적인 건축 솔루션을 제시하는 회사를 설립했다. 지역에서 최고의 생태 건축가를 고용하여 회사를 매우 잘 경영했다. 코네는 돈을 모아서 자신의 기업 콘셉트를 미국을 포함한 다른 나라에도 적용했다. 회사는 세계적이 되었고 매우 큰 성공을 거두었다. 그럼에도 불구하고, 코네는 잘리카가 더욱 많이 기념되어야 한다고 느꼈고 자신의 사업 수익의 50퍼센트를 뜻밖의 폭력으로 가족 구성원을 잃은 가정을 위한 단체를 세우는 데 할당했다. TV 프로그램 익스트림 메이크오버(Extreme Makeover)에 영향을 받아 코네는 회사의 전문분야를 이 단체의 미션과 결합하기로 결정했다. 그의 아이디어는 전 세계에서 무력충돌로 가족 일원을 잃은 가정을 골라 환경 친화적인 건축 방식을 이용하여 집을 리모델링 해주는 것이었다. 코네는 문화와 습관에 매우 민감하게 행동했고 건축팀은 우선 각 가정의 필요, 취향, 습관, 규범, 가치를 탐색한 후 리모델링 작업을 계획하고 실행했다. 각 집의 한 부분은 희생당한 사랑하는 가족을 위한 사당으로 만들어졌다. 이 리모델링 사업은 다양한 지역사회에서 매우 유명해졌고 회사의 수익을 올려주었다. 최근에 코네는 한 세계적인 대규모 건축 기업으로부터 환경 친화적이며 지역 문화에 기반한 건축 방식을 건축 작업에 접목하는 협업 기회에 대한 제안을 받았다. 그러나 코네는 그 제안을 거절하고 나이지리아에서 메시지를 전파하기 위해 돌아가기로 결정했다.

사례 질문

1. 롱왕과 코네의 사례에서 문화의 역할을 밝혀보자. 이 둘에게 모두 영향을 미친 핵심 요소를 말해보자.

2. 롱왕은 베트남에서, 코네는 나이지리아에서 자신의 소셜벤처를 시작했다. 둘 다 문화에 관련된 몇 가지 어려움에 직면했다. 두 사람 모두 겪은 문화와 관련된 어려움 세 가지를 생각해보고 각각이 독특하게 겪은 문화와 관련된 어려움 두 가지를 생각해보자.

3. 이 두 가지 사례 중 하나 혹은 둘 다 BOP 문화의 맥락에서 이해될 수 있는가?

4. 당신이 새로운 소셜벤처를 돕는 컨설턴트이고 롱왕과 코네의 벤처를 위해 각각의 문화에 바탕을 둔 굳건한 생태계를 조성하는 일에 도움을 부탁 받았다고 상상해보자. 롱왕과 코네에게 어떤 생태계의 구성원을 가장 먼저 끌어들일 것을 제안하겠는가? 그 이유는 무엇인가?

5. 각각의 벤처에게 주어진 문화와 관련된 도전과제와 현재 상태에 근거하여, 각 벤처가 규모를 확장할 수 있는 기회의 유사점과 차이점을 분류해보자.

행동하기

사회적 기업가는 자신의 소셜벤처를 창업하게 만드는 열정으로 움직이지만 그 벤처를 둘러싼 문화와 벤처가 대상으로 삼는 집단의 문화에 의해 어려움을 겪는다. 때로는 열정과 문화가 서로 반대 방향으로 끌어당겨 소셜벤처의 안정성과 성장 가능성을 저해하기도 한다. 이러한 현상은 기업가가 대상 집단의 문화적 기반에 대해 무지한 상황에서 훨씬 더 두드러질 수 있다.

이러한 어려움에 대응하기 위한 행동으로는 다음과 같은 것이 있다.

1. 사회적 목적을 위해 만든 아이디어와 미션을 특정한 문화에 적합하게 만들어보자. 사회적 기업가는어떤 문화에서 특정 제품과 서비스를 이용하는 데 익숙하지 않다는 이유로 공급을 회피하기 보다, 전통적으로 특정 문화에 맞지 않는다고 여겨졌던 제품과 서비스로의 접근을 가능하게 하는 방법을 고안해낼 수 있다.

2. '원동력'에 주의를 기울여 이들 요소를 행동에 접목시켜보자. 예를 들어 미션을 분명히 결정하고, 기업가와 벤처 및 대상 집단을 위한 사회적 가치를 구체화해보자.

3. 높은 책임 의식을 가지고, 미션과 목표와 활동을 설명해보자.

4. 특정 문화권의 사람들에게 적합한 제품과 서비스를 통해 다양성을 '선행'을 위한 기회로 삼아보자.

5. 생태계 구성원을 미션과 활동으로 끌어들여 그들의 문화적 관점을 흡수하고 그 관점을 신생 벤처의 프로세스에 통합해보자.

6. BOP의 문화 요소를 이해하고 이들이 일반적인 사회의 제품과 서비스에 접근할 수 있도록 해보자.

인터넷 활용하기

인터넷을 사용하여 풍요한 문화에서 시작된 소셜벤처와 빈곤한 문화에서 시작된 소셜벤처의 예를 각각 두 개씩 들어

보고, 이들 벤처가 자신의 이해관계자를 위해 어떻게 가치를 창출하는지 설명해보자. 그리고 각 기업의 구조와 미션에

작용하는 문화의 역할을 밝혀보자.

6
사회적 문제에 대한
솔루션 개발에 있어 혁신의 역할

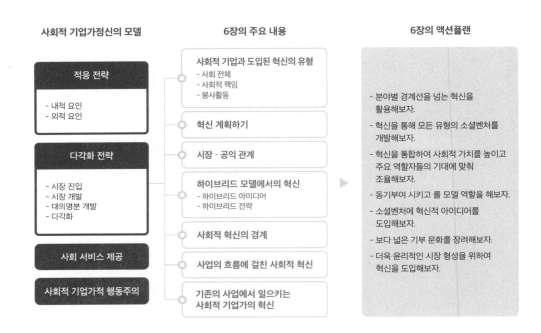

사회적 기업가정신의 모델

적응 전략
- 내적 요인
- 외적 요인

다각화 전략
- 시장 진입
- 시장 개발
- 대의명분 개발
- 다각화

사회 서비스 제공

사회적 기업가적 행동주의

6장의 주요 내용

사회적 기업과 도입된 혁신의 유형
- 사회 전체
- 사회적 책임
- 봉사활동

혁신 계획하기

시장 - 공익 관계

하이브리드 모델에서의 혁신
- 하이브리드 아이디어
- 하이브리드 전략

사회적 혁신의 경계

사업의 흐름에 걸친 사회적 혁신

기존의 사업에서 일으키는 사회적 기업가의 혁신

6장의 액션플랜

- 분야별 경계선을 넘는 혁신을 활용해보자.
- 혁신을 통해 모든 유형의 소셜벤처를 개발해보자.
- 혁신을 통합하여 사회적 가치를 높이고 주요 역할자들의 기대에 맞춰 조율해보자.
- 동기부여 시키고 롤 모델 역할을 해보자.
- 소셜벤처에 혁신적 아이디어를 도입해보자.
- 보다 넓은 기부 문화를 장려해보자.
- 더욱 윤리적인 시장 형성을 위하여 혁신을 도입해보자.

목표 | 이 장을 읽고 나면 다음을 할 수 있게 될 것이다.

1. 사회적 기업가정신의 분야에서 혁신의 역할과 중요성 및 의미 설명하기
2. 충족되지 않은 사회적 필요를 해결하기 위한 새롭고 검증되지 않은 생각, 전략, 활동을 시작하는 사람으로서 사회적 혁신가의 딜레마 이해하기
3. 소셜벤처에서 혁신의 유익한 측면과 해로운 측면 검토하기
4. 가치, 창의성, 이점이 있는 사회적 혁신을 도입할 방법 토의하기
5. 다양한 유형의 소셜벤처에 도입될 수 있는 사회적 혁신의 유형 식별하기

소셜벤처의 핵심 요소로서의 혁신

사회적 기업가정신은 충족되지 않은 사회적 필요를 다루고자 하는 수많은 사람들 – 새로운 소셜벤처를 시작하는 기업가나 혁신가 또는 이들의 솔루션을 받아들이고 도입하는 지지자와 추종자 – 과 관련되어 있다. 이런 면에서 사회적 기업가는 대중의 인식을 변화시키고 참여와 후원을 자극하는 방법으로 혁신을 이루어간다. 사회적 기업가정신의 맥락에서 혁신이란 새롭고 색다른 생각을 구체화시키고 촉진시키는 것이다. 지속가능한 영향력을 만들어내기 위해서 기업가는 자신의 새로운 아이디어의 실용적인 가치를 보여줘야 하며 그것이 기존의 해결책보다 우월하다는 것을 증명해야 한다. 혁신은 어떠한 사회적 대의와 자신의 노력, 행동, 재정적 기여를 통해 그 대의를 지지할 용의가 있는 개개인 사이를 연결하는 역할을 할 수 있다. 시간이 흐르면서 사회적 혁신은 사회적 기업가, 행동가, 수혜자, 재정 지원자 그리고 더 넓은 범위의 대중을 통해 널리 퍼져 나가, 최종적으로는 '새로운 기준'이나 '보편적 상식'이 될 수 있다. 그러나 초기 단계에서의 사회적 혁신은 흔히 문화적 주류에서 벗어나 있고 때로는 장기간 있어왔던 문화적 전통과 통상적 습관이나 가치와 충돌하기도 한다. 사회적 기업가는 자신의 벤처의 미션, 목적, 전략에 내재해 있는 새로운 틀에 헌신할 수 있는 사람들을 참여시킬 필요가 있다. 기존의 알려진 틀과 새롭고 혁신적인 틀을 혼합시키는 하이브리드 전략은 소셜벤처가 이해관계자의 범위를 넓히고 추가적인 자원을 끌어들이며 임팩트를 확장하는 데 도움이 될 수 있다.

사회 혁신

무엇이 사회적 행동을 촉발시키는가? 이 질문에 대한 답은 여러 가지가 있겠지만 이 모든 것은 충족되지 않은 사회적 필요에 대한 획기적인 해결책을 찾고자 하는 필요에 뿌리를 두고 있다. 전통적인 해결책과 전략은 많은 사회적 필요를 다루는 데 충분하지 못하다. 이에 대한 대안으로 더욱 '획기적인' 접근 방식이 필요하다. 그러므로 혁신은 사회적 기업가의 비전을 행동으로 변화시키는 수단으로 작용한다. 사회적 기업가가 맞이하는 도전과제 중 하나는 이해관계자들로 하여금 지금 당장의 결과보다는 미래에 구현될 자신의 비전을 믿도록 설득해야 한다는 점이다. 예를 들어, 많은 사람들은 온실효과에 관심을 두지 않는데, 온실효과의 영향을 현재보다는 미래에 경험할 가능성이 더 높기 때문이다. 이러한 '시간차'는 건강, 영양, 교육, 사회 정의 등의 대의를 다루는 소셜벤처에도 똑같이 존재한다. 그러므로 사회적 기업가는 이해관계자를 교육하고 자신이 목표로 삼은 대의에 이들을 참여시킬 혁신적인 전략을 개발해야 하다. 새로운 자동차, 유행하는 음식점, 스키니진, 아이폰과 같은 상업적인 제품이나 서비스와 달리 사회적 대의는 즉각적인 만족감을 약속하면서 팔릴 수 있는 것이 아니다.

혁신은 사회적 기업가정신의 핵심 구성 요소이며 많은 형태를 취할 수 있다. 소셜벤처는 해결되지 못한 사회적 필요를 다룰 혁신적인 제품과 서비스를 개발할 수 있다. 또한 혁신적인 프로세스와 배송 시스템, 기술을 도입할 수 있다. 사회적 기업가정신의 맥락에서 혁신에는 다음과 같은 사례가 포함될 수 있다.

1. 동물 실험에 노출된 동물들의 생생한 사진을 사용하는 동물 보호 마케팅 캠페인
2. 자연 재해를 입은 지역사회에 직원들을 이전시킴으로써 그 지역사회의 재활성화를 위해 노력하는 사회적 사업
3. 가족과 친구들로부터 소외당한 노인들을 돕기 위한 방편으로 봉사활동을 업무에 통합하는 IT 분야의 영리기업

각각의 예는 틀에서 벗어난 새로운 접근법으로 특정한 사회적 필요를 다루는 방법을 보여준다. 이러한 혁신은 사업의 프로세스와 활동의 한 부분으로 자리잡기 전까지는 단기적으로 효과를 보지 못할 수도 있다. 그러나 장기적으로 혁신은 지속적으로 새롭고 효과적인 사회적 해결책을 만들어내도록 최적화될 수 있다. 그러므로 혁신은 시급한 사회적 문제에 대한 지속가능한 솔루션을 만들어 낼 잠재력이 있다. 이에 대한 예로, 임상실험으로 불필요한 고통을 받는 동물에 대한 보호는 이제 전지구적인 운동이 되었다. 화장품 회사와 제약회사를 포함한 많은 회사에서 이 운동을 활발히 장려한다. 이 사회적 필요를 널리 알리는 것과 이해관계자들을 참여시키는 것, 해결책을 개발하는 것에 있어 혁신적인 접근법이 이러한 변화를 이끌었다.

혁신의 위험성

사업가와 상업적 기업가는 혁신을 도입하는 데 주저할 수 있다. 이는 현재의 상태를 흔들어 놓고 회사를 위험에 처하게 할 가능성이 있기 때문이다. 이러한 염려는 사회적 기업가 사이에서 훨씬 두드러질 수 있는데, 소셜벤처는 상업적 벤처보다 훨씬 광범위한 이해관계자와 관여하는 경우가 많기 때문이다. 그러므로 사회적 기업가는 이미 입증된 솔루션을 더욱 혁신적인 솔루션으로 대체하는 것이 그와 관련된 비용과 위험성을 감수하고도 남을 가치를 만들어낼 것이라는 점을 이해관계자에게 설득해야 한다. 어떤 이해관계자는 위험을 싫어하고 변화를 반대하여 익숙한 것을 고수하려고 할 지 모른다. 어떤 사회적 기업가는 이러한 종류의 반대로 인해 핵심 이해관계자의 지원을 지켜내고자 자신의 혁신적인 아이디어를 포기할 수 있다. 반대로, 다른 사회적 기업가는 사회적 문제에 대한 더욱 혁신적인 해결 방법을 받아들일 다른 유형의 이해관계자를 찾아다닐 것이다. 자신에게 맞는 이해관계자를 알아내고 이들과 연계하는 것이 중요한데, 소셜벤처는 지지자들의 정치적, 재정적인 후원과 동기에 대한 후원에 크게 의존하기 때문이다. 기존의 이해관계자 역시 소셜벤처의 미션을 전달하여 새로운 이해관계자를 참여시키는 데 중요한 역할을 한다. 보통 이러한 이해관계자들은 다양한 계통의 사람들로 이루어지며 폭넓은 관심사와 동기를 대변한다. 이러한 다양성은 벤처의 사회적 대의를 도모하기 위한 혁신적인 전략과 방식을 개발하는 것에 대한 서로 다른 태도로 나타날 수 있다. 동물 보호의 예를 들자면, 동물 실험을 상세히 보여주는 사진을 사용하는 것은 회사와 회사 제품 판매에 부정적인 영향을 끼칠 수 있다. 이는 회사로 하여금 해당 접근법을 거부하게 할 수 있다. 이와는 대조적으로, 동물의 권리에 집중하는 비영리 소셜벤처는 자신의 메시지를 퍼뜨리고 지지자를 모으기 위해 바로 이러한 유형의 '충격 효과'를 만드는 노력을 할 수 있다.

소셜 섹터에서 혁신가는 급진적 변화를 추구한다. 사회적 기업가는 점진적인 개선과 변화에 대한 건강한 욕구가 있지만, 광범위하며 시스템 전체의 변혁으로 이어질 급진적인 변화도 추구하고자 한다. 이렇게 추진력 있는 유력자들은 전통적 사업 모델을 더욱 새롭고 창의적이며 실험적인 모델로 바꾸기 위해 분투한다. 이들이 보기에 혁신은 사회적 기업가의 프로세스에서 없어서는 안되는 부분이다(Christensen, Baumann, Ruggles & Sadtler, 2006; Anthony, Eyring & Gibson, 2006; Rogers, 2003; Phills, Deiglmeier & Miller, 2008). 예를 들면 제이크 해리먼(Jake Harriman)[1]은 자신이 해병대에서 특수 작전 부대의 사령관으로서 겪은 경험을 활용하여 지구상에서 가장 가난한 지역에서 극도의 빈곤에 맞서 싸우는 비영리기관 뉴루(Nuru)를 설립했다. 해리먼은 가장 가난한 지역사회의 리더들을 모으는 데 집중하며 이들이 독립적으로 살아가도록 훈련시킨다. 이러한 혁신은 극빈층 지역사회에 투쟁과 전투의 모델을 제시함으로 부정적인 영향을 미칠 수 있는 급진적인 행보로 인식될 수 있다. 하지만 임팩트를 상세히 관찰하는 과정에서 이러한 급진적인 전략이 가져온 놀라운 결과를 경험할 수도 있다.

사회 혁신 전략

사회 혁신 전략은 전략적 사고의 가치를 사회적 시장에 가져온다. 혁신이란 다면적인 개념이어서,

---

1. From the Marine Corps to Kenya: Ending Extreme Poverty http://csi.gsb.stanford.edu/marine-corps-kenya-ending-extreme-poverty 참조

독창성과 창의성을 모두 아우른다. 혁신은 점진적인 변화, 고난과 인내, 효과적 실행, 새로운 아이디어와 접근법의 전파를 수반한다. 사회적 기업가정신의 맥락에서 이러한 활동은 사회적 목적 달성을 향해 있다. 멀간, 터커, 알리, 샌더스에 따르면(Mulgan, Tucker, Ali & Sanders, 2007a), 사회적 혁신이란 "사회적 필요 충족의 목적에 의해 동기부여 되어, 사회적 목적을 주 목적으로 하는 조직을 통해 주로 개발·전파되는 획기적인 활동과 서비스"를 말한다.

사회 혁신 전략은 '실천을 통해 혁신하는' 접근법에 기초하여 진행되는 과정으로, 새로운 일들이 펼쳐짐에 따라 새로운 전략의 개발이 가능하게 된다. 혁신적인 사회적 기업가는 기업가적인 프로세스 전반에 걸쳐 자신의 활동과 프로세스와 실행 방식을 고치고 조정하며 실천을 통해 배운다. 소셜벤처는 주로 경제적 목적보다 사회적 목적에 의해 동기부여 되기 때문에 실제로 상업적 벤처보다 혁신에 더욱 열려있을 수 있다. 예를 들어 상업적 벤처가 새로운 제품을 시장에 소개했는데 성공하지 못한다면 그 회사의 매출과 이익과 주가에는 부정적인 영향이 있을 것이다. 이러한 위험은 회사로 하여금 급진적인 혁신보다 점진적 혁신을 받아들이도록 만들 수 있다. 반대로, 이익이나 주가에 의해 움직이지 않는 사회적 기업가는 실패를 학습 과정의 한 부분으로 바라볼 수 있다.

사회적 기업에서 혁신은 행동과 전파를 일으키는 필수적인 추진 요인이다. 하지만 지속적이며 역동적인 혁신 전략을 세우고 유지하는 것은 어려운 일이다. 그러므로 소셜벤처는 다양한 현재 이해관계자와 잠재적 이해관계자를 통해 자신의 혁신을 넓게 퍼뜨린다. 이 방법을 통해 소셜벤처는 자신의 벤처와 벤처의 미션과 목표, 그리고 그 목표를 이루기 위해 필요한 전략에 대한 더 큰 통찰을 얻는다. 이 접근법과 영리기업의 접근법을 대조해볼 수 있는데, 영리기업에서는 흔히 모방이나 경쟁이 고조되는 것을 피하기 위해 자신의 혁신에 관한 정보를 보호하려고 한다(Cameron & Hudson, 2002; Mulganet al., 2007a; Mulgan, Ali, Halkett & Sanders, 2007b).

소셜벤처에서 혁신은 시간을 거쳐 진화하는 지속적인 과정이다. 사회 혁신은 흔히 현재 상황으로부터의 '급진적 변화'를 대변하며 충족되지 않은 사회적 필요에 대한 인식을 높이고 그러한 필요에 대한 획기적인 솔루션을 이루어 내기 위한 필수 전략으로 작용한다. 사회적 혁신은 어떤 이해관계자들에게는 위협적으로 보일 수 있기 때문에 사회적 기업가는 자신의 혁신에 대한 정보를 넓게 공유하여 현재의 이해관계자와 잠재적 이해관계자에게 이 혁신의 장점을 밝힌다. 이것은 상업적 벤처와 대비되는 것인데, 상업적 벤처에서는 경쟁우위를 획득하고 유지하기 위한 방법으로 자신의 혁신에 대한 정보를 제한하는 경향이 있다.

이론적 기초

적응 전략

'적응 전략' 모델은 사회 혁신이 어떻게 고안되고 강화되는지에 대한 통찰을 제시해 준다(Mulgan et al., 2007b; Peterson, 2009). 복잡성 이론에서 뻗어나온 이 모델에서 벤처는 외부의 기회, 위험, 잠재적 장·단점과 벤처 내부의 능력, 전문성, 자원 사이의 연동을 지속적으로 평가한다. 이 평가 방법은 보다 혁신적 아이디어와 활동 및 공정이 벤처의 현재 프로세스에 통합되어야 하는지 여부와 통합이 필요할 경우 언제, 어떻게 할 것인가에 대한 결정을 내리는 데 도움을 준다. 따라서 혁신은 외부와 내부 요인 간의 상호 작용을 통해 이루어진다.

적응 전략 모델은 소셜벤처에서 혁신의 역할을 이해하는 데 유용한 틀을 제시해 주는데, 이는 소셜벤처가 역동적 환경에서 진화하는 복잡한 체계이기 때문이다. 소셜벤처는 수많은 이해관계자로 이루어져 있기 때문에 자신이 연계되어 있고 속해 있는 역동적인 생태계와 발맞추어 재빠르게 배우고 적응하는 유연성과 능력을 갖추어야 한다.

역동적 환경, 역동적 상호 작용, 역동적 조직은 소셜벤처에 의해 확립된 목적(예를 들면 인간을 위한 제품의 연구 개발 과정에서의 동물 실험 제한)을 만들어내고 발전시킨다. 다른 한편으로 적응 전략을 수용하기 위해서는 많은 오래된 가설을 포기해야 하고, 이것은 잠재적으로 이러한 역학 관계에 대한 한계 허용치를 무너뜨리거나 그것에 손상을 입힐 가능성이 있다(예를 들어, 동물 실험을 거치지 않은 제품을 사용하는 사람들이 위험에 놓이게 되는 것). 그러므로 소셜벤처는 자신의 전략에 혁신을 포함시키고 내재시키되, 자신의 핵심 미션과 이해관계자의 변화하는 필요와 요구에 대응하는 적응 전략도 고안해야 한다. 소셜벤처는 긍정적 영향력은 높이고 혁신의 결과로 발생할 수 있는 부정적 효과는 줄이기 위해 이러한 적응 전략을 사용한다(Hofer, 1973; Hofer & Schendel, 1978; Miller & Friesen, 1978; Mintzberg, 1973; Westall, 2001, 2007; Westley, 2001).

	기존의 대의명분	새로운 대의명분
기존 시장	시장 침투	대의명분 개발
	혁신: 기존 시장의 역동적이고 변화하는 필요에 발맞추어 벤처의 미션을 전파하거나 벤처의 메시지가 계속 의미 있고 최신의 것이 되도록 마케팅 하는 데 있어 혁신을 내재함 예: 많은 화장품에 동물실험을 하지 않았음을 확증하는 라벨이 있다. 생태학적으로 의식있는 화장품 회사와 씨월드(Sea World)와 같은 회사가 협력했을 때 실험으로부터 동물을 보호하자는 대의에 대한 임팩트가 커졌했다.	혁신: 이미 어떤 대의를 수용할 만큼 성숙하고 준비가 되어 있는 시장에 새로운 대의명분을 통하여 혁신을 도입함 예: 채식주의자에게 채식주의 제품 광고를 통해 열대 우림 보호라는 대의를 소개했다.
새로운 시장	시장 개발	다각화
	혁신: 어떤 기존의 대의에 관여한 적이 없거나 그것을 지지할 만큼 성숙하지 못한 새로운 시장에 기존의 대의를 소개함 예: 세대 간 연결과 노인 고립 방지를 위해 학령기 아동들이 어르신에게 컴퓨터와 인터넷 활용법을 가르치도록 했다.	혁신: 어떤 대의에 노출된 적이 없는 시장에 새로운 대의를 연결시킬 새로운 방법을 찾는 것 예: 고등학교 구내식당 음식에서 주스나 사탕류 과자류를 없애고 더 건강한 음식으로 바꾸는 것. 학교에서 청소년이 섭취하는 음식은 대부분 지방, 인공감미료, 고칼로리로 이루어져 있다.

[표 6-1] 혁신과 '시장-대의명분' 관계도표 [2]

다각화를 위한 전략

소셜벤처에서 혁신의 역할에 대한 다른 관점은 앤소프(Ansoff)의 '다각화를 위한 전략' 모델(1957)에서 가져올 수 있다. 혁신은 다음의 세 가지 주요 범주에서 일어날 수 있다. 1) 기존 시장에 대항하는 새로운 시장, 2) 기존의 것에 대항하는 새로운 제품·서비스·대의명분, 3) 제품이나 서비스를 소개, 유통, 마케팅하는 새로운 방법(표 6-1 참조)

혁신 전략은 기존 시장에 침투하거나 새로운 시장을 개발하고 벤처의 제품이나 서비스를 다각화하는 데 통합될 수 있다. 더구나 혁신은 단지 '똑같은 것'이 아니라 더 큰 가치를 낳는 원천이 될 수 있는 새로운 체계와 기술의 도입을 통해서도 일어날 수 있다. 이 세 범주 각각에서 사회 혁신이 일어나는 것은 기존의 틀과 기회에 의해 좌우된다. 선진 경제의 소셜벤처는 새로운 체계와 기술을 활용하여 혁신할 가능성이 더 높다. 그 예로서, 티치 포 아메리카는 신규 대학 졸업생을 모집하고 훈련시켜 도심 지역 학교에서 근무할 수 있도록 하는 새로운 체계 또는 전략을 개발하였다. 반면에, 개발도상국 시장을 타깃으로 하는 소셜벤처는 기성 제품과 서비스를 그 시장으로 들여오거나 그 시장의 필요를 충족하는 완전히 새로운 제품이나 서비스를 만들어냄으로써 혁신을 일으킬 가능성이 높다. 탐스슈즈는 전자의 한 예이고 그라민 은행은 후자의 한 예이다.

사회적 임팩트를 만들어내고 높이는 혁신은 보다 광범위한 정치적, 사회적, 경제적, 문화적 요인의 상호 작용에 달려있다. 어떤 대의를 지지하는 환경에서는 소셜벤처에 혁신을 통합하고, 또 역으로 혁신에 소셜벤처를 통합하는 과정이 간소화될 수 있다. 반대로, 어떤 대의에 대해 환경의 장벽이 있을 때는 그 대의를 지지하도록 사람들을 설득하는 것이 매우 어려울 수 있다. 그러므로 소셜벤처에서 혁신은 이러한 외부 요인에 달려있는데, 외부 요인들은 사업 또는 기관의 수준에서 혁신이 일어나도록 시너지 작용을 할 수 있다.

소셜벤처의 유형을 넘어서는 혁신

혁신은 소셜벤처의 목표를 달성하고 임팩트를 확산하기 위해 소셜벤처의 미션과 일관성을 가져야 한다. 어떤 혁신 전략은 특정한 유형의 벤처와는 맞지만 다른 유형의 벤처와는 맞지 않는다. 따라서 서로 다른 유형의 소셜벤처는 다른 방법으로 혁신을 활용하고 개발해야 한다. 어떤 소셜벤처에게는 확장을 이루는 데 혁신이 필요하다. 이러한 벤처는 변혁적인 혁신을 과감히 추진하는 경향이 있다. 예를 들어 그라민 은행은 1976년에 방글라데시 조브라(Jobra) 마을에서 시작되었는데, 1983년에는 이 은행 창설을 위한 특별법이 통과되어 공식적인 은행으로 탈바꿈했다. 이 은행은 예전에도 그렇고 지금도 가난한 차용자 - 그 중에서도 주로 여성들 - 이 소유하고 있으며 전적으로 이 사람들을 위해 운영되고 있다. 또 다른 소셜벤처들은 첫 혁신을 도입하고 그 이후 긴 시간을 통하여 그것을 지속적으로 개선하고 조정해 나간다. 이러한 유형의 벤처에서 혁신은 한 순간에 이루어지는 것이라기 보다는 지속적인 과정의 일부이다. 예를 들어, 에노바(Enova)[3]는 멕시코 저소득층 지역사회의 교육 기술을 개선하고자 하는 회사이다. 호르헤 카밀 스타(Jorge Camil Starr)는 이러한 커뮤니티에서 지식을 증진시키는 데 필요한 도구를 갖추도록 하고 그 다음 이러한 교육 도구와 기술을 특정한 지역사회의 필요에 잘 맞도록 조정하고 개선하도록 하는 혁신적인 방향을 도입했다.

---

2. 앤소프의 다각화를 위한 전략(Ansoff, I. 1957. Strategies for Diversification. Harvard Business Review 35(5): 113-124)에서 차용·각색함

3. Bringing Technology-Based Learning to Urban Mexico. http://csi.gsb.stanford.edu/bringing-technology-based-learning-urban-mexico 참조

소셜벤처의 원형(原型)

소셜벤처에의 원형에는 몇 가지 유형이 있는데, 이 원형으로부터 수많은 하위 유형이 나왔다(Caslin, Sachet & Shevinsky, 2012; Doherty, Haugh & Lyon, 2014; Kerlin, 2009). 소셜벤처의 주요 원형 두 가지는 다음과 같다.

1) 특정 대상에게 서비스를 제공하는 소셜벤처

이러한 유형의 소셜벤처는 시장의 마찰과 틈새에 의해 생겨난 충족되지 않은 사회적 필요를 다룬다. 충족되지 않은 사회적 필요의 예로는 빈곤, 실업, 교육, 건강, 음식, 물, 폐기물 처리 등이 있다. 이러한 소셜벤처의 영향력은 벤처의 미션에서 다루는 개인이나 집단에 한정된다. 예를 들어, HIV 보유 어린이를 돕는 미션을 가진 소셜벤처는 그 특정 대상만을 타깃으로 삼을 것이다. 이러한 유형의 소셜벤처는 다른 시장이나 틈새시장으로 확장하는 경우가 드물다. 대신, 이러한 소셜벤처는 특정한 미션과 목적에 집중하고 이 목적을 달성하기 위한 전략을 개발한다.

2) 사회적 기업가적 행동주의를 장려하는 소셜벤처

이러한 유형의 소셜벤처는 이해관계자를 끌어 모아 기존의 체계를 크게 개선하는 데 있어 주도적인 단계를 밟도록 장려함으로써 사회적인 대의를 추구한다. 이러한 사회적 기업가는 어떤 대의를 다루는 특정한 전략에 집중하기보다 변화를 만드는 것에 열정이 있다. 흔히 이러한 유형의 벤처는 보다 포괄적인 미션과 목표, 전략으로 시작한다. 그러나 시간이 지나 기업가가 에너지를 특정한 한 방향으로 쏟으면서 이러한 미션과 목표와 전략은 더욱 구체화된다. 이러한 유형의 소셜벤처에서 혁신은 필수적인데, 이는 기업가가 근본적인 변화를 만드는 것을 추구하기 때문이다. 광범위한 혁신적인 전략에 열린 자세를 유지함으로써 기업가는 충족되지 않은 사회적 필요를 다룰 솔루션을 개발하고 이해관계자들을 참여시키고 그들과 소통하며 바라는 목적을 이루기 위한 구체적인 전략을 발전시킬 수 있다. 이러한 유형의 소셜벤처에서 혁신은 보통 독창적이고 창의적이며 변혁적이다. 이에 대한 한 예로, 칸아카데미(Khan Academy)[4]는 아이들을 가르치는 독특하고 획기적인 접근 방식을 개발했다. 칸아카데미는 누구에게나, 어디서든, 무료 교육의 기회를 주는 목적으로 세계적 수준의 교육을 제공한다.

혁신적 전략은 기존 전략의 모방이나 복제로도 이루어질 수 있는데, 특히 그것이 다른 목적을 이루기 위해 사용될 때 가능하다. '하나를 주고 하나를 얻는' 전략은 몇몇 소셜벤처에서 되풀이되어 사용된 전략이다. 원래 탐스 슈즈가 도입한 이 전략은 개발도상국에 있는 누군가에게 한 켤레의 신발을 더 제공할 수 있는 가격으로 선진국의 사람에게 신발을 판매하는 방식이었다. 이와 똑같은 전략을 사용하여 와비파커(Warby Parker)는 시력 장애가 있는 사람들에게 안경을, 유비(Yoobi)는 저소득 지역의 학교에 학용품을 제공했다.

다른 경우에 혁신은 여러 활동이나 서비스의 묶음을 만들어 내는 형태로 나타날 수 있다. 이 접근법은 상위 조직으로 하여금 가시성과 시장 지배력을 높임으로써 성장 잠재력을 키운다. 집단화 전략은 집단에 속한 개별 단위나 서비스에 대한 저항을 극복하는 데도 도움이 될 수 있다. 예를 들어 과거 교도소 수감 생활을 했던 사람들에게 서비스를 제공하는 지역사회 프로그램은 지역사회 주민으로부터 반대를 살 수 있다. 하지만 그 프로그램에 상담, 교육, 직업 훈련, 직업 소개, 지역사회 봉사활동 등의 서비스 묶음이 포함된다면 지역 주민의 반응이 훨씬 더 긍정적일 수 있다.

혁신 계획하기

혁신의 점진적이며 때로는 혁명적인 성격과 그 결과와 관련된 불확실성 때문에 혁신은 흔히 계획을 세우는 과정에 지장을 주는 것으로 여겨진다. 계획이라는 것은 소셜벤처가 목적을 이룰 수 있게 하는 자원, 역량, 일정에 초점을 맞춰 짜인 활동을 말한다. 혁신은 다소 예측이 어려운 성격을 가지고 있음에도 불구하고 그림 6-1에서 보여주듯이 계획 과정에서 필수적인 부분이다. '전통적인' 계획 수립이 성숙한 시장에서 이루어지고 질서 있는 단계를 따라 움직이는 것에 반해, 사회적 기업가정신은 흔히 지속적으로 변하는 환경에 처해 있는 개발되지 않은 시장에서 발휘된다. 따라서 소셜벤처는 처음부터 창의성, 유연성, 적응력을 가지도록 혁신을 포함시킬 필요가 있다. 사회적 기업가정신에는 사회적 목적에 의해 영향을 받는 사람들의 변화하는 필요와 패턴에 발맞추는 지속적인 배움과 조정이 필요하다. 이 관점에서 볼 때, 사회 혁신이란 그것을 계획하는 과정에 있어 계획되지 않은 것에 대한 여지를 얼마 정도 남겨둬야 한다는 것을 의미한다. 연구에 따르면 1) 소셜벤처의 계획 과정은 상업적 벤처의 계획 과정과 다르며, 2) 소셜벤처의 계획 과정은 상업적 벤처의 계획 과정보다 더욱 어렵다(Austin, Stevenson & Wei-Skillern, 2006; Dacin, Dacin & Matear, 2010).

그림 6-1이 보여주듯이, 기존의 상업적 벤처에서 계획은 논리적인 활동의 흐름에 근거하여 세워진다. 그러나 소셜벤처의 맥락에서 계획은 환경적 불확실성과 변화에 대응하기 위한 실험과 혁신적 접근법의 활용에 더욱 초점을 두고 있다. 혁신이 최대한의 사회적 임팩트를 달성하기 위해서는 실행 가능하고 이해관계자의 관심을 끌며 후원자와 자원을 동원할 힘이 있어야 한다. 이를 위해서는 세심한 계획 수립이

---

4. www.khanacademy.org 참조

필요하다. 그러나 계획을 세우는 것만으로 어떤 기관이 목표를 달성하는 것을 보장할 수는 없는데, 소셜벤처에서 계획 수립은 간단하거나 예측가능한 법이 거의 없기 때문이다. 이것은 외부 환경이 빠르고 예상치 못하게 변하기 때문일 수 있다. 그 예로서, 급작스러운 경기 침체나 정부 정책의 변화는 기부금, 보조금, 계약금 등의 재정적 후원이 극적으로 줄어드는 결과를 가져올 수 있다. 이와 비슷하게 더 나은 제품이나 서비스를 제공하는 강력한 새 경쟁자가 합류하는 것과 같은 환경적 요소도 특정 벤처의 제품이나 서비스를 이용하는 사람 수를 감소시킬 수 있다. 마지막으로, 취향 및 선호의 변화와 같은 사회적이고 문화적인 요소도 계획 과정에 어려움을 줄 수 있다. 이러한 잠재적 어려움과 불확실성에 비추어볼 때, 사회적 기업가는 벤처의 강점을 보강하는 한편 약점과 취약성은 최소화하는 혁신적 전략과 함께 분명한 방향 감각을 견지하고 있어야 한다.

이 장에서 앞서 소개한 '적응 전략'(Mulgan, Ali.Halkett & Sanders, 2007b; Peterson, 2009)은 소셜벤처가 나아갈 항해 도구 세트를 개발하는 데 유용한 틀로 사용 될 수 있다. 이 도구는 어떠한 과정을 밟아야 하는지 지시하지 않고, 오히려 기업가로 하여금 환경이 변화하는 시기에 사용되어 온 전략 풀(pool)로부터 대안을 선택할 수 있도록 해준다 .

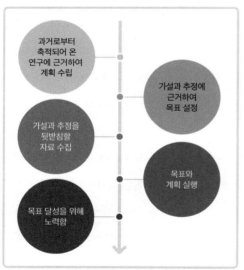
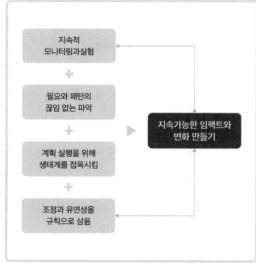

[그림 6-1] 계획 수립과 혁신의 역할

시장-대의명분 관계

소셜벤처는 시장, 장소, 시기에 매우 큰 영향을 받는다. 예를 들어, 노인들이 인터넷을 사용하고 컴퓨터를 능숙하게 사용하도록 훈련하는 것은 21세기에 들어서야 가능해진 일이다. 가난한 사람들을 위해 저렴한 가격의 주택을 제공하는 것은 소외 지역에만 적용 가능하다. 건강과 삶의 질을 높이기 위해 위생 시설을 개발하는 것은 위생 시설의 혜택을 받지 못하는 지역에서만 가능하다. 따라서 소셜벤처에서는 시장-대의명분 관계가 명확히 파악되었을 경우에만 혁신이 기여를 할 수 있다(Dalhammar, Kogg & Mont, 2003; Marhdon, Visser & Brinkley, 2010; Mulgan et al., 2007a,b). 이와 비슷하게, 혁신으로 인하여 창출된 가치와 그 가치가 전파되는 방법 또한 시장과 장소 및 시기에 따라 달라진다. 혁신적이고 지속가능하며 영향력 있고 확장 가능한 소셜벤처를 개발하기 위해서는 다음과 같은 특성이 필요하다.

우월한 장점

혁신은 해당 지역, 시장, 시기에 이미 존재하는 대안보다 이점이 있음을 보여줘야만 한다. 쉘 라이브와이어(Shell LiveWIRE, www.shell-livewire.org)는 영국의 젊은 기업가들에게 무료로 온라인 비즈니스 자문을 해준다. 이 프로그램이 성공하기 위해서는 경쟁 관계에 있는 학술 기관이나 기업 육성 기관 또는 젊은 사업가들을 위한 센터와 비교하여 더 높은 가치를 제공해야 했다. 쉘 라이브와이어가 우월한 장점을 가지는 방법 중 하나는 상대적으로 더 새롭고 혁신적인 전달 체계인 온라인 학습을 이용하는 것이다. 이 방법으로 쉘 라이브와이어는 낮 시간에 공부하거나 일하느라 바쁜 젊은 기업가들의 필요를 채워줄 수 있다.

개념 증명

소셜벤처의 혁신이 효과적이면서 믿을만하다는 증거가 있어야 한다. 따라서 사회 혁신은 기존의 체계와 호환될 수 있어야 한다. 그 예로, 커뮤니티교환시스템(Community Exchange System, CES; www.community-exchange.org)은 물품과 서비스를 교환하고 공유하는 플랫폼이다. 사람들은 가치가 있는 것을 제공하고 커뮤니티의 다른 멤버들로부터 그에 상응하는 가치가 있는 것을 현금 거래 없이 받을 수 있다. 인터넷이라는 기술의 혁신으로 CES의 탄생이 가능해졌다. 그렇지만 CES에서는 누가 물품을 제공하고 누가 받는지를 기록하는 시스템이 필요하다. 또한 합법적이고 윤리적이며 안전한 행위를 보장할 수 있는 체계도 필요하다. 이러한 것들이 없다면, 사람들은 물품 거래를 하지 않을 것이다. 그러므로 그 개념이 실제로 작동한다는 것을 보여줄 수 있어야만 혁신이 매력적인 것이 될 것이다.

사고방식과 일상의 틀

혁신은 지역, 시장, 시기의 사고방식 및 일상의 틀과 조화를 이룰 수 있어야 한다. 예를 들어 21세기의 십대들은 자신의 부모나 조부모 세대보다 과학기술적 측면에서 더욱 능숙하다. 이런 면에서, 십대들이 지역사회 봉사활동을 하도록 격려하는 사회적 프로그램에서 이들의 흥미를 끌기 위해서는 인터넷과 소셜미디어, 모바일 기기를 활용해야 한다. 또한, 연구에 따르면 봉사활동의 내면적인 보상은 현대의 고등학생과 대학생의 사고방식과 우선순위에 잘 부합하는 것으로 여겨진다(Cennamo & Gardner, 2008; Wong, Gardiner, Lang & Coulon, 2008).

혁신과 하이브리드 비즈니스 모델

하이브리드 비즈니스 모델에서 사회 혁신은 완전히 새로운 솔루션보다는 기존의 것들을 새롭게 조합하는 형태를 취한다. 사회적 기업가정신에서 하이브리드 모델이 떠오르는 것은 전형적으로 비영리기관에서 나타나던 특징과 전형적으로 영리기관에서 나타나던 특징이 보다 새로운 조합을 이루는 것을 반영한다. 이런 조합은 혁신을 육성할 수 있는 환경을 조성해주는 것과 동시에 소셜벤처가 몇 가지 어려움을 다루는 데 도움이 된다.

많은 소셜벤처가 충족되지 않은 사회적 필요를 다루는 혁신적인 아이디어로부터 시작된다. 어떤 경우에는 이러한 벤처가 큰 규모와 범위로 이어질 수 있는 급진적이고 시스템 전반에 영향을 주는 혁신에 관여한다. 이렇게 매우 혁신적인 소셜벤처는 주로 자신이 바라는 규모에 도달하기 위한 자원 확보에 어려움을 겪는다. 하지만 소셜벤처가 전형적으로 영리벤처와 관련된 구조, 전략, 결과를 통합하는 하이브리드 모델을 추구함으로써 영리, 비영리 양쪽 세계에서 가장 좋은 것을 이용할 수 있다 (Bonaccorsi, Giannangeli & Rossi, 2006; Lin, 2006; Strang & Soule, 1998).

하이브리드 비즈니스 전략은 '혼합', '통합', '조합' 전략이라는 용어로도 불려왔는데, 벤처가 차별화와 가격의 영역에서 모두 선도적인 역할을 보여주는 방법을 일컫기 때문이다. 차별화 전략은 소비자가 더 높은 가격을 지불할 만큼 가치를 느끼는 독특한 특징이 있는 제품이나 서비스를 생산하는 전략이다. 영리 사업의 맥락에서는 애플 컴퓨터가 차별화 전략을 성공적으로 사용한 기업의 예가 될 것이다.

가격 기반 전략은 가격에 민감한 고객의 마음을 끄는 월마트(Walmart)의 사례처럼, 벤처가 저가의 생산자 또는 판매자가 되게 하는 전략이다. 각각의 전략에는 분명 고유의 위험성이 있다. 애플은 컴퓨터, 태블릿, 스마트폰 분야에서 많은 경쟁자가 있는데, 이들 대부분은 애플보다 우월하거나 비슷한 제품이나 서비스를 제공한다. 마찬가지로 월마트도 코스트코(Costco), 타깃(Target), 패밀리 달러 스토어(Family Dollar stores)와 같은 다른 저가 소매점과 경쟁한다. 다시 말해, 차별화와 가격 전략 모두 모방하거나 발전시킬 수 있다. 그러므로 각각의 전략을 단독으로 지속하기는 어려울 수 있지만 차별화와 가격 경쟁력을 조합하는 데 중점을 두는 전략은 기업이 지속가능성, 이윤, 성장을 달성하는 데 있어 더 큰 영향력을 발휘할 수 있다. 이런 의미에서 하이브리드 전략은 가격 우위나 차별화에 의한 경쟁 우위에만 단독으로 의존하는 기업의 취약성을 최소화할 수 있다(Acquaah & Ardekani, 2006; Gopalakrishna & Subramanian, 2001; Spanos, Zaralis & Lioukas, 2004; Proff, 2000).

하이브리드 아이디어

하이브리드 아이디어는 환경의 변화로 인해 혁신적이거나 새로운 아이디어로 다시금 적용될 수 있는 기존의 사회적 아이디어이다. 이러한 혁신은 기존의 아이디어를 새로운 시장에 도입하거나 '오래된', '철 지난' 아이디어를 현대화하는 하이브리드 모델을 활용함으로써 이루어질 수 있다. 위키피디아는 지식과 소유권 공유를 전제로 백과사전의 내용을 생산하고 전파함으로써 옛 것과 새 것을 연결하는 소셜벤처의 좋은 예이다.

하이브리드 전략

사회 혁신가는 자신의 활동을 지속하는 데 필요한 상업적 수익도 창출하면서 소셜미션을 추구하기 위해 하이브리드 벤처를 창업한다. 하이브리드 전략은 사회적·상업적 경계를 넘어서는 광범위한 전략을 아우른다. 이에 대한 예로서, 뉴먼스 오운(Newman's Own)은 중병을 앓고 있는 아이들을 위한 캠프에 기금을 대기 위해 식료품을 생산하고 판매한다. 베터 월드 북스는 쓰레기 매립지로 갈 운명이었던 헌 책을 수집하여 판매하며 그 수익금을 세계 곳곳의 문맹 퇴치 프로그램을 후원하는 데 사용한다. 이러한 혁신적 조합은 성공적인 하이브리드 전략의 핵심이다.

하이브리드 전략은 소셜벤처에 혁신을 포함할 수 있는 방법을 제시해 주는데, 변화를 대변하는 혁신은 어떤 이해관계자에게는 위협으로 느껴질 수 있다. 또한, 하이브리드 전략은 소셜벤처가 조직 체계와 구조를 수립하는 데 도움이 될 수 있으며 여기에는 결과물과 성과 측정 체계도 포함된다. 이 두 가지 경우에서 모두 하이브리드 전략은 익숙하고 잘 알려진 것과 새롭고 증명되지 않은 것을 잇는 연결고리 역할을 할 수 있다. 옛 것과 새 것을 결합하는 이 접근 방식은 이해관계자들의 관심을 더욱 끌 수 있다. 이 접근법의 한 예로 전기 자동차 생산을 위한 르노-닛산 얼라이언스(Renault-Nissan Alliance)와 이스라엘의 베터 플레이스(Better Place) 프로젝트 간의 전략적인 협업을 들 수 있다. 르노-닛산은 하이브리드 전략을 통해 세계 시장의 요구에 맞추는 한편, 새로운 기술을 도입하고 직원들의 기량도 향상시킬 수 있게 하는 방법으로 기존의 전략과 새로운 전략을 통합했다. 전기 자동차 생산을 위한 이러한 협력적인 접근법은 르노-닛산 얼라이언스로 하여금 차별화(독특한 제품 특징)와 가격(저가) 모두에 있어 경쟁 우위를 달성할 수 있게 했다. 그 결과, 이러한 경쟁 우위 요소는 차별화 전략이나 가격 전략을 단독으로 사용했을 경우에는 이루지 못했을 브랜드 충성도, 고객 충성도, 규모의 경제 등의 긍정적 결과를 가져왔다. 사회 복지와 상업적 수익 창출의 경계를 넘나드는 또 다른 하이브리드 모델의 예로 핫 브레드 키친(Hot Bread Kitchen)이 있다. 핫 브레드 키친의 직원은 대부분 저소득층 이주민 여성이며 이들은 자신의 출신 국가로부터 받은 영감으로 빵을 굽는다. 이 제과점은 판매하기 위한 빵을 생산할 뿐 아니라 일자리가 없는 여성들이 업무에 관련된 틀과 태도를 습득하여 노동 시장에서 역할을 할 수 있도록 교육하며 취직 가능성을 높이기 위해 직업 기술도 가르친다. 이러한 방식으로 핫 브레드 키친의 인력 개발 미션은 이런 활동 자금을 마련할 수익 창출의 목적과 결합되어 있다. 이곳에서 굽는 빵은 다양하며 이주민 직원 개개인의 문화와 전통을 대표하고 있기 때문에 핫 브레드 키친은 일반적인 동네 제과점에서 판매하는 제품과 비교하여 독특하고 높은 차별성을 띤 제품을 생산·판매할 수 있다.

하이브리드 비즈니스 모델은 소셜벤처가 직면하는 도전과제를 다루기 위해 일반적으로 비영리기관과 관련된 특징과 일반적으로 영리기업과 관련된 특징을 조합한다. 이러한 모델은 제품, 서비스, 유통 체계, 기술 영역에서 다수의 혁신을 동시에 통합하는 경우가 많다. 하이브리드 전략은 충족되지 않은 사회적 필요를 다루는 새로운 아이디어와 새로운 방법의 도입을 용이하게 할 수 있다. 하이브리드 모델과 전략은 또한 세계 시장의 요구에 재빠르게 적응하고 새로운 기술을 도입하며 직원들의 기량을 향상하는 소셜벤처의 능력을 증진할 수 있다. 차별화와 가격 전략의 이중 이익을 통합함으로써 하이브리드 모델은 소셜벤처가 경쟁우위를 확보하는 데 도움이 될 수 있다.

사회 혁신의 경계 넘나들기

혁신은 본질적으로 파괴하는 성질이 있다. 혁신은 규칙을 깨며 '알려진 것과 인정된 것'을 바꾸기를 촉구한다. 따라서 혁신은 경계가 없고 혼란스러우며 분명하지 않을 수 있다. 반면, 혁신이 잘 실행되고 운영되며 감시되어 소셜벤처의 미션과 일치한다면 사회적 영역에서 매우 유익할 수 있다. 혁신이 다소 무질서한 성격이 있음을 고려할 때, 소셜벤처는 특정한 기회를 파악하고 그것에 집중할 수 있도록 경계를 정할 필요가 있다. 이렇게 하지 못한다면 비현실적이거나 소셜벤처의 미션과 일치하지 않는 혁신적 아이디어로 인하여 이해관계자들을 실망시킬 수 있다. 이러한 위험에 비춰보면, 혁신을 둘러싼 기대감을 잘 관리하여 건설적인 출구로 이어지게 할 필요가 있다. 비록 경계선이라는 개념과 혁신이라는 개념이 서로 맞지 않는 것처럼 보일 수 있으나 경계를 정하는 것은 사회적 기업가가 벤처의 이해관계자를 위해 혁신으로부터 파생되는 유익을 극대화하는 데 도움이 될 수 있다(Goldstein, Hazy & Silberstang, 2008; Leadbeater, 2007; Martin & Osberg, 2007).

사회적 기업가적 프로세스에 있어 혁신의 역할

사회적 기업은 어떤 아이디어나 대의로부터 시작되어 기업가의 프로세스를 밟아 나간다. 이 단계는 7장에서 상세히 서술할 것인데 여기에는 1) 기회 식별, 2) 자원 획득, 3) 실행, 4) 평가 및 피드백이 포함되며 이들 모두는 사회적 가치 창출에 초점이 맞춰져 있다. 혁신은 이들 중 어떤 단계에서도 도입되어 소셜벤처를 차별화하는 수단이 될 수 있다.

소셜벤처는 혁신을 개발, 실행, 전파, 평가하는 데 추가적인 자원을 필요로 하는 경우가 많다. 어떤 벤처는 이러한 혁신에 필요한 자원을 충분히 갖추고 있지 못할 수 있기 때문에 이와 같은 필요는 장벽으로 작용할 수 있다. 또 다른 경우에는 벤처의 타깃 집단이 비용을 지불할 의사나 능력이 없을 수 있다. 그 한 예로서 유기농 식품은 보통 상업화된 식품보다 가격이 비싸기 때문에 소비자와 잠재적 기업가에게 방해 요소로 작용한다. 이와 유사하게 재활용 프로그램, '녹색'건물 디자인과 건축, 혁신적인 아동 보호 프로그램 개발 등은 모두 단기적으로 비용이 많이 드는 사회 혁신의 예이다. 그렇기 때문에 잠재적 사회적 기업가들이 이런 혁신을 단념하고 현재 상태에 머무르게 될 수 있다. 어떤 경우에는 충족되지 않은 사회적 필요를 다루는 새로운 접근 방식에 위협을 느끼는 기득권 집단에 의해 유망한 혁신이 가로막힐 수도 있다. 마그넷 스쿨(magnet school)[5], 차터 스쿨(charter school)[6], 학교 바우처 제도(school voucher)[7] 등의 혁신에 대한 힘 있는 교사 연합의 반대가 이에 대한 적당한 사례이다. 재사용 가능한 에너지 자원을 홍보하고 지지하는 기업을 향한 전력 공급 회사의 반대도 마찬가지 예이다.

이러한 예는 많은 경우 혁신가는 현재와 미래의 이해관계자들이 혁신의 장기적인 유익을 이해할 수 있도록 교육과 병행하여 혁신이 이루어질 필요가 있음을 보여준다. 위험에 노출된 십대들을 돕고자 하는 사회적 목적에 사람들이 저절로 자원봉사하고 기부금을 내면서 후원할 것이라고 기대할 수는 없다. 하지만 사람들을 교육하고 대의에 대한 인식을 높임으로써 이것에 대한 지지를 쌓아갈 수 있다. 인식을 쌓는 방법 중 하나는 특정한 대의를 유명하고 존경받는 인사 또는 스타와 연결하는 것이다. 뉴먼스 오운은 이러한 전략의 예를 보여주는데, 배우 폴 뉴먼(Paul Newman)이 캠프 기금 마련을 위해 식품을 판매하는 회사에 자신의 이름을 붙였다. 이와 비슷하게, 배우 안젤리나 졸리는 전쟁으로 피폐해진 나라나 극심한 빈곤국의 난민과 피난민의 참상에 대한 인식을 높이려는 활동으로 널리 알려져 있다. 이러한 유형의 활동을 통해 잘 알려진 것(유명 인사)이 덜 알려진 것(사회적 대의)과 연결될 수 있다.

다른 경우에 혁신은 기업가적인 프로세스의 여러 단계에 포함될 수 있다. 이에 대한 예로, 기회 식별 단계에서 크라우드소싱은 사회적 기업가가 아이디어를 다듬고 전문성을 얻도록 돕는 전략으로 사용될 수 있다. 크라우드소싱은 기업가가 인터넷을 이용하여 자신의 목적에 대한 인식과 지지를 높이고 그 목적을 어떻게 정의하고 다룰 수 있을지에 대한 조언을 구하는 것을 가능하게 한다. 소셜벤처는 또한 자원 확보 단계에서도 금융 자본이나 노동력과 같은 자원을 확보하기 위해 혁신을 활용할 수 있다. 해비타트는 학생들이 저소득층 가정에게 판매하기 위한 집을 만들고 개조하는 대안적 봄방학 봉사 경험을 할 수 있도록 대학들과 성공적으로 제휴를 맺어왔다. 학생들은 무료로 노동력을 제공하는 한편 저소득층 가정과 지역사회의 필요와 어려움에 대한 이해를 높인다. 혁신은 기업가적 프로세스의 실행 단계에서도 도입될 수 있다. 카붐!은 지역사회 주민과 기업의 자원봉사자들을 한데 모아 도시 지역사회에 놀이공간을 짓게 하는 혁신적인 전략을 개발했다. 이와 유사하게 국경없는의사회는 광범위한 전문분야에서 뛰어난 기술을 가진 의사들을 모아 전쟁과 전염병으로 고통 받는 지역의 사람들에게 무료로 의료 서비스를 지원한다. 2014년 에볼라 발병 시에 자원하여 서아프리카로 갔던 많은 사람들이 국경없는의사회

회원이었다. '성과 측정하기'라고 이름 붙인 11장에서는 평가 및 피드백 영역에서의 혁신을 다룰 것이다. 여기에는 소셜벤처가 자신의 성과를 다른 소셜벤처의 성과와 비교할 수 있도록 하는 임팩트 보고 및 투자 기준(Impact Reporting and Investment Standards, IRIS)이 포함된다. 이러한 예는 혁신이 사회적 기업가정신의 필수 요소이며 기업가적인 프로세스의 모든 단계에도 포함될 수 있음을 보여준다.

혁신은 또한 벤처의 생애주기 중 다양한 단계에서 도입될 수 있다. 7장에서 보게 될 것인데, 벤처의 생애주기는 벤처가 초기 아이디어에서 스타트업, 성장, 성숙으로 나아가는 과정을 설명한다. 각 단계에 적합한 혁신의 유형은 서로 다르다. 예를 들어, 크라우드소싱은 기업가가 아직 아이디어를 수립하는 시기인 개발 단계와 스타트업 단계에는 적절할 수 있으나 벤처가 설립되어 운영되는 이후 단계에는 적합하지 않을 수 있다. 반대로, 카붐!과 해비타트와 같이 다수의 자원봉사자가 필요한 벤처에서 많은 자원봉사자를 모으기 위해 고안된 전략은 성장 단계에서 사용하는 것이 적절하지만 기업가가 자원봉사자를 어떻게 활용할 것인지 아직 결정하는 중인 초기 단계에는 적절하지 않다. 말하고자 하는 요점은 소셜벤처는 기업가적인 프로세스와 벤처의 생애주기에서 여러 다른 단계를 거친다는 점이다. 소셜벤처 자체가 시간이 지남에 따라 진화하고 변화하듯, 각 단계에서의 혁신적인 전략도 진화하고 변화할 것이다. 그러므로 사회적 기업가의 맥락에서 혁신이란 계속 진행되는 역동적인 과정이다.

사회적 기업가적 혁신이 기존의 기업에 어떻게, 왜 포함되어야 하는가?

기존의 영리기업은 이해관계자에게 더 많은 가치를 주는 방법으로써 사회적 혁신을 수용할 수 있다. 앞서 보았듯이 벤처의 제품·서비스, 프로세스와 생애주기의 다양한 단계에서 사회적 혁신을 포함할 수 있는 방법이 있다. 이제 많은 식료품 프랜차이즈에서는 해당 지역의 농부들이 키운 과일과 채소를 선보이는 '지역 생산품' 코너를 마련한다. 이런 방법으로 거대 프랜차이즈가 지역 농장과 가족 농장을 후원하면서 고객에게는 신선하고 갓 수확한 식품을 제공할 수 있다. 이와 비슷하게, 카붐!의 놀이공간 짓기 행사에 참여하는 기업과 같이 많은 기업들이 사회적 대의를 지지하는 일에 자원하도록 직원들을 장려한다. 또 다른 기업은 가난하고 소외된 지역으로부터 원자재를 공급받음으로써 해당 지역사회 주민들을 고용하고 그들에게 임금을 제공한다. 예를 들어, 스위스 기업 지보단(Givaudan)은 세계에서

---

5. 특수 강좌나 커리큘럼을 운영하는 공립학교로 기존의 학군을 넘어 학생들을 유치하는 학교(역자주)
6. 정부의 재정 지원을 받지만 일반 공립학교와 달리 교육 당국의 규정이나 규제에 얽매이지 않고 자율적으로 운영되는 학교(역자주)
7. 학생이 선택하는 학교에 해당 학생에 대한 정부 지원금을 제공하는 제도(역자주)

가장 큰 향수와 향료 생산 업체이다. 이 기업은 윤리적인 원료 구매를 사업 전략의 핵심 요소로 삼았다. 지보단의 2013년 지속가능성 보고서에는 이렇게 기술되어 있다.

> **지보단은 자연적 방식으로 생산되는 재료를 대량 구매하며 종종 외딴 지역사회나 취약한 생태계로부터 구매한다. 이러한 재료를 경작하는 것은 지역사회와 환경에도 임팩트를 미칠 수 있다. 우리가 이러한 재료를 재배하는 생산자 및 협동조합과 긴밀히 협업함으로써 그들이 앞으로도 오랫동안 고품질의 작물을 수확할 수 있도록 하는 것이 필수적이다(Givaudan Sustainability Report 2013, p. 23).**

지속가능성의 분야에서는 기업의 규모를 막론하고 많은 기업들이 천연 자원을 보존하고 고형 폐기물의 영향을 최소화하며 탄소 발자국을 줄이기 위한 시도로 지속가능성을 위한 활동을 도입했다. 사무용 가구 생산업체인 하워스(Haworth)와 같은 회사는 마케팅과 미디어 활동에서 지속가능성 전략과 실행 방안을 강조한다.

생애주기의 관점에서 상당한 성장과 성숙을 이뤄낸 기업은 광범위한 사회적 대의를 위해 재정적 후원을 할 수 있다. 어떤 기업은 시간, 재능, 제품, 서비스를 기부한다. 영국의 제약 회사 글락소스미스클라인(GlaxoSmithKline)은 2013년에 1억 4천 6백만 파운드 상당의 의약품을 기부했다. 여기에는 장내 기생충 질환이 흔한 46개국 학령기 아동의 기생충 구충을 돕기 위한 알벤다졸(albendazole) 알약 40억 정(錠) 기부가 포함된다(GlaxoSmithKline 기업 책무 보고서, 2013).

이러한 기업적 시도는 대상 지역사회의 이해관계자에게 유익이 될 뿐 아니라 세계적인 건강이라는 더 큰 목적에도 이바지한다. 이러한 다양한 방법을 통해 상업적 회사들은 이해관계자들에게 더 큰 가치를 제공하고, 집단과 프로세스를 강화하며 지탱하고, 자신의 지역사회, 환경과 나아가 세상을 개선한다. 이와 동시에 이러한 많은 기업은 경쟁자들로부터 차별화되는 사회적 전략을 도입함으로써 판매, 매출, 이익의 향상이라는 더욱 직접적인 이익을 얻게 된다. 이와 같은 의미에서 이런 기업은 '선행을 함으로 성공한다'.

요약

혁신은 소셜벤처가 자신의 임팩트를 창출하고 확대하도록 하는 핵심 요인이다. 건강, 교육, 고용, 빈곤, 사회 정의, 환경, 전쟁과 자연재해 등 다양한 영역에서 사회 혁신을 통해 많은 위협 요소들이 줄어들거나 제거될 수 있었다. 사회 혁신과 그 긍정적인 영향에 대한 연구는 아직 시작 단계에 있다(Christensen et al., 2006; Leadbeater, 2007; Phills et al., 2008).

우리 사회의 문제들이 드러날수록 이러한 문제에 효과적으로 대응하고 지속가능한 해결책을 제시할 수 있는 혁신적인 아이디어와 전략이 필요하다. 상업적 시장에서의 혁신을 통해 얻은 지식과 통찰이 사회적 시장에도 관련이 있기는 하지만 몇 가지 중요한 차이점이 있다. 특히, 소셜벤처는 이해관계자를 참여시키고 금융 자본을 확보하고 아이디어를 전파하며 '개념 증명'을 보여주는 데 있어 더 큰 어려움을 겪는다. 따라서 상업적 벤처의 경험으로부터 나온 지식은 소셜벤처의 필요를 완전히 충족해 주지 못한다.

소셜벤처에서 혁신은 필수적인 부분인 동시에 파괴적일 수도 있는데, 이는 새롭고 덜 익숙한 것에 대한 여지를 주기 위해서 그동안 알려지고 인정되어 온 것을 무너뜨리기 때문이다. 이러한 불확실성을 고려하여 신규 소셜벤처와 소셜미션을 도입한 기존 벤처가 혁신을 수용하기 위해 사용할 수 있는 모델과 전략에는 여러 가지가 있고 그 중 몇 가지를 이 장에서 살펴보았다. 이에 대한 예로, 하이브리드 전략은 기존의 전략과 새로운 전략을 혼합하여 급진적인 혁신일지라도 친숙한 방식으로 도입하는 것을 말한다.

이 장에서 보았듯이, 혁신은 기업가적 프로세스의 각 단계 또는 벤처의 생애주기의 각 단계에 도입될 수 있다. 혁신의 이점을 극대화하기 위해 사회적 기업가는 벤처의 원래 목적에서 벗어나게 할 수도 있는 전략을 사용하지 않도록 경계를 정하고 자신의 미션과 목표에 집중할 필요가 있다. 마지막으로, 사회적 기업가정신의 '사회적인' 성격에 맞게, 사회적 기업가는 혁신적인 아 이디어와 전략을 수립하고 필요한 자원을 확보하며 이런 전략을 효과적으로 실행하기 위해 이해관계자들을 참여시킬 필요가 있다.

6장 질문

1. 사회적 기업가정신을 실천하는 사람들은 '사회적 목적과 그 목적을 지지하는 사람들을 모으는 것 사이의 연결고리로서 사회 혁신'을 강조하는 경향이 있다. 이 연결고리가 어떻게 작용하는지 설명하고 예를 들어보자.

2. 사회적 영역에서 '급진적 혁신'의 역할은 무엇인가? 어떤 조건에서 임팩트를 만들어 내는 데 급진적인 혁신이 필요하다고 생각하는가?

3. 혁신과 계획 수립은 대조적인 개념처럼 보인다. 소셜벤처에서 이 둘의 보완적 관계를 설명해보자. 이 관계는 상업적 벤처에서는 다른가?

4. 이 장에서 핫 브레드 키친이 소개되었다. 이 소셜벤처에서 혁신의 역할을 설명해보자.

5. '사회적 서비스 제공'과 '사회적 기업가적 행동주의'를 '적응 전략' 모델을 통해 설명해보자. 이 두 가지 원형 중 어떤 것이 '적응 전략'을 통해 더 잘 이해되는가?

6. 이 장에서는 다양한 소셜벤처가 소개되었다(쉘 라이브와이어, CES, 핫 브레드 키친 등). 이들 벤처 중 하나를 선택하여 앤소프 '다각화를 위한 전략' 모델(1957), 즉, 시장 침투, 시장 개발, 대의명분 개발, 다각화로 분석해보자. 이 소셜벤처에 대해 당신이 얻은 통찰은 어떤 것인가?

7. 유망하고 혁신적이며 지속가능한 벤처를 개발하기 위한 세 가지 필수 요소가 이 장에서 소개되었다. 이 세 가지 요소와 사회 혁신의 상호 작용을 논해보자.

8. 기존 기업에서의 사회 혁신이 왜 사회적 기업가정신에 유의미한지 논하고 예를 제시해보자.

9. 사회적인 맥락에서 크라우드소싱은 어떤 의미에서 혁신적인가? 소셜벤처가 성공하도록 크라우드소싱이 역할을 할 수 있는 환경을 논해보자. 어떠한 유형의 혁신이라도 소셜벤처를 발전시킬 수 있는가?

10. 소셜벤처에서 하이브리드 아이디어와 전략의 예를 제시하고 해당 사례에서 혁신의 역할을 평가해보자.

사례 공유

와밀(Ms. Wamil)과의 인터뷰

와밀의 이야기는 사회적 서비스를 제공하는 벤처에서 혁신의 역할에 대한 본보기가 된다.

와밀은 플로리다에 사는 35세의 사회적 기업가이자 박사과정 학생이다. 와밀은 인도 남부의 작은 마을에서 태어났다. 그의 부모가 목공소를 운영하여 가족이 생계를 유지했지만 그저 생존했을 뿐이었고, 그는 어린 시절 내내 빈곤 속에 살았다. 현재 와밀은 플로리다에서 남편과 네 딸과 함께 15년째 살고 있다.

'아름다움'이라는 이름의 뜻과 같이 와밀은 매우 예쁜 아이였고 매우 똑똑한 학생이어서 가족과 선생님으로부터 칭찬을 받곤 했다. 12세에 와밀은 자신이 살던 지역에서 유일하게 미국으로 가는 국제 청소년 대표단의 대표로 뽑혔다. 대표단에는 세계 각국의 어린 학생들이 있었다. 와밀의 마을 주민들은 매우 자랑스러워하며 마을 거리에서 축하해주었다. 그러나 불행하게도 와밀의 방문은 매우 큰 상처를 남기게 되었다. 대표단에 있었던 와밀과 몇 명의 다른 여자 아이들이 대표단 파티 중 술을 너무 마신 몇 명의 남자 아이들로부터 성적 학대를 당한 것이다. 와밀은 상처와 고통을 안은 채 귀국했고 이 아픈 경험은 비밀로 했다. 오랜 시간이 흐른 후에 와밀은 한 대학 과목의 에세이로 자신의 경험임은 밝히지 않고 이 일에 대해 썼다. 교수는 그 에세이에 감명을 받아 그 스토리에 대해 이야기를 나누고자 와밀을 불렀다. 그 때 와밀은 처음으로 누군가에게 그것이 자신의 이야기임을 말했다. 그 교수는 와밀을 지지해 주었고, 몇 달 후 그 둘은 결혼하게 되었다. 플로리다에서 아이들과 함께 보내던 안식년 휴가 중에 이 부부는 소녀들 - 특히 시골 지역에서 온 소녀들 - 이 받는 성적 학대에 대한 경각심을 높이는 일을 하기로 결정했다. 그래서 비영리기관을 설립하고 와밀이 이를 운영했다. 그러나 이 벤처를 위한 후원과 기금을 모으려고 했을 때 이들을 경쟁자로 여긴 몇몇 집단의 반대를 포함하여 많은 장애물에 직면했다. 그럼에도 와밀은 자신의 소셜미션을 추구하기로 결단했다. 그는 점점 더 많은 소녀들과 여성들과 지역사회 리더들로부터 시골 벽지의 문화와 전통 때문에 비밀로 해야 했던 성적 학대에 대한 아픈 사연을 담은 이메일을 받았다. 와밀은 연방 정부에 진정서를 제출했고 공무원들에게 이 목적을 지지하는 법을 제정하도록 제안서를 보냈다. 또한, 학교에서 가르칠 수 있는 교육 프로그램도 개발했지만 이것들 중 어떤 것도 의미 있는 성과를 내지 못했다.

그 후 와밀은 혁신적인 아이디어를 냈는데, 성적 학대에 반대하는 캠페인에 유명인 몇 명을 초청한 것이다. 이 방법은 그의 생각과 미션을 홍보하는 데 매우 성공적이었다. 사실 이 캠페인은 전 세계적인 영향력을 발휘했다. 몇 달 후 주방용품을 판매하는 한 기업이 와밀을 초청하여 그 회사의 컵에 와밀의 벤처의 로고를 새겨 이 소셜벤처가 더욱 잘 알려지게 하자고 제안했다. 그 다음에는 한 대학교와 협력하여 성적 학대를 경험한 인도의 청년들을 위한 교환학생 프로그램을 시작함으로써 벤처의 지지와 지원을 확장했다. 이 학생들은 플로리다에 있는 대학교에서 한 학기를 보내면서 자신의 아픈 기억에 대처하도록 돕는 워크숍에도 참석했다. 또한, 와밀은 한 비정부기관(NGO)과도 협력하여 이 문제에 대한 인식을 높이고 성적 학대를 받은 경험이 있는 젊은 여성들을 모으기 위해 웹사이트도 만들었다.

사례 질문

1. 와밀의 이야기에서 전환점이 된 것은 무엇인가? 이 전환점에서 혁신의 역할은 무엇이었는가? 사회적 프로젝트가 그 시점에서 살아남기 위해 혁신이 불가피했는가?

2. 와밀의 사례에서 '유명인'을 초청하는 것이 혁신과 어떤 관련이 있는지 설명해보자.

3. 와밀은 하나의 미션과 대의를 지지하기 위해 다양한 활동을 시작했다. 서로 다른 여러 활동에 혁신을 도입하는 것의 역할과 과정, 위험성을 논해보자.

4. 와밀은 다른 사람들과 집단과의 연합을 구축했다. 어떻게 혁신이 지지자들에게 가치를 가져올 수 있을지 논해보자. 당신은 와밀에게 소셜벤처를 어떻게 확장하라고 조언하겠는가? 그 이유를 설명하고 그런 방식을 사용한 소셜벤처의 예를 제시해보자.

5. 혁신은 시장, 장소, 시기에 좌우된다. 와밀이 아시아, 유럽, 아프리카와 같은 다른 지역으로 확장하고자 한다면 자신의 혁신이 해당 지역에 가치를 가져오도록 하기 위해 어떤 요인을 고려해야 하겠는가?

생각해 볼 질문: 어떻게 필요가 사회적 혁신을 촉진할 수 있는가?

파리 출신의 27세 크리스틴(Christine)은 오랜 시간 비만으로 고생했다. 그의 경우에는 체중을 줄이는 일반적인 방법이 전혀 의미 있는 결과로 이어지지 못했다. 고혈압과 고지혈증과 난임 등의 심각한 건강상의 문제에 부딪히자 크리스틴은 새로운 방향으로 자신의 문제를 다루기로 했다. 그는 페이스북을 이용하여 비만과 싸우는 사람들을 위한 운동을 시작했다. 이 운동은 서로 나누고 팁을 교환하며 서로 지지하는 커뮤니티를 만들 장을 제공해주고자 한 것이었다. 그의 페이스북 페이지는 매우 빠르게 활성화되어 저지방 식품을 생산하는 한 세계적인 기업이 크리스틴의 운동에 투자했고 그의 소셜벤처의 비즈니스모델 개발을 도왔다. 결국 크리스틴의 아이디어는 제품과 서비스를 판매하는 기업으로 바뀌었다. 그 시점에 크리스틴은 사업을 경영하는 데 흥미를 잃었지만 계속해서 사업에 관여하고 있었다. 그의 부모가 실직하자 그는 자신의 예전 직업으로 복귀하려고 준비하고 있었다. 부모의 나이 55세에 새로운 일자리를 찾는 것은 거의 불가능한 일이었고 집안 사정은 매우 심각해져 있었다. 크리스틴은 자신의 부모를 돕기 위한 방편으로 자신이 앞서 소셜벤처를 설립하고 기업으로 변화시켰던 경험을 발전시키기로 했다. 그는 '노년 실직'에 관한 아이디어와 가치를 전파하기 위한 목적으로 사회적 스핀오프를 만들어 페이스북 페이지로 시작했다. 이 벤처는 매우 빠른 속도로 구직 시에 나이 때문에 차별을 경험한 실직자들의 온라인 중심지가 되었다. 고용과 인적자원 개발을 다루는 회사들이 크리스틴에게 재정적 후원을 제안하며 그 대가로 벤처의 지분을 요구했지만 크리스틴은 이번에는 자신의 소셜미션을 지켜나가기 위해 자신의 소유권을 고수하기로 결정했다. 웹사이트 접속량과 자신의 부모를 포함한 사람들의 성공 스토리로 인해 이 결정을 내릴 수 있었다.

행동하기

혁신은 충족되지 않은 사회적 필요를 위한 솔루션을 만들어 내는 데 있어 결정적인 요인이다. 벤처의 프로세스 안에 혁신을 내포함으로써 사회적 기업가는 희망적인 메시지를 더욱 쉽게 전파하고 확장할 수 있다. 혁신은 사람들로 하여금 자신의 안전지대에서 나오도록 할 수 있고 파괴적일 수도 있다. 따라서 혁신은 소셜벤처의 미션과 일관된 방식으로 목적에 맞게 사용되어야 한다. 사회적 기업가가 충족되지 않은 사회적 필요를 위한 솔루션을 개발하며 소셜벤처를 설립하고 확장하기 위해 혁신을 활용할 때 다음의 제안 사항이 도움이 될 수 있다.

1. 사회적 문제에 접근하는 좋은 방법으로서 혁신에 대한 사회적 인식을 높이기 위해 섹터의 경계를 넘어서는 혁신을 더욱 활용해보자.
2. 어떠한 유형의 소셜벤처를 개발하든지 - 예를 들면 비영리, 사회적인 영리, 하이브리드 벤처 등 - 혁신을 이용하고 다른 벤처와 차별화하여 영향력을 발휘하도록 해보자.
3. 사회적 가치를 높이기 위해 혁신을 도입하고 주요 역할자들의 기대에 맞춰 조정해보자.
4. 다른 사람들이 혁신을 수용할 수 있도록 롤 모델이 되고 동기부여 해보자. 다른 사람들의 혁신적인 아이디어를 소셜벤처에 포함시켜보자.
5. 소비자의 행동으로 나타날 수 있도록 보다 폭넓은 기부 문화와 사회적 책임 의식을 장려해보자.
6. 사회적 이슈에 대한 경각심을 높이고 더욱 윤리적인 시장을 만들기 위해 혁신을 도입해보자.

인터넷 활용하기

'급진적 혁신'을 일으킨 소셜벤처의 자세한 이야기를 검색해보자. 그 스토리를 자세히 설명하고 어떤 요인 때문에 그 이야기 속의 혁신이 '급진적 혁신'인지 설명해보자. 이 소셜벤처의 혁신적인 측면을 소개해보자. 이 벤처에 도입된 혁신의 이로운 면과 해가 되는 면을 모두 논해보자. 이 벤처의 성과를 점검해보자. 이 벤처가 장기간 지속가능할 것이라고 예상하는가? 이 벤처의 성공과 임팩트와 지속가능성에 혁신이 주요한 역할을 담당할 것이라 예상하는가?

III

소셜벤처의
프로세스와 경영

7
사회적 기업가정신의 프로세스

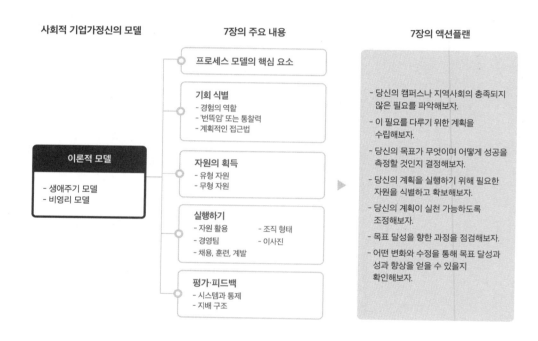

사회적 기업가정신의 모델

이론적 모델
- 생애주기 모델
- 비영리 모델

7장의 주요 내용

프로세스 모델의 핵심 요소

기회 식별
- 경험의 역할
- '번뜩임' 또는 통찰력
- 계획적인 접근법

자원의 획득
- 유형 자원
- 무형 자원

실행하기
- 자원 활용　　 - 조직 형태
- 경영팀　　　 - 이사진
- 채용, 훈련, 계발

평가·피드백
- 시스템과 통제
- 지배 구조

7장의 액션플랜

- 당신의 캠퍼스나 지역사회의 충족되지 않은 필요를 파악해보자.
- 이 필요를 다루기 위한 계획을 수립해보자.
- 당신의 목표가 무엇이며 어떻게 성공을 측정할 것인지 결정해보자.
- 당신의 계획을 실행하기 위해 필요한 자원을 식별하고 확보해보자.
- 당신의 계획이 실천 가능하도록 조정해보자.
- 목표 달성을 향한 과정을 점검해보자.
- 어떤 변화와 수정을 통해 목표 달성과 성과 향상을 얻을 수 있을지 확인해보자.

목표 ┃ 이 장을 읽고 나면 다음을 할 수 있게 될 것이다.

1. 기업가적 프로세스의 다양한 모델을 식별하고 비교하기
2. 기업가적 프로세스의 네 가지 핵심 요소를 식별하기
3. 사회적 기업가의 기회 식별에 도움이 되는 요소 논하기
4. 사회적 기업가의 자원 획득 전략 몇 가지 논하기
5. 사회적 기업가의 아이디어를 실현하기 위한 활동 논하기
6. 지속적 개선과 목표 달성을 위한 평가와 피드백의 역할 및 중요성에 대해 논하기

비전과 프로세스를 연결하기

　사회적 기업가의 프로세스란 사회적 기업가가 초기 아이디어에서 시작하여 최종적인 실행과 노력의 결과에 대한 평가에 이르기까지 밟는 단계를 말한다. 사회적 기업가는 이 프로세스에서 어떤 단계를 거치며 각 단계는 어떤 활동으로 구성되는가?

　3장에서 우리는 사회적 기업가의 비전과 미션이 형성되는 방법에 대해 논했다. 비전과 미션이 어떻게 활동 및 프로세스로 변화되는가? 그림 7-1은 사회적 기업가가 초기 아이디어에서부터 사회적 필요를 다루기 위한 행동을 시작하는 지점에 이르기까지 거쳐야 하는 과정을 보여준다. 이 장의 핵심 내용인 사회적 기업가정신의 프로세스에 이르게 하는 여러 단계를 복습해보자.

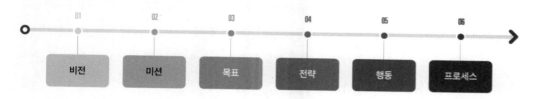

[그림 7-1] 비전에서 프로세스에 이르는 과정

　3장에서 논한 것처럼 사회적 기업가의 비전은 현재의 상황과 머릿속에 그려진 미래의 모습을 연결하는 다리이다. 달리 말하면 비전은 지금 있는 곳에서 우리가 가기 원하는 곳으로 우리를 데려간다. 사회적 기업가정신의 맥락에서 비전은 사회적 필요가 해결되는 이상적인 상태에 초점을 맞춘다. 소셜벤처의 미션은 사회적 기업가의 비전으로부터 나오며 소셜벤처가 충족되지 않은 사회적 필요를 어떻게 다룰 것인지를 설명해 준다. 통상적으로 미션은 목적을 좀 더 넓게 기술한 것이다. 따라서 사회적 기업가는 소셜벤처가 어떻게 미션을 달성할 것인지를 설명할 수 있도록 구체적인 목표를 설정할 필요가 있다. 전략은 기업가의 목표를 이루게 하는 수단이며 기업가와 다양한 이해관계자의 행동을 끌어낸다. 마지막으로 행동은 기업가가 자신의 목표를 이루고 소셜벤처의 미션을 달성하며 자신의 비전을 실현하도록 돕는 프로세스의 구성 요소가 된다.

　이 모든 것이 실제로 어떻게 작동하는가? 구체적인 사례를 살펴보자. 1장에서 우리는 지역사회가 아이들을 위한 놀이공간을 조성하는 것을 돕는 비영리기관 카붐!의 사례로 사례 공유를 시작했다.

설립자 대럴 해먼드의 비전은 "미국 어린이들의 놀이를 살리는 것"(www.kaboom.org)이었다. 이 비전은 안전한 놀이공간이 없었던 두 아이의 죽음에서 비롯되었다. 이 필요를 충족하기 위해 지역사회의 힘을 활용하고자 했던 카붐!의 미션은 다음과 같다.

"지역사회의 리더십과 참여를 통해 멋진 놀이공간을 창조하는 것"

카붐!의 목표는 다음과 같다.
"궁극적으로 우리는 미국의 모든 어린이들의 도보권 내에 놀이공간이 있는 세상을 꿈꾼다."

카붐!의 사례 공유에서 본 것처럼 해먼드는 지역사회 주민과 기관, 그리고 기업 자원봉사자들과 함께 일하는 전략을 채택했다. 이 전략은 동네 놀이터를 위한 계획을 세우고 자금을 마련하며 놀이터를 짓는 것을 포함하는 활동으로 이어졌고 이러한 활동은 표준화된 프로세스가 되어 미국 50여 개 주에 복제되어 2천 곳 이상의 놀이터가 만들어졌다. 그림 7-1에 간략히 설명된 단계를 따라감으로써 해먼드는 그의 초기 비전과 사회적 필요의 해결이라는 목적성 있는 활동 사이의 간극을 좁힐 수 있었다.

카붐!의 사례를 통해 비전에서 프로세스에 이르는 경로를 따라가 보았으니 이제는 기업가적 프로세스의 요소에 초점을 맞추고 몇 가지 알려진 프로세스 모델을 살펴볼 차례이다. 기업가정신의 영역을 다루는 주요한 책과 논문을 살펴보면 프로세스 모델에는 네 가지로 뚜렷하게 분류되는 활동들이 포함되는 것을 알 수 있다(Stevenson et al., 1989; Leach & Melicher, 2012). 1) 기회 식별, 2) 필요한 자원 확보, 3) 실행 또는 자원 활용, 4) 평가 및 피드백. 많은 학자들이 이 요소들을 다양한 형식으로 확장하여 제시해왔다. 이제 잘 알려진 프로세스 모델 중 두 가지를 살펴보자. 이 중 하나는 성장 위주의 상업적 벤처에 주로 적용되며 나머지 하나는 특별히 비영리에 적합하도록 설계되었다.

기업가적인 프로세스의 이론적 모델

생애주기 모델

상업적인 벤처를 위해 개발되고 적용된 이론적 모델 중 하나는 생애주기 모델이다(Davidsson et al., 2006; Leach & Melicher, 2012; Timmons & Spinelli, 2004). 이 모델은 작게 시작하지만 상당한 규모와 범위로 성장할 수 있는 상업적인 벤처에게 특히 적합하다.

여러 연구자들이 몇 가지 형태의 생애주기 모델을 제안했는데, 생애주기의 단계는 다음과 같은 5개의 주요한 범주로 구분되는 경향이 있다.

· **개발 단계**

개발 단계에서는 기업가가 기회를 식별하고 아이디어를 개발한다. 또한 자원 획득과 실행을 위한 전략 개발의 프로세스를 시작한다. 이는 '생각과 계획' 단계이다.

· **스타트업 단계**

스타트업 단계에서는 기업가가 자신의 벤처를 실제로 시작한다. 이 단계는 기업가가 실행하기 시작하며 이미 획득한 자원과 계속해서 획득하는 자원을 활용하기 시작하는 지점이다.

· **생존 단계**

생존 단계에서는 신생 기업이 수익을 창출하기 시작하지만 현금 지출이 여전히 현금 유입을 초과한다. 생존 단계는 그 이름이 의미하는 것처럼 신생 벤처에게 중대한 시기이며 실패의 가능성이 매우 높다. 이 시기에는 지속적인 자원 획득과 효과적인 실행이 특히 중요하다. 추가적으로 평가와 피드백도 신생 벤처의 순조로운 성장을 위해 필수적인 요소이다.

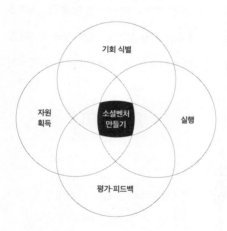

[그림 7-2] 기업가적 프로세스

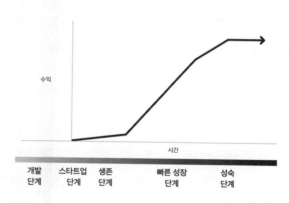

[그림 7-3] 생애주기 모델

- **빠른 성장 단계**

빠른 성장 단계에서는 기업가의 아이디어가 확고하게 자리잡아 회사는 상당한 이윤을 창출하기 시작한다. 바로 이 단계에서 구글이나 페이스북과 같은 기업가적인 회사들이 신규상장(IPO, Initial Public Offering)을 통해 공개된다. 기업이 성장함에 따라 재능, 전문성, 설비, 연구개발, 금융 자본과 같은 추가적인 자원이 필요할 수 있다. 실행은 제품군, 서비스, 지리적 영역을 확장하는 것을 포함한다. 이런 측면에서 기업가는 기업의 성장과 확장으로 이어지는 다양한 유형의 기회를 식별할 수 있는 능력을 갖추어야 한다.

- **성숙 단계**

성숙 단계에서는 새로운 경쟁자들이 시장에 진입하고 수익의 증가율은 감소하게 된다. 많은 경우 회사가 제공하는 제품과 서비스가 새로운 제품과 서비스에 의해 대체된다. 태블릿이 시장에 소개됨으로써 PC 시장이 쇠퇴한 것을 생각해보자. 이것은 새로운 아이디어가 기존의 것을 대체한다는 슘페터(Schumpeter)의 '창조적 파괴' 개념과 일치한다. 우리는 종종 성숙 단계의 중요성을 과소평가하는데, 기업가의 스토리가 종착점에 다다랐다고 가정하기 때문이다. 하지만 실제로 성숙 단계는 더 많은 평가와 피드백의 기회를 제공함으로써 결국 기업가적인 새로운 시도로 이어지도록 이끈다. 그러므로 기업가는 애플이 PC에서 아이팟, 아이폰, 아이패드로 이동한 사례처럼 완전히 새로운 세대의 제품과 서비스를 소개함으로써 회사를 '재창조'하는 기회로 성숙 단계를 활용하는 경우가 많다. 다른 경우에는 기업가가 가치를 수확하고 새로운 기업가적 벤처에 투자하는 데 성숙 단계를 활용하기도 한다. 사회적 기업가정신에 초점을 맞춰 보자면 많은 기업가들이 직접적이거나 간접적으로 소셜벤처에 관여함으로써 성숙 단계를 '환원하는' 기회로 활용하기도 한다. 아내인 멜린다와 함께 빌 앤 멜린다 게이츠 재단을 설립한 마이크로소프트의 공동창업자 빌 게이츠는 대단한 성공을 거둔 상업적 기업가가 충족되지 않은 사회적 필요를 다루고자 하는 목적으로 자신이 축적한 재산의 일부를 환원하고자 하는 바람이 어떻게 실현되는지 보여주는 강력한 사례가 된다.

조지프 슘페터(1883-1950)와 '창조적 파괴' 개념

조지프 슘페터는 기업가정신 분야에 지대한 영향을 끼친 호주의 경제학자이다. 그는 혁신과 기업가적 회사가 경제에 미치는 중요한 영향을 처음으로 인지했고, 1911년 저술한 경제개발이론이라는 그의 저서에서 '창조적 파괴' 이론을 제시했다. 창조적 파괴는 새로운 혁신이 오래된 방식을 대체하는 프로세스를 말하며, 이는 경제적인 창조와 변혁의 지속적인 순환으로 이어진다.

생애주기 모델은 상업적 벤처의 행동을 설명하기 위해 만들어졌지만 소셜벤처, 특히 영리적인 특성을 가진 소셜벤처에도 적용될 수 있다. 비영리나 하이브리드 소셜벤처는 상업적인 기업처럼 반드시 수익을 창출하는 것은 아니지만 자신의 기관을 운영하기 위해 자원을 확보해야 할 필요가 있다. 이는 자원봉사 노동력 및 공간, 지원금, 기부금, 모금 행사를 통해 확보된 재정적 지원 등의 형태를 취할 수 있다. 비영리 기관은 원하는 결과를 확실하게 도출하기 위해 자원을 동원하고 효과적으로 실행할 필요가 있다.

사회적 기업가정신의 영역에서 뉴먼스 오운(www.newmansown.com)은 생애주기 모델을 따른 하이브리드 소셜벤처의 사례를 제시해 준다. 배우인 폴 뉴먼은 샐러드 드레싱 제품 하나로 사업을 시작했는데 처음에는 이를 무료로 나눠 주다가 후에 친구나 이웃에게 판매하기 시작했다. 초기 제품의 성공으로 인해 뉴먼은 회사를 설립하게 되었고 지금은 미국 전역의 식료품 체인에 120가지가 넘는 제품을 납품하여 판매하고 있다. 뉴먼스 오운의 소셜미션에 따라 판매 수익 전액은 중병을 앓고 있는 아이들을 위한 홀인더월 캠프(Hole in the Wall, www.teamholeinthewall.org)를 돕고자 하는 뉴먼의 개인적인 열정과 다른 소셜벤처를 지원하는 데 사용된다. 이 회사는 처음에는 미국의 캠프에만 지원금을 제공했으나 이제는 전 세계로 확장하여 다른 나라의 캠프도 지원한다.

기업(또는 기관)은 생애주기의 다양한 단계를 거치면서 여러 종류의 어려움과 기회에 직면하게 된다. 예를 들어 개발 단계에서 기업가의 업무는 아이디어를 도출하고 비즈니스 모델을 정의하는 것이다. '비즈니스 모델'에는 앞서 다루었던 수익 모델과 벤처의 가치 제안, 핵심 자원, 핵심 프로세스에 대한 설명이 포함된다(Johnson et al., 2008). 이 목표를 달성하지 못하는 기관은 살아남을 수 없을 것이다. 스타트업 단계에서 기업가는 실제로 회사를 시작하면서 비즈니스 모델을 테스트하기 시작한다. 이를 위해 그는 확보한 자원을 활용하기 시작한다.

물론 모든 기업이 생애주기의 모든 단계를 거치는 것은 아니다. 신생 회사는 상대적으로 실패 확률이 높다. 대략적으로 50퍼센트가 초기 4년 안에 실패한다. 이러한 측면에서 회사는 생애주기의 어떤 단계에서도 탈선할 수 있다. 앞서 언급한 것처럼 신생 회사나 기관은 특히 생존 단계에서 취약할 수 있는데 이 단계에서는 현금 지출이 유입을 초과하기 때문이다. 만약 이 시기를 통과할 만큼 충분한 자금을 확보하지 못했거나 충분한 재원을 외부에서 조달할 수 없다면 회사는 실패하게 된다. 신생 회사는 또한 빠른 성장 단계에서도 어려움에 직면한다. 이 때 회사가 필요한 자원을 보유하고 있지 못하다면 쉽게 어려움에 맞닥뜨리게 될 것이다. 예를 들면, 성장하는 회사들은 모든 주요한 업무 영역(회계, 재무, 마케팅, 운영 등)에서 전문성을 가진 균형 잡힌 경영팀을 필요로 한다. 마찬가지로 이들은 성장을 관리하고 성과를 파악하기 위한 적절한 시스템과 통제 수단도 필요로 한다. 이러한 시스템과 통제 수단은 피드백과 평가의 고리에서 필수적인 요소이다. 생애주기의 각 단계에 포함된 기회와 어려움을 생각해 보면 소셜벤처, 특히 확장 가능성이 있는 소셜벤처가 직면할 수 있는 기회나 어려움과 크게 다르지 않다는 것을 알 수 있다. 따라서 생애주기 모델은 여러 영리 및 하이브리드 소셜벤처의 관점에서 기업가적인 프로세스를 이해하는 데에도 도움을 준다.

비영리 모델

생애주기 모델은 비영리나 하이브리드 벤처를 설명하는 데 적용될 수도 있지만 특별히 상업적인 벤처의 발전 과정에 적합하게 만들어졌다. 이와 달리 헬렌 허프(Helen Haugh, 2007)는 비영리 벤처의 설립을 설명하기 위한 모델을 만들었다. 허프의 비영리 모델 또한 아래와 같이 여섯 단계로 구성된다.

• 기회 식별하기

이 첫 단계에서는 지역사회의 구성원들이 충족되지 않은 필요를 다룰 잠재적 기회를 종합적으로 발견한다. 이 모델은 기회를 식별하는 일이 지역사회의 경험과 지혜의 집합체로부터 만들어지는 공통의 책임이라는 점을 강조한다.

• 아이디어 설명하기

이 단계는 지역사회의 구성원이 충족되지 않은 필요를 다룰 수 있는 방법을 논하는 단계로서 자원 요구사항과 대안적 접근법의 가능성에 대한 논의도 포함한다.

• 아이디어 소유하기

구성원들은 자신이 모은 지식과 정보를 결합하고 빈틈을 확인하며 필요에 따라 추가적인 자문을 받는다. 이 단계에서는 필요한 자원에 연결해 줄 수 있는 추가적인 이해관계자를 참여시킴으로써 초기 집단이 확장되기 시작한다.

- **이해관계자 동원하기**

  시간이 지나면서 충족되지 않은 필요를 해결할 솔루션을 중심으로 집단이 모인다. 그 시점에 공식적인 집단이 아이디어의 소유권을 갖고서 이름과 목적을 가진 소셜벤처를 조직한다. 이는 실행 또는 자원 활용 단계의 시작이다.

- **기회 활용하기**

  집단의 구성원은 계획을 어떻게 실행할 것인지를 결정한다. 여기에는 법적인 형태, 지배구조, 책임 의식 측정 체계, 재무 계획 등이 포함된다. 이 단계는 이전 단계의 연속선 상에서 소셜벤처를 실행의 길로 이끈다.

- **이해관계자에게 보고하기**

  조직이 설립되고 나면 지배구조의 핵심적인 요소에 소셜벤처가 사회적, 환경적, 경제적 목표를 얼마나 달성하고 있는지를 이해관계자들이 평가하는 데 도움이 되도록 이해관계자에게 보고하는 전략이 포함된다. 허프의 모델은 상업적 벤처의 경우처럼 평가와 피드백이 기업가적인 프로세스에 있어 핵심적인 요소임을 지적한다. 평가와 피드백은 사회적 기업가로 하여금 목표가 달성되고 이해관계자들이 혜택을 받았는지의 여부, 그리고 원하는 결과를 도출하기 위해 획득한 자원을 효과적으로 투입했는지의 여부를 판단하는 데 도움을 준다.

비영리 모델과 생애주기 모델을 비교해 보면 많은 유사점과 함께 중요한 차이점을 발견할 수 있다. 두 모델 모두 기회 식별, 자원 획득, 실행, 평가와 피드백이라는 네 가지의 커다란 범주로 구분될 수 있는 단계들이 있다. 생애주기 모델은 상업적 기업이 초기 단계에서부터 성숙 단계에 이르기까지 필요한 자원을 확보하는 것과 관련된 이슈와 어려움에 초점을 집중한다. 이와 대조적으로 허프의 비영리 모델은 지역사회의 참여 및 동원과 관련된 활동에 초점을 둔다. 두 모델 모두가 전제하는 것은 소셜벤처와 경영진이 다양한 범주의 이해관계자에게 책임 의식을 가지고 있다는 점이며 이는 피드백과 평가가 필요한 이유이다. 상업적 벤처의 이해관계자는 고객, 직원, 주주, 채권자, 지역사회이다. 비영리 벤처의 이해관계자에는 서비스를 제공받는 사람, 자원봉사자, 기부자, 재단, 지역사회 등이 포함될 수 있다.

흥미롭게도 이 장의 서두에서 다룬 카붐!의 사례는 생애주기 모델과 비영리 모델 양쪽의 요소를 모두 가진다. 생애주기 모델의 경우처럼 카붐!은 몇 곳의 지역사회에서 작게 시작했지만 빠르게 성장하여 전국 단위의 규모와 크기를 갖추었다. 사회적 필요를 다루고자 하는 카붐!의 접근법은 지역사회와 긴밀하게 일하는 것에 중점을 두어 지역사회 구성원이 아이디어를 '소유'하도록 했고, 그렇게 함으로써 지역사회와 이해관계자를 동원했다는 측면에서 허프의 비영리 모델과 일치한다. 따라서 카붐!은 이러한 다양한 조직 모델이 불변의 것이 아니며, 오히려 소셜벤처가 어떻게 목표를 달성하는가에 관해 생각해 보게 하는 유용한 틀이 됨을 보여준다.

[그림 7-4] 비영리 벤처 설립 모델
[출처] 허프, 2007

기회 식별에 관한 몇 마디 말

앞에서 다룬 두 가지 기업가적 프로세스 모델 모두 초기 단계에 기회를 식별하는 것의 중요성을 다룬다. 초기 단계의 기회 식별은 사실상 기업가적 프로세스의 다음 단계로 가는 출입구 역할을 한다. 많은 학자들이 소셜벤처의 기회 식별을 '유기적 프로세스' 또는 시간에 따라 진화하는 것이라고 언급해 왔다(Corner & Ho, 2010; Guclu et al., 2002). 기업가적인 기회는 다양한 방식으로 주어진다. 사회적 기업가에게는 개인적인 경험이 가장 중요한 기회의 원천 중 하나이다. 만약 당신에게 뇌성마비 환자인 가족 구성원이 있다면 비슷한 상황에 처한 사람들이 겪는 특별한 어려움과 그들의 필요에 대해 더 잘 알게 될 것이다. 마찬가지로 당신의 부모가 빈곤이나 고국의 사회적 부당함을 피해 미국에 갔다면 당신은 언어나 직업 기술이 부족하거나 교육을 덜 받은 채로 미국에 간 이민자들의 필요에 특별히 민감할 것이다.

기회 식별에 있어 개인적인 경험의 역할은 자원봉사나 봉사-학습을 경험하는 것의 중요성을 뒷받침해 준다. 태풍 카트리나 직후 뉴올리언스의 집을 재건하는 일을 돕는 '대안적 봄방학' 프로젝트에 참가했던 대부분의 학생들은 재앙이 가정과 지역사회를 황폐화하는 것에 대한 새로운 관점을 얻고 돌아왔다. 우리 하트포드 공과대학의 몇몇 학생은 '국경 없는 엔지니어'라고 불리는 프로그램에 참가했다. 매년 학생들은 시골의 지역사회에 깨끗한 물을 공급하는 프로젝트를 위해 인도를 방문한다. 돌아와서는 학생들 중 다수가 이 경험이 인생을 바꾸었다고 말했다.

사회적 기업가에게 기회가 나타나는 두 번째 방식은 새로운 방식으로 사회적 가치를 제공하기 위한 '번뜩임' 또는 통찰력을 통해 발견된다(Corner & Ho, 2010). 이 통찰력은 개인, 기관, 자원, 전달 체계의 새로운 조합으로 이어질 수 있다. 예를 들어, 그라민 은행의 설립자인 무하마드 유누스는 방글라데시의 시골 지역사회의 빈곤 문제에 집중했다. 유누스는 그곳 주민들이 너무 가난하여 비즈니스를 시작할 방편이 없고 그들이 시작하기 원했던 사업은 너무나 영세해서 은행의 대출 요건을 충족할 수 없다는 점을 발견했다. 가난한 개인이 은행으로부터 자금을 빌릴 수 없다면 작은 대출을 일으키기 위해 필요한 자원을 한데 모으는 방식으로 서로에게서 자금을 빌리는 것이 가능할 것이라는 생각이 유누스의 번뜩이는 통찰력이었다. 종합적인 활동과 협력을 통해 가난한 지역사회 주민들이 비즈니스와 경제적 발전을 지원하는 자금을 조성할 수 있었고, 동시에 대출이 제때 상환되어 새로운 대출자를 위한 자금이 준비되도록 했다. 이 번뜩이는 통찰은 소액금융의 창시로 이어졌고, 이것이 전 세계적으로 확산되어 가난한 지역사회의 수천 명의 사람들, 특히 여성들이 자신의 삶을 책임지고 경제적인 형편을 개선할 수 있게 해 주었다.

사회적 기업가가 기회를 식별할 수 있는 세 번째 방식은 충족되지 않은 사회적 필요를 인지하는 것에서 시작하여 이를 다루기 위한 계획을 수립하는 것으로 이어지는, 이성적이고 계획적인 접근법을 통해서 나타난다. 상업적인 기업가처럼 사회적 기업가는 제품 또는 서비스의 시장에 존재하는 '간극'을 발견하고 이를 활용한다. 미첼 바이스(Mitchell Weiss)는 현재 하트포드 대학에 위치하고 있는 개인 재무 책임 센터(Center for Personal Financial Responsibility, CPFR)의 설립자 중 한 명이다. 바이스는 부채 관리와 구조화 금융의 경력을 가졌으며 연속적으로 창업을 했던 매우 성공적인 창업가이다. 그는 두 자녀를 대학에 진학시킨 아버지이기도 하다. 언론이나 정치인들이 미국의 학생 부채 문제에 관심을 두기 훨씬 전부터 바이스는 대학생들이 충분한 정보나 훈련을 받지 못한 채로 이후의 삶에 영향을 미치는 중요한 재무적 결정을 내려야 하는 위치에 있다는 것을 알게 되었다. 이에 대응하여 그는 대학생에게 재무 분야의 교육과 훈련, 특히 건전한 부채 관리를 위한 도구를 제공하려는 목적으로 CPFR을 설립하겠다는 아이디어를 갖게 되었다. 지금까지 바이스는 미국 전역의 대학생과 부모들에게 활용되는 강좌와 교육 자료를 만들고 두 권의 책을 집필했다.

기회를 식별하는 것이나 번뜩이는 통찰력을 얻는 것은 프로세스의 첫 단계일 뿐이다. 사회적 기업가는 그 지점에서부터 아이디어를 개발하고 다듬어서 그것을 더 많은 형태와 내용으로 발전시킨다. 구클루(Guclu) 등은 벤처의 '소셜임팩트 이론'으로 시작하는 기회 개발의 틀(Opportunity Development Framework)을 제시했다(Guclu et al., 2002). 소셜임팩트 이론은 벤처가 의도하는 사회적 결과가 무엇인지와 그것을 어떻게 달성할 것인지를 규정한다. 소셜임팩트 이론은 '운영 모델'과 '자원 전략'의 두 가지 요소로 구성된 벤처의 비즈니스 모델에 의해 뒷받침된다. 이것이 없이는 지속가능한 소셜벤처를 만드는 것이 매우 어려울 것이다. 운영 모델은 기업가가 사회적 가치를 창출하기 위해 자신의 아이디어를 어떻게 실행할 것인지를 설명한다. 이어서 자원 전략은 이를 실행하기 위해 필요한 자원(사람, 재정, 설비, 장비, 주요 네트워크 및 연합체 등)을 어떻게 확보할 것인지를 설명한다.

기업가는 이 틀 안에서 운영 환경과 개인적인 적합성 모두를 고려할 필요가 있다. 운영 환경은 벤처에 소속된 이해관계자, 산업 구조, 정치 환경, 문화적·행동적 규범 등을 포함한다. 그리고 기업가는 자신의 아이디어에 대한 기술, 전문성, 인적 네트워크, 헌신도의 '적합성'을 따져보아야 한다. 이 적합성은 상업적 기업가와 사회적 기업가 모두에게 필수적인데, 이것이 없이는 벤처가 무르익는 데 필요한 지속력을 가질 수 없기 때문이다.

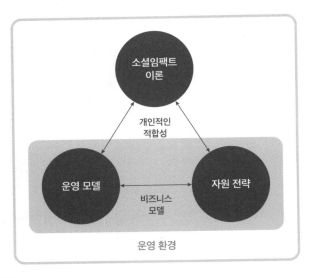

[그림 7-5] 기회 개발의 틀
[출처] Guclu et al.(2002), p. 6

자원 획득

이 장의 앞 부분에서 논한 것처럼 소셜벤처는 자원이 제한된 환경에서 시작하는 경우가 많은데, 이는 바로 빈곤하거나 미개발된 지역사회에서는 충족되지 않은 사회적 필요가 너무나 크기 때문이다. 따라서 사회적 기업가는 벤처의 성공에 필요한 자원을 획득하는 데 특별히 창의적이어야 한다. 이 자원은 무엇을 말하는 것일까? 자원 기반의 관점(Resource-Based View, RBV)에 따르면 자원은 무형일 수도 유형일 수도 있다. RBV는 기업가의 업무가 지속가능한 경쟁 우위를 만들기 위해 이러한 자원을 관리하는 것이라고 말한다(Barney, 1991; Meyskens et al., 2010).

유형 자원에는 적합한 동기 및 에너지와 기술을 가진 자원봉사자, 유급 근로자가 포함된다. 또한, 기부자, 재단, 정부 또는 제품과 서비스의 판매로부터 오는 금융 자본과 재정 지원처도 포함된다. 건물, 설비, 장비, 차량과 컴퓨터 시스템 같은 자산도 다른 종류의 유형 자원이다. 무형 자원 또한 경쟁 우위의 중요한 원천인데 여기에는 리더십, 특화된 지식, 조직 문화, 평판, 지적 재산 등이 포함된다.

상업적 벤처의 경우 통상적으로 자본을 일으켜 유형 자원을 구매함으로써 해당 자원을 확보한다. 이와 대조적으로 소셜벤처는 낮은 비용이나 비용이 들지 않는 수단을 통해 자원을 획득할 가능성이 높다. 2장에서 언급한 것처럼 사회적 기업가는 손에 쥐고 있는 것을 활용한다는 점에서 브리콜뢰르(브리콜라주를 하는 사람)이다. 그 예로 노동력은 유급 근로자가 아니라 자원봉사자를 통해 제공되는 경우가 많다. 건물, 설비, 장비, 차량과 같은 고정 자산은 대여하거나 기부받아 사용한다. 재정 지원은 사업 수익의 형태가 아니라 기부금이나 지원금의 형태로 들어온다. 이 모든 것은 소셜벤처와 상업적 벤처를 구별하도록 도와주는 중요한 차이점이다.

마찬가지로 사회적 기업가는 무형 자원도 상업적 기업가와 다른 방식으로 확보한다. 많은 연구자들이 사회적 기업가의 사회적 측면을 강조해 왔다. 충족되지 않은 필요는 지역사회의 인식을 통해 드러나며 지역사회는 유·무형 자원의 중요한 출처가 된다. 리더십, 지식, 인지도, 평판, 주요 파트너십 등의 무형 자원은 소셜벤처의 성공을 돕는 필수적인 구성요소가 될 수 있다.

하우스 오브 브레드(The House of Bread)

하우스 오브 브레드(www.hobread.org)는 사회적 기업가인 모린 파엔차 자매(Sister

Maureen Faenza)와 테레사 폰티 자매(Sister Theresa Fonti)가 1980년에 하트포드에 설립한 무료 급식소이다. 하우스 오브 브레드는 초기에는 커피와 도너츠처럼 상대적으로 단순한 식사를 제공했는데 시작 시점에 이 벤처가 보유한 자원은 커피포트와 토스터 등이었다. 오늘날 하우스 오브 브레드는 매일 200명이 넘는 성인과 400명이 넘는 어린이에게 온전한 식사를 제공하고 있다. 식사는 대규모 지역사회 자원봉사자 집단을 통해 준비되고 제공되는데 이들 중 몇몇은 오랫동안 이 기관과 함께 해왔다. 자원봉사자 중 다수는 하우스 오브 브레드의 설립 초기부터 긴밀한 관계를 유지해 온 근처 세인트 페트릭-세인트 안소니 교구에서 온다. 자원봉사를 통한 지원 외의 재정적 지원은 기부금, 지원금 및 하우스 오브 브레드의 요리책과 앞치마 같은 제품 판매 수익 등의 형태로 이루어진다. 이 기관은 또한 일 년에 두 번 주요한 모금 행사를 연다. 첫 번째는 하트포드 클럽에서 300여 명의 기업 광고주 및 기부자를 대상으로 진행하는 '토스트 오브 더 타운(Toast of the Town)'이라고 불리는 칵테일 리셉션이다. 두 번째 행사는 '헝거 뱅큇(Hunger Banquet)'이라고 불리는 스프, 빵, 사과 등의 단순한 식사로 구성된 연회이다. 매년 이 행사를 통해 하우스 오브 브레드와 이들의 다양한 프로그램을 후원하기 위해서 수백 명이 모여들어 각각 25달러씩 후원한다. 시간이 지남에 따라 모린 자매와 테레사 자매는 수혜자가 자급자족하고 삶의 질을 향상할 수 있도록 돕기 위해 다른 서비스를 추가했는데, 여기에는 주간 보호소와 간이 생활시설과 교육 프로그램 등이 포함된다. 하우스 오브 브레드는 비영리 기관으로 조직되었으며 두 명의 창업자, 자원봉사자와 이사진으로 구성된다. 기금 모금 활동은 지역 레스토랑 및 주요 기업과의 협력적인 관계로 이어졌다. 이러한 활동은 하우스 오브 브레드로 하여금 더 많은 사람들을 돕고 서비스의 범위를 확장하게 해주었다. 웹사이트에는 다음과 같이 적혀 있다. "우리는 단지 스프 이상의 것을 제공한다. 공감, 존엄성과 존중을 담아 음식, 보호소, 주거지, 교육을 제공한다".

실행하기

실행 단계에서는 사회적 기업가가 자신의 아이디어를 행동으로 옮길 수 있도록 조직의 구조와 경영팀을 구축한다. 실행이란 기업가가 확보한 자원을 일에 투입하여 활용하는 프로세스이다. 실행 단계에는 다음의 활동이 포함된다.

- **조직형태 선택하기**

  비영리, 영리, 하이브리드 모델의 선택지가 있다. 소셜벤처의 전통적인 조직형태는 비영리 모델이지만 영리나 하이브리드 형태로 조직되는 소셜벤처가 점점 늘어나고 있다.

- **경영팀 구축하기**

  상업적 벤처와 같이 소셜벤처도 기술, 학력, 경력이 적절하게 조합된 경영팀을 필요로 한다. 경영팀의 구성원은 생산, 판매, 마케팅, 재무, 인사 등 여러 기능적인 영역을 다룰 수 있도록 충분한 다양성을 보유해야 한다.

- **이사회 조직하기**

  상업적 기업의 경우 이사회의 가장 중요한 역할 중 하나는 경영진이 회사의 실제 소유자인 주주들의 이익 극대화를 위해 회사를 경영하도록 만드는 것이다. 소셜벤처에서 이사진의 주요한 역할은 경영진이 기관의 소셜미션에 부합하는 방향으로 경영하도록 만드는 것이다. 이뿐만 아니라 많은 소셜벤처들이 자원의 제약에 처하기 때문에 종종 관련 지식과 경험이 풍부한 사람을 이사회 구성원으로 영입하기도 하는데, 보통 자원봉사의 형태로 영입되는 이들 이사진의 역할은 경영팀에게 방향을 제시하고 그들을 지원하는 것이다.

- **직원과 자원봉사자 모집, 훈련, 계발**

  앞서 언급한 하우스 오브 브레드와 같은 소셜벤처는 제품과 서비스를 생산하고 제공함에 있어 자원봉사자에게 많이 의존한다. 필요한 기술을 갖춘 직원을 채용하는 상업적 벤처의 경우와 달리 자발적으로 봉사하는 개인은 스스로 선택하는 경우가 많으며 따라서 그들은 기술과 경험의 측면에서 더 많은 다양성을 가진다. 이러한 측면에서 소셜벤처가 자신의 목적을 확실히 달성하기 위해 시간과 에너지를 들여 자원봉사자를 훈련하고 그들의 능력을 계발하는 것은 특히 중요하다.

평가와 피드백

여러 기업가적 프로세스 모델이 평가와 피드백을 나타내는 요소들을 포함하고 있지 않은 것처럼 보이지만 평가와 피드백을 함께 고려하는 것은 중요하다. 특히, 다양한 이해관계자를 아우르며 지원금이나 기부금과 같은 외부 자금에 많이 의존하는 소셜벤처에게 더욱 그렇다. 소셜벤처의 맥락에서 평가와 피드백은 몇 가지 중요한 역할을 한다. 첫째, 소셜벤처가 제품과 서비스를 목표 대상에게 제대로 잘 제공할 수 있도록 해준다. 둘째로, 다양한 구성원을 공통의 목적으로 결집하는 귀중한 소통의 도구가 된다. 셋째, 다양한 기부자와 재원에 의해 조성된 기금이나 다른 자원이 소셜벤처의 정해진 목적에 맞게 사용되도록 한다. 마지막으로, 상업적 벤처의 경우처럼 평가와 피드백은 '지속적인 발전'의 기초가 되어 소셜벤처가 제품과 서비스와 전달 체계를 지속적으로 수정하고 향상시키도록 한다. 평가와 피드백을 위해 필요한 활동은 다음과 같다.

적합한 시스템과 통제 수단 구축하기

이것은 평가와 피드백의 핵심 단계로서 소셜벤처와 상업적 벤처 모두에 적용된다. 소셜벤처의 시스템과 통제 수단 구축의 사례에는 다음과 같은 활동이 포함될 수 있다.

1. 새로운 자원봉사자를 위한 훈련 프로그램
2. 이해관계자의 지속적 참여와 정보 교류를 가능하게 하는 소통 체계
3. 수입과 지출 내역을 파악하기 위한 재무 보고와 통제 시스템
4. 서비스를 제공받은 개인 및 제공된 서비스의 결과를 파악할 수 있는 수혜자 파악 시스템
5. 지원금이나 재단 등 주요 재정 지원처에서 요구하는 구체적인 추적 및 보고 시스템

지배구조 수립하기

지배구조는 사회적인 목적이든 경제적인 목적이든 기관의 목적을 달성할 수 있게 하는 전반적인 틀을 말한다. 지배구조의 또 다른 중요한 측면은 핵심 이해관계자들이 참여와 소통을 지속하도록 하는 방식을 명시한다는 것이다. 지배구조의 요소에는 조직 형태, 이사회와 경영팀 등 우리가 다루었던 많은 활동이 포함된다. 또한 지배구조는 연례 회의, 연간 보고서, 소식지, 웹사이트, 기념회, 시상식 등의 행사와 같이 정기적으로 이해관계자들과 소통하는 방법을 명시한다. 소셜벤처에게 지배구조의 본질과 효과성은 상업적 벤처에게 있어서와 동등하게, 혹은 그 이상으로 중요하다. 소셜벤처에 관여하는 많은 '근로자'는 정규직 근로자보다 훨씬 느슨하게 기관에 종속된 자원봉사자들이다. 지역사회의 참여와 지원은 소셜벤처에게 필수적이며, 노동력뿐 아니라 자본 및 다른 유형의 자산과 자원을 제공하는

중요한 원천이 된다. 이러한 측면에서 사회적 기업가가 다양한 이해관계자와의 연결고리를 강화시키는 지배구조를 수립하는 것은 필수적이다.

요약

이 장에서는 기업가가 초기 아이디어에서 어떻게 소셜벤처의 시작과 발전으로 옮겨가는지를 설명하는 기업가적 프로세스에 초점을 맞추었다. 그리고 기업가적 프로세스의 두 가지 이론적 모델인 생애주기 모델과 비영리 모델을 소개하였다. 생애주기 모델은 일반적으로 빠른 성장을 추구하는 영리 벤처에게 적용되지만 성장 지향적인 비영리 벤처에도 적용될 수 있다. 대조적으로 비영리 모델은 비영리 소셜벤처에 초점을 두며 충족되지 않은 사회적 문제를 다루는 솔루션을 발견하고 발전시킴에 있어 지역사회의 역할을 강조한다. 또한, 기업가적 프로세스의 네 가지 주요 요소를 제시했는데, 이는 1) 기회 식별, 2) 자원 획득, 3) 실행 4) 평가와 피드백을 말한다. 이들 네 요소는 영리와 비영리 소셜벤처 모두와 관련이 있고 모두에 적용된다. 마찬가지로 이들은 헬스 리즈와 같은 성장 지향적인 소셜벤처나 하우스 오브 브레드와 같은 지역사회 기반의 소셜벤처에도 적용이 가능하다.

7장 질문

1. 생애주기 모델에는 어떤 단계들이 있는가?

2. 비영리 모델에는 어떤 단계들이 있는가?

3. 위의 두 모델은 어떤 점에서 비슷하며 어떤 점에서 다른가?

4. 영리와 비영리 사회적 기업가를 위한 기업가적 프로세스의 네 가지 주요한 요소는 무엇인가?

5. 위의 각각의 요소는 왜 중요한가?

6. 사회적 기업가가 기회를 식별하는 데 도움이 되는 활동에는 무엇이 있는가?

7. 사회적 기업가가 자신의 회사를 시작하기 위해서 어떠한 자원이 필요하며, 그것을 어떻게 획득하는가?

8. 소셜벤처의 실행 단계에 포함되는 활동에는 무엇이 있는가?

9. 평가와 피드백에는 어떤 활동이 포함되는가?

10. 지배구조라는 용어는 무엇을 의미하며 그것이 소셜벤처에게 있어 중요한 이유는 무엇인가?

사례 공유

헬스 리즈(Health Leads)

사회적기업가 레베카 오니(Rebecca Onie)는 하버드 대학교 2학년에 재학 중이던 1996년에 학생 프로젝트의 일환으로, 처음에는 프로젝트 헬스(Project HEALTH)라고 불렸던 헬스 리즈를 설립했다(Health Leads, www.healthleadsusa.org). 그 과정에서 오니는 빈곤 속에 사는 어린이와 가정들은 음식과 주거와 같은 필수 영역의 필요가 충족되지 않은 경우가 많고 이는 그들의 건강에 악영향을 끼친다는 것을 발견했다. 의료적 돌봄과 치료만으로는 불충분했다. 레베카의 비전은 저소득 가정의 건강과 복지를 증진하기 위해 지역사회 자원의 관문과 같은 역할을 하는 기관을 설립하는 것이었다. 자원에는 의료적 돌봄뿐 아니라 음식, 주거, 난방, 전기, 안전 등이 포함된다. 오니의 접근법의 배후에 있는 이론은 환자의 기본적이고 인간적인 필요가 충족될 때 의료적 돌봄과 치료가 더욱 효과적이 된다는 것이다. 헬스 리즈는 이 목적을 달성하기 위해 세 갈래 접근법을 사용한다.

먼저, 헬스 리즈는 환자들의 보건 측면 필요뿐 아니라 기본적인 필요까지 확인하는 도심 지역사회 내 여러 병원 및 보건소와 파트너십을 맺었다. 따라서 의사의 처방전에는 항생제뿐 아니라 음식이나 주거와 관련된 내용도 포함된다. 다음으로, 기본적인 필요에 대한 도움이 필요한 환자들은 헬스 리즈로 이송되는데 헬스 리즈는 환자와 그 가족을 도와 식품 창고, 가스·전기 회사, 직업 훈련소, 어린이집과 같은 지역사회 기관으로부터 필요한 서비스를 제공받을 수 있도록 한다. 지역 대학과의 파트너십은 세 번째 갈래이다. 헬스 리즈는 대학생 자원봉사자의 도움을 많이 받는데, 이들은 가족 구성원이 서비스를 제공받도록 돕는 훈련을 받았고 도심 의료 기관의 가족 안내데스크를 운영하는 역할을 맡기도 한다. 학생 자원봉사자의 안내데스크에서의 역할은 환자 가족이 의료 처방과 기본적 필요에 관한 '처방전'을 작성하도록 돕는 것이다. 이러한 통합적인 접근법을 통해 헬스 리즈는 취약한 가정이 건강과 삶의 질을 높이고 더 나은 삶의 가능성을 추구할 수 있도록 돕는다.

레베카는 하버드 대학교를 졸업한 후 보스턴 의료센터에서 배리 주커맨 박사(Dr. Barry Zuckerman)와 함께 일하는 것으로 처음 시작했다. 이는 프로비던스, 뉴욕, 워싱턴 D.C, 볼티모어, 시카고 및 다른 주요 도시에서 비슷한 형태의 병원-대학 간 파트너십으로 진화했다. 비영리기관으로 설립된 헬스 리즈는 잘 훈련되고 헌신하는 1천 명 이상의 학생 자원봉사자를 통해 매년 대략 11,500명의 환자와 그 가정을 돌본다(https://healthleadusa.org). 헬스 리즈의 웹사이트에는 현재의 규모와 범위에 이르기까지 거쳐온 프로세스의 단계에 관한 설명이 있다. 여기에는 주요 병원 및 대학과의 파트너십의 양적 증가뿐 아니라 다양한 재원을 통한 큰 규모의 재정 지원도 포함된다.

1. 레베카와 주커맨 박사가 보스턴 의료 센터에서 처음 시작함. 이는 헬스 리즈의 최초의 병원-대학 파트너십임.

2. 세 도시(프로비던스, 뉴욕, 워싱턴 D.C)에서 병원 및 인근 대학 한 곳을 정해 파트너십을 확장함.

3. 501(c)(3) 비영리기관으로 등록함.

4. 이사진을 구축함.

5. 추가 도시(볼티모어, 시카고)로 파트너십을 확장함.

6. 벤처 자선 기관인 뉴 프로핏(New Profit, Inc.)으로부터 1백만 달러의 후원금을 받음.

7. 더 많은 병원 및 대학과의 파트너십을 추가함. 이를 통해 더 많은 학생 자원봉사자를 확보할 수 있게 됨.

8. 로버트 우드 존슨 재단(Robert Wood Johnson Foundation)으로부터 200만 달러의 후원금을 받음.

9. 국내 및 국외의 사회적기업가 영역에서 리더십을 인정받음(아쇼카 펠로우십, 맥아더 재단 펠로우십, 세계경제 포럼 젊은 글로벌 리더, 스콜(Skoll) 사회적기업가 어워드).

10. 로버트 우드 존슨 재단으로부터 추가적으로 450만 달러의 후원금을 받음.

사례 질문

1. 헬스 리즈가 지역사회에서 식별한 기회가 무엇이었는지 기술해보자.

2. 이 기회를 활용하기 위해서는 헬스 리즈에게 어떤 종류의 자원이 필요했는가? 어떻게 그 자원을 확보했는가?

3. 헬스 리즈는 사회적 필요를 충족하기 위한 계획을 어떻게 실행했는가? 목적을 달성하기 위해 활용한 전략은 무엇이었는가?

4. 헬스 리즈가 목적을 성공적으로 달성했는지 판단하기 위해 어떤 종류의 평가 척도와 피드백이 필요하겠는가?

5. 지금까지 살펴본 두 가지 모델(생애주기와 비영리 모델) 중 헬스 리즈의 기업가적 프로세스를 설명하기에 더욱 적합한 것은 어느 것인가? 그 이유는 무엇인가?

이사진 구축하기

생각해볼 질문: 공적으로 설립된 기업에서는 주주가 회사를 소유한다. 주주는 통상적으로 소유권과 통제권, 미래의 현금 유·출입에 관한 내용을 공유한다. 이사진은 회사의 경영진이 경제적 가치를 극대화하는 의무에 충실할 것을 보장받기 위해 주주 전체를 대표하여 선정된 소수의 주주들로 구성된다. 많은 소셜벤처에는 주주가 없지만 수혜자, 기부자, 자원봉사자, 지역사회 대표자 등의 이해관계자가 있다. 따라서 소셜벤처의 이사진의 역할은 이해관계자를

대표하여 소셜벤처가 소셜미션을 확실히 달성하도록 하는 것이다. 이사진의 또 다른 주요 역할은 다양한 이슈들에 관해 기업가와 고위 경영진에게 조언을 하는 것이다. 이러한 측면에서 이사진의 구성원은 대체로 리더십과 경영 분야에서 풍부한 식견을 가진 사람들이다. 또한 지역사회에서 위상이 높고 존경을 받는 사람들이다. 마지막으로 이사진은 소셜벤처가 필요한 자원을 성공적으로 확보하는 데 도움이 되는 중요한 네트워크를 가지고 있다. 헬스 리즈의 웹사이트에서 '이사진(Boards of Directors)'을 클릭해보자. 헬스 리즈의 이사진은 어떤 사람들인가? 각 사람이 이사진으로 선정된 특별한 이유가 무엇이라고 생각하는가? 헬스 리즈가 소셜미션을 달성하도록 이사진이 어떻게 도울 수 있겠는가?

사례 공유

도나 하기가트(Donna Haghighat)와 샵티마이즈(Shoptimize)

도나 하기가트는 2011년 여성 펀딩 네트워크(Women's Funding Network)에서 후원하는 콘퍼런스에 참석하는 동안 웹기반의 온라인 소매점 샵티마이즈를 시작할 결심을 했다. 콘퍼런스에서 도나는 기업의 이사회나 다른 중책에 여성의 자리가 부족하다는 기업가 재키 제너[1]의 이야기를 들었다. 여성이 미국 인구의 거의 절반을 차지하고 있음에도 불구하고 포춘 500대 기업의 이사회에는 여성이 16퍼센트의 자리만을 차지하고 있었다. 도나는 쇼핑하는 사람들이 여성을 리더십의 자리로 진출시키는 기업을 지원하는 수단으로 샵티마이즈를 구상했다[2]. 이들 기업은 샵티마이즈 웹사이트(www.shoptimize.org)에서 자신의 제품을 홍보하고 판매하도록 초대된다. 샵티마이즈는 이러한 협력 기업들이 여성의 커리어를 향상시킬 수 있는 방안을 도입하도록 하기 위해 그들을 세심하게 점검한다. 벤처를 설립하면서 도나는 자신의 회사의 사회적 목적과 경제적 목적을 모두 달성하기 위해 미국 여성의 구매력을 활용하는 방안을 모색했다. 샵티마이즈는 여성들에게 단순히 쇼핑할 것을 장려할 뿐 아니라 목적을 가지고 쇼핑하도록 장려한다. 이를 통해 여성이 유리 천장을 깨는 것을 돕는다. 여성의 리더십을 향상시키기 위한 회사의 미션 중 일부로서 도나는 회사의 연수입의 일부를 여성과 소녀들을 지원하는 비영리단체에 기부하는데 여기에는 여성을 돕는 전 세계 수백 개 기금의 상위 기구인 여성 펀딩 네트워크도 포함된다. 따라서 샵티마이즈는 여성의 성공뿐 아니라 여성을 지원하는 기관들의 성공도 돕는다.

샵티마이즈는 유한책임회사(LLC)로 설립되었다. 회사는 비공식 신작 발표회(트렁크쇼)뿐 아니라 온라인 상품 판매를

---

1. 여성과 소녀들을 위해 자원을 동원하는 비영리단체인 위민 무빙 밀리언스(Women Moving Millions)의 CEO
2. Haghigat, Donna. 2012.06.20.(15.03.18). Why Shop Women-Led Companies? The Blog. Huffington Post. www.huffingtonpost.com/donna-haghigat/womenled-companies_b_1613797.html

통해 수익을 창출한다. 샵티마이즈의 웹사이트는 판매 중인 상품의 사진과 함께 그 상품을 판매하는 회사나 기관의 간단한 설명을 제공한다. 웹사이트에 게시된 상품들은 전 세계의 여성 기업가에 의해 디자인되고 제작된 것이다. 사례로는 에티오피아 여성이 만든 린넨 상품과 태국의 쓰나미 피해를 입은 지역의 공예가들이 디자인한 공정무역 지갑과 인도의 성매매 생존자들이 만든 토트백 등이 있다. 구매자는 자신이 구매한 제품의 품질에 관해 웹사이트에 후기를 남길 수 있다. 도나는 또한 구매자가 제품을 직접 보고 만져볼 수 있도록 자신의 집에서 '하우스 파티'를 개최한다. 이 전략은 수익 창출에 있어 특히 효과적이었다.

도나는 앞으로 헤쳐가야 할 몇 가지 어려움에 직면해 있다. 현재 회사의 수익은 대단하지 않은 수준이고 그의 목표 중 하나는 회사를 성장시키는 것이다. 이를 위해 도나는 확실하게 지속가능한 방향으로 수익 모델을 가다듬을 필요가 있다. 또 다른 도전과제는 회사와 회사의 목적, 그리고 회사가 돕고자 하는 다른 기업과 기관에 대한 인지도이다. 최근에 도나는 회사의 웹 기반 플랫폼을 개선했는데 이를 통해 샵티마이즈 웹사이트의 기능을 강화할 수 있었다. 하지만 1인 회사의 소유자로서 도나는 상품 기획 영역에서의 자신의 약점을 알고 있다. 그는 회사의 제품과 서비스를 더욱 효과적으로 보여주기 위해 이 영역에서 전문성을 확보하는 방안을 찾고자 한다. 마지막으로 도나는 자금이 필요하다. 지금까지 도나는 자신과 남편의 저축 예금과 판매 수익으로 샵티마이즈를 운영했다. 또한, 스타트업을 지원하는 지역 기관이나 공공 기관을 통해 낮은 비용 또는 무상으로 재정을 지원받는 방법도 찾아냈다. 하지만 회사의 규모를 키우기 위해서는 인프라를 확충해야 하고 샵티마이즈의 성장에 필요한 전문성을 가진 안정적인 경영팀을 꾸릴 필요가 있다.

2013년 2월 한 추운 날 우리가 도나와 점심을 함께했을 때 도나는 사업 시작 후 2년 동안의 과정과 성공을 되돌아보았다. 동시에 도나는 자신의 회사를 다음 단계의 성장으로 이끌어 줄 기회와 어려움을 다룰 필요가 있다는 것을 정확히 알고 있었다.

사례 질문

1. 샵티마이즈가 목표로 삼는 충족되지 않은 필요는 무엇인가? 도나는 이 기회를 어떻게 식별했는가?

2. 샵티마이즈는 어떻게 사회적 가치를 창출하는가?

3. 생애주기 모델을 기준으로 볼 때 샵티마이즈는 생애주기의 어떤 단계에 해당하는가?

4. 도나가 자신의 회사를 성장시키기 위해서는 어떤 종류의 유·무형 자원이 추가적으로 필요한가?

5. 아이디어를 실행함에 있어서 도나는 어떠한 어려움들에 직면했는가?

6. 도나의 회사의 수익 모델은 무엇인가? 판매를 늘리기 위해 이 수익 모델을 개선하거나 수정할수 있다고 할 때 당신의 제안은 무엇인가?

7. 샵티마이즈의 미션과 제품 및 서비스를 어떻게 가시화할 수 있는가? 회사의 인지도를 높이기 위한 당신의 제안은 무엇인가?

8. 자신의 소셜벤처를 평가하기 위해 도나는 어떤 측청 체계를 도입할 수 있는가? 평가를 통한 피드백을 활용하는 것은 샵티마이즈의 목적을 달성하는 데 어떻게 도움이 되겠는가?

이후의 이야기

2014년 가을에 도나는 샵티마이즈를 폐업하는 결정을 내렸다. 도나는 자신의 벤처가 보통의 성공을 거두었다고 생각했지만 이는 도나의 시간과 가족의 재정을 엄청나게 많이 소모하는 일이었다. 대학에 입학한 자녀와 고등학교 2학년 자녀를 둔 도나는 유감스럽게도 샵티마이즈를 더 이상 혼자서 지속할 수 없다는 결론을 내렸다. 그럼에도 불구하고 도나는 여성의 지위 향상과 권한 강화를 위한 다른 대의에 지속적으로 헌신하고 있으며, 자신이 미래에 어떠한 형태로든 사회적 기업가정신의 영역에 돌아오게 될 것이라고 생각한다.

만약 도나 하기가트가 샵티마이즈를 중단하지 않고 당신에게 넘겨주는 것을 제안했다고 해보자. 당신은 이 소셜벤처가 목적을 이루게 하려고 어떤 단계를 밟겠는가?

샵티마이즈 사례는 특이한 것이 아니다. 새로운 소셜벤처는 무엇보다도 새로운 기업가적인 벤처이기 때문이다. 이러한 유형의 기업이나 기관은 창업자의 개인적인 목적이나 상황, 우선순위 등의 변화와 같은 다양한 이유로 인해 창업 초기에 문을 닫는 경우가 많다. 통계적으로 보면 새로운 회사의 25퍼센트가 처음 2년 이내에 문을 닫고 무려 50퍼센트가 4년 이내에 문을 닫는다. 이처럼 신생 벤처들이 지속적으로 겪게 되는 성쇠는 기업가적인 프로세스의 일부로서 이를 통해 새로운 아이디어와 제품과 서비스가 만들어진다.

행동하기

이 장에서 우리는 기업가적인 프로세스의 네 가지 주요 요소인 기회 식별, 자원 획득, 실행, 평가와 피드백에 대해 배웠다. 다음의 활동을 통해 배운 것을 적용해 볼 수 있을 것이다.

먼저 당신의 주변에 존재하는 충족되지 않은 필요를 찾아보자. 이 필요는 사회적 기업가정신에 있어 어떤 기회를 제시하는가? 이 필요를 다루기 위한 계획을 수립해보자. 당신의 목적은 무엇이며 성공을 어떻게 측정할 것인가?

벤처를 시작하기 위해 어떤 유·무형의 자원이 필요한가? 자원의 목록을 작성하여 이들 자원 중 어떤 것을 이미 보유하고 있고 어떤 것을 다른 사람이나 기관 등으로부터 획득할 수 있을지 판단해보자.

실행 프로세스의 단계를 간략히 그려보자. 당신의 소셜벤처의 아이디어를 실현하기 위해 무엇을 해야 하는가? 계획을 행동으로 옮기기 위해 이를 정리해보자.

마지막으로 평가와 피드백 단계에 어떤 활동을 포함시킬 것인가? 이러한 활동이 지속적인 개선의 과정과 목적 달성에 어떻게 기여할 수 있는가?

인터넷 활용하기

인터넷에는 잘 알려진 소셜벤처에 관한 수많은 정보가 있다. 이들 벤처 중 하나를 선택하고 그 벤처의 사회적 기업가가 기업가적 프로세스의 네 가지 주요 요소를 어떻게 다루었는지 설명해보자. 구체적으로 그는 어떻게 소셜벤처의 기회를 발견했는가? 두 번째로, 창업을 하기 위해 어떤 자원이 필요했으며 그것을 어떻게 획득했는가? 세 번째로, 자신의 아이디어를 어떻게 실행했는가? 마지막으로 자신의 벤처를 어떻게 평가했으며 이 피드백은 어떻게 활용되었는가?

8
소셜벤처의 창업팀

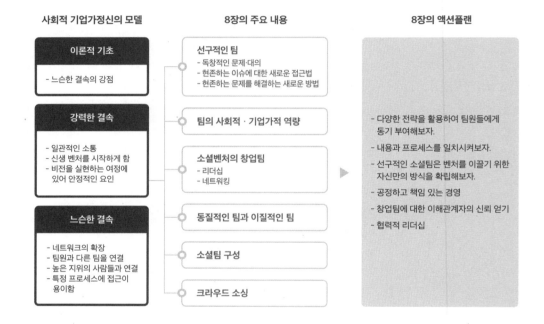

목표 ㅣ 이 장을 읽고 나면 다음을 할 수 있게 될 것이다.

1. 사회적 창업팀과 상업적 창업팀의 차이를 이해하기
2. 소셜 섹터의 창업팀이 겪는 어려움을 보여주는 실제적인 사례를 제시하기
3. 사회적 창업팀에게 필요한 핵심적인 특성에 대해 깊이 이해하기
4. 창업팀이 이해관계자를 효과적으로 이끌 수 있는 방법에 대해 논하기
5. 소셜벤처의 창업팀에 대해 더욱 연구하고 창업팀이 소셜벤처를 경영하는 법을 도울 실천 방안 개발하기

이 장에서는 소셜벤처 창업팀의 근간이 되는 동력과 핵심적인 개념에 대해 파악하기 위해 창업팀의 역학에 관해 살펴보고자 한다. 소셜벤처의 창업팀은 전문 분야의 리더들로 구성되어 있다(예를 들어 장애인 전문가, 지역 보건 전문가, 빈곤한 지역사회의 물 전문가 등). 이에 소셜 섹터의 창업팀의 측면에서 리더십에 관해 소개할 것이다. 이를 통해 사회 현상에 관한 우리의 실제적인 이해도가 높아질 것이다. 소셜벤처의 창업팀은 특별하다. 이들은 상업적인 벤처의 창업팀과 다르다. 소셜벤처의 창업팀은 독특한 비즈니스 모델을 운영해야 하는데, 그 안에서는 매출 의존도, 재무적 보상 체계나 유형의 결과물 등의 확립된 경영 규칙과 소셜벤처의 미션 사이의 관련성이 적다. 이 장에서는 소셜벤처에서 독특하게 나타나는 창업팀의 역학과 구조를 조명한다. 이 장에서 다룰 핵심적인 내용은 다음과 같다.

1. 소셜벤처를 지속가능성과 성공으로 이끄는 것은 창업팀에 의해 결정되는 경우가 많다.
2. 소셜벤처의 창업팀을 다룰 때 팀원들의 배경, 기술, 역량 등을 아우른다.
3. 창업팀의 주요 관심사는 협력이며, 특히 소셜벤처의 목표를 달성하기 위해 팀원들이 어떻게 일하고 서로 협력할 수 있을지에 관심을 둔다.
4. 소셜벤처를 시작하는 사람은 자신의 아이디어를 실현하는 것을 도와줄 수 있는 개인, 기관, 이해관계자와 어떻게 교류해야 하는지를 반드시 알아야 한다.

이론적 기초

느슨한 결속의 강점

팀은 사회적, 기능적, 감정적 프로세스 등을 통해 형성되고 활동한다. 팀의 프로세스에 대한 전제는 소통과 결속력에 있다. 높은 수준의 소통과 그로 인한 결속은 팀원들 간의 신뢰와 성취감을 만들어 낸다. 좋은 소통은 또한 소셜벤처의 팀원들이 미션을 달성하는 방향으로 일하도록 그들을 격려하고 힘을 불어넣는다. 이러한 프로세스는 소셜 섹터에서 일하는 팀의 활동에 필수적이다. 소셜 섹터는 신뢰, 참여, 대의에 대한 열정 등을 필요로 한다. 하지만 이러한 일들에 대한 결과물이나 보상은 무형적이고 오랜 시간이 지난 후에야 나타나며, 이는 벤처가 돕고자 하는 사람들에게 실망이나 좌절을 안겨줄 수도 있다. 따라서 팀은 미션과 그 결과물에 대한 결속력과 믿음을 제공함에 있어 중요한 역할을 한다.

그라노베터(Granovetter)의 이론은 친밀함의 원(Circles)을 다룸으로써 이러한 결속력에 초점을 맞춘다. 친밀함의 원은 소통과 신뢰에 영향을 주며 이를 통해 효과적이고 성취감을 주어 생산적인 팀워크를 만들어 낸다. 원의 결속력의 정도는 감정의 강도, 함께 보내는 시간의 양, 각 결속을 특징 짓는 상호 간의 서비스, 친밀함의 정도 등 다양한 요소의 영향을 받는다.

[표 8-1] 강력한 결속과 느슨한 결속의 비교

강력한 결속	느슨한 결속
- 팀 구성원 간 분명하고 밀접한 소통 가능 - 대의에 대한 열정이 강한 사람들을 끌어들임. 이 팀은 신생 벤처를 움직이게 하는 가장 강력한 원동력이 됨. 팀은 보통 같은 원 안에 있는 사람들로 구성됨 - 비전을 실현하는 여정에 있어 안정적인 요소로 비춰짐	- 네트워크를 확장하거나 정보, 데이터, 지식, 사례 공유 결과 등을 축적할 수 있음. - 팀원과 다른 팀의 팀원들 간 다리 역할을 함. 그들은 서로가 가진 강한 결속의 원에 포함되기도 함. - 높은 지위에 있는 사람들, 특히 관리자와 연결되기가 더욱 용이한데 그들은 채용을 위해 느슨한 결속을 활용함. 이는 소셜 센터의 팀 역학과 관련이 있음. - 기회의 개발, 자금의 지원, 추가적인 지원을 이끌어 내는 것을 도움. 이러한 일은 개인적인 관계를 통해서 일어나는데, 반드시 강력한 결속을 통해 이루어지는 것은 아님.

소셜 섹터에서 친밀함의 원은 다음의 내용을 다룬다.

· **강력한 결속**

가족과 친한 친구는 개인의 가장 친밀한 관계의 영역에 있다. 강력한 결속을 나타내는 이 원은 사회적, 직업적으로 서로 가장 많이 교류하는 사람들을 포함한다. 이것이 소셜 팀에게 의미하는 바는 다면적인데, 강력하게 결속된 팀원들은 보다 일관성 있고 단순한 방법으로 소통하며 서로를 더욱 신뢰한다. 하지만 강력한 결속은 교류점의 중복을 가져오고 이로 인해 서로 새로운 정보를 나누는 것에는 한계가 있다. 이러한 측면에서 극단적으로 강력하게 결속된 팀은 덜 효과적일 수 있다. 소셜벤처에게 정보는 매우 중요하다. 문제와 필요를 기술하기 위해, 새로운 기회를 활용하기 위해, 후원자들을 모으고 재정 지원을 이끌어내기 위해서 그렇다. 따라서 배타적으로 강력한 결속을 가진 팀은 덜 효과적일 수 있는 것이다.

· **느슨한 결속**

여기에는 지인과 직업상의 동료들이 포함된다. 이 결합은 '낮은 강도'의 네트워크와 낮은 친밀감을 특징으로 한다. 느슨한 결속은 지리적으로, 사회적으로(다른 사회적 지위 등), 직업상으로 거리를 갖는 원으로부터 형성된다. 각 사람은 느슨한 결속의 원과는 다른 사회 구조 속의 촘촘한 네트워크 안에서 강력한 결속을 갖고 있다. 따라서 느슨한 결속 하에서 교류와 지식 전달이 이로울 수 있는데, 이는 지식과 정보가 새로우며, 느슨한 결속을 토대로 하지만 이 원의 구성원을 통해 네트워킹을 확장할 수 있는 가능성이 상대적으로 높기 때문이다. 반면에 결속력이 약하기 때문에 사람들이 이와 같은 원의 구성원이 제공하는 정보를 신뢰하기 어려울 수 있다. 마찬가지로 구성원은 다른 구성원의 네트워크에 자신을 소개하는 것에 대해 주저할 수도 있다. 사회적인 맥락에서 볼 때 새로운 가치를 창출하는 정보를 교류하는 것과 네트워크를 확장하는 것은 중요하다. 이러한 면에서 느슨한 결속은 실용적이다. 하지만 영리를 추구하는 팀과 달리 소셜팀은 미션을 달성하기 위해 함께 모이고 단결해야 한다. 따라서 신뢰는 절대적이다. 만약 소통에 너무 많은 에너지가 소모될 경우(문화적 차이, 근본적 의견 차이, 언어와 관련된 문제 등) 팀 구성원은 '느슨한 결속'의 구성원을 저버리기 더 쉽다(표 8-1 참조).

팀은 개인에 비해 더욱 지속적인 결과물을 만들어낼 수 있는데, 이는 대의에 대해 적극적으로 무언가 하는 것에 대해 열정적인 사람들을 더욱 많이 포함하고 있기 때문이다. 신생 벤처의 생태계에 직접적인 연결고리를 가진 사람들의 모임은 개인에 비해 훨씬 효율적이다. 대개 팀은 서로 관련이 없지만 대의를 위해 모인 사람들로 구성된다. 예를 들면 마이크 아담스(Mike Adams)는 미국 디트로이트 근처의 전문대학 학생일 당시, 학교가 도심의 붐비는 곳에 위치했기 때문에 통학의 어려움에 직면했다. 그는 차를 구입할 여유가 없었기 때문에 자전거를 구입했는데, 이는 통학 문제에 대한 좋은 솔루션이 되었다. 친구들에게 이 솔루션을 제안했을 때 그는 친구들 중 다수가 자전거를 탈 줄 모른다는 점을 알게 되었다. 자전거를 가진 친구도 자전거의 유지보수나 필요한 조치에 있어 어려움을 겪었던 경험이 있었다. 그래서 마이크와 그의 두 절친은 같은 학교 학생들을 위한 '키오스크'를 설치하기로 결심했다. 그들은 네 시간 분량의 자전거 사용법 레슨을 무료로 제공했다. 이는 매우 성공적인 결과를 가져왔고 자전거 레슨을 기다리는 학생들이 줄을 이루었다. 이후 그의 친구들은 레슨을 유료화할 것을 제안했지만 마이크는 이것을 계속 지역사회 활동으로 무료로 진행하기로 마음먹었다. 결국 이 소셜 프로젝트의 동업자들은 운영 모델에 있어 합의를 이루지 못하고 갈라서게 되었다. 마이크는 차를 살 여유가 없는 미국 대학생에게 자전거의 사용을 장려하는 일에 관심이 있는 사람은 누구나 팀원으로 참여시키기로 결심했다. 40명이 넘는 대학생이 그의 프로젝트에 동참했다. 이들은 프로젝트의 운영에 관여했고 학생들 사이에서 가치를 만들어내는 일에 동참했다. 팀원 중 한 명인 로버트는 자전거 수리의 기초에 관한 실제적인 레슨을 제공했다. 다른 팀원인 도나는 인근 교도소의 수감자들이 학생들에게 실제적인 자전거 레슨을 실시할 수 있게 하는 공동 프로그램을 기획했다. 다른 팀원들은 이 소셜 프로젝트에 대해 다른 학교들이 관심을 가질 수 있도록 알렸고, 방학 동안 학생들에게 실제적인 자전거 레슨과 건강한 삶에 대한 교육을 실시했다. 팀원 각자는 지인이나 유관 기관을 참여시키는 방식으로 프로젝트를 지원했다.

이 사례에서 분명한 점은 느슨한 결속이 소셜 프로젝트의 성공에 더욱 효과적이라는 점인데, 느슨한 결속은 마이크로 하여금 두 절친과의 분쟁의 감정적인 측면을 무시할 수 있게 해주었다. 또한 느슨한 결속은 이 프로젝트를 지원할 이해관계자들을 더 많이 접촉하도록 함으로써 네트워크의 확장도 가져왔다.

선구적인 팀은 무엇을 수반하는가?

선구자라는 용어는 새로운 벤처나 새로운 시장 및 틈새 시장과 같이 새로운 활동과 전략을 수립하고 시작하는 사람을 말한다. 사회적 기업가정신의 맥락에서 선구자는 독창적이고 혁신적이며 때로는 파괴적인 새로운 벤처를 시작하는 개인이나 팀을 지칭한다.

이러한 벤처는 다음과 관련될 수 있다.

- **독창적인 문제·대의.** 예를 들어 사회적인 목적을 가진 팀이 중요한 이슈로 이끌어내기까지 수십 년 동안 방치되었던 분야인 지속가능한 숲에 대한 인식 문제
- **현존하는 이슈나 대의에 대한 새로운 접근법.** 예를 들어 직장 내 여성의 지위 향상을 돕는 일. 이는 회사의 중역에 남성 우위를 유지하는 것을 선호하는 일부 집단에게 도발적인 것으로 비춰져왔다.
- **현존하는 문제를 해결하기 위한 새로운 방법.** 예를 들어 돈이 없는 사람도 누구나 사용할 수 있도록 인터넷 관련 서비스가 무료로 제공되기 시작했을 때 이런 아이디어는 획기적이라는 평가를 받았다.

선구적인 팀에 대해 알아보기

선구적인 팀은 무에서 유를 창조한다. 이들은 자신이 만들어 낸 것의 진화 과정에 함께 하며 그것을 빚어가는 데 주도적인 역할을 한다. 따라서 이들은 기회를 잘 활용하며 매우 열성적이고 참여적이며 자신의 대의, 미션, 벤처에 대해 헌신적이다. 이들은 벤처의 활동이나 결과물을 지키고자 하며 심지어 그것을 소유하려고도 한다. 이들은 벤처의 미래의 영향력에 대해 - 때로는 비현실적으로 - 낙천적이다. 선구적인 팀은 소셜 섹터에서 일반적인 것인데, 이는 이들이 창조하는 비즈니스가 수익과 같은 상업적이고 유형적인 기반과 반대로 이를테면 인식, 증진, 대의의 추구, 변화와 같은 개념적이고 무형적인

것을 기반으로 만들어지기 때문이다. 이들은 내적인 동기에 의해 움직이며 변화를 만들어 낼 수 있는 솔루션을 개발하고 전파함으로써 자기 만족을 얻고 자아 실현을 이룬다. 새로운 산업을 개척하는 상업적 기업가의 경우와 같이 소셜벤처의 선구적인 팀은 배울 수 있는 롤 모델이 거의 없다. 상업적 기업가처럼 그들도 충족되지 않은 필요에 대한 혁신적이고 파괴적인 솔루션을 만들어 내기 위해 커다란 위험을 감수한다. 여기에서 위험이란 현존하는 정보 및 데이터가 프로젝트의 성공과 성장을 이루고, 돕고자 하는 문제를 정확히 다룰 가능성에 대해 충분한 지식을 제공하지 못한다는 데 있다. 위험은 또한 프로젝트 제안의 독창성에도 있을 수 있는데 기업가의 혁신적인 솔루션에 대해 시장이 충분히 준비되어 있지 않을 경우 시장을 교육하는 것이 필요하다. 이 경우 선구적인 팀이 본래의 목표를 소개함에 있어 경험이 부족하거나 시장이 '혁신적인 독창적 솔루션'에 대해 이미 포화상태일 수도 있다.

선구적인 팀은 세상을 바꾸는 기업가의 다음 세대를 나타낸다. 즉, 사회, 환경, 지역사회가 직면한 가장 시급한 어려움을 해결하기 위해 비즈니스의 힘을 활용하고자 노력하는 사회적인 리더를 말한다. 그러므로 선구적인 팀은 자신의 비전을 실행에 옮기기 위한 리더십 기량을 반드시 갖춰야 한다. 또한 적합한 후원자를 찾아야 한다. 따라서 이들의 주요한 업무는 적합한 유급 근로자를 찾는 데 집중하는 신생 벤처의 창업팀의 업무와 다르다. 선구적인 팀은 자신의 비전의 중요성, 변화를 이끌어낼 수 있는 실행 능력, 그것을 활성화할 수 있는 가능성을 후원자와 협력자들에게 납득시켜야 한다. 따라서 이들은 자신의 자원, 전문성, 보유 파트너를 보여줘야 하는데, '개념 증명'이 아직 부족하거나 없는 상태에서 이것은 어려운 일이다.

하나의 예로서 소셜벤처 네트워크(Social Venture Network, www.svn.org)의 브릿지 프로젝트(Bridge Project)는 환경적으로 책임 있는 경영 방식에 대한 높은 헌신을 유지하는 동시에 다양한 프로젝트를 통해 사람들이 빈곤에서 탈출하도록 돕는 것을 목표로 한다. 이러한 프로젝트를 시작하는 데는 후원, 파트너, 직원, 기금이 필요하다. 그런데 상업적 비즈니스와 달리 이러한 프로젝트의 결과물은 무형적이고 평가하기 어려우며 눈으로 보기까지 오랜 시간이 소요된다. 이에 비추어 봤을 때 브릿지 프로젝트는 후원자, 파트너, 기업과 잠재적 협력자들을 설득해야 하고 자발적인 도움을 이끌어 내야 하며 사회적 여정에 있어 불가피한 장애물을 극복해야 할 것이다.

연구에 따르면 기관의 성장을 돕는 세 가지의 주요한 기여 요소가 있는데 이는 선구적 팀의 역학 관계 형성에 있어서도 길잡이가 될 수 있다.

• 불확실한 환경 속에서 미래의 모습을 상상하기

- 비전을 실행에 옮기기, 실제적인 접근법을 제안하기, 필요한 자원을 모으기
- 다른 핵심 인물들의 지지를 이끌어 냄으로써 실현 가능성을 높이기

> 소셜벤처의 창업팀은 독특하다. 상업적 벤처의 창업팀과 다른 점은 배우거나 따라할 수 있는 롤 모델이 없는 경우가 많다는 점이다. 이들은 리더십 기량과 성과를 보여야 한다. 무엇보다도 후원자와 파트너들을 자신의 비전의 핵심으로 끌어들여야 한다. 또한 팀과 관련된 역학 관계를 발전시켜야 한다. 자신의 가족이나 가장 가까운 관계(강력한 결속) 또는 친분이 덜하지만 같은 비전을 공유하는 관계(느슨한 결속)를 활용할 수 있다.

팀의 사회적이고 기업가적인 능력

소셜 섹터의 기업가적인 팀의 다양한 능력과 특성은 상업 섹터의 기업가적인 팀의 능력과 특성을 그대로 반영하는 것처럼 보인다. 하지만 소셜 섹터의 기업가적인 팀은 도움이 필요한 사람들을 위해 무언가를 바꾸고 가치를 더하고자 하는 욕구를 따른다. 따라서 이들의 동기와 능력은 상업적 섹터의 기업가의 동기와 능력을 넘어선다. 이들은 사회적인 지향, 사고, 열정을 갖고 있다.

그럼에도 불구하고, 그들의 목적을 실현하기 위해서는 광범위한 사회적인 솔루션에 대한 열정 이상의 것이 필요하다. 소셜벤처는 활동, 프로세스, 분석, 피드백과 전적인 참여, 의지, 대의에 대한 헌신 등을 총망라한다. 프랑스 출신의 오드리, 엠마누엘, 클로드의 사례는 이를 잘 보여준다. 그들이 미국으로 이주하여 거주할 아파트를 찾으려 했을 때 자신들이 HIV 양성반응자라는 사실이 주거지를 찾는 데 있어 주요한 장애물이 된다는 점을 알게 되었다. 그들은 자신의 지역에서 HIV 양성 반응의 사람들이 집을 찾을 수 있도록 돕는 일을 시작했다. 클로드에 따르면, 이들은 임대주거지의 집주인들을 직접 찾아가거나 편지를 썼고 미디어를 통해 자신들이 하는 일을 알렸으며 지역 TV방송에 출연해 인터뷰를 했다. 마침내 한 건물주가 HIV 양성반응자들에게 건강 상태가 호전되도록 돕는 시설이 포함된 집을 임대해주었다. 이 사례는 창업팀이 자신이 분투하고 있는 아이디어를 실현하기 위해 주도적이고 결연하게 행동해야 할 필요성을 강조한다.

사회적 기업가의 성공 스토리의 대부분은 지지자와 이해관계자들을 끌어들이는 일과 다음과 같은

팀원을 선발함으로써 벤처를 운영할 수 있었다는 점을 강조한다. 팀원들은 대의에 대한 신념이 있으며, 성공적이고 지속가능하면서 대규모 생태계로 확장되어 큰 임팩트를 만들어 낼 수 있는 솔루션을 개발하는 것에 열정적이다. 이를 이루기 위해서는 소셜벤처를 설립하고 운영하는 데 있어 헌신적이고 의욕적인 팀이 필수적이다.

팀원들의 헌신은 다음과 같이 다양한 원인에 기인한다.

- 사회적인 열성. 즉 환경을 보호하고자 하거나 윤리적인 방법과 존중하는 마음으로 난민들을 돕고자 하는 보편적인 바람. 베터 월드 북스[1]의 크리스(Kreece)와 사비에르(Xavier)의 사례에서 사회적인 열성은 활용되지 않던 중고책을 효율적으로 활용하고자 하는 그들의 소셜미션에 투영되어 있다. 크리스와 사비에르의 사업은 새 교과서 및 다른 새 책을 판매하는 것에 기초를 두고 있다. 문맹 문제, 환경 문제, 사회 문제에 대한 인식을 고취하려는 열성은 그들이 소셜벤처를 설립하는 계기가 되었다.
- 특별한 대의에 대한 개인적인 관심. 예를 들어 아프리카의 문맹 지역을 방문한 후 문맹 지역에 대한 관심을 고취시키는 일 또는 가족 구성원이 당뇨병에 걸린 이후 당뇨 연구를 위한 기금을 조성하는 일 등. 앞서 오드리, 엠마누엘, 클로드가 자신들의 건강 문제에 기인하여 HIV 양성반응자들의 주거 문제 해결을 돕는 사회적 프로젝트를 시작했는데, 이처럼 개인적인 관심에 기인하는 것.
- 신뢰할 수 있는 직업 윤리. 즉 벤처의 핵심 미션이 무엇이든지 충실하고 참여적인 팀원이 되는 것. 사회적 의식이 강한 사람들 다수는 세상을 변화시키는 일에 그저 참여하고 싶어한다.

소셜벤처 초기 단계의 창업팀은 다양한 형태를 취하며 여러 역할을 수행할 수 있다.

- 몽상가와 비전가는 대의를 위해 행동하고자 하는 사람들이다. 이들은 새로운 벤처를 구상하지만 반드시 벤처를 시작하는 것은 아니다.
- 설립자는 행동하며 자원을 동원한다. 이들이 꼭 다른 추종자를 끌어모을 수 있도록 영향을 주는 인물인 것은 아니다. 이들은 대의에 대한 신념이 있으며 자신의 기업가적인 열정에 고무된다. 따라서 이들이 벤처에 시동을 건다.
- 확장 팀(Outreach teams)에는 다양한 관심사에 의해 소셜벤처에 매료된 팀원들이 있는데 이들은 협력을 시

---

1. http://www.betterworldbooks.com/info.aspx?f=beginning 참조

작하고 네트워크를 확장하며, 사회적 대의에 대해 더 많은 지지자를 모으고자 확장 활동을 실시하는 일 등에 열정적이다. 이들은 다른 관심사에 의해 고무될 수도 있지만 네트워킹과 소통 능력을 활용하여 팀과 소셜벤처 모두에게 유리한 상황을 만들어 낸다.

- 복제자는 현존하는 소셜벤처의 대의와 솔루션을 다양한 지역의 다양한 이해관계자에게 또는 다른 시점에 소개하기 위해 기존의 소셜벤처들을 모방한다. 이들은 현존하는 사회적 활동을 복제하고 활동의 폭을 넓힘으로써 사회적 임팩트를 확장한다. 소셜벤처가 하이브리드 형태이거나 상업적인 비즈니스에 사회적 콘텐츠가 추가되는 경우(하이테크 기업에서 지역사회 봉사나 자원봉사를 하는 경우 등) 복제자들은 이를 통해 사업의 상업적인 측면에서 더 많은 수익을 바라는 것일 수 있다.

더욱 진전되어 운영 단계에 이른 소셜벤처의 창업팀에는 다음이 포함될 수 있다.

- **주동자**

  현존하는 솔루션을 변화시키거나 도발하고 밀어내어 혁신적인 솔루션을 도입하려는 열정을 가진 주도적인 팀원들로 구성된 팀

- **추종자**

  창업자의 비전과 대의를 믿으며 리더의 방식을 따름. 이들은 새로운 체계나 새로운 솔루션을 개발하려 하지 않으며 신생 벤처를 위해 수립된 계획을 열정과 헌신을 다해 추구함. 추종자는 비즈니스의 지침과 본래의 계획을 준수하고 창업자의 권고에 따르며 이 분야에서 전통적으로 지키는 관례를 따르고자 함

- **확장자**

  이 단계에서 확장자는 새로운 협업 관계를 만들고 기존의 네트워크를 확장하며 이해관계자나 주주와 같은 새로운 후원자에게 다가가는 일에 주된 초점을 맞춤. 확장자는 미션이나 솔루션을 발전시키는 일에는 최소한으로 참여하는 대신 신생 벤처의 미션을 진전시키고 확산시키는 일에 열중함

- **외부 지원팀**

  대의 또는 사회적 아이디어에는 기여하지만 신생 벤처 밖에 있는 사람들. 이들은 미션을 지지하고 실제로 벤처

의 미션과 관련된 일들을 하고 홍보하지만 산발적으로 함

동질적인 팀과 이질적인 팀

소셜팀은 벤처의 목적을 이루기 위해 필요한 특성과 역량을 혼합하여 꾸려져야 한다. 이는 주어진 대의에 대한 열정의 측면에서 비슷한 사람들을 끌어들이려는 경향이 있는 소셜벤처에게는 딜레마가 된다. 미션을 진전시키기 위해 전문성과 역량이 혼합되는 것이 권장될 뿐 아니라 동질성은 팀 수준에서 여러 대처하기 어려운 문제를 야기할 수 있다. 소셜벤처의 미션 달성을 위해서는 대의에 대한 열정이 있는 팀원들(숲을 보호하는 것, 십대들의 건강한 영양을 증진시키는 것, 동성 결혼을 지지하는 것, 흡연율을 낮추는 것 등의 대의에 대한 큰 임팩트 창출을 위해 노력하는 사람들)을 보유하는 것이 유리하다. 하지만 사회적 프로젝트가 시간과 노력에 대한 금전적인 보상 없이 전적인 참여와 헌신을 요구하는 상황에서 이러한 팀의 동질성은 파괴적일 수 있다. 대의에 대해 열정적인 사람들로 구성된 팀은 분업, 벤처의 미션을 달성하기 위한 전략 수립, 벤처가 이해관계자들에게 보여지는 방식 등의 영역에서 갈등에 직면할 수 있다. 사전적으로 동질성은 다양성의 반대말이며, 신생 벤처의 사회적인 접근법은 다양성에 가치를 둔다. 따라서 사회적 임팩트를 증폭시킬 수 있는 팀 구성의 전제는 역설적이게도

[표 8-2] 소셜벤처의 동질적인 팀과 이질적인 팀

동질적인 팀	이질적인 팀
- 동일한 언어로 말하고 동일한 사회적 용어를 사용함. - 같은 미션을 위해 노력함. - 이해관계자를 설득하고 후원자들을 끌어들이며 인식을 제고함에 있어 더 일관적임. - 대의에 대해 열성적임. - 대의에 너무 갇혀 있을 수 있으며 이는 적대감을 불러일으킬 수 있음. - 지나치게 참여적인 팀은 다른 사람들이 참여할 수 있는 여지를 많이 남겨두지 않음. - 동질적인 팀은 이미 같은 아이디어를 공유하기 때문에 혁신은 위험으로 간주될 수 있음. - 사회적 임팩트를 확장하기 위해 노력함.	- 각자의 분야와 전문성에 의거해 말함. - 각자의 관심 분야와 문제에 대한 접근 방식 등에 따라 미션을 다르게 이해함. - 다양한 방법으로 이해관계자를 설득하고 미션을 달성하는 다양한 길을 제시함. - 다양한 관점을 더해 줄 수 있는 다양한 관심 분야에 의해 동기부여를 받음. - 다학제적이고 다분야적임. 초점이 불명확해 보일 수 있음. - 대의와 미션을 위해 행동하도록 다른 사람들을 격려함. - 혁신적인 팀이며 새로운 접근법, 경험, 전문성을 공유함. - 검증된 솔루션을 확장하는 것은 중요하지만 그것만이 기대되는 결과물은 아님.

2. http://www.womenssportsfoundation.org/sitecore/content/home/programs/gogirlgo.aspx#/Programs/GoGirlGo/About. 참조

특정한 사회적 이슈에 대해 서로 다르게 생각하는 사람들이, 똑같이 생각하는 사람들보다 더 많은 것을 이룰 수 있다는 것이다. 소셜벤처의 팀 결성과 운영은 어려운 일이며 열린 마음, 유연성, 인내심을 요구한다(Blau, 1977; Hamit, Berger & Norman, 1991; Mayhew, McPherson, Rotolo & Smith-Lovin, 1995; Thompson, Alvy & Lees, 2000).

소녀들의 건강 향상을 위해 그들을 스포츠와 관련된 활동에 참여시키는 것을 목표로 스포츠 교육 프로그램을 추진하는 소셜벤처 고걸고!(GoGirlGo!)[3]의 사례를 살펴보자. 이러한 벤처는 스포츠나 건강 분야에 열성적인 여성들로 구성된 팀을 필요로 한다. 또한 팀은 십대 소녀들을 돕는 일에 대한 관심을 공유해야 한다. 웹사이트에 따르면 창업팀과 운영팀은 실제로 여성 챔피언 운동선수, 유명 여성 사업가, 여성 후원자, 여성 운동 기관의 리더들로 구성되어 있다. 스포츠는 고걸고!의 근간이며 이는 계획 단계, 이해관계자를 끌어들이는 단계, 성공을 정의하는 단계에 모두 포함되어 있다. 고걸고!는 하나의 주요 미션에 이끌린 열성적인 사람들로 구성된 팀에 기초한 여러 성공적인 소셜벤처의 전형적인 사례 중 하나이다.

다양성은 소셜벤처에 다양한 색깔을 더한다. 동원된 자원과 아이디어, 그리고 다양한 분야에서 온 사람들의 전문성은 벤처의 아이디어와 나아갈 길, 그에 따른 활동을 더욱 풍성하게 만든다. 반면에 다양성은 벤처의 타깃 집단(예를 들면 고걸고!의 십대 소녀들)과 후원자, 현재 및 잠재적 이해관계자, 직원, 공급자, 운영팀 등 기관에 속한 사람들을 혼란스럽게 하는 상황을 야기할 수 있다.

동질적인 팀과 이질적인 팀이 소셜벤처의 미션에 끼치는 영향을 표 8-2에서 볼 수 있다.

소셜 섹터에서의 기업가적인 팀

다양성이 있는 팀을 혼합하는 것은 소셜벤처의 기반을 다지고 관리하여 성공적이고 지속가능한 길로 이끄는 가장 확실한 방법 중 하나일 것이다. 그러나 효과적이며 신뢰를 바탕으로 하는 관계를 만드는 것과 혼합된 팀을 관리하는 것은 어려운 일이다. 기업가적인 팀은 소셜 섹터에서 요구되며 가치 있게 여기는 능력을 보유해야 한다. 이는 신생 벤처가 주변에 더욱 매력적인 모습으로 비침으로써 대의에 대한 후원자를 확보하도록 하는 데 도움이 될 것이다(Elkington & Hartigan, 2008; Ruef, Aldrich & Carter, 2003; Urban, 2008).

협력적 리더십

협력적 리더십은 이질적인 팀들 간에 공유된 비전이 성취되도록 함으로써 집단의 필요를 다루는 전략이다. 루빈(Rubin)에 따르면(2009) 협력적 리더십은 올바른 태도와 믿음, 효과적이고 공정한 협력 관계를 구축하는 리더의 행동 등을 수반하며, 이는 참여한 모든 사람에게 가치를 가져다줄 수 있다. 리더의 비전을 실현하기 위해서는 벤처 내 협력적인 관계를 강화하기 위한 올바른 구조와 환경, 체계가 필요하다. 협력적 리더십의 핵심은 다름을 받아들이는 것과 다름을 통해 모두에게 가치를 제공하는 프로세스를 만드는 것에 있다. 다름을 인정함에 있어 리더들은 기꺼이 통제권을 공유하고 협력 관계의 사람들과 일상적인 경영을 함께 하며 팀들이 과업을 수행하도록 신뢰해야 한다. 리더들은 팀들이 미션이나 과업을 수행하면서 다른 운영 방식을 택하더라도 결과에 대해 확신할 것이다.

소셜벤처에서의 협력적 리더십은 창업팀이 서로 간의 다름을 활용하여 여러 다양한 방법과 경로로 자신들의 비전을 알림으로써 적합한 후원자를 끌어들일 수 있게 해준다. 소셜 섹터가 복잡한 어려움과 문제(물 부족, 교육 접근성, 의료 비용의 상승 등)를 다루기 때문에 이러한 어려움에 적절히 대응할 수 있는 접근법과 운영 수단을 가능한 많이 보유하는 것이 중요하다. 협력적 리더십을 통해 이러한 어려움은 보다 쉽게 해결될 수 있다(Chrislip & Larson, 1994; Middleton, 2007; Rubin, 2009). 예를 들어 경제적으로 독립할 수 있게 해주는 활동을 통해 노인들을 서로 연결하고자 하는 소셜벤처 에이지 70+(age 70+)의 설립자는 자신의 사업을 협력적 리더십의 스타일로 경영한다. 노인들은 유치원 어린이를 위한 할로윈 의상 바느질이나 학생들을 위한 간단한 요리, 반려견을 산책시키는 일 등 재정적으로 보상을 받는 활동에 참여하게 된다. 동시에 이 창업자는 노인들과 그 가족, 자원봉사자, 참여 기관(학교·재봉 공장·지역사회 상업기관 등)의 소유주 등 이 사업을 통해 혜택을 얻는 모든 사람들을 참여시킨다. 이들 모두는 일요일 아침 6시부터 7시 30분 사이에 모임을 갖고 다음 주의 목표와 활동에 대한 아이디어를 모은다. 이러한 협력적 리더십은 그의 사업이 노인들의 실제적인 필요뿐 아니라 그들을 지원하는 기관의 기대치도 충족시키도록 한다.

협력적 리더십 전략을 통해 창업팀은 다음과 같은 일을 할 수 있다.

- 협력자들의 네트워크에 더욱 쉽게 통합됨. 이를 통해 벤처의 콘셉트와 미션을 알리고 더 많은 후원자를 모으 며 인식을 더욱 확산시킬 수 있다.
- 지적 자산을 구축함. 다양한 관점과 경험과 전문성을 가진 사람들의 접근법을 혼합함으로써 이를 이룰 수 있다.
- 창업자의 동기와 후원자의 동기를 조율함. 동기를 결합하는 것은 기업과 정부와 지역사회에 영향력을 행사할

수 있게 하여 사회적 대의를 지지하는 후원자들로부터 후원금을 얻음과 동시에 더 큰 소셜임팩트를 창출하게 한다.

그림 8-1은 이러한 균형을 보여준다.

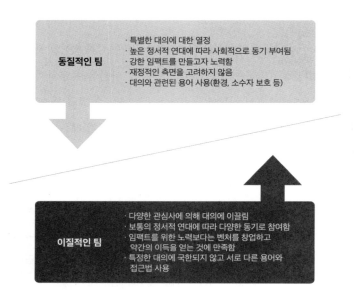

동질적인 팀
· 특별한 대의에 대한 열정
· 높은 정서적 연대에 따라 사회적으로 동기 부여됨
· 강한 임팩트를 만들고자 노력함
· 재정적인 측면을 고려하지 않음
· 대의와 관련된 용어 사용(환경, 소수자 보호 등)

이질적인 팀
· 다양한 관심사에 의해 대의에 이끌림
· 보통의 정서적 연대에 따라 다양한 동기로 참여함
· 임팩트를 위한 노력보다는 벤처를 창업하고 약간의 이득을 얻는 것에 만족함
· 특정한 대의에 국한되지 않고 서로 다른 용어와 접근법 사용

[그림 8-1] 팀 구성에 있어 대립하는 힘

소셜 섹터의 기업가적인 팀은 변화를 만들고 사회적 가치를 더하기를 원한다. 이들은 사회지향적인 사고 방식과 열정을 가지고 있다. 미션에 대한 팀원들의 헌신은 다양한 곳으로부터 기인할 수 있다. 따라서 팀은 다양한 형태를 가지며 벤처가 진화하면서 그 형태는 변할 수 있다. 소셜팀이 미션 달성을 위해 전진함에 있어 역량의 결합은 필수적이다. 동질성은 팀 차원에서 대응하기 힘든 어려움을 야기할 수 있다. 이질성은 소셜벤처에 다양한 차원을 더한다. 협력적 리더십은 소셜팀에게 이러한 이질성을 더할 수 있는 핵심적인 전략인데, 이는 협력적 리더십이 이질적인 팀원들 간에 공통의 비전을 세우는 것을 용이하게 하기 때문이다.

'크라우드소싱'의 세계와 '군중의 지혜'

모든 사람은 자신의 의견이 받아들여지기를 원한다. 이것의 전제는 모든 사람이 소셜벤처의 미션 달성에 잠재적으로 기여할 수 있는 무엇인가를 갖고 있다는 것이다. 제프 하우(Jeff Howe)에 따르면(2006) '크라우드소싱'과 '군중의 지혜'는 문제를 해결하거나 결정을 내리기 위해 많은 사람들의 지식을 활용하려는 시도를 말한다. 이러한 결정은 다양한 전문성 및 접근법과 사고 방식을 가진 사람들을 모을 때 더욱 효과적이 된다. 군중 기반의 전략은 각 사람이 광범위한 지식, 재능, 경험, 전문성을 갖고 있다는 전제와 이것이 포괄적인 지식으로 축적될 때 개별적인 지식보다 더 높은 수준의 것이 된다는 전제를 바탕으로 한다. 그뿐만 아니라 군중 기반 전략에 녹아 있는 다양성은 현존하는 벤처의 지식을 향상시킨다. 예를 들어 이질적 집단의 크라우드소싱을 통해 어떤 분야(물리, 화학 등)의 문제 해결 도구들이 다른 분야(경영, 기금 모금 등)에도 적용되어 새로운 아이디어와 발전을 끌어낼 수 있다. 그래서 창업팀은 이 같은 경영 전략에도 관심을 기울이는데 이를 통해 이해관계자의 다양성이 증대되어 새로운 아이디어, 도구, 생각이나 통찰력이 생겨난다.

군중 기반 전략은 또한 직원들에게 동기를 부여함에 있어 상당한 임팩트를 가진다. 직원들은 자신의 의견이 받아들여지고 칭찬을 받으며 자신의 아이디어와 제안의 가치를 인정받을 때 더욱 헌신적이 되고 새로운 아이디어를 만들어 낼 동기부여를 강하게 받는다. 직원들을 벤처의 활동에 적극적으로 참여시키고 자유롭게 아이디어를 표현하게 하는 창업팀은 직원들의 사기를 높인다. 이는 신생 벤처가 가진 공통의 관심사를 중심으로 자생적인 커뮤니티가 활발하게 조성되도록 하며, 그 결과 벤처의 개념과 아이디어는 저절로 확산된다. 소셜 섹터의 직원들은 대체로 자신의 지식을 공유하고 전달하는 과정을 통해 자아실현을 경험한다. 이는 선순환 구조인데 이 안에서 창업팀이 직원들에게 동기를 부여함으로써 직원들은 높은 동기를 갖게 되고 자신의 지식을 공유함으로써 스스로에 대해 더 높은 가치를 느끼게 된다.

크라우드소싱은 개인의 성별, 인종, 연령, 조직의 상황 등을 전혀 고려하지 않고 전문성, 지식, 일의 질적인 가치만을 고려하기 때문에 상대를 존중하는 보다 윤리적이고 공정한 경영의 형태이다. 그렇기 때문에 각 개인이 기여하는 것이다.

이러한 측면에서 군중의 생각과 제안을 기반으로 전략을 추구하는 창업팀은 자신의 미션과 대의에 대해 더 많은 지지자를 모으게 되며, 이 전략은 더 많은 참여를 끌어내는데, 팀의 내·외부 사람들에게 자신이 활발하게 참여하고 있으며 벤처의 미션에 기여하고 있다는 느낌을 주기 때문이다. 다음의 사례는 창업팀의 의사 결정 프로세스에서 '군중의 지혜'의 역할을 보여준다.

캐나다의 한 창업팀은 대학생의 웰빙과 관련된 혁신적인 아이디어를 커뮤니티 기반의 가치와 연결시켜 소셜 벤처를 만들었다. 창업팀은 대학에서 기업가정신 수업을 수강한 세 명의 학생으로 구성되었다. 이들은 현재 이용 가능한 세탁 서비스의 가격과 품질에 대한 학생들의 불만족과 관련하여 학생들을 위한 합리적인 가격의 세탁 서비스의 필요성을 인지했다. 세 명의 창업팀은 대학생을 위한 세탁 서비스에 대한 군중의 솔루션에 초점을 두고 '군중의 지혜' 기법을 활용하여 페이스북에서 가상의 테스트를 진행했다. 이들은 수천 개의 의견을 취합했다. 각각의 의견으로부터 얻은 통찰은 세탁 서비스는 중요하지만 사회적인 가치나 커뮤니티의 가치와 연결될 때 그것의 가치가 더욱 커질 것이라는 점이었다. 이러한 통찰력은 일자리가 없는 소수민족 이민자가 제공하는 세탁 서비스를 학생들의 행정적인 서비스(서류 내용 기재, 은행 업무 지원, 인터넷 사용 지원 등)와 교환하게 해주는 소셜벤처를 설립하는 원동력이 되었다.

소셜 섹터의 경영은 '군중의 지혜'의 원칙과 밀접한 관련이 있다. 창업팀은 다양한 관점을 포용하는 롤 모델로서의 역할을 해야 하고, 직원들이 벤처가 운영되는 방식에 대한 자신의 아이디어, 의견, 접근법을 표현할 수 있도록 해줘야 한다. 직원으로부터 모은 지식과 경험은 소셜벤처의 진보를 위한 발판이 될 수 있다. 창의적인 솔루션은 '군중의 지혜'라는 전제로부터 나올 수 있다. 하우에 따르면(2006) 크라우드소싱 경영 모델은 다음을 강조한다.

- 직원이 비즈니스를 위해 독자적인 콘텐츠를 만들 수 있도록 필요한 도구 제공하기
- 이해관계자의 업적과 창작물을 웹사이트에 게재하기
- 수익 창출 수단 만들기
- 가능한 많은 지지자를 모음으로써 타인에게 매력적으로 보이기

세대를 탐구하기

연구에 따르면 '밀레니얼'이라고 불리는 Y세대(1982년~1995년 출생)와 '다원주의자'라고 불리는 Z세대(1996년 이후 출생)는 한두 번이 아니라 주기적으로 비즈니스의 의사 결정에 영향력을 발휘하도록 해주는 경영 방식을 선호한다. 이러한 세대의 직원들은 자신의 의견이 받아들여지기를 원하고 인정 받기 원하며 다양성을 존중한다. 따라서 이들은 동등하게 대우받을 것을 기대한다. 창업팀은 직원들과 같은 세대인 경우가 있는데 그럴 경우 창업팀은 직원들이 비판적 의견이나 참신한 생각, 지속가능한 전략 등

자신이 가진 생각과 개념을 표현할 것을 장려한다. 창업팀은 자신의 세대와 관계없이 Y세대와 Z세대의 직원들을 위한 여지를 만들어 주어 이들이 사회적 이슈에 대해 자유롭게 생각해볼 수 있는 생각의 자유를 줌으로써 이들을 효과적으로 관리할 수 있는 좋은 방법을 모색해야 한다. 이를 통해 직원들은 타인에게 영감을 주거나 군중 기반의 경영 전략을 통해 모은 다양한 지식으로부터 영감을 받을 수 있을 것이다(Biggs, 2007; Cennamo & Gardner, 2008; Dries, Pepermans & De Kerpel, 2008; Howe & Strauss, 2007; Scott, 2000; Smola & Sutton, 2002).

소셜벤처에서의 책임 있는 리더십

이 관점은 특별히 소셜 섹터에서 중요하다. 소셜벤처의 창업팀은 상업적 섹터의 창업팀에 비해 더 많은 사람들과 관계를 맺게 된다. 이해관계자들과의 관계는 더욱 직접적이면서 허물이 없다. 그렇기 때문에 소셜벤처가 지역사회에 결속된 정도에 따라 이해관계자에 대한 도덕적 의무나 윤리적 행동, 주주의 요구 사항에 대한 책임 있는 이행 등 사회적 관점에서의 행동이 결정된다. 특별히 이는 수혜자(벤처의 미션이 돕고자 하는 대상), 직원, 협력 기업, 지역사회 지지자, NGO 등 벤처의 미션과 관련 있는 사람들의 필요를 정확히 이해하고 살펴야 하는 창업팀의 책임을 동반한다. 또한 창업팀은 벤처의 활동과 운영 방식에 대한 이해관계자의 기대를 충족시켜야 한다(Granovetter, 1985; Jack & Anderson, 2002).

리더십과 창업팀

리더십은 소셜 섹터에서 아주 중요하다. 카리스마적이고 설득력이 강한 창업팀은 이해관계자를 소셜벤처의 대의와 미션으로 더욱 잘 끌어들일 수 있다. 이러한 측면에서 소셜 섹터의 리더십은 벤처의 미션의 일부가 되고자 하는 이해관계자의 동기와 관심을 충족시키는 포용적인 전략에 초점을 맞추어야 한다. 이러한 리더십은 이해관계자들이 벤처의 역학 관계와 활동에 더 많이 참여하도록 이끈다. 상업적 섹터 내 신생 벤처의 창업팀과 리더는 비즈니스의 운영에 있어 이해관계자의 참여 범위를 엄격하게 규정하는 경향이 있다. 소셜 섹터의 리더는 벤처의 목표에 초점을 맞추면서 이해관계자의 참여도 허용하는 방식으로 벤처를 운영해야 하는 어려움에 직면한다.

네트워킹

소셜 섹터에서 확장된 네트워크는 절대적으로 필요한데, 이는 네트워크를 통해 정보와 잠재적 직원, 고객 및 후원자들, 금융 자본, 정서적 지지를 얻을 수 있기 때문이다. 네트워크는 비전과 미션, 그리고 도전과제와 어려움 등의 사회적 여정에 관해 이야기함으로써 이해와 지지와 격려를 얻을 수 있으며 소셜벤처의 성공에 기여하는 다른 네트워크와도 연결될 수 있다. 느슨한 결속의 강점에 대한 이론적 개념화에 근거해서 보면 사회적 결속은 소셜벤처가 직면하는 도전과제를 헤쳐 나가기 위한 핵심 자원이다. 창업팀이 자신의 소셜벤처에 혁신을 도입하려 할 때 후원자를 설득하고 모으는 데 있어 두 가지 어려움에 직면하게 될 것이다. 첫째로 소셜벤처의 규모가 상대적으로 작기 때문에 임팩트의 크기에 있어 제약을 받을 수 있다. 둘째로 대부분의 사람들은 아직도 사회적인 맥락에서 혁신을 받아들이기를 주저한다. 네트워크는 소셜벤처를 시작함에 있어 새로움과 소규모의 한계를 극복할 수 있는 가장 현실적인 방안이다. 창업팀은 같은 문제에 대응하고자 하는 다른 영리나 비영리 벤처에 비해 경쟁 우위의 원천이 될 수 있는 이질적인 연합의 원(circles)을 개발할 기회를 끊임없이 맞게 된다.

네트워크를 전략적으로 활용함으로써 소셜팀은 지역적 집단을 넘어 더욱 확장된 결속의 세계에 진입한다. 네트워크를 통해 사람들을 서로 소개하고, 자신의 개념을 발전시킬 방법을 기획하기 위해 다른 사회적 개념을 지지하는 사람들과 함께 브레인스토밍을 하며, 네트워크를 통해 새로운 기회를 발견하는 것은, 창업팀이 그들의 비전이 처음 만들어졌던 지역 생태계와 확장된 생태계 사이의 결속을 만드는 데 도움이 된다(Aldrich & Carter, 2004; Davidsson & Honig, 2003; Davis, Renzulli & Aldrich, 2006; Dodd & Anderson, 2008; Greve & Salaff, 2003; Ruef, Aldrich & Carter, 2003).

창업팀의 전략적인 네트워크 활용은 비전과 미션의 지역적 맥락을 숨기고, 이를 현존하거나 알려진 것을 넘어서 더 큰 범위로 확장하는 것을 가능하게 한다. 예를 들어 직업 관련 기술을 가르치는 수업을 통해 소수민족 이민자들의 여건을 개선하는 것을 목표로 하는 캐나다의 한 소셜벤처는 지역적인 여건을 초월하여 다른 지역과 나라로 나아갈 수 있다. 이들은 콘텐츠 기반의 운영 방식을 넘어서 인터넷을 통해 기술을 가르치는 방식 등도 도입할 수 있다. 네트워킹은 아이디어를 개발하고 그것이 다른 집단에도 의미가 있도록 혁신을 더하는 것을 가능하게 한다.

요약

이 장에서는 맥락의 다면성과 창업팀이 직면하는 어려움에 관해 살펴봄으로써 소셜 섹터의 창업팀의 역학을 이해하는 방법을 제시한다. 소셜 섹터의 창업팀은 선구자인 경우가 많다. 따라서 이들에게는 자신의 소셜벤처의 발전을 위해 참조할 만한 모델이나 벤치마크할 대상이 없다.

이 장은 소셜벤처의 목적 달성을 위해 소셜 섹터에만 해당되는 몇 가지 전략의 역할을 강조하는데, 여기에는 '군중의 지혜'를 활용함으로써 이해관계자와 직원들이 참여한다는 느낌과 함께 회사의 비전, 미션, 활동에 연결되었다는 느낌을 갖도록 하는 것이 포함된다. 책임 있는 경영 전략은 생태계 내의 구성원을 공정하고 책임감 있게 대우하고, 소셜벤처가 이해관계자의 롤 모델이 되게 함에 있어 매우 중요하다. 동시에 네트워킹은 현존하는 - 강하거나 느슨한 - 결속을 기초로 하여 새로운 기회를 활용하고 후원자를 끌어들이며 정서적인 지지도 얻게 해주는 전략이다.

8장 질문

1. 소셜벤처의 창업팀에 대해 설명해보자. 무엇이 창업팀을 만들며 그것이 일반적인 기업가적인 팀과 어떻게 다른지 설명해보자.

2. 창업팀을 구성함에 있어 때로는 느슨한 결속이 강력한 결속보다 더욱 유용한 이유를 설명하고 사례를 제시해보자.

3. 선구자적인 팀의 토대를 설명해 줄 수 있는 소셜벤처의 사례를 제시해보자(근본적 문제·대의, 현존하는 이슈에 대한 새로운 접근법, 현존하는 문제를 해결하기 위한 새로운 방식). 이 사례들이 중요한 이유를 설명해보자.

4. 다양성은 오직 소셜벤처의 이질적인 팀에서만 존재하는가, 아니면 동질적인 팀에서도 발견되는가? 두 가지 유형의 팀 간의 비교를 통해 설명해보자.

5. 협력적인 리더십이 창업팀에게 그토록 중요한 이유가 무엇이라고 생각하는가? 협력적 리더십과 동질적·이질적 팀과의 관계는 무엇인가?

6. 자신의 아이디어와 미션을 발전시키기 위해 크라우드소싱을 활용하는 소셜팀이 고려해야 할 장점과 단점을 설명해보자.

7. 책임 있는 리더십은 모든 기업가적 벤처에 있어 핵심적인 요소이다. 이것이 소셜벤처에 더욱 중요하다고 생각하는가? 당신의 생각을 설명하고 사례를 제시해보자.

8. 어떤 신생 소셜벤처가 한 달 전에 설립되었다. 이 소셜벤처는 장애인을 소프트웨어 서비스나 품질 평가, 소프트웨어 개발 분야의 기관에 파견함으로써 장애인의 여건을 향상시키는 것을 목표로 한다. 창업팀은 전문적인 도움을 제공하기에는 매우 제한적인 자원을 보유하고 있다. 이들은 리더십 역량을 강화하는 훈련을 받거나 네트워크를 확장하는 방안을 고민하고 있다. 당신은 이 단계에서 무엇을 제안하겠는가? 그 이유를 설명해보자.

9. 그림 8-1에 제시된 모델을 통해 소셜팀 간의 세대 차이를 분석해보자. 세대 차이에 대한 당신의 결론은 무엇인가? 그리고 소셜 섹터에서 이를 어떻게 관리할 것을 제안하겠는가?

사례 공유

세이브 더 월드(Save the World)

아요데레 디아(Ms. Ayodele Dia)와 이스라엘 야로니(Mr. Israel Yaroni), 제럴딘 바코비치(Ms. Geraldine Bakovic)는 온라인 사회 활동 그룹의 구성원이다. 이 그룹은 특별히 자연 재해가 발생했을 때 변두리 지역의 아이들을 구하는 일에 초점을 맞춘다. 세 사람은 그룹 구성원이 되기 전에는 서로에 대해 알지 못했다. 디아는 아프리카 우간다에 살며 공립학교에서 학습 장애를 겪고 있는 아이들을 가르친다. 디아는 자신의 학생들이 지진을 겪은 후 퇴행 행동을 보이는 것을 목격했고 이 사실을 온라인 그룹에 공유했다. 많은 의견을 받았는데 그 중 하나가 매우 인상적이었다. 슬로베니아의 바코비치는 대학 사회 봉사활동 프로그램에서의 업적을 인정받아 장학금을 받았고, 디아가 이야기한 지역을 방문하여 자신의 지식으로 그 곳에 기여하기로 결심했다.

디아와 바코비치는 온라인 네트워크를 통해 우간다 방문을 기획했고 16명의 활동가를 끌어 모았다. 이들은 낙후된 지역의 학교를 방문했고 사람들과 이야기를 나누었으며 그 학생들이 자라온 환경을 직접 보았다. 디아는 학습 장애를 겪는 아이들에게 동물을 돌보는 일이 주어진다면 이들이 지진 이후에 스트레스를 덜 겪을 수 있다고 말했다. 아이들은 대부분 집에서 농장 가축을 기르고 있었다. 디아와 야로니, 바코비치는 학습 장애를 겪는 아이들이 동물과 어울릴 수 있는 장소를 제공하는 소셜벤처를 만들 것을 결정했다. 다양성을 중요시하는 그들은 사회 봉사자, 치료사, 동물 사육사, 유소년기에 학습 장애를 경험한 성인, 은퇴 고령자 등 다양한 분야와 직업, 그리고 세계 각지에서 온 사람들 중에서 자원봉사자들을 모았다. 디아는 벤처의 운영을 맡았고 미국에 사는 야로니는 재무 분야를 관장하면서 기부자와 후원자를 끌어들이는 일을 맡았다. 바코비치는 이 프로젝트의 내용으로 박사학위 논문을 쓰면서 세계 곳곳의 콘퍼런스와 워크숍에서 이 프로젝트를 알리고 있다.

이 셋은 세이브 더 월드라고 이름을 붙인 자신들의 소셜벤처를 확장할 계획을 갖고 있다. 협력적인 접근법을 통해 자신들의 벤처를 후원할 만한 기업과 기관에 지속적으로 접근하고 있다. 이들의 기법은 CSC(Community Supports Children) 커뮤니티가 아이들을 돕는다. 라고 불리는데, 주말마다 양방향의 인터넷 대화방을 개설하여 자신들의 활동을 공유하고 커뮤니티에 활동에 대한 의견을 묻거나 자원봉사 참여 및 이 프로젝트에 관심을 가지고 후원할 수 있는 기업과 기관을 소개해 줄 것을 요청한다. 이들은 느슨한 결속을 활용하거나 강력한 결속을 더욱 강화함으로써 아프리카의 새로운 지역으로 사업을 확장해왔다.

사례 질문

1. 세이브 더 월드의 창업팀이 어떻게 구성되었는지 기술하고 이에 관해 논해보자.

2. 창업팀이 온라인 기반 소셜벤처의 다양성을 관리함에 있어 당신은 어떤 제안을 할 수 있겠는가?

3. 세이브 더 월드 팀은 자신들의 벤처를 위한 기금을 마련하기를 원한다. 이를 위해 그들이 강조할 수 있는 경쟁 우위의 요소는 무엇인가?

4. 다른 영역에서 활동하는 온라인 기반 소셜벤처의 웹사이트를 방문해보자.[3] 당신이 선택한 벤처의 팀과 세이브 더 월드 팀과의 경영상의 유사점과 차이점을 적어도 두 가지 이상 나열해보자. 이러한 유사점과 차이점이 왜 존재하는지를 양팀의 생태계의 맥락에서 설명해보자.

5. 포브스는 아래와 같이 한 소셜팀에 대한 프로필을 게재했다(www.forbes.com/impact-30/jane-chen.html). 아래 내용을 읽고 포브스에 게재할 세이브 더 월드의 창업자 중 한 명에 관한 짧은 기사를 작성해보자. 사례 공유에 드러나지 않은 두 세 가지 정보를 추가하여 프로필을 구체화하는 것도 좋다.

첸(Chen)은 2008년 스탠포드 MBA에 재학 중, 디.라이트(D.light) 태양열 전구 회사를 배출하기도 했던 혁신적인 강좌 '최고의 가격 적정성을 위한 기업가적 디자인'이라는 수업을 수강했다. 이 수업에서 첸은 컴퓨터 공학, 기계 공학, 재료 공학 분야의 대학원생들과 팀을 구성하여 병원이나 의원의 전기가 끊기더라도 저체중 신생아의 체온을 따뜻하게 유지해 주는 기기를 개발했다. '텀팟(Thermpod)'은 작은 침낭처럼 생겼고 30분의 충전으로 네 시간에서 여섯 시간 동안 생명을 지킬 수 있는 열을 제공한다. 첸의 팀은 사회적 기업가에게 지원금을 제공하는 뉴욕에 위치한 에코잉 그린(Echoing Green)과 가족 재단인 데이빗 앤 루실 패커드 재단(David&Lucil Packard Foundation)으로부터 지원금을 받았다.[4]

행동하기

소셜팀은 변화를 만드는 것에 대한 지지를 받기 위해 자신의 미션으로 이해관계자들을 끌어들인다. 소셜팀은 대의에 대한 열정이 강한 사람들이 이끌어가기 때문에 이런 팀을 관리하는 것은 어려울 수 있다. 따라서 창업팀에게는 사회적인 측면에 기반을 둔 특별한 형태의 리더십이 요구된다. 더 나아가 사회적 기업가는 벤처의 생태계를, 자원과 지지를 확보할 수 있는 중요한 원천으로 여겨야 한다. 이러한 측면에서 벤처의 생태계는 창업팀의 한 부분으로 작동하는데, 이로 인해 복잡성이 한 단계 높아진다. 마지막으로 창업팀이 '군중의 지혜'를 활용하도록 해주는 크라우드소싱과 네트워킹은 인적, 사회적, 재정적, 정치적 자본의 형태로 자원과 지지를 확보하게 해주는 가치 있는 전략이다. 성공적인 소셜팀은 다음을 통해 만들어질 수 있다.

1. 팀원 각각의 마음을 움직이는 다양한 전략을 통해 팀원들에게 동기를 부여하고 다양성으로 인해 발생할 수 있는 어려움을 관리하기

2. 내용과 프로세스를 일치시키기. 예를 들어 이민자의 삶의 수준을 개선(내용)하고자 하는 벤처는 직원들에 대한 책임감과 존중을 바탕으로 경영(프로세스)되어야 함

3. 선구적인 팀은 획기적인 혁신을 만들어 내는 팀이므로 모델로 삼을 만한 다른 기업이나 기관이 없음

4. 소셜벤처를 공정하고 책임 있게 경영하기. 이해관계자에게 롤 모델이 되기

5. 창업팀에 대한 이해관계자의 신뢰와 확신을 얻기

6. 이해관계자를 독려하여 능동적인 자세를 취하고 미션과 대의에 더욱 참여하도록 하는 협력적 리더십

인터넷 활용하기

다양한 소셜 프로젝트를 검색해보고, 프로젝트 팀의 전문성, 팀 구성원의 성별과 인원 수, 팀원의 역할, 비전의 유무 등을 확인해보자. 다른 프로젝트 팀과의 유사점과 차이점을 파악해보자. 이런 과정을 통해 알게 된 프로젝트 팀들의 특성에는 무엇이 있는가? 팀들 사이의 주요한 차이점은 무엇인가? 프로젝트가 속한 생태계와 관련하여 유사점과 차이점을 설명할 수 있는가?

---

3. 다음을 활용해보자. www.changemakers.com/projects; http://dualis.co.il/default.aspx?Lang=Eng; http://causecapitalism.com/15-social-venture-capital-firms-thatyou-should-know-about/.

4. http://embraceglobal.org/ 참조

9
소셜벤처 경영하기

사회적 기업가정신의 모델

**이론적 기초:
이해관계자 이론**

- 이해관계자와의 관계와 연관된 창업 단계에서의 경영 전략 이해하기
- 초기 단계에서는 벤처의 매력도가 이해관계자에 의해 좌우된다.
- 벤처의 윤리성과 도덕성에 대한 이해관계자의 인식이 벤처의 향후 생존에 영향을 미치는 요소가 된다.
- 평판은 이해관계자 관리에서 시작된다.

9장의 주요 내용

- '지식 경제' 접근법에 기반을 둔 혁신적인 경영
- 개인적인 이익을 얻는 것이 아닌 협력적 접근을 통한 경영
- 제품, 서비스, 전문성을 판매하는 것보다 '아이디어'를 판매하는 것에 더 초점을 맞추는 신생 소셜벤처의 다차원적 경영
- 소셜벤처 경영의 독특한 기초
- 다양한 형태로 드러나는 신생 소셜벤처 경영의 유연성
- 이해관계자에 대한 윤리적이고 책임 있는 관리를 통한 경영
- 신생 소셜벤처가 직면하는 내재된 딜레마에 대처하기
- 감정에 초점을 두고 경영하기
- 네트워크 관리하기

9장의 액션플랜

- 이해관계자와 긴밀한 개인적 관계를 형성해보자.
- 경영에 있어 유연성을 활용해보자.
- 창업자의 가치와 이해관계자의 역동적인 필요 사이의 균형을 맞춤으로써 경영해보자.
- 롤 모델이 되어 경영해보자.
- 경영에 있어 감성에 대한 초점을 강조해보자.
- 지속가능하고 개방된 생태계를 만들어보자.

목표 | 이 장을 읽고 나면 다음을 할 수 있게 될 것이다.

1. 신생 소셜벤처에 필요한 경영 전략과 방식을 설명하기
2. 일반 기업가적인 벤처와 사회적 기업가적인 벤처의 경영 방식을 구분하기
3. 이해관계자와의 관계를 유지하기 위해 관리자가 다루어야 할 문제를 논하기
4. 벤처의 미션과 핵심 가치를 따르면서도 이해관계자의 필요와 기대에 부응하기 위한 경영 전략과 방식을 이해하기

소셜벤처 경영이라는 과제

이 장에서는 신생 소셜벤처를 경영하기 위한 전략, 방식, 접근법에 초점을 맞춘다. 서로 다른 필요, 기대치, 이해관계를 가지고 있는 이해관계자를 관리하는 문제와, 벤처의 핵심 가치와 미션을 따르면서도 이러한 필요를 충족할 수 있는 방안에 대해 살펴볼 것이다. 특히 신생 소셜벤처는 자신이 속한 생태계 내부에 있는 집단의 지원에 크게 의존한다. 이러한 집단의 역학 관계를 관리하는 과제는 더욱 중요하면서 어렵다. 이와 마찬가지로 영리기관과 비영리기관의 특성을 혼합한 하이브리드 소셜벤처는, 신생 소셜벤처 경영이라는 과제를 두 섹터에서 각각 가져온 전략과 방식의 융합으로 전환시킨다. 가장 효과적인 경영 접근법과 관련된 전략에 집중하는 경향이 많은 전통적인 접근법과 달리 소셜벤처는 다양한 접근법과 전략의 혼합을 장려한다. 그 이유 중 하나는 소셜벤처를 구성하는 다양한 이해관계자 집단은 서로 다른 우선순위를 갖고 있는 경우가 많기 때문이다. 카붐!을 예로 들면, 지역사회 자원봉사자는 어린이들을 위해 지역사회 내에 안전한 놀이공간을 만드는 것의 중요성을 우선순위에 둘 수 있다. 반면, 카붐!의 직장인 자원봉사자는 지역사회에 기여하는 방법으로써 놀이터를 짓는 경험을 우선순위에 둘 수 있다. 그리고 이들을 고용하는 기업은 직원들에게 지역사회 기반의 팀 빌딩 경험을 제공하는 것의 가치에 우선순위를 둘 수 있다. 사회적 기업가의 도전과제는 이처럼 독특하면서도 서로 중복되는 필요와 욕구를 조합하고 각각에 대응하는 것이다.

이론적 기초

이해관계자 이론

신생 벤처는 여러 집단 및 개인과 관계를 형성하며 이러한 이해관계자들이 벤처의 성과에 영향을 미친다(Freeman, 1984). 이해관계자 집단은 직원, 고객, 공급자와 같이 쉽게 구분할 수도 있지만, 후원자, 자원봉사자, 자금 제공자, 지역사회 리더와 같이 정확히 구분하기 어려운 하위 집단으로 구성될 수도 있다. 각 집단에게는 뚜렷한 기호와 필요가 있으며 그에 따라 서로 다른 우선순위를 갖고 있다. 어떤 벤처는 상대적으로 적은 수의 이해관계자 집단을 가졌지만 또 다른 벤처는 다수의 집단을 갖고 있다. 각 이해관계자 집단 또는 하위집단과의 관계에는 다른 경영 방식과 전략이 필요하다. 이러한 관계는 다양한 역학 관계를 가진 시장에서 다양한 형태를 취할 수 있다.

이해관계자 이론은 기업가가 이해관계자와의 관계를 관리하는 데 취하는 행동과 경영 전략에 대한 이해를 심화시켜준다. 로버트 프랭크(Robert Frank)는 《이유 있는 열정: 감정의 전략적 역할(Passions within Reason: The Strategic Role of the Emotions(1988)》이라는 저서에서 신생 소셜벤처와 이해관계자 이론의 연관성을 다루었다. 프랭크의 주된 주장은 더 정직하게 행동하는 사람이 유리한 경제적 관계와 더욱 쉽고 효과적으로 '거래'할 수 있다는 것이다.

> **정직한 사람은 중요한 약속에 관한 문제를 해결할 수 있다는 점에서 이익을 얻을 수 있다. 이런 사람은 전적으로 사리사욕을 추구하는 사람이 신뢰 받지 못하는 상황에서 신뢰 받을 수 있고, 사람들은 신뢰가 필요한 상황에서 이런 사람을 파트너로 매우 원할 것이다(Frank, 1988: 18).**

소셜벤처는 사회적인 도전과제에서 비롯되기 때문에 소셜벤처의 행동은 타인에 대한 책임감과 사회적 필요에 대한 윤리적인 솔루션을 만들고자 하는 욕구에 기반을 둔다. 이러한 가치는 이해관계자와의 암묵적인 계약이 되며 소셜벤처의 활동과 경영 방식의 기초가 된다.

신생 소셜벤처와 이해관계자 간의 관계는 벤처와 창업자의 평판에 영향을 미친다. 이러한 영향은 벤처의 초기 단계에 더욱 두드러지는데, 신생 벤처는 아직 가시적인 성과를 보여주지 못 했기 때문이다. 따라서, 소셜벤처의 초기 단계에서는 벤처의 매력도가 이해관계자에 의해 좌우된다. 벤처의 윤리성과 도덕성에 대한 이해관계자의 인식이 벤처의 향후 생존에 영향을 미치는 요소가 된다. 이런 방법으로 이해관계자는 신생 벤처가 목표를 달성하기도 전에 해당 벤처의 평판을 쌓을 수 있다.

소셜벤처의 윤리적인 행위와 이해관계자에 대한 책임은 소셜벤처의 정책, 경영 방식, 매일의 의사결정에 반영되어 이해관계자와의 직접적인 상호 작용에 적용된다.(Buysee & Verbeke, 2003; Heugens, Van Den Bosch, & Van Riel, 2002; Hillman & Keim, 2001; Moore & Spence, 2006).

사회적 경영 역학의 혁명

'지식 경제'의 등장은 '거래'의 경제적 규칙을 바꾸어 놓았다. 오늘날의 거래에는 지식, 정보, 자료, 지적 재산과 같은 무형 자원이 수반된다. 무형 자원을 바탕으로 하는 거래는 돈, 제품, 부동산과 같은 유형 자산을 바탕으로 하는 '전통적' 거래와 다른 근원을 가지고 있다. 근본적인 차이는 '제로섬' 사고방식의 적용 가능성에 있는데, 이는 일반적으로 유형 제품의 구매 및 판매와 관련되어 있다. 예를 들어, 어떤 사람이 올해 포드 모터스에서 새 차를 구입한다면 아마도 같은 해에 혼다에서 두 번째 새 차를 사지는 않을 것이다. 이런 종류의 예시에서는 포드가 이기고 혼다가 지게 되는데, 한 대의 차만이 구매되고 판매되기 때문이다. 이와 대조적으로, 지식 경제는 제로섬 거래의 개념에 바탕을 둘 확률이 더 적다(Amidon, 1997). 그 대신, 승자와 패자를 만드는 접근보다 공유를 장려하는 협력적 접근법에 바탕을 둘 가능성이 높다. 이 접근법은 더 작은 파이의 조각을 놓고 싸우는 것 대신 파이 자체를 크게 만드는 데 집중하는 것이다. 상업적 기업가정신의 맥락에서 아마존(Amazon.com)이 이러한 변화의 훌륭한 예이다. 아마존은 책을 판매하는 것에서 시작했다. 이제는 웹사이트를 통해 책, 음악, 의류, 전자제품, 가정 용품과 그 외 다양한 제품을 판매하는 것으로 범위를 확장했다. 이는 아마존뿐만 아니라 아마존의 웹사이트에 제품을 판매하는 많은 기업에게 '더 큰 파이'를 만들어주었다. 마찬가지로, 유나이티드웨이는 금융 자본을 모으는 데 포괄적인 접근법을 사용했다. 각 유나이티드웨이 지부에는 다수의 비영리 지역사회 서비스 제공 기관이 포함된다. 대부분 소규모인 이들 기관은 연례 캠페인 시 발휘되는 유나이티드웨이의 수준 높은 마케팅 역량, 조직 역량 및 모금 역량의 혜택을 받는다.

사회적 기업가정신은 무형 자원의 거래에 기반을 둔 이 새로운 지식 경제에서 자라나고 있다. 따라서 소셜벤처의 경영에 이러한 경향이 반영되어야 한다. 이는 소셜벤처 경영에 있어 제로섬 접근법이 점점 관련이 없어질 것을 의미한다. 그럼에도 불구하고, 상업적 목표와 사회적 목표를 결합한 하이브리드 소셜벤처는 전통적인 경영 방식과 보다 사회적인 측면을 지향하는 경영 방식을 모두 적용할 수 있어야 하며, 그렇게 함으로써 제로섬 접근법에서 '다수의 합' 접근법으로 진화해야 한다. 이러한 접근법이 소셜벤처에 동시에 존재할 수 있는가가 문제인데, 우리의 이론은 이것이 가능하다는 것이다.

소셜벤처를 경영하는 것은 다차원적인 일이다. 소셜벤처는 제품, 서비스, 특정한 유형의 전문성보다 아이디어를 판매하는 것에 더 집중하는 경향이 있다. 소셜벤처를 탄생시키는 아이디어의 예를 들자면, 동물 복지를 증진하는 아이디어, 농촌 지역의 교육을 발전시키는 아이디어, 아동 비만과 관련 문제에 대한 인식을 향상시키는 아이디어 등이 있다. 이러한 문제를 겨냥하는 신생 소셜벤처는 자신의 아이디어를 전파하고 충족되지 않은 사회적 필요를 다루기 위한 계획을 실행함으로써 기업가가 임팩트를 창출하도록 돕는 일에 이해관계자를 의지하게 된다. 소셜벤처의 성공은 임팩트, 지속가능성, 확장의 잠재력에 대한 평가를 기반으로 한다. 따라서, 소셜벤처의 성공은 미래의 예상되는 결과에 바탕을 두지만 전통적인 거래는 여전히 오늘 구매하거나 판매한 것의 가치에 초점을 둔다. 이런 관점에서 소셜벤처에 기부된 제품이나 서비스도 주로 내재적인 보상의 형태로 특정한 유형의 '지불'에 대한 기대를 낳는다. 예를 들어, 노숙인 보호소에 옷을 기부하는 사람은 도움이 필요한 사람을 도움으로써 행복감을 느낀다. 마찬가지로, 도시 내 어린이를 가르치기 위해 자원봉사를 하는 사람은 학습과 성공을 장려하는 환경을 만드는 데 기여함으로써 행복감을 느낀다. 또한, 이해관계자는 자신의 서비스에 대한 인정 또는 도움을 받은 사람의 감사의 표현이라는 형태로 외부적인 보상을 받을 수도 있다. 이러한 사례는 사회적 기업가정신의 맥락에서는 '지불'이 반드시 금전적 형태를 취하는 것은 아님을 보여준다. 그 반대로, 지식 경제는 이익과 성과를 공유하는 새로운 거래의 규칙을 아우르는데, 이는 '거래'의 상업적 개념과 밀접하게 관련되어 있다. 이러한 결합의 결과로 변화를 만드는 것, 사회에 무엇인가를 돌려주는 것, 도움이 필요한 사람을 돕는 것과 같은 내재적인 동기와 관련된 보상이 만들어진다.

기업가정신과 경영 분야의 연구에서는 이미 기존에 상업적 벤처를 위해 개발된 경영 방식의 모델을, 사회적 목적을 가진 벤처에 적합하도록 바꿔 나가기 시작했다(Aragon-Correa & Sharma: 2003; Berkman, 2013; Sarbutts, 2003). 하지만 소셜벤처에는 그들만의 독특한 경영 방식이 있다.

소셜벤처 경영의 독특성

소셜벤처의 경영은 아래와 같은 점에서 독특하다.

- 시스템 전체의 변화에 영향을 미치고자 한다. 따라서 소셜벤처의 경영자는 변화를 장려하고 변화에 긍정적으로 기여한 사람을 칭찬해야 한다. 하지만 그와 동시에 소셜벤처의 경영자는 벤처의 미션에 부합하는 변화의 유형을 분명히 해야 한다.
- 소셜벤처의 경영은 개인적인 가치 그 자체보다는 집합적인 사회적 가치를 창출하고 유지하는 데 초점을 맞춘다. 이러한 관점으로 경영하기 위해서는 사회적으로 동기부여된 경영자가 기수이자 롤 모델이 되어야 한다. 이는 경영자가 개인적 이익을 성취하는 것보다 벤처의 소셜미션을 달성하는 것을 더 우위에 두어야 함을 의미한다. 또한, 그림 9-1에 나타난 것처럼 소셜미션과 일치하지 않는 활동과 투자를 피해야 함을 의미한다.
- 소셜벤처의 경영은 벤처의 생애주기상 어느 단계에서든 소셜미션의 달성에 기여할 수 있는 기회를 끈질기게 추구하는 것이다. 6장에서 살펴본 것과 같이, 역동적이고 불확실한 환경으로 인해 소셜벤처는 이해관계자를 돕고, 도달 범위를 넓히고, 임팩트를 확장하기 위한 수단으로 지속적인 혁신을 한다.
- 소셜벤처의 경영은 특정한 섹터의 방법과 방식에 국한되지 않는 여러 형태를 취한다. 따라서, 소셜벤처 경영자의 '도구상자'에는 소셜 및 자선 섹터와 상업적 비즈니스의 경영 방식이 모두 포함되어 있을 수 있다.
- 소셜벤처의 경영은 사실상 '브리콜라주' 경영, 즉, 이용 가능한 자원을 최대한 활용하는 것이다. 이는 자원

의 제약에 방해받지 않으면서 대담하게 행동하는 것과 금융 자본, 노동력, 제품, 재료, 장비, 공간의 형태로 자원을 유치하기 위해 혁신적인 전략을 개발하는 것을 수반한다.

- 소셜벤처의 경영은 이해관계자, 특히 벤처의 미션에 의해 직접적으로 영향을 받는 사람들에 대한 보다 높은 수준의 책임 의식을 포함한다(Barney & Hansen, 1994; Clarkson, 1995; Freeman, 1984; Galbreath, 2006). 이는 벤처가 자신의 미션과 목표를 달성하는 것을 보장할 수 있도록 소셜벤처의 결과물과 임팩트를 측정하는 것의 중요성이 점점 더 커지는 흐름에 대한 설명이 될 수 있다.

[그림 9-1] 소셜벤처의 경영

소셜벤처 경영은 하이브리드 구조 및 무형 자원의 교환과 관련된 새로운 '지식 경제'로부터 부상했다는 점에서 다면적이다. 소셜벤처 경영은 '다수의 합' 접근법을 취하며 시스템 전체의 변화를 통해 사회적 가치를 창출하는 것에 집중한다. 소셜벤처 경영은 소셜 섹터와 상업적 섹터 양쪽의 경영 활동과 방식을 혼합함으로써 이 목표를 달성한다. 또한, 소셜벤처는 주어진 자원을 최대한 활용하는 것을 말하는 '브리콜라주' 경영 방식을 활용한다. 이해관계자 이론은 소셜벤처 경영의 기회와 도전과제를 이해하는 데 도움이 되는 개념적 틀을 제시해 준다.

소셜벤처 경영하기

소셜벤처는 충족되지 않은 사회적 필요에 반응하기 위해 만들어지며 이러한 필요에 대한 지속가능한 솔루션을 만들기 위해 노력한다. 소셜벤처는 소셜미션에 따라 앞서 언급한 것과 같이 상업적 벤처와는 다른 경영 방식을 사용한다. 그럼에도 불구하고 사회적 기업가는 소셜벤처와 상업적 벤처가 모두 직면하는 도전과제에 맞닥뜨리게 되는데, 그것은 바로 경쟁 전략을 세워야 할 필요성이다.

다른 경영 전략 및 방식의 경우와 마찬가지로, 소셜벤처의 경쟁 전략은 상업적 벤처에 맞춰 개발된 것과 다른 형태를 띄는 경우가 많다. 이는 그림 9-2에서 볼 수 있다.

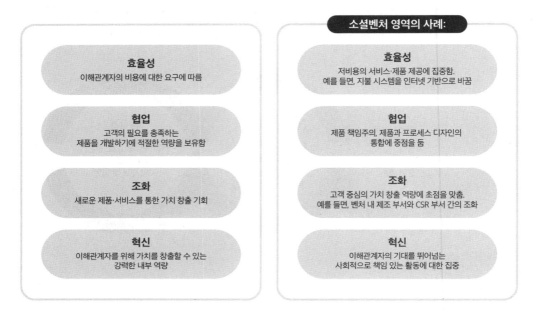

[그림 9-2] 소셜벤처 경영의 주요 전략

경쟁 전략을 세우기 위한 과정을 설명하는 연구에서는 원가우위 전략, 차별화 전략, 혁신 전략, 운영 효과성 전략과 경쟁 우위를 다룬다. 소셜벤처의 영역에서는 이러한 과정이 이해관계자와 보다 긴밀한 관계를 구축하는 것을 목표로 하는 과정과 밀접하게 관련되어 있는 경우가 많다. 구체적으로 말하자면, 소셜벤처의 경영진은 강력한 협상력을 구축하면서 새로운 벤처와 이해관계자에게 이로운 가치사슬을 만들고자 노력한다. 다음의 경우에 협상력이 생긴다.

1. 소셜벤처가 따라하기 어려운 재능과 기술을 갖고 있는 전문가를 영입할 때. 뉴먼스 오운의 경우, 배우 폴 뉴먼의 명성으로 인해 다른 기관이 가지기 어려운 인지도를 얻었다.

2. 벤처의 콘셉트가 경쟁자들보다 더 혁신적일 때. 원월드헬스[1]는 개발도상국의 감염성 질환에 사용되는 의약품이, 그에 대한 비용을 지불할 능력의 유무와 관계없이 필요한 사람들에게 전달되도록 하는 것에 초점을 맞춘 첫 비영리 제약 벤처이다. 원월드헬스는 가난한 사람들에게 고통을 주는 질병에 대한 보다 공정한 치료를 보장하는 새로운 균형을 만들어 낸 첫 벤처였으며, 이러한 혁신은 다른 사람들로 하여금 원월드헬스의 새로운 제약 패러다임을 복제하도록 영향을 미쳤다.

3. 벤처가 지역사회와 긴밀하고 신뢰하는 관계를 형성함으로써 진입장벽을 만들었을 때. 예를 들어, 아프리카의 가난한 어린이를 타깃으로 하는 소셜벤처가 매우 많기 때문에, 이 영역에 새로 진입한 어떤 벤처든 장벽을 마주하게 될 것이다. 경쟁하기 위해서는 급속하게 확장하거나 이해관계자에게 독특한 가치를 제공해야 할 것이다. 많은 소셜벤처가 좋은 의도와 좋은 아이디어를 가지고 시작하지만 이미 자리를 잡은 다른 소셜벤처라는 장애물을 만나는 경우가 종종 있다.

위의 각 경우에 구축된 협상력은 소셜벤처의 생존, 성장, 임팩트의 가능성을 키워준다. 그림 9-3에 나타난 것처럼 소셜벤처는 두 가지 대립되는 힘에 직면하여 네 가지 핵심 전략을 실행해야 한다. 상업적 섹터와 소셜 섹터의 경영 프로세스를 혼합함으로써 소셜벤처는 자신의 원래 아이디어와 미션에 충실하면서도 이해관계자와의 관계를 쌓고 모니터링할 수 있다(Porter, 1985, 2004; Porter & Kramer, 2006; Porter & van der Linde, 1995).

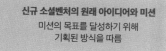

[그림 9-3] 소셜벤처 경영진이 맞닥뜨리게 되는 대립되는 힘

---

1. Martin, R. L., and S. Osberg. 2007, Spring. Social Entrepreneurship: The Case for Definition. Stanford Social Innovation Review. At: www.ssireview.org/articles/entry/social_entrepreneurship_the_case_for_definition.

두 가지 힘 중 첫 번째는 사회적 기업가의 미션에 대한 헌신이다. 두 번째 힘은 이해관계자의 기대이다. 이 두 힘은 함께 작용하는 경우가 많지만, 때로는 기업가를 서로 다른 방향으로 잡아당길 수도 있다. 예를 들어, 사회적 기업가가 이해관계자와 긴밀한 관계를 구축하면 각 이해관계자 개인의 필요와 이해관계가 기업가로 하여금 자신의 원래 미션에서 벗어나게 할 수 있다. 반대로, 소셜벤처의 아이디어, 미션, 경영 방식이 바뀌거나 더욱 혁신적으로 변화되면 더 이상 이해관계자의 기대를 충족하지 못할 수도 있다. 소셜벤처의 효과적인 경영에 필수적인 네 가지 요소는 효율성, 조화, 협업, 혁신이다(Hong and Jeong, 2006).

소셜벤처에서 유연한 경영 방식의 역할

유연성

사회적 기업가는 다양한 이해관계자 집단과 관계를 구축하고 유지하는데, 여기에는 직원, 고객, 공급자, 투자자, 지역사회 기반 조직, 해당 벤처가 추구하는 대의를 지지하는 특별 이익 집단이 포함된다. 이런 관점에서 사회적 기업가는 각 이해관계자 집단의 필요, 기대, 이해관계를 식별하는 것을 포함하는 경영에 대한 다중 이해관계자 관점을 취할 필요가 있다. 다중 이해관계자 기반의 경영에는 유연성이 필요하다. 소셜벤처의 경영자는 목표와 목표 달성을 위한 경영 방식을 개발해야 하지만, 동시에 '경영적 공백'도 남겨두어야 한다. 경영적 공백은 신생 벤처의 역학 관계와 다양한 이해관계자 집단 간의 조화를 유지하기 위해 경영 방식, 전략, 목표를 조정하거나 바꾸거나 삭제 또는 추가할 수 있는 유연한 공간이나 기회를 말한다.

소셜벤처를 경영하기 위해서는 경영자가 다양한 집단의 필요, 기대, 이해관계를 분류해야 한다. 표 9-1은 경영 도구로써, 이해관계자의 기대와 이해관계를 분류하는 방법을 보여준다. 이 표는 직원이라는 하나의 특정한 이해관계자 집단을 보여주지만 다른 이해관계자에 적용하여 사용할 수 있다.

이해관계자의 필요와 기대를 분류함으로써 소셜벤처에 더욱 적합한 경영 전략과 도구를 실행할 수 있다. 경영자들은 이러한 방법론에 유연성을 더함으로써 벤처와 이해관계자 모두가 원하는 결과를 달성할 수 있도록 경영 전략을 세부적으로 조정할 수 있다(Andriof, Waddock, Husted & Sutherland, 2002; Global Reporting Initiative(GRI), 2002; McGee, 2003).

신생 소셜벤처를 경영하는 데 있어서의 유연성은 다음과 같은 방법으로 나타날 수 있다.

다양한 사회적 필요를 해석하는 데에 필요한 유연성

어떤 사회적 문제든지 다양한 이해관계자 집단의 필요와 기대에 따라 다양한 해석을 불러올 수 있다. 예를 들어, 터치HB(TouchHB)[2]는 주로 인도 농촌 지역의 임신한 여성을 대상으로 용혈성 빈혈을 간단하게 검사할 수 있도록 새롭게 개발된 장치이다. 터치HB의 목표는 WHO[3]가 지정한 가장 흔한 영양 결핍 중 하나인 심각한 빈혈 문제를 해결하는 것이다. 그리고 다양한 이해관계자 집단은 이 문제를 다양한 방법으로 해석할 수 있다. 마찬가지로, 이 집단들이 서로 다른 이유로 터치HB의 솔루션에서 사회적 가치를 발견할 수 있다. 예를 들어, 빈혈이 있거나 빈혈에 걸리기 쉬운 임산부의 경우, 임신 기간 내내 건강 상태를 점검하는 데 이 장치가 도움이 될 수 있다. 가족과 친구들도 이 장치에서 가치를 발견할 수 있는데, 쉽게 접근할 수 있고 멀리 떨어진 지역에서도 검사가 가능하기 때문이다. 보건의료 서비스 제공자의 관점에서 보면 터치HB가 병원 내 대기시간을 줄여주기 때문에 가치가 있다. 마지막으로, 전국적인 관점에서 보면 터치HB가 농촌 지역의 보건의료 요원으로 하여금 주도적으로 임산부의 빈혈을 점검할 수 있게 해 준다는 점에서 가치가 있다.

따라서, 터치HB는 인도 임산부의 건강 검진이라는 과제를 해결해 줄 뿐만 아니라, 다양한 이해관계자 집단이 농촌 지역 임산부의 보건의료 서비스에 대한 필요를 인식하게 해 준다. 또한, 임신한 여성이 병원이 아닌 집이나 집 근처에서 검사를 받을 수 있게 해줌으로써 자신과 아기의 건강에 대한 책임감을 가지게 해준다.

[표 9-1] 이해관계자의 필요와 기대에 대한 유연한 표와 '직원' 분류 사례

이해관계자	직원											
기준	지역				전국				해외			
	전문가		비전문가		전문가		비전문가		전문가		비전문가	
대상 시점:	필요	기대	필요	기대	필요	기대	필요	기대	필요	기대	필요	기대
단기												
장기												
중간 평가:												
만족도												

2. http://sites.google.com/site/biosenseglobal/touchb. 참조
3. 세계보건기구(World Health Organization). http://www.who.int/en/. 참조

다양한 사회적 필요 충족을 위한 방안을 모색하는 데에 필요한 유연성

벤처의 미션이 소셜벤처를 창업하는 원동력이 된다. 그렇지만 기업가는 이해관계자가 문제를 해석하는 것과 일치하는 방법으로 미션을 다룰 다양한 방안도 탐색해야 한다. 이를 '선악과 나무' 증후군이라고 부를 수 있다. 따라서, 사회적 기업가는 자신의 벤처를 설명할 때 폭넓고 다양한 이해관계자 집단의 관심사를 다루는 특징을 명확히 설명해야 한다. 터치HB 장치의 사례를 다시 보자면, 홈페이지에서 다음과 같은 특징을 강조한다.

> **이 장치는 비침습성으로, 피를 뽑기 위해 손가락을 찌를 필요가 없다. 이 장치를 작동하는 데는 어떠한 특별한 기술도 요구되지 않으므로 가정을 방문하는 보건의료 요원이 객관적인 결과를 얻을 수 있고, 이를 활용하여 중요한 치료상의 의사결정을 내릴 수 있다. 충전할 수 있고 100회 이상의 검사에 사용할 수 있는 건전지와 매년 유지보수가 필요한 탐색 침을 제외하면 반복적으로 드는 비용(바늘, 특수 랜싯, 마이크로 큐벳, 압지 등)도 없다. 검사당 드는 비용은 낮으며 유기성 폐기물도 나오지 않는다(인도에서의 영업 활동 구축을 위한 혁신 환경과 동기에 대한 연구, 2009[4]).**

이 설명은 터치HB가 1) 비침습성이며, 2) 사용하기 쉽고, 3) 저비용이며, 4) 관리하기 쉽고, 5) 친환경적이라는 점을 강조함으로써 다수의 이해관계자의 필요와 관심사를 공략한다. 또한, 여성의 집을 포함하여 어느 곳에서든 검사를 할 수 있으며 의사가 아닌 보건의료 요원도 검사를 진행할 수 있다는 점을 강조한다.

터치HB의 사례가 보여주는 바와 같이 사회적 기업가는 자신의 제품과 서비스가 폭넓은 이해관계자의 필요와 기대를 다룸으로써 그들에게 가치를 제공하도록 해야 한다. 이와 동시에, 기업가는 자신의 제품과 서비스가 다양한 이해관계자 집단에 위험을 야기하지 않도록 해야 한다. 이 목표를 달성하기 위해서는 사회적 기업가가 다양한 집단의 관점에서 충족되지 않은 사회적 필요를 바라보는 창의적인 방법을 찾아야 한다. 또한, 이해관계자 집단의 문제 해석에 대응하는 필요 자원을 창출할 수 있어야 한다. 예를 들어, 터치HB 장치가 의사나 병원이 제공하는 것보다 더 나은 정보를 제시해 줄지라도 몇 가지 우려되는 부분이 있을 수 있다. 이 검사 장치가 충족되지 않은 필요를 신뢰할 수 있게, 지속적으로 해결해 주는가? 문제에 대한 단기적인 솔루션인가, 장기적인 솔루션인가? 예측하지 못한 다른 유형의 위험을 가져오지는 않는가? 이러한 문제는 터치HB의 다양한 이해관계자 집단이 마땅히 제기할 수 있는 문제이며 사회적 기업가는 이러한 우려를 지속적으로 의식하고 이에 민감해야 한다. 또한, 소셜벤처를 경영하는 자신의 전략에 이러한 유형의 이해관계자 피드백을 통합할 수 있을 정도로 충분히 유연해야 한다.

다양한 사회적 필요에 대응하는 전략을 수립하는 데에 필요한 유연성

경영 업무 중 가장 어려운 것 중의 하나는 무엇을 하지 말지를 결정하는 것이다. 유연한 경영을 위해서는 충족되지 않은 사회적 필요를 다루는 데 있어 기업가가 대안적인 전략에도 열려 있는 태도를 가지기를 요구한다. 동시에, 기업가는 어떤 전략을 추구하고 어떤 것을 거부할 것인지를 결정해야 한다. 예를 들어, 데이터카인드(DataKind)[5]는 데이터 과학자와 소셜벤처를 프로보노 모델로 연결해 주는 커뮤니티를 만들어, 소셜벤처들이 자신의 자료를 자세히 분석함으로써 효율성을 높일 수 있게 해주었다. 많은 소셜벤처가 이해관계자에 대한 공식적, 비공식적 자료를 수집하지만, 자신의 벤처의 역학 관계를 이해하는 데 도움이 되는 방식으로 이러한 자료를 분석할 수 있는 역량을 가진 곳은 많지 않다. 데이터카인드는 이러한 충족되지 않은 필요에 대응함으로써 비영리기관으로 하여금 원하는 결과물에 도움이 되는 전략과 그렇지 않은 전략을 식별할 수 있게 해 준다.

기업분리할 기회를 식별하는 데에 필요한 유연성

유연성은 소셜벤처의 미션을 바탕으로 하는 새로운 기회에 민감하게 깨어 있는 것을 말한다. 사회적 기업가정신의 맥락에서 기업분리는 새롭지만 기존의 것과 관련 있는 제품, 서비스, 전달 체계, 기술, 프로세스의 개발로 이어지는 아이디어나 접근법이다. 스마트루프스(SmartRoofs)[6]는 친환경적인 목재 절연 패널 지붕 시스템을 제공하는 독특한 영국 소셜벤처이다. 소셜벤처들 사이에서 작은 부분을 차지하지만 확대되는 트렌드로서, 직무 기술도 가르치는 영리 벤처 설립을 포함하고 있다. 스마트루프스의 경우 친환경 건축 방식을 활용하는 기업에 취업하기 위해 필요한 직무 기술을 가르친다. 스마트루프스는 비영리 집단에 의해 설립된 영리 기업이다. 이러한 기업분리 구조에는 경영상의 유연성이 요구되지만, 새롭고 다양한 이해관계자 집단 간의 가치 창출을 가능하게 한다.

---

4. 프로젝트 제목: 인도의 연구와 혁신 기술 프로그램에 대한 EU의 인식과 접근성 향상을 통한 인도와 유럽 간의 대화 증대. 제 7차 프레임워크 프로그램, 유럽연합 집행위원회. http://www.access4.eu/_media/D.5.1_Innovation_in_India.pdf. 참조

5. http://datakind.org/. 참조

6. http://www.smartroof.co.uk/ 참조

혁신을 통합하는 유연한 접근법

혁신을 통합하기 위해서는 경영자가 좀 더 '놓아주는' 경영의 방식을 취할 필요가 있다. 혁신은 언제 어디서든, 조직의 어느 수준에서든 일어날 수 있다는 점에서 계획되지 않고, 구조화되지 않는 경우가 많다. 이런 관점에서, 사회적 기업가는 혁신을 장려하고 혁신적인 아이디어가 넘쳐날 수 있는 환경을 만들어야 한다. 또한, 사회적 기업가는 혁신적인 아이디어, 계획과 새로운 방향을 포용하는 측면에서 롤 모델이 되어야 한다. 6장에서 다룬 것과 같이, 새로운 아이디어는 어떤 집단에게는 유리하지만 다른 집단에게는 불리할 수 있기 때문에 혁신을 관리하는 것은 복잡한 과정이다. 더 나아가, 장기적인 솔루션을 가져다 주는 혁신은 단기적으로는 노동집약적이고 비용이 많이 드는 것처럼 보일 수 있는데, 일반적으로 새로운 계획에는 추가적인 자원이 필요하기 때문이다.

이해관계자에 대응하는 데에 필요한 유연성

대응이란 소셜벤처가 이해관계자의 필요에 대해 사려 깊은 반응을 하고 해당 필요를 다루기 위한 방법을 찾는 데 헌신하는 정도를 말한다. 이해관계자의 필요에 지속적이고 효과적으로 반응하는 것이 임팩트 있는 지속가능한 솔루션을 만들어내는 핵심 열쇠 중 하나이다. 그리고 지속가능한 솔루션과 임팩트는 규모와 범위의 확장을 이루게 해주는 주요 요인이다.

베어풋 파워(Barefoot Power)[7]는 특히 아프리카 개발도상국의 농촌 지역 사람들에게 저비용의 태양열 조명과 휴대전화 충전 제품을 제공하는 호주 소셜벤처이다. 이 벤처는 조명으로 등유 전등이나 양초와 같은 위험한 제품에 의존하는 가정에 안전하게 전기를 공급하는 태양열 조명 솔루션 상품 라인을 개발했다. 베어풋 파워는 이해관계자가 옹호하며, 점점 그 범위가 확장되는 문제들에 대응할 필요성을 인식하고 있다. 이해관계자와의 관계를 형성하는 경영 전략으로서 '대응'을 사용하고 있다. 예를 들어, 아프리카의 지역 개발에 전기가 주요한 역할을 하는 데도 불구하고 아직도 많은 지역에서는 전기가 비싸다. 그래서 베어풋 파워는 45개 학교의 8,500명의 학생에게 태양열 전등을 제공했다. 이 45개의 학교에서 학생, 학부모, 교사와 학교 운영 위원회는 에너지원으로서 태양열 발전의 잠재력에 대한 교육을 받게 된다. 이러한 활동은 다양한 이해관계자 집단에 대한 소셜벤처의 대응을 보여준다. 결과적으로, 대응을 잘하는 것이 소셜벤처가 탄탄하고 활발한 생태계를 만드는 데 도움이 되며, 그렇게 함으로써 솔루션의 임팩트를 키울 수 있다. 터치HB, 데이터카인드, 스마트루프스, 베어풋 파워와 같은 소셜벤처는 이러한 유형의 '내재된 유연성'을 매우 중요한 경영 전략으로 활용한다. 체스 게임과 마찬가지로, 체스판의 말 하나를 움직이는 것이 다른 말의 기회에 영향을 미친다. 이와 마찬가지로 소셜벤처의 혁신 속에서의 '움직임'은, 이후의 대응에 영향을 미칠 수 있다. 충족되지 않은 사회적 필요를 해석하는 데 있어서의 '움직임'이 그 문제에 대한 솔루션을 개발하는 형태로 후속 '움직임'에 영향을 미칠 수 있다. 사회적 기업가정신의 역동적인 특성과 그것이 작동하는 환경을 고려했을 때, 유연성은 소셜벤처에 있어 필수적인 전략이다.

소셜벤처를 경영하는 데에는 유연성, 윤리적이고 책임 있는 경영, 감정에 초점을 맞추는 것이 필요하다. 유연성은 신생 벤처의 미션을 위험에 빠뜨리지 않는 방향으로 경영 프로세스에 내재되어야 한다. 따라서, 사회적 기업가는 충족되지 않은 사회적 필요를 다루기 위한 전략을 개발하는 접근법에 있어서 유연해야 하지만 소셜벤처의 미션에 대한 헌신에 있어서는 확고해야 한다. 유연한 경영 방식에는 다음이 포함된다. 1) 충족되지 않은 사회적 필요를 다양한 관점에서 보는 것, 2) 충족되지 않은 사회적 필요를 다루기 위한 혁신적인 전략에 열려 있는 것, 3) 벤처의 미션을 바탕으로 기업분리의 기회를 탐색하는 것, 4) 다양한 이해관계자 집단의 필요와 우려를 인식하고 이에 대응하는 것. 소셜벤처를 경영하는 것은 상업적인 벤처를 경영하는 것보다 더욱 어려운데, 이는 소셜벤처의 미션이 다수의 다양한 이해관계자 집단의 우선순위를 포괄해야 하기 때문이다. 소셜벤처의 성공은 이러한 이해관계자 집단을 효과적으로 참여시키고 관리하는 것에 달려있다.

윤리적이고 책임 있는 이해관계자 관리

2013년에 페이스북의 창업자이자 CEO인 마크 저커버그는 "연결은 인권인가?"라는 제목의 보고서를 페이스북에 게재했다. 이 보고서는 우리 모두가 사회의 문제에 대한 책임을 져야 한다는 분명한 메시지를 전달하며, 연결의 문제는 페이스북의 미션과 밀접한 관련이 있다.

보고서에는 아래와 같은 내용이 담겨 있다.

---

7. http://www.barefootpower.com/ 참조

이미 페이스북에 가입한 사람들이 그 밖의 전 세계 사람들을 합친 것보다 더 많은 돈을 가지고 있기 때문에, 설사 우리가 다음 몇 십억 명의 사람들에게 매우 장기간 서비스를 제공한다 하더라도 수익성이 없을 것이라는 점이 불공평한 경제적 현실이다. 하지만 우리는 모든 사람들이 연결될 자격이 있다고 믿는다.[8]

이 내용은 페이스북과 같은 상업적 벤처가 수익성이 있는 고객에 집중해야 할 필요성을 강조한다. 그렇게 해서 얻은 수익은 기업의 소유주인 주주에게 더 높은 배당금과 주가로 돌아갈 것이다. 이런 방법으로 상업적 벤처는 이처럼 중요한 이해관계자 집단에게 경제적 가치를 창출해 준다. 앞서 다룬 것처럼, 소셜벤처도 제품과 서비스를 통해 이해관계자에게 가치를 창출해 준다. 그런데 소셜벤처는 이러한 유형의 가치에 더해 지역사회 참여, 공익을 위해 일하는 것, 더 불운한 사람들을 돕는 것과 같은 형태로 무형의 가치도 더 많이 창출한다.

상업적 벤처와 마찬가지로 소셜벤처의 성공도 이해관계자를 위해 유형과 무형의 자산을 모두 창출할 수 있는 능력에 달려 있다. 따라서 가치 창출(또는 가치 창출의 부족함)이 이해관계자 집단으로 하여금 소셜벤처에 대해 긍정적으로 또는 부정적으로 느끼게 만들 수 있다. 긍정적으로 느끼는 집단은 다른 이해관계자 집단에게 소셜벤처와 소셜벤처의 활동을 홍보할 가능성이 큰 반면, 부정적으로 느끼는 집단은 다른 사람들이 참여하는 것을 막을 가능성이 크다. 따라서, 소셜벤처가 가치를 창출하는 정도는 해당 벤처가 이끌어낼 수 있는 지원의 정도에 직접적인 영향을 미치며, 더 나아가 성과에까지 영향을 미친다(Donaldson & Preston, 1995; Freeman, 1984). 이런 관점에서 사회적 기업가는 다양한 이해관계자 집단의 필요와 우선순위를 식별하고 이를 자신의 가치, 경영 방식, 결과물에 통합할 필요가 있다.

일차적, 이차적 이해관계자

일차적 이해관계자는 벤처와 밀접한 또는 계약상의 관계에 있는 내부 또는 외부 집단을 말한다. 여기에는 직원, 고객 또는 수혜자, 공급자, 투자자, 사업 파트너, 정부 및 지역사회 기반 조직과 같은 집단이 포함된다. 이차적 이해관계자에는 벤처가 어떤 계약상의 의무를 갖지 않는 언론 매체와 특별 이익 집단이 포함된다. 각 집단은 뚜렷한 가치와 다른 기대를 가지고 있는데, 이것이 벤처의 운영 방식에 영향을 미칠 수 있다. 이해관계자 집단을 효과적으로 관리하고 모든 이해관계자 집단을 위해 가치를 창출하기 위해 소셜벤처는 '남에게 말하는 바를 스스로 실천'해야 한다. 즉, 공정하고 책임 있으며 윤리적인 태도로 행동해야 한다. 이러한 경영 방식을 큰 규모로 적용시킬 때 벤처는 내부, 외부 이해관계자에게 롤 모델이 될 수 있다(Castka, Balzarova, Bamber & Sharp, 2004; Fuller & Tian, 2006; Guadamillas-Gomez & Donate, 2011; Lepoutre & Heene, 2006; Uhlaner, van Goor-Balk & Masurel, 2004).

신생 벤처와 각 이해관계자 집단 사이의 유대 관계는 조심스럽게 만들어지며 매우 존중받는다. 이러한 유대 관계를 유지하기 위해서는 신생 벤처의 창업자가 각 이해관계자 집단에 대한 특정한 정책과 활동을 개발하고 적용함으로써 1) 각 집단의 필요와 기대를 충족하고, 2) 각 집단을 위해 가치를 창출하며, 3) 기존에 있던 다른 솔루션과 비교하여 각 집단에게 부가가치를 창출해 주어야 한다. 이러한 전략적인 이유로 창업자는 이해관계자와 밀접하고 실제적인 관계를 구축한다. 하지만 각 집단의 필요와 기대를 깊이 연구하는 것은 벤처의 원래 미션을 어느 한쪽으로 치우치게 할 수 있다. 이 딜레마를 설명하자면, 많은 소셜벤처는 '로빈훗' 접근법으로부터 출발한다. 즉, 더 많이 가진 사람에게는 '되돌려줄 것'을 요청하고 덜 가진 사람에게는 제품·서비스를 무료로 제공하는 것이다. 예를 들어, 호텔들은 사용하지 않은 음식을 노숙인 보호소에 준다. 어떤 이해관계자 집단은 이 거래로부터 이익을 얻기를 기대할 수 있다(예를 들어, 음식 공급자, 노숙인 보호소에 대한 정보를 제공하는 중개인 등). 바로 이 지점에서 딜레마가 생기는데, 이러한 집단들의 기대를 충족하는 것은 창업자가 자신의 가치나 접근법을 위태롭게 하는 것을 의미한다. 이들 집단의 기대를 무시할 경우 창업자는 이 집단과의 관계를 위험에 빠뜨리며 '사업 자체'를 위태롭게 할 수 있다(예를 들어, 중개인의 기대를 무시하는 것은 신규 노숙인 보호소와의 연락이 끊어지는 결과로 이어질 수 있다). 이 상황은 점점 악화되어 다른 집단과 잠재적인 후원자에게도 영향을 미칠 수 있다.

신생 소셜벤처가 직면하는 내재된 딜레마는 벤처의 의사결정 과정에 달려있다. 이해관계자의 기대와 일치하도록 자신의 벤처를 만들어 나가거나 일부 이해관계자 집단의 기대와 상충될 수도 있는 벤처의 핵심 가치를 유지하는 것 중에서 선택해야 한다.

창업자가 내리는 어떤 결정도 신생 벤처를 불리한 처지에 놓이게 만들 가능성이 있다. 해당 결정이 이해관계자의 지지와 신뢰를 잃을 위험에 빠뜨리거나 벤처의 미션, 가치, 신념을 위태롭게 할 수 있기 때문이다.

내재된 딜레마에서 빠져나오거나 최소한 그 효과를 최소화할 수 있는 방법은 신생 벤처에서 기업의 사회적 책임(CSR) 전략을 개발하고 적용하는 것이다. CSR은 신생 벤처가 특히 의견 차이가 있는

---

8. www.facebook.com/isconnectivityahumanright; http://www.facebook.com/isconnectivityahumanright/isconnectivityahumanright.pdf. 참조

상황에서 이해관계자 집단과 투명하고 존중하는 관계를 유지하는 것과 같은 사회적인 경영 방식을 취하는 동시에 소셜미션을 달성할 수 있게 해준다(Enderle, 2004; Fowler & Hope, 2007; Jenkins, 2006; Murillo & Lozano, 2006; Perrini, 2006; Spence, Schmidpeter & Habisch, 2003).

감정에 초점 맞추기

감정에 초점을 맞추는 것은 아무것도 없는 상태에서 신생 벤처를 만드는 것과 같이 특히 스트레스가 많은 상황에서 직원과 팀을 지지하고 격려하며 북돋는 역할을 할 수 있다. 이 같은 감정적 측면의 경영은 소셜벤처를 창업하는 기업가에게 더욱 중요할 수 있다. 상업적 기업가와 사회적 기업가 모두 일정량의 불확실성에 직면하며 이로 인해 다양한 이해관계자를 보살피고 안심시켜야 할 필요가 생겨난다. 그런데 사회적 기업가의 경우 후원자를 모으고 지역사회와 관계를 맺으며 신뢰를 구축해야 하는 과제가 있기 때문에 이 보살피는 역량이 특별히 중요하다.

감정에 초점을 맞추는 것은 구조화되거나 구조화되지 않은 리뷰 및 참여적 과정에 이해관계자들이 참여하도록 장려하는 경영 방식을 수반한다. 이러한 활동을 통해 벤처의 창업에 관계된 이해관계자들이 서로 토론하고 나누며 이해할 수 있게 된다. 이해관계자들이 마일스톤과 성과를 축하하고 실망, 불만, 두려움을 공유할 수 있는 기회를 만들어 주는 것이다. 감정에 초점을 맞추는 것은 감정이 중요하며 소셜벤처가 목표를 달성하는 데 역할을 한다는 메시지를 전달한다. 이것은 사실이다. 사회적 기업가와 이해관계자들은 자신들의 대의에 대해 열정적이며 다른 사람의 필요에 민감하기 때문이다. 감정은 이들에게 동기부여를 해주고 어려운 시간에 이들을 지탱해 주며 의미 있는 변화를 만들어내도록 영향을 미친다. 따라서, 감정을 억누르는 것보다 관리하는 것이 사회적 기업가의 핵심 과제이다.

앞서 살펴본 것과 같이 소셜벤처의 다양한 이해관계자 집단을 관리하는 것은 복잡하고 다면적인 일이다. 표 9-2는 우리의 주제인 유연성, 윤리적 행동, 감정에 초점을 맞추는 것을 설명해 주는 사회적 경영 활동과 결과물의 예를 보여준다.

경영 전략으로서의 온라인 네트워킹

오늘날 온라인 네트워킹은 벤처를 발전시키고 성장시키는 데 있어 핵심 요인으로 꼽는다. 기업가로 하여금 조직이나 국가, 문화, 심지어 언어의 장벽을 넘어, 보다 넓은 범위의 이해관계자를 참여시키도록 해주기 때문이다.

[표 9-2] 소셜벤처의 경영 활동과 결과물

집단	내용	사회적 의미
직원	• 직원을 지지하고 격려하며 직원의 행복을 고려하는 정책 수립 • 매일 직원을 지지하는 활동 실천 • 개선에 대한 직원의 요구가 있기 전에 주도적으로 직원의 상황을 개선 • 기업 시민의식의 도입 • 근로 조건, 동등한 기회, 미성년 노동 및 계약 노동 등을 포함하여 지역 내 잠재 직원에 대한 공정성과 책임감 확인	• 보다 많은 잠재적 직원 모집 • 보다 높은 직원 유지율 • 직원 만족과 높은 동기부여의 결과로 벤처는 더 많은 혁신을 받아들이게 될 것 • 신뢰할 만한 벤처라는 평판
고객	• 높은 품질을 확인해 주며 제공되는 제품과 서비스의 품질에 부합하는 가격을 설정하는 것 • 품질과 가격을 유지하면서 혁신적인 제품과 서비스를 개발하고 도입하는 것 • 소비자의 건강하지 않은 소비 패턴 제한, 제품 사용 중 고객의 안전과 같은 이슈를 다루는 것 • 윤리적인 광고를 집행하는 것	• 보다 높은 매출 • 시장 확장 • 보다 많은 잠재적 고객 유치 • 서비스 공급자, 언론매체 등과 같은 유관 집단의 관심 유도
공급자	• 공급자의 사회적 책임에 대한 감사 시행 • 공급자가 윤리적으로 원재료를 조달하는 것을 확인 • 공급자와의 윤리적인 거래 보장 • 노동 또는 인권 침해를 묵인하는 집단과의 계약 회피 • 공급자에 대한 CSR 제고	• 상호 보완적인 서비스와 원재료에 대한 더 좋은 가격 • 신규 공급자 확보 • 벤처와 관계된 공급자 집단의 확장 • 윤리적 벤처라는 평판을 얻음 • 공급자는 미래의 고객, 직원, 투자자가 될 수 있음
투자자, 금융 커뮤니티	• 벤처의 사회적 전략에 투자자를 참여시킴 • 윤리강령과 책임 있는 경영 방식을 공동으로 개발 • 투자자, 금융기관과 투명하고 윤리적인 관계 유지 • 비밀을 유지하며 재무적 책임을 짐	• 더욱 많은 잠재적 금융 협업 파트너, 투자자 유치 • 금융기관과 기존 또는 미래의 거래에 있어 더 좋은 관계 구축 • 투자 유치의 결정적인 도구로서의 신뢰성
비즈니스와 지역 커뮤니티	• 비즈니스 및 지역 커뮤니티와의 사회적 계약 수립 • 지역사회에 대한 기업 시민의식 유지 • 자원봉사 활동, 자선 활동, 민관협력, 지역사회의 사회적·경제적 개발과 같이 지역사회에 혜택이 돌아가는 활동 도입	• 지역사회와 신뢰하는 관계 구축 • 해당 지역의 사회적·경제적 발전 • 환경을 돌봄 • 잠재적 협업, 투자, 사업 활동

[출처] Ahlstrom & Egels-Zanden, 2008; Buysee & Verbeke, 2003; David, Bloom & Hillman, 2007.

온라인 네트워크를 구축함으로써 기업가는 신뢰를 쌓는 동시에, 정보와 연락처를 공유하는 도구로 공통의 관심사와 열정을 활용할 수 있다. 이 장에서 전반적으로 다룬 것과 같이 이해관계자들은 다양한 관점과 우선순위를 가지고 있다. 따라서 소셜벤처의 경영은 각각에 대한 맞춤형 보살핌과 관심을 필요로 하는 다양한 이해관계자 집단과 균형 잡힌 가치 중심적인 관계를 구축하고 유지하는 것에 크게 좌우된다. 온라인 네트워크와 프로세스는 이러한 맞춤형 보살핌을 용이하게 해준다. 또한, 기업가가 이해관계자에 대해 보다 정확하고 지속적으로 정보를 수집할 수 있게 해주며 다양한 집단으로부터 아이디어, 제안, 피드백을 받을 수 있게 해준다.

온라인 네트워크 관리에는 가치 있고 새로우며 이해관계자의 호기심과 관심사를 자극하는 정보나 지식을 매일 또는 주 단위로 공유하는 것이 수반된다. 이는 정보를 전달하는 블로그나 주요 소셜 미디어(예를 들면 페이스북, 트위터, 링크드인)의 페이지 또는 어떤 행사에 대한 발표를 소셜 네트워크에서 전달하는 방법을 통해 실행할 수 있다. 또한, 동영상 공유 웹사이트를 활용하여 소셜벤처의 활동, 팀, 성과를 소개할 수도 있다. 그 외 다른 온라인 또는 모바일 기술은 동일한 가치, 아이디어, 관심사를 가지고 있는 사람들의 집단에 메시지를 전파하는 데 도움이 될 수 있다. 이는 토론을 자극하고 다양한 이해관계자 집단에 가장 중요한 핵심 이슈를 드러내 줄 수 있다. 이러한 과정은 비공식적이고 즉흥적으로 진행하기보다는 신중하게 기획하고 실행해야 한다. 특히 새로운 이해관계자에게 다가가고 지역적으로 흩어져 있는 기부자와 자원봉사자와 같은 기존의 이해관계자와 연락을 유지하는 방법으로 온라인 소통의 중요성을 고려할 때 더욱 그렇다. 또한, 소셜벤처의 온라인 네트워크는 신규 프로젝트, 협업, 자원을 확보하기 위한 새로운 전략에 대한 기회를 열어 줄 수 있다. 신생 소셜벤처의 기업가에게는 온라인 네트워크가 매우 귀중한 정보의 출처가 될 수 있다. 많은 사회적 기업가가 자신의 이야기와 벤처를 창업하고 성장시키는 데 도움이 된 전략을 온라인에서 공유한다. 사회적 기업가정신의 '사회적'인 측면과 일맥상통하게도 이처럼 경험이 풍부한 사회적 기업가는 이제 막 시작하는 다른 기업가에게 자신의 경험과 전문성을 공유해 주고자 하는 경우가 많다. 이러한 형태의 공유는 초보 사회적 기업가에게 정보뿐만 아니라 감정적 지지와 격려도 보내준다.

한 눈에 보기

소셜벤처에 있어 온라인 네트워킹의 영향력

영국 출신의 두 친구가 아프리카 농촌의 빈곤 지역에서 공공 보건의료 서비스에 대한 사용자 친화적인 피드백을 제공하는 것을 목표로 하는 온라인 소셜벤처를 설립했다. 이 벤처의 미션은 더 많은 지역 사람들이 공공 보건의료 서비스를 이용하도록 독려하는 것이었다. 폴 아브라함(Paul Abraham)과 폴 브런(Paul Brun)은 아프리카의 교육과 복지 문제를 발전시키는 데 초점을 맞추는 다양한 비영리기관에 의해 만들어진 한 대표단에서 처음 만났다. 아프리카를 방문하는 동안 브런과 아브라함은 아프리카 농촌 지역의 많은 아기와 아주 어린 아이들이 감염된 모기에 물린 자국 투성이인 것을 보게 되었다. 둘은 이 현상이 염려되어 왜 이러한 모기 물린 자국을 돌보지 않는지 이해하고자 사람들에게 질문했다. 결국, 지역 사람들이 공공 보건의료 서비스를 이용하는 것을 꺼린다는 것을 알게 되었다. 브런과 아브라함은 지역 주민들이 자신의 건강에 관여하고 책임을 지도록 독려할 수 있는 시스템을 만들기로 결정했다. 혁신적이며 재미있고 사용자 친화적인 아이디어를 만들기 위해 둘은 자신들의 페이스북 네트워크를 활용했다. 먼저 페이스북 친구들에게 지역 병원에 대한 지역 주민들의 만족도를 측정할 방법에 대한 아이디어를 내는 데 도움을 요청했다. 그리고 일주일 만에 2만 5천 개 이상의 응답을 받았다. 그 후로 이들의 포스팅은 다른 프로젝트에 대한 다양한 토론과 협업으로 확장되었다. 가장 가능성 있는 아이디어를 크라우드소싱을 통해 선택하기로 결정했고 참여자들과 온라인 브레인스토밍 세션을 갖기 시작했다. 대다수가 페이스북의 '좋아요' 개념과 유사하게 감정을 활용하여 만족도를 측정하는 방안을 제안했다.

브런과 아브라함은 다섯 가지 얼굴 표정(예를 들면, 행복한 얼굴, 화난 얼굴, 혐오감을 나타내는 얼굴 등)을 표현하는 스케치를 만들어, 전파식별(RFID) 기술을 접목하여 개발한 팔찌에서 간단히 터치하기만 하면 얼굴을 선택할 수 있도록 했다. 이 팔지를 통해 고객과 보건의료 서비스 제공자에 대한 고객의 경험에 관련된 정보를 저장하고 전송할 수 있게 되었다. 시스템에서 각 얼굴이 터치된 횟수를 계산함으로써 고객의 만족도에 대한 피드백을 제공했다. 고객 인터페이스에서는 매번 터치할 때마다 고객이 반응을 보인 것에 대한 '보상'으로 불이 켜지고 좋은 음악이 흘러나왔다.

다음 단계로 브런과 아브라함은 아프리카의 여러 농촌 지역의 공공 보건의료 기관과 협업을 시작했다. 각 병원에 자신들의 '다섯 가지 얼굴' 반응 시스템을 설치했다. 동시에 최근 12개월 간 최소 한 번 이상 해당 병원을 방문한 모든 사람에게 연락을 취해 무료로 팔찌를 나눠주었고 팔찌 데이터베이스에 그들의 기본적인 정보를 추가하는 것에 대해 허락을 받았다. 이들은 자신에 대한 정보와 사진을 더 추가할 수 있었다. 브런과 아브라함은 각 가정에 팔찌 사용법을 알려주었다. 팔찌를 제공하는 것의 의도는 고객과 보건의료 서비스 제공자를 모두 포함하는 생태계를 구축하고자 하는 것이었다. 고객이 자신의 경험에 대한 정보를 공유할 때마다 해당 피드백은 가상 네트워크로 전송되었다. 전 과정에 고객을 참여시킬 목적으로 두 기업가는 중앙 병원에 TV를 설치하여 팔찌로 피드백을 제공한 사람의 이름이 나타나게 했다. 이는 병원에 방문하는 사람의 수가 증가하는 놀라운 성공으로 이어졌다. 그 후로 이 시스템은 아프리카의 다른 농촌 지역으로 확산되었다.

요약

이 장에서는 소셜벤처의 경영 전략과 방식을 다루었다. 이러한 유형의 벤처는 비재무적이며 무형의 혜택을 제공하는 경우가 많기 때문에 경영 방식도 상업적 영리 벤처와 다르다. 그럼에도 불구하고 많은 소셜벤처에서 활용하기 시작한 하이브리드 구조에는 비영리와 영리의 목표와 전략이 모두 통합되어 있다. 이 장에서는 소셜벤처를 창업하는 기업가가 직면하는 경영상의 도전과제와 기회를 깊이 다룬다.

소셜벤처는 미션, 목표, 전략과 이에 상응하는 활동에 의해 운영된다. 이러한 것들은 이해관계자의 필요, 기대, 이해관계에 맞춰 조율되어야 한다. '남에게 말하는 바를 스스로 실천'하기 위해 소셜벤처는 벤처의 미션을 탄탄히 함과 동시에 이해관계자 집단의 다양한 필요와 기대에 부응하는 사회적인 활동을 진행한다. 이 장에서 소개한 사례 연구는 소셜벤처를 창업하는 기업가가 직면하는 도전과제에 해결의 실마리를 던져주는 경영 접근법의 실제 시나리오를 제시한다.

9장 질문

1. 소셜벤처는 경영에 대한 전통적 접근법과 비전통적 접근법의 혼합을 장려하는 것으로 알려져 있다. 그 이유를 설명해보자. 이 방법의 이점과 약점은 무엇인가?

2. 신생 소셜벤처의 경영에 있어 '지식 경제'가 시사하는 바는 무엇인가? '지식 경제'의 영향을 보여주는 소셜벤처의 예를 들어보자.

3. 홍과 정에 따르면(Hong and Jeong, 2006) 신생 벤처의 전략적 경영에 필수적인 네 가지 핵심 요소가 있다. 신생 벤처에 있어 이 요소들의 중요성을 설명해보자. 이러한 전략이 소셜벤처에게 더욱 많이 강조되어야 한다고 생각하는가?

4. 신생 소셜벤처의 경영이 어떤 이유로, 또 어떤 의미에서 이 장에서 제시한 것과 같이 '혁신적'으로 여겨지는지 논해보자. 이에 동의하는가?

5. 프랭크(Frank, 1988)에 따르면 정직하게 행동하는 사람은 이 정직함을 보다 쉽고 효과적으로 생산적인 관계와 '거래'할 수 있다. 이러한 행동이 어떻게 이해관계자의 다양한 기대와 조화를 이룰 수 있는지 논해보자.

6. 이 장에서는 신생 소셜벤처 경영의 독특성을 보여주는 여섯 가지 측면을 소개했다. 그 중 하나를 선택하여 그것이 신생 벤처의 내·외부 이해관계자에게 어떤 중요성을 가지는지 살펴보자.

7. 표 9-2를 보자. 한 집단(예를 들면, 직원, 고객, 공급자)을 선택해보자. '선의의 비판자' 역할을 하면서 기대되는 성과와 관련하여 언급된 활동들의 위험 요소나 불이익에 대한 다른 논거를 제시해보자. 선택한 집단을 대상으로 이러한 활동들을 진행하는 것에 대해 전반적으로 어떤 결론을 내리겠는가?

8. 신생 소셜벤처에게 네트워킹은 다양한 이유로 핵심 요소로 꼽힌다. 네트워킹이 소셜벤처의 경영에 구체적으로 어떻게 관련되어 있는지 분석해보자.

9. 신규 소셜벤처를 경영하면서 '감정에 초점을 맞추는 것'이 사업 성공을 위한 중요한 도구라고 생각하는가? 설명하고 예를 들어보자.

10. '한눈에 보기' 사례 연구를 읽고 브런과 아브라함의 사례에서 확인할 수 있는 서너 가지 경영 전략을 논해보자.

사례 공유

구직 면접 훈련을 위한 웹 기반 허브

미주리주 제퍼슨시 출신의 존 리차드슨(John Richardson)은 적응을 잘한 적이 없다. 학창 시절에도 대학교에서도 친구가 없었다. 학교에서는 한 무리의 야구부 학생들이 끊임없이 존을 괴롭혀 힘든 시간을 보내게 만들었다. 존은 시카고의 한 대학에서 열 손가락 안에 드는 성적으로 MBA 학위를 취득했지만 여전히 자신은 친구가 없고 남들과는 다른 사람이라고 생각했다. 자신의 삶에서 연속적으로 사회적인 거절을 경험했기 때문에, 존은 졸업 시점에 적절한 직업을 찾는 것에 대해 특히 염려했다. 존은 키가 훤칠하고 잘 생겼다. 풍부한 유머감각을 갖추었고 학업 성취도도 뛰어났지만 사회적 거절이라는 고통스러운 경험은 존의 커리어에 악영향을 끼쳤다. 어느 날 존은 한 티비 프로그램을 보면서 '불평'을 하는 대신에 '실행'을 하겠다는 결심을 했다. 자신과 같은 상황에 놓인 - 사회적, 정신적, 또는 육체적 장애를 가졌다는 진단을 받지는 않았지만 부적응자로 여겨져서 친구들로부터 격리된 - 사람들을 위한 웹 기반 네트워크를 출시했다. 존은 자신의 돈을 투자해 웹사이트를 개발했고 돈을 더 대출 받아 프로젝트를 지원할 전문가들을 고용했다. 며칠 만에 이 홈페이지는 수천 명의 사용자를 끌어들였다. 존은 자신의 프로젝트를 사회적 상호 작용에 있어 어려움을 겪는 사람들에게 초점을 두는 구직 면접 훈련을 위한 웹 기반 허브라는 소셜 비즈니스로 전환하기로 결심했다. 존은 같은 문제를 공유한 사람들이 함께, 역시 같은 문제를 갖고 있는 사람들에 의해 제공되는 훈련을 받는 것은 사용자들의 자신감을 회복시켜 그들이 계속 잘 살아가도록 해 줄 것이라고 믿었다.

더욱 중요한 것은 존이 꾸며진 것이 아닌 실제 삶의 경험을 믿었다는 것이다. 사용자들이 자신감을 높이는 것을 돕는 수단으로 존은 자신의 웹 기반 사업에 집합적 경영 방식을 도입했다. 존은 돈이나 투자를 요청하지 않았고 경영 업무에 대해 임금을 지불하지도 않았다. 기본적으로 매니저가 되고 싶은 사람은(전체적인 관리든 특정한 프로젝트 또는 새로운 업무에 대한 관리 역할이든) 누구나 곧바로 참여할 수 있었다. 경영팀은 사용자 간 상호 존중, 비판적인 코멘트 금지, 제품 또는 서비스의 홍보를 위한 상업적 협력 금지 등 웹 허브의 사용에 있어 엄격하고 투명한 규칙들을 만들었다. 경영팀은 외로움과 사회적 거절에 대한 인식을 확대하는 교내 프로젝트 등 다양한 프로젝트와 파생 프로젝트를 새롭게 시작하는 것을 장려했다. 이러한 프로젝트 중 하나는 지역의 정신건강 및 복지 서비스와 협력하여 고객들에게 감정적 돌봄 서비스를 제공했다.

존과 다른 이해관계자들은 경영에 적극적으로 참여하기 원하는 사람 누구에게나 기회를 주는 집합적 경영 방식을 유지해 오고 있다.

사례 질문

1. 당신은 이 장에서 소개된 다양한 관점을 활용하여 리차드슨의 경영 전략을 어떻게 서술할 수 있겠는가? 어떤 관점이 주를 이루었는가? 그 관점이 리차드슨의 소셜벤처의 미션과 잘 맞는다고 생각하는가?

2. 리차드슨은 벤처의 다양한 이해관계자를 어떻게 관리했는가? 리차드슨이 그들의 필요와 기대를 잘 다루었다고 생각하는가?

3. 경영팀이 맡았던 역할과 실시한 활동을 벤처의 목적과 관련하여 논해보자. 이들의 접근법에 대한 당신의 결론은 무엇인가?

4. 하나의 파생 프로젝트를 통해 벤처는 지역 정신건강 및 복지 서비스의 방향으로 나아가게 되었는데 이는 고유의 미션으로부터 벤처를 벗어나게 할 가능성을 지니고 있다. 이 전략에 대해 어떻게 생각하는가?

5. 리차드슨과 경영팀이 벤처의 미션 확장을 위해 시도할 수 있는 새로운 방법을 추천해보자. 잠재적인 장점과 단점을 논함으로써 각각의 방안을 평가해보자.

행동하기

사회적기업가는 생태계 내 이해관계자들의 전폭적인 지원을 필요로 한다. 따라서 신생 소셜벤처를 경영하는 전략과 체계는 복잡하고 불규칙적일 수 있다. 이해관계자를 관리하고 가치를 내포시킴으로써 목적과 미션을 추구하기 위해서는 다음의 사항들이 고려되어야 한다.

1. 소셜벤처의 임팩트의 깊이를 더하는 데 도움이 되는 이해관계자 집단과 강한 개인적 유대관계를 형성할 것

2. 도전과제를 재구성하는 등 경영에서의 유연성을 발휘할 것. 걱정거리를 공유하고 이를 어떻게 다룰 수 있는지에 대한 통찰력을 얻을 것. 이해관계자의 코멘트에 주의를 기울이고 그것에 반응할 것

3. 설립자의 가치·미션과 이해관계자들의 다양한 필요 및 기대 사이의 균형을 유지함으로써 소셜벤처의 발전을 도모할 것

4. 롤 모델이 되는 경영을 함으로써 이해관계자로 하여금 당신이 말하는 대로 행동하는 것을 보게 할 것

5. 소셜벤처의 경영에 있어 감정적인 부분에 초점을 두어 경영팀과 다양한 이해관계자 집단 사이의 관계를 살펴보고 관찰할 것

6. 더 많은 지지자를 끌어들이고 벤처의 임팩트의 깊이를 더하기 위해 벤처 수준에서 진행되는 활동과

프로세스를 보여줄 수 있는 지속가능한 생태계를 구축할 것

인터넷 활용하기

www.cemex.com에서 시멕스(Cemex)가 하는 일에 대해 찾아보자. 그들의 접근법은 다음과 같다. "우리가 하는 모든 일은 우리가 누군가에게 선택 받는 공급자이자 직원이자 파트너가 되도록 하는 것에 초점을 맞추고 있다" 그들의 경영 원칙은 "우리는 운영에 있어 더욱 유연해지고, 우리가 제공하는 제품에 대해 더욱 창의적이 되며, 자원의 활용에 있어 더욱 지속가능해지고, 우리의 글로벌 비즈니스를 운영하는 데 더욱 혁신적이 되며, 자본을 더욱 효율적으로 활용하기 위해 끊임없이 진화한다"는 것이다.[9]

당신은 시멕스로부터 회사의 가치[10]와 지속가능성, 비즈니스의 초점을 유지하면서 다른 지역으로 확장하기 위한 최선의 경영 전략을 조언해달라는 요청을 받았다. 경영 상의 역학 관계와 초점에 대해 기술해보자. 경영상의 딜레마에 대해 논해보자. 다양한 이해관계자 집단을 식별하고 그들의 기대치를 관리할 수 있는 방법을 파악해보자. 마지막으로 시멕스의 경영 접근법을 확립하기 위해 고려해야 할 주요 요소를 요약해보자.

---

9. 다음에서 더 확인할 수 있다. www.cemex.com/AboutUs/OurApproach.aspx#sthash.JtviW1zM.dpuf
10. http://www.cemex.com/AboutUs/CompanyValues.aspx 참조

10
비영리 및 영리 소셜벤처의 자금 조달

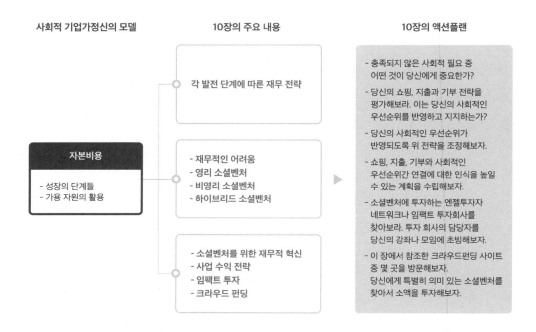

사회적 기업가정신의 모델

자본비용
- 성장의 단계들
- 가용 자원의 활용

10장의 주요 내용

각 발전 단계에 따른 재무 전략

- 재무적인 어려움
- 영리 소셜벤처
- 비영리 소셜벤처
- 하이브리드 소셜벤처

- 소셜벤처를 위한 재무적 혁신
- 사업 수익 전략
- 임팩트 투자
- 크라우드 펀딩

10장의 액션플랜

- 충족되지 않은 사회적 필요 중 어떤 것이 당신에게 중요한가?
- 당신의 쇼핑, 지출과 기부 전략을 평가해보라. 이는 당신의 사회적인 우선순위를 반영하고 지지하는가?
- 당신의 사회적인 우선순위가 반영되도록 위 전략을 조정해보자.
- 쇼핑, 지출, 기부와 사회적인 우선순위간 연결에 대한 인식을 높일 수 있는 계획을 수립해보자.
- 소셜벤처에 투자하는 엔젤투자자 네트워크나 임팩트 투자회사를 찾아보라. 투자 회사의 담당자를 당신의 강좌나 모임에 초빙해보자.
- 이 장에서 참조한 크라우드펀딩 사이트 중 몇 곳을 방문해보자. 당신에게 특별히 의미 있는 소셜벤처를 찾아서 소액을 투자해보자.

목표 ┃ 이 장을 읽고 나면 다음을 할 수 있게 될 것이다.

1. 재무전략의 중요성, 그리고 재무전략과 소셜벤처의 지속가능성 및 확장 사이의 연관성 논하기
2. 비영리 소셜벤처의 주요 재무 전략 설명하기
3. 영리 소셜벤처의 주요 재무 전략 설명하기
4. 각 유형 별 소셜벤처가 겪는 재무와 연관된 어려움을 설명하기
5. 하이브리드 소셜벤처의 발전 과정과 하이브리드 소셜벤처를 통해 위에서 언급한 재무와 연관된 어려움을 다룰 수 있는 방법에 대해서도 논하기
6. 소셜벤처의 재무와 관련된 혁신적인 방법들을 파악하고 논하기

재무 전략의 중요성

이 장에서 배우게 될 재무 전략은 소셜벤처의 시작과 생존, 지속가능성과 성장을 위해 필요한 가장 중요한 요소 중 하나이다. 재무 전략이라 함은 재원뿐 아니라 기관을 경영하기 위해 기업가가 활용하는 운영 전략도 말하는 것이다. 일반적으로 기업가적 벤처의 재무 전략은 수익을 극대화하고 비용을 통제하는 전략을 포함한다. 재무 전략은 또한 필요한 자원을 노동력이나 현물, 고정 자산의 형태로 확보하는 전략이기도 하다. 이 장에서 살펴볼 것처럼 재무 전략은 영리 소셜벤처와 비영리 소셜벤처를 구별하는 핵심 영역 중 하나이다. 이 두 가지 유형 사이에는 여러 공통점이 있지만 분명한 차이점도 존재한다.

재무 전략의 이론적 모델

기업 재무의 영역에서 재무 전략에 대한 주요 이론은 '자본 구조'의 범주에 해당된다. 자본 구조는 회사가 장기 자산(고정 자산)의 재원 마련을 목적으로 활용하는 부채와 자기자본의 조합을 말한다. 부채는 외부에서 빌려온 자본으로서 반드시 갚아야 하는 돈이다. 반대로 자기자본은 회사의 소유주나 주주들에 의한 투자금으로서 영구적인 재원이다. 노동력과 기기, 설비 등과 같은 회사의 다른 투입물처럼 부채와 자기자본도 비용을 수반한다. 장기 부채와 자기자본의 조합을 회사의 자본 구조라고 부르며 장기 부채와 자기자본의 다양한 재원 비용을 합산한 것을 회사의 가중평균자본비용(weighted average cost of capital, WACC)이라고 부른다. 재무 분야에서 자본 구조 이론은 전력망 산업의 자본 구조를 분석한 모딜리아니(Modigliani)와 밀러(Miller)의 이론(1958)에 뿌리를 둔다. 앞으로 M&M이라고 명명할 이 이론이 말하는 것은 회사는 가치를 극대화하는 방향과 가중평균자본비용을 최소화하는 방향으로 부채와 자기자본을 조합한다는 것이며, 그들의 이론에 따르면 이 두 가지가 동시에 일어난다. M&M 이론은 당시에는 획기적이었으며 거의 50년 동안 자본 구조 이론의 토대가 되어왔다.

하지만 M&M 이론은 신생 사기업에게 모두 적용되는 것은 아닌데, 그 이유는 이 이론이 거래 비용이 전혀 발생하지 않는다는 전제와 투자자와 경영자가 회사에 대해 똑같은 정보를 가진다는 전제에 기반을 두기 때문이다. 이 이론은 또한 회사가 아무런 제약 없이 부채와 외부 자본을 활용할 수 있다는 것을 전제로 한다. 하지만 일반적으로 신생 기업에는 정보의 비대칭이 존재한다. 그리고 큰 규모의 상장 회사와 달리 작은 회사는 엄두를 낼 수 없는 비용 때문에 신주나 채권을 발행할 수 있는 여지가 없다. 작은 회사는 개인적인 자금 공급원, 은행 대출, 공급자 신용, 사모펀드, 벤처캐피털, 정부 기금 등 다른 형태의 재원에 전적으로 의존하는 경향이 있다.

M&M 이론 이후 소규모 신생 기업에 적합한 다른 자본 구조 이론 몇 가지가 생겨났다. 마이어스 (Myers)와 마즈루프(Majluf)는 재무의 '계층' 이론을 만들었다(1984). 이 이론에 따르면 내부자들은 외부자들이 갖지 못한 회사의 정보를 갖고 있으며 이러한 정보의 비대칭성으로 인해 외부 주식 보유자는 회사의 주가를 저평가하는 경향을 갖게 된다. 그리고 내부자들은 외부 자본을 끌어들이기 전에 내부 자기자본을 유보 이익이나 대출의 형태로 활용하는 것을 선호한다. 따라서 회사의 소유주가 가능한 많은 통제권을 갖는 방향으로 재원에 계층이 생겨난다. 이 이론에 따르면 회사의 소유주는 먼저 내부의 자기자본을 활용하고 다음으로 단기 부채와 장기 부채, 마지막으로 외부 자본을 활용하는 것을 선호한다.

콜먼(Coleman)과 콘(Cohn)이 언급한 바와 같이(2000), 계층 이론은 소규모 사기업에 특히 적합한데 이러한 회사일수록 정보의 비대칭성이 크기 때문이다. 소규모 사기업은 연간 보고서를 발행하거나 증권거래위원회에 보고하지 않기 때문에 재무제표를 외부에서 볼 수 없다. 따라서 외부자가 회사의 재무 상태를 파악할 방법이 없다. 정보의 부족으로 인한 외부자의 대응은 더 높은 위험을 가정하는 것이며 따라서 투자 자금에 대해 더 높은 대가를 요구하게 된다. 외부 자본은 소규모 사기업에게는 그 비용이 너무나 크기 때문에 대안적 재원으로는 가장 마지막 선택지가 된다.

앞서 다루었던 생애주기 모델을 기반으로 베르거와 우델은 회사가 성장 단계에 따라 다른 종류의 재원을 활용한다는 재무의 '성장 주기' 이론을 제시했다(Berger and Udell, 1998). 이들은 특히 소규모 사기업은 정보에 있어 불투명하기 때문에 외부 자본 조달에 있어 어려운 시기를 겪게 된다고 지적했다. 이러한 회사는 회사 소유주의 개인적인 자금 출처나 회사가 수익을 창출할 때의 유보 이익 등 내부적인 재원에 더욱 의존하게 된다. 베르거와 우델에 따르면 회사의 소유주가 외부 자본을 조달해야만 하는 상황이라면 우선 순위는 투자금이 아니라 부채가 되는데, 부채는 회사의 소유권이나 통제권을 포기할 것을 요구하지 않기 때문이다. 정보의 비대칭은 특히 시작 단계나 발달 단계 등 초기 단계의 회사에서 심각하게 나타난다. 회사가 성장 단계로 나아갈수록 불투명성은 낮아지고 회사는 더욱 폭넓은 재원에 접근할 수 있게 된다.

기업가적인 회사의 자본 구조 선택에 관한 더욱 최근의 이론은 '재무적 브리콜라주' 이론인데, 이 이론은 적은 금액의 자금을 적시에 투입하는 것만으로도 회사의 생존과 성장 및 성공에 있어 큰 차이를 만들어낼 수 있다고 주장한다. 브리콜라주는 새로운 방식으로 문제를 해결하거나 기회를 활용하기 위해 가용 가능한 자원들을 재조합하는 과정을 설명하고자 인류학자 클로드 레비-스트라우스(Claude

Levi-Strauss)가 처음으로 도입한 용어이다(Levi-Strauss, 1967). 최근에 브리콜라주는 자원의 제약을 받는 비즈니스에 특히 적합한 전략으로 여겨지고 있다(Baker, 2007; Baker, Miner & Eesley 2003; Senyard, Baker & Davidsson, 2011). 베이커(Baker)와 넬슨(Nelson)에 따르면(2005), 브리콜라주에는 세 가지 주요한 특성이 있다. 첫째로 브리콜라주는 주어진 문제나 기회를 다루기 위해 행동을 취하는 태도를 포함한다. 둘째로 브리콜라주는 다른 비즈니스에서 가치를 인정하지 않는 투입물에서 가치를 발견하는 경우가 많다. 마지막으로 브리콜라주는 새로운 목적을 달성하기 위한 자원의 조합을 포함한다. 이러한 측면에서 브리콜라주는 흔히 '손에 있는 것으로 무언가를 만드는 것'으로 묘사된다. 재무적 브리콜라주는 사회적 기업가정신에 특히 적용하기 좋은데 이는 많은 소셜벤처가 제한된 금융 자본을 갖고 시작하기 때문이다. 따라서 그들은 비용을 최소화하기 위해 비용 지출 없이 일을 진행하는 재무적 부트스트래핑(bootstrapping)과 같은 방법이나 시간, 장비, 공간의 기부에 의존한다. 더 나아가 소액 대출과 지원금, 기부금을 조합하는 것은 소셜벤처가 초기 단계를 돌파함에 있어 매우 중요하다.

　　이러한 자본 구조 이론은 모두 영리 기업의 재무 전략을 설명하기 위해 만들어진 것으로, 부채는 활용하지만 공적으로(또는 사적으로) 주식을 발행하지 않는 비영리기관에게 모두 적용이 가능한 것은 아니다. 따라서 비영리기관이 자본을 유치하는 방법을 설명하는 이론은 거의 존재하지 않는다. 위에서 설명한 이론 중 비영리에 적용하기에 가장 적합한 것은 베르거와 우델의 재무의 '성장 주기' 이론이다. 이 책에서 앞서 논한 것처럼 비영리와 영리 소셜벤처는 다양한 발전의 단계를 거친다. 이 과정에서 다양한 기회와 어려움에 직면하며 이를 다루기 위해 다양한 재원과 전략을 활용한다. 7장에서 기업 생애주기의 다섯 가지 단계인 개발 단계, 스타트업 단계, 생존 단계, 빠른 성장 단계, 성숙 단계를 살펴보았다. 이 장에서는 이 다섯 가지 단계를 비영리와 영리 소셜벤처 모두의 재무 전략을 이해하는 틀로 활용할 것이다. 앞으로 살펴보겠지만 비영리와 영리 벤처의 재무 전략은 초기 단계에서는 매우 유사하나 다음 단계로 갈수록 서로 다른 길을 택하게 된다.

회사의 성장 단계별 재무

　　그림 10-1에 제시한 것처럼 재무 프로세스는 개발 단계에서 시작하여 스타트업 단계와 생존 단계, 빠른 성장의 단계를 거친 후 성숙 단계에 도달한다. 각 단계를 통틀어 벤처의 지속가능성이 이어지는 것을 보장하기 위해서는 확보된 재원의 유형이 각 발전 단계별 벤처의 필요와 일치하게 하는 것이 중요하다.

개발 단계

앞에서 우리는 개발 단계를 '생각과 계획'의 단계라고 기술했다. 이 단계는 사회적 기업가가 아이디어를 만들어내고 이를 실행에 옮기기 위해 필요한 자원을 식별하기 시작하는 단계이다. 이 지점에서 소셜벤처는 아이디어의 수준에 머물러 있고 따라서 재무적인 요구는 최소한이며 이는 일반적으로 창업자 자신에 의해 충족된다. 때로는 창업자가 아이디어를 현실화하는 것을 돕기 위해 가족이나 친구들이 동참하기도 한다. 이 단계에서 기업가의 핵심 업무는 벤처를 시작하기 위해 필요한 자본의 크기를 확인하는 것이다. 또한 기업가는 그 자본을 어떻게, 그리고 누구로부터 끌어올 것인지에 대한 계획을 수립할 필요가 있다. 마지막으로 기업가는 벤처의 '수익 모델'을 만들어야 한다. 수익 모델은 벤처가 어떻게 비용을 초과하는 수익을 창출할 것인지를 설명한다. 이것은 특히 중요한데 실현가능한 수익 모델이 없는 벤처는 지속가능하지 않기 때문이다. 이는 상업적 벤처와 소셜벤처 모두에 해당된다.

스타트업 단계

스타트업 단계에서 기업가는 자신의 벤처를 시작하고 목표 대상자의 필요를 충족시켜 줄 제품이나 서비스를 생산하기 시작한다. 이 단계는 조직이 단순히 아이디어에 머물지 않고 실현되는 단계이므로 자본에 대한 필요가 증가한다. 이 단계에서는 보통 대출이나 가족, 지인의 후원금 또는 '부트스트래핑'을 통해 기업가 스스로 자본을 충당한다. 부트스트래핑은 비용을 최소화하는 전략을 말하는데, 부트스트래핑의 대표적인 사례는 자원봉사 노동력을 활용하기, 집에서 일하기, 중고 또는 기부 받은 사무용 가구를 사용하기 등이 있다. 부트스트래핑은 상업적인 신생 벤처에게 핵심적인 전략이지만 소셜벤처에게 훨씬 더 중요한 전략이 될 수 있는데, 소셜벤처는 미래의 성장과 수익에 대한 약속으로 동기부여를 받는 초기 단계 투자자를 끌어들이기가 쉽지 않기 때문이다. 또한, 소셜벤처의 고객은 제품과 서비스에 대해 시장 가격을 지불하기 어렵거나 아예 값을 지불하기 어려울 가능성이 크다.

생존 단계

생존 단계는 말 그대로 생존 단계이다. 이 단계는 소셜벤처가 제품과 서비스를 공급하지만 현금의 유출이 현금의 유입을 초과하는 상태의 단계이다. 당연히 이런 상황이 무한정 지속될 수는 없다. 그럴 경우 그 벤처는 문을 닫아야 하기 때문이다. 생존 단계는 수익 창출형 벤처의 재원과 비영리 벤처의 재원이 차이 나기 시작하는 지점이기도 하다. 예를 들어 영리 벤처는 제품과 서비스의 판매 수익을 통해 필요한 자본금의 일부라도 충당할 수 있게 된다. 다른 가능한 재원으로는 기업가의 주택과 같은 자산을 담보로 하는 대출이나 파트너, 엔젤투자자, 벤처투자자 등 외부 자본투자자의 투자금 등이 있다. 엔젤투자자는 개인적으로 또는 그 수가 늘어나고 있는 엔젤투자자 네트워크의 일원으로 신생 회사에 투자하는 부유한 사람들이다. 벤처투자자는 투자자 자신 및 참여한 다른 투자자들로부터 투자를 위한 기금을 조성하고 이를 관리한다. 엔젤투자자와 마찬가지로 벤처투자자도 투자자에게 수익을 돌려주려는 목적으로 신생 기업을 검토한 후 투자를 결정한다. 엔젤투자자나 벤처투자자와 같은 자본투자자는 일반적으로 회사 소유권의 일부와 미래 수익의 일부를 지분에 비례하여 나눠 가질 수 있는 권리를 기대하며 투자에 참여한다.

이와 대조적으로 비영리기관에는 '지분'투자자가 없는데 그 정의와 같이 비영리기관의 수익은 소유주나 투자자를 위해서가 아니라 이해관계자의 필요를 충족하는 쪽으로 쓰이기 때문이다. 따라서 비영리기관은 기부나 모금 행사, 특별 이벤트나 다양한 재단 및 정부 기관의 지원금 등 매우 다른 유형의 재원에 의존한다. 비영리기관은 예측이 어렵고 경제적, 정치적 상황에 따라 변화하기 쉬우므로 이 같은 전략은 그들에게 또 다른 재정적 어려움을 안겨준다. 예를 들어 2007~2009년 외환 위기 동안 미국의 실업률은 10퍼센트를 상회했는데, 이와 같이 사람들이 일을 하고 있지 않은 상황에서는 자선의 목적으로 기부를 실천하기 어렵다.

빠른 성장 단계

빠른 성장 단계는 소셜벤처가 실제로 이륙하는 단계이다. 수익 창출 벤처에게 이 단계는 판매와 시장 점유율이 빠르게 증가하는 시기이다. 회사가 아직 이윤을 남기지 못하더라도 성과 기준을 달성했기 때문에 부채와 자본투자의 영역에서 더 많은 재원을 활용할 수 있게 된다. 만약 회사가 충분한 규모를 갖추었다면 실제로 IPO(신규상장)의 길을 택하게 된다. 이 전략은 주주 지분의 형태로 더 많은 외부 투자자본을 유입시키는 문을 열어준다. 빠른 성장 단계에 도달한 비영리 소셜벤처는 자신의 존재를 입증했으며 인지도와 제품·서비스에 대한 지원을 확보한 것이다. 이는 후원자를 끌어들이고 대형 모금 행사를 시작하며 외부 기부자로부터 지원금을 확보하는 것을 용이하게 해준다.

빠른 성장 단계에서 수익 창출 벤처와 비영리 벤처 모두가 직면하게 되는 가장 큰 도전과제는 벤처의 '규모 확대'이다. 이는 작은 벤처를 훨씬 크게 성장시키는 것과 관련된 전략을 말한다. 이러한 유형의 성장은 특히 그것이 급격하게 이루어질 경우, 벤처의 재정과 사람, 시스템과 통제 체계에 엄청난 압력을 가한다. 이는 기업가에게도 새로운 어려움을 가져다준다. 기업가가 벤처를 시작했을 때 아마도 그는 마케팅, 판매, 서비스 제공, 재무 등 대부분의 일들을 혼자 처리했을 것이다. 하지만 벤처의 성장과 함께 그는 법인을 설립하고 다양한 기능적 분야의 관리자를 채용하며 책임을 위임하는 법을 배워야 한다. 비영리 소셜벤처도 마찬가지이다. 기관이 더욱 커지고 복잡해질수록 자원봉사 인력에서 전문적인 경영 인력으로 옮겨가야 할 것이다.

성숙 단계

성숙 단계는 벤처의 빠른 성장이 멈추면서 안정적인 회사로 자리를 잡는 시기이다. 따라서 벤처는 더욱 예측 가능하며 다양한 재원에 접근이 가능해진다. 수익 창출 벤처에게는 판매 수익, 은행이나 공급자의 융자금, 회사 소유주 또는 주주의 투자금 등이 이에 해당한다. 비영리 벤처가 접근할 수 있는 재원은 기부, 연간 기금 모금 행사, 정부나 다른 비영리기관 또는 재단의 지원금 및 사업 계약 등이 있다. 이 단계에서는 벤처가 빠른 성장 단계에서 겪었던 재정적인 압박이 있지는 않지만 이 단계에 걸맞은 도전과제가 존재한다. 소셜벤처가 성공적이라면 이는 필연적으로 수익이나 후원자로부터의 기부금을 잠식하는 경쟁을 불러 일으킨다. 게다가 여느 기업과 마찬가지로 소셜벤처의 제품과 서비스군을 새로우면서 목표 대상의 필요에 적합하도록 유지해야 하는 과제가 있다.

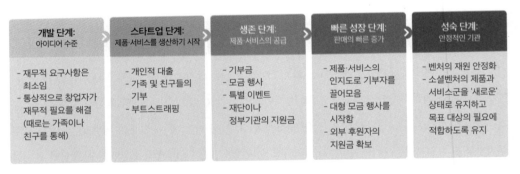

[그림 10-1] 발전 단계 관점으로 본 소셜벤처의 재무

소셜벤처 재무의 도전과제

영리와 비영리의 조직 형태 모두 사회적 기업가에게 재무적 혜택을 제공한다. 마찬가지로 두 형태 모두 중대한 도전과제를 부여한다. 여러모로 이러한 어려움은 하이브리드 형태 조직의 등장으로 이어졌고 하이브리드 조직은 점점 대중화되고 있다. 이 장에서는 영리와 비영리 조직의 이점과 도전과제를 살펴볼 것이다.

영리 소셜벤처

영리 소셜벤처의 가장 큰 강점은 제품이나 서비스로부터 창출되는 수익의 형태로 '내재된' 재원을 가진다는 점이다. 이러한 수익은 회사가 기부나 지원금, 재단 또는 특별한 이벤트 등 다른 재원에 대한 의존을 줄이거나 없애기에 충분할 수 있다. 성공적이고 성장 지향적인 소셜벤처는 상장하는 것을 정당화하기에 충분한 규모와 범위를 달성할 수 있다. 기업이 상장을 하면 사적인 소유물에서 공적인 소유물로 전환된다. 이 과정에서 기업은 주식을 외부 투자자에게 판매함으로써 미래의 성장과 연구개발, 새로운 제품 및 서비스의 생산 등으로 사용될 수 있는 상당한 액수의 외부 투자금을 모으게 된다. 인적 자원에 있어서도 큰 규모의 성공적인 영리 소셜벤처는 숙련된 리더와 관리자를 끌어들이고 회사의 규모를 더욱 키우는 데 도움이 되는 조직 인프라 구축 수단을 가지고 있다.

영리 벤처가 직면하는 재정적인 도전과제는 일반적인 영리 추구 기업이 겪는 어려움을 포함한다. 특히 몇몇 연구자들이 밝힌 것은 수익 창출에 대한 압력으로 인해 회사가 소셜미션에 초점을 덜 맞추게 될 수 있다는 점이다(Dees & Anderson, 2003). 배고픔, 건강, 교육 등의 사회적 필요는 장기적이고 단계적인 해결책을 필요로 한다. 하지만 상장 기업의 주주들은 장기적인 성과보다 단기적인 성과에 초점을 맞출 때가 많다(Lyons & Kickul, 2013). 따라서 수익 창출형 소셜벤처의 가장 큰 도전과제는 회사의 소셜미션을 달성하는 것과 주주들의 성과 기대치를 충족시키는 것 사이의 미묘한 균형을 맞추는 것이다.

세븐스 제너레이션(Seventh Generation)[1]

세븐스 제너레이션(Seventh Generation)은 친환경적인 가정용품을 제공하려는 목적으로 1988년 미국 버몬트주 벌링턴에서 설립되었다. 기업의 미션은 '긍정적 변화를 위한 진정한 동력이 됨으로써 더욱 의식 있고 지속가능한 세상을 만드는 것'이다. 이러한 변화는 이 기업의 세 가지 글로벌 목표에 내재되어 있다.

1. 환경을 되살리기

2. 의식 있는 소비를 장려하기

3. 공정하고 공평한 세상을 만들기

---

1. http://www.seventhgeneration.com 참조

세븐스 제너레이션은 130여 명의 직원을 보유한 사기업이다. 청소용품, 종이, 영유아 용품, 생활용품 등 광범위한 제품을 미국과 해외에서 판매하고 있다. 이들의 제품은 스톱앤샵(Stop and Shop), 빅와이(Big Y), 홀푸드(Whole Foods), 타깃(Target) 등 주요 소매상에 구비되어 있으며 아마존과 같은 사이트를 통해 온라인으로도 판매된다.

2009년까지 세븐스 제너레이션의 수익은 1억5천만 달러를 넘어섰다. 그럼에도 불구하고 이사회는 회사가 더 잘 할 수 있었음에도 그렇지 못했다고 판단했고 이에 설립자 제프리 홀랜더(Jeffrey Hollender)를 새로운 CEO로 교체했다(New York Times, 2011). 홀랜더는 이사회에 남았지만 회사의 성장률과 소셜미션을 위한 지속적인 헌신 사이의 갈등은 계속되었고 마침내 새로운 CEO의 교체와 함께 그는 이사직을 잃게 되었다. 2011년 뉴욕타임즈와의 인터뷰에서 그는 이렇게 말했다. "회사가 가야 하는 방향에 대해서 이사회와 저는 분명한 생각의 차이를 보였다는 점에 의문의 여지가 없었습니다"

이 격변기에 뒤이어 새로운 CEO가 고용되었고 그는 소셜미션에 다시 초점을 맞춤과 동시에 기업의 지속적인 성장에 기여하는 새로운 제품을 출시할 책임을 맡게 되었다(Advertising Age, 2012). 수익 창출 기업에게 있어 경영진의 개편은 유별난 일이 아니지만 세븐스 제너레이션의 사례는 회사의 사회적 목적과 경제적 목적의 균형을 위해 노력하는 과정에서 발생하는 어려움을 잘 보여준다. 이처럼 내적인 혼란기를 겪었음에도 세븐스 제너레이션은 소셜미션과 비즈니스적 기대치를 통합시키는 능력에 있어 두각을 나타내었고 2013년에 패스트컴퍼니(Fast Company)로부터 '새로운 경제에 있어 일생의 업적을 남긴 록스타상'을 받은 세 곳 중 하나가 되었다. 또한 2013년 버몬트에서 가장 일하기 좋은 기업 중 하나로도 선정되었다.

비영리 소셜벤처

수익 창출형 소셜벤처와 달리 비영리 소셜벤처에는 주주가 없다. 이 점은 벤처의 소셜미션과 수익(또는 주가) 사이에서 발생할 수 있는 갈등의 여지를 없앤다. 하지만 비영리기관에는 많은 것을 요구할 수 있는 광범위한 이해관계자들이 존재한다. '순수한' 비영리기관은 기부금, 정부기관과 재단의 지원금, 특별한 행사 등의 조합으로 수익을 창출한다. 이와 같은 수익원은 영리 소셜벤처의 매출원에 비해 경기의 영향을 더 많이 받음과 동시에 예측하기도 어렵다. 예를 들어 비영리기관이 매년 어떤 큰 자선 행사를 주최한다면 수익의 대부분은 행사의 직전에 발생할 것이다. 비슷한 측면에서 만약 정부의 기금 지원 프로그램이 취소된다면 이 기금에 의존했던 비영리기관은 위험에 처하게 될 것이다. 비영리기관의 자금 조달과 관련된 어려움 때문에 자금 조달 활동은 일년 내내 지속되며 이것에 많은 시간을 빼앗긴다. 또한 이러한 자금 조달의 어려움은 비영리기관이 영리기관에 비해 자원에 있어 더욱 제약을 받는다는 점을 의미한다. 이로 인해 영리기관에서 더 많은 급여를 받을 수 있는 유능한 인재를 비영리기관에 영입하는 것은 더욱 어렵다.

비영리기관, 특히 지원금에 의존하는 비영리기관은 업계의 변화에 대응할 수 있는 유연성이 부족할 수 있다. 통상적으로 지원금 신청서의 작성과 지원금의 지급이 먼저 이루어진 후에 제품이나 서비스의 공급이 이루어진다. 따라서 신청서의 작성 시점과 실제 업무 수행 사이에 긴 시간 차이가 발생할 수 있고 그 기간 동안에 환경이 달라질 수 있다. 지원금의 맥락에서 실행 기관은 그러한 변화에 대응할 수 있는 유연성에 제약을 받을 수 있다. 비영리기관의 또 다른 위험은 지원금이 특정한 활동에 대해서 지급이 되기 때문에 자신의 미션이나 전략과 전혀 상관없는 활동을 하게 될 수 있다는 것이다. 이러한 측면에서 소셜미션이 영리적 문제 때문에 밀려나지 않는다고 하더라도 초점의 부재나 자금의 부족 등으로 인해 소셜미션이 약화될 가능성이 있다.

릴' 엠디지(Lil' MDGs)[2]

릴' 엠디지는 9살 사회적기업가 딜런 마할링엄(Dylan Mahalingam)에 의해 시작된 비영리기관이다. 마할링엄의 목표는 2000년 국제연합 밀레니엄 정상회담에서 발의된 새천년개발목표(Millennium Development Goals, MDGs)에 초점을 두고 전 세계 사람들의 고통을 줄이는 일을 하는 것이다. 새천년개발목표는 가난, 배고픔, 교육, 성평등, 영유아 사망, 보건, 환경 등의 이슈에 초점을 맞춘다. 마할링엄의 전략은 이러한 이슈에 대해 배우고 참여할 전 세계적인 어린이 부대를 양성함으로써 혼자서 하는 것보다 훨씬 크고 위대한 임팩트를 창출하는 것이다. 오늘날 릴' 엠디지는 40여개 나라에서 2만 4천 명이 넘는 청년 자원봉사자를 보유하고 있다. 마할링엄은 요즘 시대 어린이답게 인터넷과 소셜미디어를 활용하여 전 세계의 아이들을 교육하고 참여시켰다. 릴' 엠디지의 초기 활동에는 다음이 포함된다.

1. 쓰나미 또는 허리케인 구호 활동을 위해 천백만 달러의 기금을 조성하기
2. 티벳, 인도, 우간다, 이라크 지역 학교의 건물과 설비, 물품을 위한 기금을 조성하기

---

2. http://www.lilmdgs.org 참조

3. 9천 권이 넘는 도서를 후원받아 워싱턴 D.C에 있는 취약계층 청소년을 돕는 도서관에 기부하기

4. 14개 나라의 아이들에게 3만 개 이상의 봉제인형 보내기

　　재무 전략에 있어 릴' 엠디지는 이사회 구성원이 기부한 시간을 포함하여 전적으로 자원봉사 인력에 의존한다. 또한 웹사이트를 통한 후원 약속과 기부에도 의존한다. 마지막으로 릴' 엠디지는 펩시(Pepsi), 토이저러스(Toys "R" Us), 콜스(Kohl's), 베스트 바이(Best Buy), 트레이더 조(Trader Joe's), 국제연합 재단(the United Nations Foundation), 하버드 대학교, 유니세프(UNICEF), 아쇼카 유스 벤처(Ashoka's Youth Venture)등 대형 기업과 기관으로부터 관심과 재정적 후원을 끌어냈다.

'하이브리드' 소셜벤처의 등장

　　표 10-1은 다양한 발전 단계에서 영리 재무전략과 비영리 재무전략의 공통점과 차이점을 요약한 것이다. 표에 기재된 것처럼 초기 단계에서의 재원은 공통적으로 사회적 기업가의 개인적 자산이나 가족 및 친구들로부터 받은 돈 또는 부트스트래핑 등으로 구성된다. 하지만 이후의 단계에서 영리 벤처는 엔젤투자자와 벤처캐피털, 상업 은행 등의 부채와 자본투자, 그리고 사업 수익 등에 점점 더 의존하게 된다. 반대로 비영리 벤처는 성장을 재정적으로 뒷받침하기 위해 기부금, 재단, 지원금, 스폰서 및 다양한 모금 이벤트 등에 전적으로 의존한다. 앞에서 말한 것처럼 두 가지 재무 전략에는 장점과 단점이 모두 존재한다.

　　'하이브리드' 소셜벤처의 등장과 성장은 순수 영리와 비영리 조직형태의 기관이 직면하는 도전과제에 대한 직접적인 반응의 결과이다. 일반적으로 하이브리드 벤처는 전통적으로 비영리와 관련 있는 사회적 목적을 전통적으로 영리 기업과 관련 있는 경제적 목적 및 시장 기반의 방식과 결합한다(Wilson & Post, 2013). 어떤 경우 기업가는 다양한 이해관계자의 필요를 충족시키기 위해 벤처의 사회적 부문을 수익 창출 부문과 분리시킨다. 예를 들어 사회적 기업가는 이윤을 창출하기 위해 수익 창출 회사를 설립하고 별도의 재단을 설립하여 사회적 필요를 다루는 데 회사의 수익을 사용할 수 있다.

　　하이브리드 벤처의 성장은 똑같은 후원자와 재단의 돈을 두고 경쟁하는 비영리 기관들이 많아지면서 가속화되었다. 하이브리드 형태는 소셜벤처에 자금을 조달하는 다른 방식을 제공해 주는데, 이는 사업 수익 및 시장 수익을 기대하는 투자자를 통해서이다. 하이브리드 형태는 확장과 지속가능성이라는 이중적 목적의 달성을 가능하게 한다. 성장 지향적인 벤처는 내부 재원과 외부 재원로부터 통상적으로 큰 규모의 자금을 받아 활용한다. 하이브리드 벤처는 이러한 잠재적 재원의 수와 규모를 확대함으로써 벤처가 성장의 목적을 달성하기에 충분한 자본을 확보할 가능성을 높인다. 소셜벤처의 주요 도전과제는 지속가능성으로, 이는 지속적으로 기관의 운영에 필요한 자금을 조달하고 유지하는 기관의 능력을 말한다. 기부자를 얻기 위한 경쟁이 점점 치열해지고 정부 기금이 축소되는 것은 비영리 벤처가 지속가능성의 목적을 달성하는 데 특히 위협이 된다. 이러한 측면에서 하이브리드 형태로 '이주'하는 현재의 트렌드는 소셜벤처가 운영되는 경제적, 정치적 환경의 변화에 대한 대응이다. 영리나 비영리 소셜벤처와 마찬가지로 하이브리드 소셜벤처도 도전과제를 피할 수 없다. 기관의 소셜미션의 추구와 경제적 성과 목적의 달성 사이에서 균형을 유지할 필요가 여전히 존재한다. 각 벤처에 따라 두 목적 중 하나가 더 우세할 수 있다.

[표 10-1] 소셜벤처의 다양한 재원

성장 주기 단계	영리 벤처의 주요 재원	비영리 벤처의 주요 재원
개발 단계	기업가의 자산 가족이나 친구	기업가의 자산 가족이나 친구
스타트업 단계	기업가의 자산 가족이나 친구 부트스트래핑 엔젤투자자 벤처캐피털	기업가의 자산 가족이나 친구 부트스트래핑
생존 단계	회사의 사업 수익 부트스트래핑 엔젤투자자 벤처캐피털 정부 프로그램	기부금 재단 지원금 부트스트래핑
빠른 성장 단계	회사의 사업 수익 공급자 및 고객 상업 은행 투자 은행·주식 상장(IPO)	기부금 재단 지원금 스폰서 모금 행사 특별 이벤트
성숙 단계	회사의 수익 상업 은행 투자 은행·추가 주식 발행	기부금 재단 지원금 스폰서 모금 행사 특별 이벤트

비전스프링(VisionSpring)[3]

비전스프링(VisionSpring)의 설립자 조든 카살로(Jordan Kassalow)는 23세에 멕시코 의료선교에 참여였다. 멕시코에서의 첫날, 안과 검진을 위해 줄을 서 있는 2천 명의 사람들이 그를 맞이했다. 그 사람들 중 한 명은 스스로 맹인이라고 생각하는 일곱 살의 소년이었다. 하지만 그 소년을 검진했을 때 조든은 소년이 맹인이 아니라 심각한 근시라는 것을 발견했다. 조든은 기부 받은 안경 중 하나를 그 소년의 얼굴에 씌웠고, 소년의 얼굴이 세상을 처음으로 선명하게 보는 것에서 오는 기쁨으로 인해 바뀌는 것을 보았다. 이는 조든의 기업가적 여정의 불씨가 되었다. 그의 비전은 전 세계 누구든지 적정 가격의 안경에 접근할 수 있게 하는 것이다. 이것이 그토록 중요한 이유는 무엇일까? 비전스프링 웹사이트에 따르면 주로 개발도상국에 거주하는 7억 명 이상의 사람들이 안경을 통해 시력을 되찾을 수 있었다. 안경 덕분에 착용자의 생산성이 향상되었고 이는 약 20퍼센트의 월수입 증가로 나타났다.

전통적으로 개발도상국의 안과 검진은 산발적으로 진행된다. 주기적으로 열리는 클리닉에서 시각 장애를 선별하고 수술을 실시하며, 기부 받은 안경을 나눠준다. 조든은 개발도상국의 저소득 지역사회를 돕는 방법에 관한 다른 시각을 갖고 있었다. 그는 적정 가격으로 고품질의 안과 검진과 안경을 제공하는 것이 시장성이 있다고 판단했고 그러한 필요를 다루기 위해 비전스프링을 구상했다. 비전스프링은 잠재적인 고객에게 다가가기 위해 허브앤스포크(Hub-and-Spoke, 중심축과 바퀴살) 방식의 접근법을 택했다. 비전스프링의 안경점들이 '허브(중심축)'가 된다. 이 곳에서 숙련된 검안사에 의해 종합적인 안과 검진이 실시된다. 안경점의 점주가 고객의 검진 결과에 따라 알맞은 안경을 선택하고 구매할 수 있도록 도움으로써 '스포크(바퀴살)'의 역할을 한다. 점주는 자신의 지역사회의 사람들에게 비전스프링의 안경을 판매하며 부수적인 수익을 창출한다. 비전스프링 회사 자체도 안경의 판매를 포함하여 다양한 경로를 통해 수익을 창출한다. 따라서 이는 상업적 벤처의 수익 창출의 가능성과 전통적 비영리 벤처의 사회적 목적을 결합한 것이다.

소셜벤처를 위한 재무적 혁신

사업 수익 전략

앞서 언급한 것처럼 점점 많은 비영리 벤처가 줄어드는 기부와 재단 및 정부 기금을 두고 경쟁하고 있다. 비전스프링처럼 이와 같은 문제에 직면한 벤처들은 사업 수익 전략에 대한 의존도를 높이고 있다. 사업 수익 전략은 제품과 서비스의 판매를 통해 수익을 늘리는 전략이다. 비전스프링의 사례에서 사업 수익은 개발도상국 사람들에게 적정한 가격으로 안경을 판매하는 것을 통해 창출되었다. 사업 수익 전략의 다른 사례는 서비스 수혜 계층의 소득 수준에 따라 차등적으로 서비스 이용 대금을 청구하는 것이다. 이 전략은 추가적인 수익을 창출하면서도 가장 빈곤한 계층의 사람들에게는 여전히 무료로 서비스를 제공하게 한다. 헬스케어와 상담, 교육 서비스를 미국 전역에 복제·전파하는 플랜드 패런트후드(Planned Parenthood)는 수년 동안 이 전략을 활용해 왔다.[4]

또 다른 전략은 기관의 소셜미션과 어떤 식으로든 연결되는 제품과 서비스를 판매하는 것이다. 유방암에 대한 인식 개선과 교육, 처방, 연구에 초점을 두는 수잔 G. 코멘 포 더 큐어(Susan G. Komen for the Cure)[5]는 유명한 핑크 리본 로고가 삽입된 제품을 판매하면서 이 전략을 잘 활용했다. 기관의 2011년 연간 보고서에 따르면 코멘은 2천만 달러가 넘는 '기타 수익'을 창출했는데, 이 중 대부분이 티셔츠와 야구모자, 커피컵, 쓰레기통 등의 제품 판매를 통한 것이었다.

그동안 여러 비영리 소셜벤처가 사업 수익 전략을 활용해왔지만 전통적인 자금 출처에 대한 경쟁이 치열해지고 있기 때문에 이러한 전략이 비영리단체에게 더욱 필요하고 중요해질 것으로 예상된다. 흥미로운 점은 비영리 벤처의 사업 수익 의존도가 높아질수록 제품과 서비스의 시장 진입을 위해 더욱 세련된 기술을 활용하게 된다는 측면에서 그들이 더욱 수익 창출 벤처와 비슷해진다는 점이다.

임팩트 투자

소셜벤처의 재무 영역에서 가장 중요한 혁신 중 하나는 임팩트 투자의 등장과 최근의 빠른 성장이다. 임팩트 투자자는 사회적, 환경적 문제에 대한 솔루션을 제공하면서 재무적 수익도 보장받으려는 목적으로 영리 소셜벤처에 투자한다(Bugg-Levine, 2009). 임팩트 투자는 부채나 자본투자의 형태를 취하며 2014년까지 5천억 달러의 규모로 성장할 것으로 전망되었다.

최근 이러한 트렌드에 부합하여 사회적으로 책임 있는 벤처캐피털 기금이 더 많이 조성되고 있다. 벤처캐피털 기금은 전문적으로 운용되면서 초기 단계나 성장 단계의 벤처에 부채나 자본 투자를 제공하는 공동 기금을 말한다. 펀드매니저는 투자 포트폴리오를 만들기 위해 기업들을 검토하고 투자를 결정한다. 투자자는 포트폴리오상의 개별 회사가 상장되거나 매각될 때 수익을 얻는다. 전통적인

---

3. http://visionspring.org 참조
4. http://www.plannedparenthood.org 참조
5. http://www.komen.org 참조

벤처캐피털은 투자자에게 높은 수익을 안겨줄 가능성이 높은 수익 창출형 회사에 집중해 왔다. 이와 반대로 사회적으로 책임 있는 기금은 사회적인 목적을 가지며 수익도 창출하는 회사에 투자하며, 사회적이고 경제적인 투자 목적을 가진 투자자를 모집한다. 임팩트 투자 시장이 지금은 미국에 집중되어 있지만 표 10-2에서 볼 수 있듯이 이것은 세계적인 현상이다.

이러한 성장 트렌드가 중요한 이유는 무엇일까? 이 질문에 대한 대답은 소셜벤처가 큰 규모를 갖추는 것을 돕는 데 임팩트 투자가 핵심적인 역할을 한다는 사실에서 찾을 수 있다. 고성장을 하는 벤처는 연구 개발을 하거나 새로운 제품과 서비스를 개발하고, 성장을 돕는 인프라를 구축하거나 새로운 지역으로 확장하기 위해 큰 금액의 외부 자본을 필요로 한다. 벤처캐피털은 혁신적인 상업적 벤처의 성장 가능성을 현실화하는 데 핵심적인 역할을 한다. 임팩트 투자는 소셜벤처를 위해 이와 비슷한 역할을 한다.

[표 10-2] 지역별 임팩트 투자 사례

지역	투자기금
미국	캘버트 재단(Calvert Foundation), 헌팅턴 캐피털(Huntington Capital)
캐나다	케이프 펀드(CAPE Fund), 세인트 존 커뮤니티 대출 기금(St. John Community Loan Fund)
영국	브릿지스 커뮤니티 벤처스(Bridges Community Ventures), 런던 리빌딩 소사이어티(London Rebuilding Society)
유럽	블루 오차드 그룹(Blue Orchard Group), SNS 에셋 메니지먼트(SNS Asset Management)
아시아	뉴 벤처스(New Ventures), 어벤티지 벤처스(Avantage Ventures)
인도	그라민 캐피털(Grameen Capital), 아큐먼 펀드(Acumen Fund)
호주	커뮤니티 섹터 뱅킹(Community Sector Banking), 소셜벤처 오스트레일리아
아프리카	마노캡(ManoCap), 루트 캐피털(Root Capital)
라틴 아메리카	아고라 파트너십스(Agora Partnerships), 아도비 캐피털(Adobe Capital)

[출처] Clark et al.(2012)

임팩트 투자 사례 — 워터헬스 인터내셔널(WaterHealth International, WHI)[6]

전 세계 10억 이상의 인구가 안전한 식수를 공급받지 못하고 있다. 이 필요를 다루기 위해 워터헬스 인터내셔널은 혁신적인 자외선 수처리 기술을 활용하여 안전하고 깨끗한 식수를 농촌 지역사회에 공급한다는 목표를 갖고 1996년에 설립되었다. WHI는 영리기업으로 설립되었고 수처리 설비를 지역사회와 정부에 판매함으로써 수익을 창출한다. 이 회사는 비용 효과적인 접근법을 활용하여, 개인당 대략 10달러의 투자금으로 자외선과 다단계 여과를 통해 오염물, 토사, 악취와 나쁜 맛을 제거하는 모듈형의 커뮤니티 워터헬스 센터를 건설하고자 한다. 다소 어려웠던 출발 이후 회사는 2002년에 구조 조정을 거쳤고 큰 규모로 확장하기 위해서 외부 기금을 유치하기 시작했다.

2004년 아큐먼 펀드[7]는 WHI에 60만 달러의 자본금을 투자하였다. 아큐먼 펀드는 자선적 기부를 통해 기금을 조성하는 비영리 벤처캐피털 기금이다. 조성된 기금은 다양한 사회적 필요를 다루는 초기 단계의 회사에 지속적으로 투자된다. WHI에 대한 초기 투자 이후 아큐먼은 2006년 29만 달러의 대출 담보와 2008년 추가적인 130만 달러의 대출 담보를 제공했다. 또한 WHI에 두 번에 걸쳐 총 132만 달러의 추가적인 자금을 투자했다. 아큐먼의 자금은 인도의 상업 은행 자금이나 다른 벤처캐피털의 투자금 등 추가적인 재원의 문을 여는 열쇠가 되었다. 이같은 다양한 재원을 통해 WHI는 규모를 늘리고 사업을 급격하게 확장할 수 있었다. 2006년부터 WHI는 인도에서 프로젝트를 시작했고 마침내 500개가 넘는 수처리 설비를 건설했다. 이러한 노력의 결실로 아프리카와 필리핀에 사업을 더욱 확장할 수 있었다. 청정 기술 분야에서 WHI의 혁신과 리더십을 인정하여 클린테크 그룹(Cleantech Group)은 WHI를 글로벌 100대 청정기술 기업으로 2년 연속 선정했다. 오늘날 WHI는 깨끗하고 안전한 물을 5백만 명이 넘는 사람들에게 공급하는 것으로 추산한다. 하지만 이는 충족되지 않은 필요와 비교했을 때 단지 '세숫대야 속 물 한 방울'에 불과하다고 그들은 말한다. 그러므로 WHI는 지금도 라틴아메리카와 아시아 일부 지역으로 더욱 확장할 기회를 엿보고 있다.

사례 질문

1. WHI가 다루는 충족되지 않은 사회적 필요는 무엇인가?

2. 이 충족되지 않은 사회적 필요는 얼마나 큰가?

3. 벤처캐피털이란 무엇인가?

4. 임팩트 투자는 전통적인 벤처캐피털 투자와 어떻게 다른가?

5. 아큐먼 펀드의 재원이 어떻게 WHI의 목적 달성을 도울 수 있었는지 설명해보자.

6. 아큐먼 펀드의 웹사이트를 방문해보자(www.acumen.org). 아큐먼이 기금을 제공한 다른 유형의 프로젝트에는 어떤 것이 있는가?

---

6. http://www.waterhealth.com 참조
7. http://www.acumen.org 참조

크라우드펀딩

영리와 비영리 소셜벤처에 도움이 되는 주요한 재무적 혁신 중 세 번째는 크라우드펀딩이다. 크라우드펀딩은 일반적으로 인터넷을 활용하여 소액을 지원하는 다수의 투자자 또는 기부자로부터 기금을 모은다. 기부나 대출 형태의 크라우드펀딩이 등장한 지는 좀 되었지만 투자 형태의 크라우드펀딩은 미국 내에서 상대적으로 새로우며 2012년에 일자리 법안에 포함되면서 공식화되었다. 현재 운영되는 주요 크라우드펀딩 플랫폼의 사례는 다음과 같다.

- 킥스타터(Kickstarter, www.kickstarter.com): 예술, 음악, 영화, 비디오 게임 등 창의적인 프로젝트를 후원하고자 하는 사람들에게서 기부금을 모금
- 인디고고(Indiegogo, www.indiegogo.com): 모든 형태의 사회적, 사업적, 개인적 필요에 대한 기부금을 모금
- 키바(Kiva, www.kiva.org): 소규모 비즈니스를 위한 소액 대출 기금을 모금
- 크라우드라이즈(Crowdrise, www.crowdrise.com): 사회적 대의와 자선 활동을 위한 기부금을 모금
- 씨들스 리미티드(Seedrs Limited, www.seedrs.com): 영국 내 기업을 위한 투자금을 모금
- 펀디드바이미(FundedByMe, www.fundedbyme.com): 스칸디나비아 지역에서 기부금과 자본 투자금을 모금
- 스타트넥스트(Startnext, www.startnext.com): 독일의 예술가와 디자이너, 발명가를 위한 크라우드펀딩 플랫폼

크라우드펀딩의 매력은 사회적 기업가의 이야기를 필요한 기금의 유형에 맞는 다수의 잠재적 기부자나 채권자, 투자자에게 직접적으로 전달하는 도구가 된다는 데 있다. 크라우드펀딩은 또한 인터넷과 소셜미디어를 통해 사회적 기업가가 자신의 대의에 대한 열정에 공감하는 다른 사람과 연결될 수 있는 기회를 제공한다. 이러한 측면에서 크라우드펀딩은 기금 모금 프로세스를 민주적으로 만든다. 만약 당신이 주목 받을 만한 이야기를 갖고 있다면 기금을 모금할 확률은 다른 사람들 못지않게 좋을 것이다. 크라우드펀딩은 아직 초기 단계에 머물러 있지만, 신생 또는 성장 중인 많은 소셜벤처에게 '게임 체인저'가 될 가능성을 갖고 있다.

요약

이 장은 자본 구조 이론의 발전 과정을 따라가는 것으로 시작했다. 이를 통해 모딜리아니 (Modigliani)와 밀러(Miller) 모델(M&M), 마이어스의 계층 이론, 베르거와 우델의 성장 주기 이론 등 세 가지의 주요 이론을 살펴보았다. 각각의 이론은 상업적 벤처의 재무적 행위를 설명하는 데 활용되어 왔으며 전제 조건은 벤처가 대출금과 투자 자본을 제약 없이 활용할 수 있다는 것이다. 하지만 앞에서 말한 것처럼 이 이론들은 상업적인 가치보다 사회적 가치의 창출에 우선 순위를 두는 소셜벤처에 완벽하게 들어맞지 않을 수 있다. 이에 소셜벤처는 다른 재원과 재무 전략을 도입하거나 우리가 '재무적 브리콜라주'라고 부르는 방법에 의존하기도 한다. 베르거와 우델의 성장 주기 이론의 내용처럼 상업적 벤처와 소셜벤처 모두 발전 단계에 따라 다른 재원을 활용한다. 이미 자리를 잡은 기업은 더 넓은 범위의 재원을 활용할 기회를 얻는 반면에 규모가 작은 신생 벤처는 아직 자신을 증명하지 못했기 때문에 더 큰 어려움에 직면하게 된다.

또한 이 장에서는 영리와 비영리, 하이브리드 벤처의 재무 전략을 설명했다. 영리 소셜벤처는 제품과 서비스의 판매를 통한 수익의 형태로 '내재된' 재원을 갖고 있다. 이와 반대로 비영리 소셜벤처는 기부금이나 정부 및 재단의 지원금, 특별 이벤트 등에 의존하는 경향이 크다. 이러한 재원은 경기의 영향을 받기 쉽고 예측하기 힘들어서 이로 인해 비영리 소셜벤처는 자원의 제약을 더욱 받게 되고 유연한 대응이 어려워지며 규모를 확장하기 더욱 어렵게 된다. 이 같은 어려움에 대응하기 위해 더 많은 소셜벤처가 비영리기관의 사회적 목적과 상업적 기업의 경제적 목적을 결합한 하이브리드 펀딩 모델을 발전시켰다. 이 전략은 소셜벤처의 기타 수익을 자체적인 수익으로 보충하게 해준다.

사회적 기업가정신의 범주에 속하는 몇 가지 재무적 혁신으로 인해 추가적인 재원 확보의 길이 열렸다. 하이브리드 모델의 진화는 소셜벤처가 제품이나 서비스의 판매를 통해 자체적인 재원을 확보하는 수단으로 사업 수익 전략을 개발하는 것을 촉진했다. 하이브리드 소셜벤처는 사회적, 환경적인 어려움에 대한 솔루션을 제공함과 동시에 합당한 투자 수익도 얻고자 하는 임팩트 투자자로부터 더 많은 관심과 투자를 끌어내고 있다. 마지막으로 크라우드펀딩의 등장과 빠른 성장은 사회적 대의를 지원하고자 하는 소액 기부자와 채권자, 투자자에게 문을 열어 주었다.

10장 질문

1. 기업의 생애주기의 각 단계를 설명해보자. 이 단계는 소셜벤처에도 적용되는가?

2. 소셜벤처의 재원과 재무 전략이 생애주기를 따라 어떻게 변화하는지 그 방식을 설명해보자.

3. 소셜벤처는 상업적 벤처보다 더 큰 재무적 어려움에 직면하는가, 아니면 그 반대인가?

4. 크기와 범위의 확장을 이루고자 하는 소셜벤처에 대한 재무 전략의 중요성을 논해보자.

5. 비영리 소셜벤처의 주요 재원에 대해 설명해보자. 각각의 재원이 갖는 장점과 단점은 무엇인가?

6. 영리 소셜벤처의 주요 재원에 관해 설명해보자. 각각의 재원이 갖는 장점과 단점은 무엇인가?

7. '하이브리드' 소셜벤처란 무엇인가? 순수 비영리 또는 영리 소셜벤처와 비교했을 때 하이브리드 벤처가 가질 수 있는 잠재적인 이익은 무엇인가?

8. 이 장에서 설명한 재무적 혁신 몇 가지에 대해 설명해보자. 특별히 소셜벤처에게 이것이 중요한 이유는 무엇인가?

사례 공유

뉴먼스 오운(Newman's Own)

다른 기업가들과 마찬가지로 배우 폴 뉴먼은 개인적인 열정과 헌신을 따라 소셜벤처 뉴먼스 오운을 설립했다. 뉴먼의 열정은 음식에 대한 것이었다. 뉴먼은 최고의 재료로 만들어진 좋은 음식을 사랑했다. 너무도 사랑했기에 그는 '마음에 쏙 드는' 좋은 음식을 얻기 위해 스스로 식제품을 만들기 시작했다. 뉴먼이 만든 샐러드 드레싱은 특히 반응이 좋았고 그는 매년 크리스마스에 병에 담은 드레싱을 이웃과 친구들에게 선물했다. 응당 따라오는 반응은 '이건 돈 받고 팔아야겠다'였고 뉴먼은 농담 반 진담 반으로 판매를 결심했다. 하지만 그가 판매를 통해 벌어들인 수익으로 하고자 했던 일은 농담과는 거리가 먼 것이었다.

뉴먼스 오운은 1982년에 순수 자연 식품 회사로 시작했다. 시작부터 지금까지 이 기업은 두 가지 원칙을 지켜왔다.

1. 기업이 생산하는 식제품의 우수한 품질에 대한 약속

2. 식제품의 판매를 통한 수익 100퍼센트를 기부겠다는 약속

CEO 밥 포레스터(Bob Forrester)에 따르면(2013), 위의 두 원칙은 점차 회사에 스며들어 기업문화를 형성했다. 오늘날 뉴먼스 오운은 샐러드 드레싱과 스파게티 소스, 팝콘과 피자 등 광범위한 종류의 자연 식품을 판매한다. 2012년에는 아동 캠프, 헬스 클리닉, 학교, 물 프로젝트 등 다양한 분야의 소셜벤처의 기금 마련을 돕기 위해 3천만 달러를 기부했다.

조직 구조의 측면에서 뉴먼스 오운은 수익 창출 주체와 비영리 재단을 결합한 형태로서 우리의 분류에 따르면 하이브리드 소셜벤처이다. 식품 회사인 뉴먼스 오운은 사기업이다. 따라서 그들은 일반회계원칙(GAAP)을 준수하면서 수익 수준에 상응하는 세금을 납부한다. 뉴먼스 오운 재단은 독립적인 이사회를 가진 501(c)(3) 비영리기관이다. 재단의 역할은 식품 회사의 비용을 제외하고 수익을 100퍼센트 분배하는 것이다.

뉴먼스 오운이 설립자에게서 전수받은 또 다른 가치는 빈틈없는 재무 관리이다. 폴 뉴먼은 매우 출세한 배우였을 뿐 아니라 매우 성공적인 투자자였다. 그는 사회적 필요를 위한 자금을 극대화하려는 목표를 추구하면서 비용을 통제하고 생산성을 극대화하는 것에 집중했다. 예를 들어 뉴먼은 처음 회사를 시작했을 때 자신의 집의 수영장 옆 풀하우스를 헐어서 사무실 잔디와 정원 가구를 만들었는데 이는 아내 조앤 우드워드의 긴 결혼 여정에 있어 가장 놀라운 일 중 하나였다. 오늘날 뉴먼스 오운은 모든 식품에 대한 포장을 외주 주는 전략을 사용하여 포장 설비를 보유해야 할 필요성을 없앴다. 이 전략을 통해 회사는 대략 35명 정도의 상대적으로 적은 인력으로 운영될 수 있었다. 생산성의 측면에서 약 4천만 달러의 음식 매출은 직원 한 명당 1백만 달러 이상의 매출로 환산된다.

뉴먼스 오운의 성공의 또 다른 열쇠는 뉴먼스 오운 브랜드를 개발한 것으로, 이는 품질, 진실성, 자선적 목적과 밀접하게 연관되어 있다. 뉴먼스 오운은 브랜드의 힘을 통해 수준 높은 포장 회사와 협력하고 우수한 직원들을 영입할 수 있었다. 회사는 또한 브랜드를 힘입어 제품에 포함된 재료의 우수한 품질만큼의 가격을 책정할 수 있었다. 달리 말하면 뉴먼스 오운의 제품은 슈퍼마켓에서 가장 저렴한 제품은 아니지만 애초에 저렴한 것을 목표로 한 것이 아니다.

고객들은 뉴먼스 오운의 미션에 내재된 자선적인 원칙과 품질 모두에 긍정적으로 반응했다. 뉴먼스 오운은 크래프트(Kraft)나 유니레버(Unilever)와 같은 대형 식품 기업들과 경쟁을 하지만 업계의 연평균 성장률 1퍼센트를 훨씬 웃도는 10퍼센트의 연평균 성장률을 기록했다. 2010년에 타계한 폴 뉴먼이 만약 오늘 이 모든 것을 내려다본다면 아마도 빙그레 웃을 것이다.

뉴먼스 오운은 매년 전 세계 수백 개의 소셜벤처에 후원금을 지원하는데, 그 중 가장 잘 알려진 사례는 뉴먼이 1988년에 직접 시작한 홀인더월갱(Hole in the Wall Gang) 캠프이다. 이 캠프는 중병을 앓고 있는 아이들과 그 가족들에게 '다른 종류의 치료[8]'를 무료로 제공한다. 현재 미국 내 8개를 포함, 전 세계에 14개의 캠프가 있으며 매년 2만 명이 넘는 아이들과 그 가족들에게 도움을 주고 있다.

사례 질문

1. 뉴먼스 오운은 설립 당시 어떤 재원에 의존했는가?

2. 오늘날 뉴먼스 오운은 어떤 재원과 재무 전략에 의존하고 있는가?

3. 사례에서 주어진 정보와 뉴먼스 오운 웹사이트의 정보를 통해 볼 때 뉴먼은 그의 회사의 규모를 확장하기 위해 어떤 전략을 활용했는가?

4. 뉴먼스 오운은 소셜벤처의 성숙 단계에 이르는 과정에서의 어려움을 다루기 위해 어떤 전략을 활용했는가?

5. 하이브리드 조직 형태는 뉴먼스 오운이 목적을 달성하는 데 어떻게 도움이 되는가?

6. 뉴먼스 오운은 소셜미션과 경제적·성과 목적 사이에서 어떻게 적절한 균형을 이루는가?

행동하기

부지불식간에 당신은 이미 소셜벤처에 재정적으로 도움을 주고 있을지 모른다. 당신의 소비 패턴을 생각해보자. 당신은 사회적 대의를 수익의 전부나 일부에 반영시키는 회사로부터 어떤 제품이나 서비스를 구매하는가? 가치를 담은 소비를 늘리기 위해 어떤 단계를 밟을 수 있겠는가?

또한 많은 독자들이 비영리기관에 돈이나 시간을 기부할 것이다. 이런 방식으로 이미 후원하고 있는 곳은 어디인가? 굶주림, 노숙 문제, 교육, 사회 정의, 환경 등 당신이 중요하다고 느끼는 필요를 충족시키는 비영리 소셜벤처를 선택해보자. 이러한 기관과 그 기관의 목표 달성을 돕기 위해 어떤 단계를 밟을 수 있겠는가?

인터넷 활용하기

인터넷에서 영리와 비영리, 하이브리드 소셜벤처의 사례를 하나씩 검색해보자. 각각의 벤처의 규모(도움을 받는 사람의 수, 매출액, 모은 자금)와 범위(지역적, 전국적, 세계적)에 관해 설명해보자. 각 벤처의 소셜미션과 재무 전략을 파악해보자. 당신이 선택한 세 곳의 소셜벤처는 1)확장 2)지속가능성을 달성하기 위해 얼마나 잘 준비되어 있는가?

당신이 선택한 하이브리드 소셜벤처는 소셜미션과 경제적 목적 사이에서 균형을 이루기 위해 어떤 전략을 활용하는가?

재무적인 측면에서 당신이 조사한 세 가지 소셜벤처의 잠재적인 장점과 단점은 무엇인가?

---

8. http://www.teamholeinthewall.org 참조

IV
지속가능한
변화 만들기

11
성과 측정하기

사회적 기업가정신의 모델	11장의 주요 내용	11장의 액션플랜
경제적 가치	창출된 사회적 가치 측정의 중요성	- 당신의 지역사회에 있는 사회적 기업가를 인터뷰해보자. 그는 어떻게 성과를 측정하는가?
사회적 가치	경제적 가치와 사회적 가치 측정의 차이점	
혼합 가치	사회적 가치 측정에 대한 접근법 - 트리플 바텀 라인 - 사회적 투자수익률(SROI) - 균형성과표(Balanced Scorecard) - 임팩트 보고 및 투자 표준(IRIS)	- 당신의 지역사회에 있는 소셜벤처를 선정하여 해당 소셜벤처의 투입물, 산출물, 결과물, 임팩트를 확인해보자. 각각을 어떻게 측정할 것인가?
가치의 차원 - 투입물 - 산출물 - 결과물 - 임팩트	소셜벤처 성과 측정의 도전과제	- '트리플 바텀 라인'을 관리하는 조직 또는 기업을 인터넷에서 검색해보자. 해당 기관은 1) 수익, 2) 사람들, 3) 지구의 영역에서 자신의 활동을 어떻게 측정하는가?

목표 ㅣ 이 장을 읽고 나면 다음을 할 수 있게 될 것이다.

1. 사회적 기업가정신의 맥락에서 성과 측정의 중요성을 이해하기
2. 상업적 벤처와 소셜벤처에서 성과를 측정하는 것의 유사점과 차이점 이해하기
3. 소셜벤처의 성과를 측정하는 것과 관련된 도전과제를 이해하기
4. 소셜벤처의 성과를 측정하기 위해 개발된 방법론에 대해 논의하기

측정과 가치 창출 간의 관계

앞서 살펴본 것과 같이 사회적 기업가는 사회적 가치를 창출하고자 한다. 대부분의 소셜벤처가 몇 가지 형태의 경제적 가치도 창출하지만 사회적 가치 창출이 그들의 우선순위이다. 그럼에도 불구하고 경제적 가치는 지속가능성과 성장 또는 규모의 확대를 보장해준다는 점에서 필수적이다. 따라서, 점점 더 많은 소셜벤처들이 사회적 가치 창출과 경제적 가치 창출 사이의 균형을 맞추는 '혼합 가치' 접근법을 추구하고 있다(Emerson, 2003).

이 책에서는 큰 규모의 소셜벤처와 작은 규모의 소셜벤처에 대한 사례를 모두 다루지만, 지속적이며 시스템 차원의 변화를 만들 수 있는 벤처들에 초점을 맞춘다. 성장을 지향하는 일반적인 기업과 마찬가지로, 이러한 조직은 작게 시작하지만 제품 또는 서비스가 인기를 얻고 점점 더 많은 수의 고객을 모으면서 향후 극적인 성장의 시기를 지나는 경우가 많다. 이러한 패턴은 7장에서 소개한 기업의 생애주기에서 다루었다. 상업적 기업가정신의 맥락에서 성장을 지향하는 기업은 자신의 기업 규모와 만들어내는 일자리의 수뿐만 아니라 자신이 속한 산업을 변화시키거나 완전히 새로운 산업을 만들어 낼 수 있는 능력을 갖고 있기 때문에 중요하다. 스티브 잡스와 애플을 생각해보자. 이 회사의 창립 이래로 소통방법이나 정보, 음악 및 다른 형태의 엔터테인먼트를 접하는 방법을 바꾼 혁신이 얼마나 많이 나왔는가?

이러한 성장의 패턴은 시스템 차원의 변화를 이루고자 노력하는 성장 지향적인 소셜벤처에도 똑같이 적용된다. 많은 기업들처럼, 이러한 소셜벤처도 제품, 서비스, 전달 체계, 기술을 개발하며 이것이 복제와 성장으로 이어진다. 큰 규모와 범위에 이를 수 있는 이러한 소셜벤처가 바로 주요 기부자와 재단들이 찾는 곳인데, 이들이 개인뿐만 아니라 사회적 필요를 다루는 방법에 큰 영향력을 미치기 때문이다. 그라민은행, 차일드라인, 티치 포 아메리카, 카붐!을 포함하여 이 책에서 강조한 성장 지향적인 소셜벤처를 생각해보자. 매우 성공적인 이들 소셜벤처는 모두 자신의 타깃층을 돕기 위한 혁신적인 접근법을 개발함으로써 시스템 차원의 변화를 이룩했다.

성공과 성과를 측정하는 것은 소셜벤처에게 있어 핵심적인 역할을 하며 성장 지향적인 소셜벤처에게 특히 중요하다. 고객의 입장에서는 이러한 측정을 통해 소셜벤처들이 자신이 하고 있는 일, 예를 들면, 굶주린 사람에게 음식을 주거나 노숙인에게 주거지를 제공하거나 깨끗한 물을 공급하거나 의료 서비스를 제공하거나 교육에 대한 접근성을 높이는 일 등을 실제로 하고 있다는 증거를 확인할 수 있다. 그리고 이는 해당 서비스를 이용하는 사용자와 잠재 사용자에게 신뢰감을 불어넣어 줌으로써 성장에 기여한다. 후원자의 입장에서는 이러한 측정을 통해 자신이 후원한 자금이 자신이 의도한 목적, 즉, 성과를 달성하는 데 사용되고 있다는 보장을 받을 수 있다.

또한, 측정을 통해 한 기관의 재무적 타당성과 해당 기관의 목표 달성 가능성을 보여준다. 따라서, 성과 측정은 대부분의 지원금과 계약에 있어 핵심 요소이다. 다양한 이해관계자의 관점에서 보면 성과 측정은 특정 소셜벤처와 그곳의 리더십이 자신의 미션에서 벗어나 관계없는 이슈와 활동에 빠지지 않고 미션에 충실할 수 있게 해준다. 마지막으로, 더욱 큰 지역사회의 관점에서 보면 성과 측정은 지역사회로 하여금 소셜벤처가 자신이 돕는 대상뿐만 아니라 모든 시민의 행복과 삶의 질 개선에 어떻게 기여하는지 이해하는 데 도움을 줄 수 있다.

소셜벤처 평가에는 최소한 네 가지 주요 영역, 즉, 투입물(input), 산출물(output), 결과물(outcome), 임팩트(impact)의 성과를 평가하는 지표가 포함되어야 한다(Bagnoli & Megali, 2011).

투입물은 소셜벤처의 활동에 기여하는 자원을 말한다. 카붐!과 같은 소셜벤처의 경우 투입물에는 자원봉사 노동력, 놀이터를 위한 건축 자재 및 부지, 기획 회의를 위한 지역사회 시설, 금융 자본이 포함될 수 있다.

산출물은 소셜벤처가 제공하거나 수행한 셀 수 있는 제품, 서비스, 활동을 말한다. 예를 들어, 국경없는의사회와 같이 의료 서비스를 제공하는 기관의 경우 '몇 명이 생명을 위협하는 질병에 대비하여 예방접종을 받았는가?', 비전스프링과 같은 기업의 경우 '시력이 안 좋은 몇 명의 사람이 안경을 구입할 수 있었는가?'로 확인할 수 있다.

결과물은 소셜벤처가 돕는 대상자가 경험하는 혜택을 말한다. 티치 포 아메리카와 같이 교육에 초점을 맞추는 소셜벤처에게는 학생 중퇴율 감소, 시험 성적 향상, 대학에 진학하는 학생 수 증가 등이 결과물에 해당될 수 있다.

임팩트는 보다 넓은 지역사회에 축적되는 혜택을 말한다. 임팩트는 지역사회 내 개별 구성원들이 경험하는 혜택과는 대조적으로 전반적인 행복에 있어서의 변화를 말한다. 카붐!과 세컨드 라이프 바이크스와 같은 소셜벤처는 어린이를 위한 안전한 환경을 조성함으로써 그들이 범죄 조직, 마약, 또는 범죄에 빠질 가능성을 줄인다. 이와 유사하게, 그라민은행과 같은 소셜벤처는 가난한 지역사회의 여성들이 가족을 부양하기 위해 작은 사업을 시작할 수 있도록 돕는다. 이는 그 자녀들의 더 나은 영양 상태, 더 나은 건강, 그리고 더 높은 교육 수준으로 이어진다.

이 네 가지 지표들이 어떻게 함께 작동하는지 알아보기 위해 지역사회 무료 급식소인 하우스 오브 브래드의 사례를 살펴보자. 투입물에는 기부금, 자원봉사 시간, 공간이 포함될 수 있고, 산출물에는 지역사회 구성원들에게 제공하는 하루 100끼의 식사가 포함될 수 있으며, 결과물에는 건강 상태 개선, 질병 감소, 범죄 감소가 포함될 수 있다. 마지막으로, 임팩트에는 보다 높은 수준의 지역사회 참여와 범죄 감소로 인한 지역 내 매장과 식당의 매출 증대가 포함될 수 있다.

이 네 가지 차원 중에서 투입물과 산출물은 측정하고 정량화하기가 상대적으로 쉽다. 반면, 결과물과 임팩트는 정량화 하기가 더 어렵고 장기적인 성격을 띄는 경우가 많기 때문에 측정이 더욱 어렵다. 무료 급식소 사례에서 볼 때, 어느 정도의 범죄 감소가 다른 요인이 아닌 하우스 오브 브래드의 영향 때문인 것을 어떻게 알 수 있을까? 사회적 결과물과 임팩트를 측정하는 방법론은 아직 개발 중이기에 많은 사회적 기업가들이 장기적인 임팩트 보다는 산출물에 집중한다(Ormiston & Seymour, 2011). 이런 의미에서, 사회적 기업가정신 분야에서 성공을 측정하는 것은 아직 연구가 진행 중인 일이다.

이 장에서는 사회적 기업가정신 분야에서 성과 측정이 어떻게 발전해 왔는지를 다룬다. 소셜벤처의 성과를 평가하기 위해 사용되는 다양한 접근법을 살펴보면서, 각각의 접근법에서 앞서 설명한 네 가지 주요 영역을 포함하는 정도와 사회적 가치 창출을 측정하는 방법을 생각해보자.

빌 앤 멜린다 게이츠 재단

1994년, 마이크로소프트의 공동창업자와 그의 아내가 설립한 빌 앤 멜린다 게이츠 재단(www.gatesfoundation.org)은 350억 달러의 자산을 보유한 세계에서 가장 큰 민간 재단이다(Bill and Melinda Gates Foundation, 2011년 연례 보고서). 게이츠 재단은 설립 이래로 100개 이상의 나라에서 운영 중인 기관들에 230억 달러 이상의 금액을 지원금으로 배분했다. 이 재단의 주요 목표는 세계적인 차원에서 보건의료를 증진하고 극심한 빈곤을 줄이며 미국 내에서 교육의 기회를 확대하고 정보 기술에 대한 접근성을 높이는 것이다. 이들 목표 각각은 규모와 범위 측면에서 많은 것을 폭넓게 아우른다. 2013년 연례 편지에서 빌 게이츠는 아래와 같이 말했다.

지난 한 해 동안 저는 사람의 상태를 개선하는 데 있어 측정의 중요성을 거듭하여 느꼈다. 분명한 목표를 설정하고 그 목표를 향해 전진할 수 있도록 이끌어 줄 측정 방법을 찾는다면 놀라운 성과를 이룰 수 있다.

게이츠는 이어서 소셜벤처가 목표를 설정한 후 다음과 같이 할 것을 언급한다.

그 목표를 이루기 위해 어떤 변수를 바꿔야 하는지 결정해야 한다. 기업이 고객 만족과 같은 회사 내부의 목표를 선택하고 변화를 위한 계획과 그 변화를 측정할 방법에 대한 계획을 세우는 것과 똑같이 말이다.

게이츠는 1980년대에 유니세프를 이끌었던 짐 그랜트(Jim Grant)의 업적을 인용함으로써 목표 설정과 성과 측정에 대한 사례를 제시한다. 그랜트는 생명을 살리는 백신을 전 세계 어린이의 80%에 전달한다는 목표를 수립했다. 이 목표를 달성하기 위해 그는 진행상황을 추적하고 변화를 이룩할 수 있게 하는 철저한 데이터 수집 시스템을 마련했다. 그랜트의 노력 덕분에 전 세계에서 예방접종을 받는 신생아의 비율이 1980년 17퍼센트에서 1990년 75퍼센트로 상승하였다. 매년 수백만 명의 생명을 살리는 변화를 이룩한 것이다.

성과 측정하기

소셜벤처의 도전과제 중 하나는 사회적 가치를 제공하고자 한다는 점인데 사회적 가치는 그 성격상 측정하기가 어렵다. 따라서 이들의 과제는 주주와 소유주에 대한 재무적 수익이라는 형태의 경제적 가치 창출에 주로 집중하는 순수한 상업적 벤처의 과제보다 다소 어렵다. 경제적 가치의 측정은 상대적으로 간단하며 매출, 수익, 성장률, 고용, 시장 점유율, 주가 등과 같은 성과 측정 지표를 포함한다. 또한, 재무비율은 기업의 수익성과 동일 산업 내 다른 기업 대비 강점을 측정해 준다. 성과 측정을 위한 재무비율 중 많이 알려진 것들의 일부가 표 11-1에 담겨 있다.

[표 11-1] 경제적 가치의 측정

수익성 비율	시장 가치 비율
매출액순이익률 = 순이익 / 매출액 총자산이익률 = 순이익 / 자산 총액 자기자본이익률 = 순이익 / 자기자본	주가수익비율 = 주가 / 주당순이익 시가장부가비율 = 주가 / 주당순자산가치

그러나 사회적 가치를 측정하는 것은 훨씬 더 어려운데, 일률적으로 사회적 가치를 측정하는 알려진 방법이 없기 때문이다. 몇몇 연구자는 아래와 같이 말했다.

사회적 기업가의 활동을 충분히 활용하는 데 주요 장애가 되는 것은 좋고, 시의적절하며, 철저하고, 비용 효과적인 사회적 임팩트 측정 방법이 거의 없다는 것이다. 좋은 측정 방법 없이는 실패로부터 성공을 구분해 내거나 이러한 실험으로부터 교훈을 얻기 힘들다(Zeyen et al., 2012).

그럼에도 불구하고, 소셜벤처가 외부 재원에 크게 의존하는 경우가 많기 때문에 사회적 목표 달성을 향한 진척 상황을 보고할 방법을 찾아야 한다. 이를 위해 소셜벤처는 투입물과 산출물에 대한 측정치를 보고하는 경우가 많다. 투입물 측정치로는 제공된 자원봉사 시간, 모금 행사를 통해 마련한 돈, 그리고 신규, 중고, 또는 기부된 공간·가구·장비가 있을 수 있다. 이와 반대로, 산출물 측정치로는 제공된 식사 수, 예방접종을 받은 사람 수, 고등학교를 졸업하는 학생 수가 있을 수 있다. 따라서, 성과에 대한 경제적 측정치는 상대적으로 표준화되어 있고 다양한 산업에 속한 다양한 기업에 적용될 수 있는 반면, 사회적 가치 창출에 대한 측정치는 특정 기관의 특정한 소셜미션에 맞춰지는 경향이 있다. 그럼에도 불구하고 기업과 기관의 사회적 가치와 경제적 가치를 모두 담기 위한 보다 표준화된 접근법이 몇 가지 등장했다. 그 중 일부를 살펴보겠다.

트리플 바텀 라인

트리플 바텀 라인이라는 용어는 1990년대에 처음 만들어졌고, 성과의 세 가지 차원인 재무적, 사회적, 환경적 차원을 담는 회계 틀을 말한다(Slaper & Hall, 2011). 수익(profit), 사람들(people), 지구(planet)의 앞 글자를 따서 '3P'로 불리기도 한다.

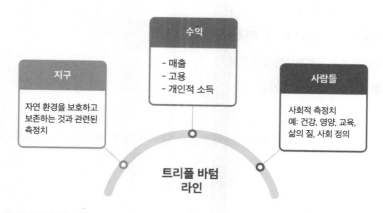

[그림 11-1] 트리플 바텀 라인

수익은 앞서 논의한 경제적 측정치를 말하며, 다음과 같은 사항이 포함된다.

- **매출**

  영리: 기업의 규모와 성장률

  비영리: 기부금과 모금을 통해 모인 자금

- **고용**

  영리: 창출된 일자리 수

  비영리: 제공된 자원봉사 시간 수

- **개인적 소득**

  영리: 지급된 급여

  비영리: 청소년들이 일자리를 찾고 유지하는 능력을 높이는 낮은 고등학교 중퇴율

　　사람들은 건강, 영양, 교육, 삶의 질, 사회 정의와 같은 사회적인 측정치를 말하며, 다음과 같은 사항이 포함된다.

- **영아사망률 감소**
- **무료 급식소에서 제공된 식사 수**
- **도시 내 지역사회의 공원과 놀이공간 수 증대**
- **사회 취약계층에게 교육 기회에 대한 접근 제공**
- **지역사회 내 폭력적 범죄 발생 정도 감소**

　　지구는 우리의 자연 환경을 보호하고 보존하는 것과 관련된 측정치를 말하며, 다음과 같은 사항이 포함된다.

- **개발도상국의 물 사업을 통한 수질오염 감소**

- 기관의 탄소배출량을 줄이기 위한 프로그램으로 화석연료 소비 감소
- 재활용을 통한 고체 폐기물 관리
- 야생동물과 멸종 위기 동물을 보존하고 보호하기 위한 프로그램

시간이 지남에 따라 많은 기업과 기관들이 자신의 이해관계자에 주주와 후원자뿐 아니라 고객, 직원, 자원봉사자, 그리고 보다 넓은 지역사회의 구성원들이 포함된다는 사실을 인식하고 트리플 바텀 라인 접근법을 도입했다.

사회적 투자수익률(SROI)

앞서 언급한 바와 같이 투자에 대한 경제적 수익률은 상대적으로 측정하기 쉬우며 널리 알려져 있다. 반면, 투자에 대한 사회적 수익률은 측정하기 훨씬 더 어렵다. 기본적으로 사회적 투자수익률 또는 SROI는 한 벤처의 투입물의 가치를 경제적, 사회적 산출물의 가치와 비교하여 측정하는 것이다. 산출물의 가치가 투입물의 가치보다 클 경우 해당 벤처는 가치를 창출하고 있는 것이다. SROI 접근법과 방법론은 경제적 수익률뿐만 아니라 사회적 수익률도 측정하기 위한 방법으로 1997년에 로버츠 기업 개발 기금(Roberts Enterprise Development Fund, www.redf.org)에서 처음 개발했다(Gair, 2000). 이 접근법을 통해 기관들은 사회적 투입물과 산출물을 현금으로 환산함으로써 사회적, 경제적 투입물과 산출물을 모두 반영하는 투자에 대한 수치적 수익률을 추산할 수 있다. 경제적 투입물과 산출물은 기업 가치(Enterprise Value)를 창출하며, 사회적 투입물과 산출물은 사회적 목적 가치(Social-Purpose Value)를 창출한다. 로버츠 기금에서는 이들이 결합하여 혼합 가치(Blended Value)가 된다고 말한다.

기업 가치는 한 기관의 현금 흐름을 예측한 후 이를 해당 현금 흐름의 위험성을 반영하는 자본비용으로 할인함으로써 결정된다. 이 과정은 기업 재무에서 사용하는 자본예산 또는 창업기업 재무에서 사용하는 기업가치 평가와 유사하다. 사회적 목적 가치를 결정하는 데도 똑같은 절차가 적용된다.

1. 투입물의 가치를 '현금화'한다. 이는 나가는 현금 흐름 또는 들어오는 현금 흐름을 표현할 수 있다. 예를 들어, 구입한 가구와 장비는 나가는 현금 흐름을 나타내는 반면, 기부된 노동력 또는 자원봉사 노동력은 들어오는 현금 흐름을 나타낸다.

2. 산출물과 결과물의 가치를 '현금화' 한다. 산출물은 '35명의 실업자가 일자리를 확보하는 것'과 같은 셀 수 있
는 결과이다. 결과물은 정량화하기 좀 더 어렵지만 같은 예시를 사용했을 때, 가족 구성원들의 더 나은 영양과
건강 관리 같은 것들이 포함될 수 있다. 이와 유사하게 결과물에 우울증, 알코올 남용, 가정폭력의 감소가 포함
될 수 있다.

3. 매년 예측에 대해 들어오는 현금 흐름에서 나가는 현금 흐름을 뺌으로써 해당 연도의 순 현금 흐름을 도출한다.

4. 현금 흐름을 해당 현금 흐름의 위험성을 반영하는 자본비용으로 할인한다.

이 과정은 그림 11-2에 표현되어 있다.

시작하기 전에, 사회적 투입물과 결과물에 대해 통화 가치를 매기는 것에 대한 몇 가지 복잡성을
논의하는 것이 좋을 것이다. 비영리 무료 급식소를 예로 살펴보자.

들어오는 현금 흐름의 가치 매기기

얻은 수익, 지원금 또는 기부금과 같은 경제적 투입물의 경우, 현금 흐름의 가치를 매기는 것이 꽤
간단하다. 하지만 자원봉사 노동력 또는 제품이나 서비스의 기부와 같은 사회적 투입물의 경우 이
과정이 더 어렵다. 기본적으로, 이러한 각각의 비금전적인 투입물에 이들이 시장에서 매겨지는 가치와
일치하는 가치를 매겨야 한다. 즉, 음식 서비스 노동자의 평균 임금이 시간당 15달러라면 무료 급식소의
자원봉사자에게 이와 동일한 가치가 매겨진다. 이와 마찬가지로 무료 급식소에 중고 식탁과 의자가
기부되었다면 이 물품들에 매겨지는 가치는 이들이 판매되었을 때의 가격과 동일하다.

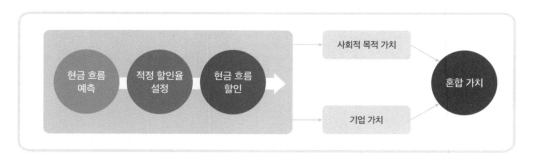

[그림 11-2] 가치 측정하기
[출처] Gair(2000)에서 발췌, 수정함

나가는 현금 흐름의 가치 매기기

경제적으로 나가는 현금 흐름에는 운영 경비, 급여, 유급 근로자에게 주어지는 혜택, 임대료, 음식 등이 포함된다. 하지만 이들 중 어떤 것이 기부된 것이라면 이는 사회적으로 들어오는 현금 흐름에 해당할 것이다. 예를 들어, 무료 급식소가 지역 교회에서 기증한 공간에서 운영된다면 그것의 '가치'는 같은 동네에서 비슷한 공간에 부과되는 임대료가 될 것이고, 이는 경제적으로 나가는 현금 흐름이 아니라 사회적으로 들어오는 현금 흐름에 해당할 것이다.

산출물, 결과물과 관련된 현금 흐름의 가치 매기기

경제적 산출물과 결과물에 관련된 현금 흐름의 가치를 매기는 것은 상대적으로 간단하다. 예를 들어 산출물은 1백만 병의 뉴먼스 오운 샐러드 드레싱 판매가 될 수 있다. 이는 이어서 2백만 달러의 수입이라는 결과물로 환산될 수 있다. 하지만 사회적 산출물과 결과물에 관련된 현금 흐름의 가치를 매기는 것은 보다 어려운데, 우리가 보통 이러한 것들을 정량적으로 생각하지 않기 때문이다. 무료 급식소 사례에서 산출물은 매일 100개의 영양가 높은 식사를 제공하는 것이 될 수 있고 결과물에는 1) 사회화의 기회 제공, 2) 이용자들의 신체적, 정신적 건강 상태를 개선함으로써 질병, 우울증, 범죄를 줄이는 것이 포함될 수 있다.

이 사례에서 보듯, 식사에 관한 결과물은 제공된 식사가 카페테리아 또는 소박한 식당에서 판매되었을 때의 가격을 비교함으로써 쉽게 가치를 매길 수 있다. 이와 마찬가지로 사회화에 관한 결과물은 이용자들이 노인 센터 또는 지역사회 센터에서 주관하는 비슷한 행사에 참여할 때 드는 비용을 산출해 봄으로써 가치를 매길 수 있다. 신체적, 정신적 건강 상태 개선에 관한 결과물에 가치를 매기는 것은 훨씬 더 어렵다. 이러한 결과물은 1) 입원을 필요로 하지 않음, 2) 심리 상담을 필요로 하지 않음, 3) 감옥에 가지 않음으로 인한 비용 절감을 나타낸다. 대리 지표로는 아래와 같은 것들이 포함될 수 있다.

결과물: 개선된 신체 건강

1. 체육관 회원권 비용

2. 의사의 방문 비용

3. 약물 비용

4. 입원 비용

결과물: 개선된 정신 건강

1. 사회적 모임의 회비 또는 참여 비용

2. 전문 상담 비용

3. 약물 비용

4. 입원 비용

결과물: 감소된 범죄율

1. 투옥으로 인해 상실된 급여

2. 국가가 지불하는 투옥 비용

3. 범죄 감소로 인한 부동산 가치 상승

4. 도시 방문자 증가로 인한 기업 매출 상승

이제 사회적 산출물과 결과물에 가치를 매기는 작업은 반복적인 과정이라는 것을 분명히 알 수 있을 것이다. 서비스 제공자, 기부자, 자원봉사자, 이용자를 포함한 다양한 이해관계자가 이 과정에 참여해야 한다. 이는 의미 있는 결과물과 임팩트를 확인하고 거기에 가치를 매기는 데 특히 중요하다.

투입물, 산출물, 결과물과 관련된 현금 흐름 예측하기

소셜벤처는 보통 1년 이상 지속된다. 따라서, 유의미한 투입물, 산출물, 결과물을 확인하고 그것에 가치를 매길 방법을 찾은 다음에는 첫 해의 경제적, 사회적 현금 흐름을 예측하고 가능하다면 그 후 몇 년에 대해서도 예측해야 한다. 재무와 전략 기획 분야에서 모두 일해 본 우리의 경험에 비추어 볼 때, 너무 먼 미래를 예측하는 것은 불가능하거나 어렵다. 그래서 대부분의 예측에는 5년의 기간을 설정한다. 따라서, 향후 5년의 1년 차부터 5년 차까지의 투입물, 산출물, 결과물과 관련된 현금 흐름을 예측하는 것이다. 각 연차에 대해 들어오는 현금 흐름에서 나가는 현금 흐름을 빼준다.

현금 흐름 할인하기

SROI를 산출하기 위한 다음 단계는 예측된 경제적, 사회적 현금 흐름을 자본비용으로 할인하는 것이다. 자본비용은 해당 현금 흐름의 위험성을 반영해야 한다. 즉, 자신의 투입물, 산출물, 결과물에 대해 상당히 자신 있다면 30년 만기 미국 재무부채권 이자율과 같은 낮은 자본비용을 선택할 수 있다. 이와 반대로, 자신의 투입물, 산출물, 결과물이 매우 불확실하다면 더 높은 자본비용을 선택할 수 있다. 어느 경우든, 자본비용으로 기업 가치 현금 흐름과 사회적 목적 가치 현금 흐름을 할인함으로써 각각에 대한 현재가치를 얻게 된다. 우리의 논의를 위해 이 과정을 통해 5만 달러의 기업 가치와 550만 달러의 사회적 목적 가치를 도출했다고 가정하자.

혼합 가치

혼합 가치는 기업 가치에 사회적 목적 가치를 더하고 장기 부채를 뺌으로써 산출된다(표 11-2).

SROI

이 과정의 마지막 단계로, 혼합 가치를 현재까지 해당 소셜벤처에 투자된 총 금액으로 나눈다. 이 '비율'이 우리의 SROI가 된다(표 11-3). 이 분석을 통해 이 지역사회 무료 급식소가 비교적 미미한 경제적 이익을 내지만 더 나은 신체적, 정서적 건강 상태와 범죄 감소에 따른 비용 절감이라는 형태로 상당한 사회적 이익을 내며 이것이 지역사회 전체에 혜택을 준다는 것을 알 수 있다.

[표 11-2] 혼합 가치 산출

기업 가치	50,000 달러
사회적 목적 가치	5,450,000 달러
총 가치	5,500,000 달러
장기 부채(차감)	100,000 달러
혼합 가치	5,400,000 달러

[표 11-3] SROI 산출

혼합 가치	5,400,000 달러
현재까지 투자금의 가치	300,000 달러
SROI	18%

몇몇 연구자는 성과 측정에 있어 SROI 접근법의 유용성에 의문을 가졌다(Arvidson et al., 2010; Gibbon & Dey, 2011; Luke et al., 2013). 이들은 SROI 측정 체계를 도입하는 데 상당한 시간과 자원이 필요하며, 이는 해당 기관의 자원을 자신의 타깃층에 서비스를 제공하는 것으로부터 다른 곳으로 돌리는 결과를 가져올 수 있다고 지적한다. 다른 연구자들도 사회적 혜택과 비용에 현금 가치를 매기는 것이 매우 어려울 수 있다는 점에 우려를 표했다. SROI와 관련된 복잡성에 대해 더 잘 이해하고자 한다면 SROI 분석 가이드 미국 판(A Guide to SROI Analysis U.S. Edition(Nichols et al., 2012))을 참고해보자. 여기에는 노인과 장애인에게 건강한 식사를 제공하는 비영리기관인 휠스-투-밀스(Wheels-to-Meals)의 사례가 담겨 있다. 이 기관은 어떤 과정을 거쳐 투입물, 산출물, 결과물을 확인하고 각각에 가치를 매겼는지 확인해 볼 수 있다.

균형성과표(Balanced Scorecard)

균형성과표는 1992년, 하버드 대학교 교수 로버트 S. 카플란(Robert S. Kaplan)과 데이빗 P. 노튼(David P. Norton)에 의해 개발되었다. 원래 영리기업의 성과를 측정하기 위해 만들어졌지만, 차후에 비영리기관에도 도입되었다(Kaplan, 2001). 기본적으로, 균형성과표는 한 기관이 자신의 다양한 이해관계자들의 필요를 충족하는 정도를 측정한다. 이해관계자에는 수익과 주가에 관심 있는 주주뿐만 아니라 고객, 직원, 보다 큰 지역사회의 구성원들도 포함된다. 이런 관점에서, 균형성과표는 경제적 성과에 대한 측정뿐 아니라 사회적, 환경적 성과에 대한 측정을 포함한다. 그림 11-3은 균형성과표를 도식화한 것이다. 기업의 비전과 전략이 평가 과정에 있어 핵심임을 보여준다. 소셜벤처의 경우, 비전에 기관의 사회적, 경제적 미션이 포함된다.

또한, 균형성과표에는 다음의 네 가지 다른 관점이 포함된다. 고객, 재무, 내부, 학습과 성장. 고객 관점은 해당 기업이 자신의 고객 또는 이해관계자를 위해 가치를 창출하는 방법을 다룬다. 재무적 관점은 투자자, 기부자와 또 다른 자금 출처에 대해 가치를 창출하는 방법을 말한다. 내부적 관점은 고객, 투자자, 직원, 지역사회 구성원에 영향을 미치는 절차들에 대한 측정을 말한다. 마지막으로, 학습과 성장 관점은 지속적 개선의 과정에 초점을 맞춘다. 어떻게 하면 해당 소셜벤처가 지속적으로 개선하고 성장할 수 있을까?

이 네 가지 관점 각각에 대해 기업은 구체적인 목표, 대책, 목표치, 새로운 계획을 개발한다. 한 기업의 SROI를 산출하는 것과 마찬가지로, 이것은 기업의 미션 달성에 가장 중요한 것을 실제로 측정하기 위해 다양한 이해관계자를 포함시키는 반복적인 과정이다. 또한, SROI와 같이, 균형성과표에서도 기업의 목표에 오로지 경제적인 것만 있지는 않다는 점을 인정한다. 이와 같이 성과를 보다 넓게 정의한다는 점 때문에 균형성과표는 소셜벤처에게 특히 적합하며, 이는 그림 11-4에 표현되어 있다. 소셜벤처 균형성과표는 고객과 이해관계자를 돕는 기관의 미션이 중심이 됨을 강조한다. 하지만 그와 동시에 미션을 달성하기 위한 전략을 실행하는 데 있어 재무적 성과, 내부 절차, 직원과 조직역량의 역할을 강조한다.

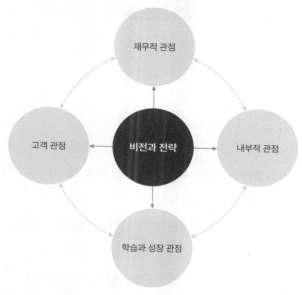

[그림 11-3] 균형성과표 성과 체계
[출처] Kaplan, 2001.

국가 골수 기증 사업(NMDP)과 균형성과표

NMDP(www.bethematch.org)는 골수 또는 제대혈을 필요로 하는 사람들에게 이식해주는 것을 미션으로 하는 비영리기관이다. 이 미션은 백혈병을 비롯한 질병을 진단 받은 사람들의 필요를 다룬다. NMDP는 목표를 달성하기 위해 500개가 넘는 병원, 혈액 센터, 제대혈 은행과 실험실의 네트워크를 구축했다. 자금과 후원은 미국 정부, 기업, 종교 단체, 봉사 조직을 포함한 다양한 곳으로부터 들어왔다. 2007년에 NMDP는 균형성과표 협회(Balanced Scorecard Institute(www.balancedscorecard.org))의 컨설턴트를 활용하여 전략적 기획과 관리에 균형성과표 접근법을 도입했다. 이 과정을 통해 새로운 사명과 비전 선언문을 만들었고 네 가지의 핵심적인 전략적 영역을 정리했다.

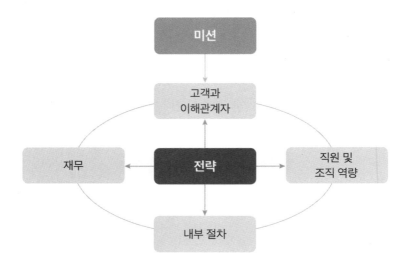

[그림 11-4] 소셜벤처 균형성과표
[출처] Rohm(2005)에서 발췌, 수정함

1. **전 세계적 접근성과 수용.** 이 영역에는 보험의 부재, 교통수단의 부재, 또는 이식 후 지원의 부재와 같이 이식을 받는 데 장애가 되는 것을 극복하기 위한 방법이 포함된다.
2. **이해관계자에게 훌륭한 경험 제공하기.** 이 영역은 세포 근원 기증이 필요할 경우 이를 가능하게 하는 데 초점을 맞춘다.
3. **연구.** 이 영역은 세포 이식 치료법을 개선하기 위한 연구를 지속하는 것을 말한다.
4. **탁월함의 문화.** 이 마지막 영역은 이식 서비스를 지속적으로 개선하기 위해 필요한 인재, 조직 구조, 자원의 측면에서 탁월함을 추구해야 할 필요성을 다룬다.

　　이 기관의 팀들은 네 가지 전략적 영역 각각에 대해 논의하여 13개의 전략적 목표, 46개의 전략적 대책, 7개의 전략적 계획을 개발했다. 그 후, 각각의 부서는 부서별 목표와 대책, 계획도 수립했다. 2009년에 NMDP는 균형성과표와 성과 관리 추적 및 보고 시스템을 구입하여 상시적으로 성과를 평가하고 지속적 개선의 과정을 촉진하고자 했다.

　　오늘날 NMDP는 41개국의 파트너 기관과 협력한다. NMDP의 비 더 매치(Be The Match) 명부에는 1,050만 명 이상의 기증자와 185,000개의 제대혈이 등록되어 있으며, 1987년 설립 이래로 55,000건 이상의 이식을 도왔다.

NMDP가 균형성과표 접근법을 활용한 경험에 대한 자세한 내용은 균형성과표 협회의 홈페이지(www.balancedscorecard.org)에서 확인할 수 있다. NMDP 사례 분석 내용 전체와 13가지 주요 목표를 설명한 전략 지도는 그림 11-5를 참고하여 살펴보자.

임팩트 보고 및 투자 기준(Impact Reporting and Investment Standards, IRIS)[1]

글로벌 임팩트 투자 네트워크(Global Impact Investing Network)[2]는 부상하는 '임팩트 투자' 업계의 필요를 살펴보기 위해 2007년 록펠러 재단과 소규모의 투자자 그룹에 의해 설립되었다. 임팩트 투자란 개인 또는 기업이 사회적 이익과 재무적 이익을 모두 제공하는 기업 또는 기관에 투자하는 것을 말한다.

2008년에 전 세계의 몇몇 투자자들이 이 그룹에 합류했고 이 분야를 발전시키기 위한 핵심 계획을 수립했다. 그 중 하나가 사회적 임팩트와 환경적 임팩트를 평가하는 표준화된 틀을 개발하는 것이었고 이 계획으로부터 임팩트 보고 및 투자 기준, 즉 IRIS가 도출되었다. IRIS는 사회적, 환경적, 재무적 성과를 측정하는 데 사용될 수 있는 성과 지표의 목록이다. 임팩트 투자자를 위해 만들어졌지만 소셜벤처와 그들의 다양한 이해관계자에게도 더 폭넓게 적용될 수 있다(2011 IRIS 자료 보고서). IRIS의 목표는 기관들 간의 표준화된 비교와 벤치마킹을 가능하게 하는 지표를 개발하는 것이다. 이는 특히 사회적, 환경적 성과 보고에 대한 투명성과 신뢰성을 높이는 데 도움이 될 것이다.

표 11-4에 나타난 것과 같이 IRIS에는 모든 섹터의 활동에 해당하는 지표와 특정 섹터의 활동에 해당하는 지표들이 모두 포함되어 있다. 섹터 공동 지표는 모든 유형의 소셜벤처에 관련 있는 지표이고 섹터별 지표는 특정 산업 또는 부문에 적합한 지표이다.

소셜벤처는 자신의 조직에 가장 적합한 지표들을 선택하여 성과를 추적, 평가, 보고할 수 있다. IRIS 지표는 무료이며 IRIS 홈페이지에서 확인할 수 있다. IRIS 보고서에 따르면, 2011년에 IRIS는 58개국에서 활동하는 463개 기관의 자료를 수집했다. 이 기관들은 790만 명의 고객을 가지고 있으며 14억 달러의 매출을 올렸다. IRIS가 원래 임팩트 투자자의 필요를 충족하기 위해 만들어졌기 때문에 이 자료에 드러나는 기관들은 상대적으로 규모가 크며 성장을 지향하는 곳들이다. 보고서에는 아래와 같이 적혀 있다.

---

1. 출처: http://iris.thegiin.org
2. 출처: http://www.thegiin.org

이 보고서에 자료를 제출한 기관들은 지리적 범위, 매출, 고객, 공급자, 직원의 측면에서 큰 규모를 가지고 있다. 또한 대부분 수익을 내고 있다(2011 IRIS 자료 보고서, p.5).

IRIS는 특정 벤처에 해당하는 지표들을 넘어 벤처들 간의 비교를 가능하게 한다는 점에서 소셜벤처의 성과를 측정하는 과정에 있어 큰 발전을 보여준다는 것을 알 수 있다. 이런 관점에서 IRIS는 상업적 벤처의 성과 측정에 사용되는 것과 유사한 산업 기준과 재무비율의 등장을 보여주는 것이다.

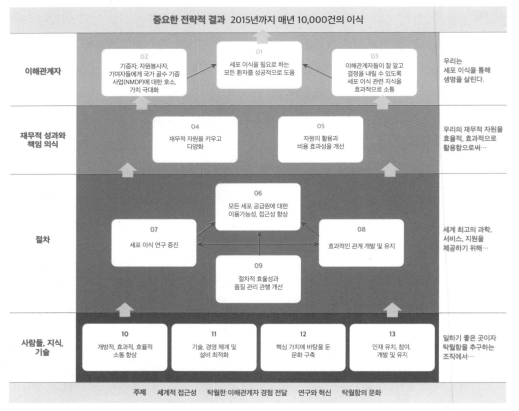

[그림 11-5] 비전을 행동으로
[출처] http://balancedscorecard.org

[표 11-4] IRIS 지표

섹터 공통 지표 세트	섹터별 지표 세트
수혜자(공급자, 유통업자, 고객)	농업
고용	교육
환경적 성과	에너지, 환경, 물
재무적 성과	재무 서비스
지배구조 및 사회적 정책	보건
제품 정보	주거 및 커뮤니티 시설

[출처] http://iris.thegiin.org

IRIS의 실제: 뉴 벤처스 멕시코(New Ventures Mexico)

IRIS 홈페이지에는 IRIS 지표를 도입한 기관들의 사례 연구가 실려 있다. 그 중 하나가 2000년에 설립된 사회적·환경적 기업 엑셀러레이터인 뉴 벤처스 멕시코(NVM)이다(www.iris.thegiin.org). NVM은 중소 규모의 영리 소셜벤처들이 새로운 기회를 발굴하고 규모를 확대하며 투자 유치를 할 수 있도록 돕는다. IRIS를 사용하기 전에 NVM은 자신들이 지원하는 기업들이 성과를 보고하는 데 일반적인 지표만 사용하거나 반대로 아예 성과를 보고하지 않는다는 점을 발견했다. 이에 NVM은 성과 측정을 엑셀러레이팅 프로그램의 핵심 부분으로 만들었고 참여하고자 하는 기업의 의무 조건으로 만들었다. 이제 NVM의 프로그램에 지원하는 기업은 IRIS 지표를 활용하여 자신들의 성과를 보고하며 이를 통해 기준선이 수립된다. 이후 이들은 지속적으로 이 지표를 활용하여 성과를 추적한다. 엑셀러레이팅 프로그램의 일부로 이들 기업은 운영 관리와 마케팅, 모금에 IRIS 지표를 활용하는 방법을 배운다. 이 접근법을 통해 NVM의 프로그램에 참여하는 기업들은 핵심 이해관계자에게 성과를 보고하고 소통하는 방법을 개선할 수 있었다.

NVM 사례 연구에서는 한 기관에 IRIS 지표를 통합하는 과정을 설명하며 NVM이 기업들을 평가하는 데 실제로 사용하는 지표의 예를 제시하고 있다(뉴 벤처 멕시코의 지표 틀). 그 중 하나인 비드리오스 마르테(Vidrios Marte)의 임팩트 보고서 샘플도 포함되어 있다(그림 11-6). 글로벌 임팩트 투자 네트워크의 홈페이지를 둘러보고 NVM 사례 연구를 읽어보자. 이를 통해 사회적 성과와 경제적 성과를 모두 평가하는 데 IRIS 기준이 어떻게 활용될 수 있는지를 더 잘 이해할 수 있을 것이다. 이 기준을 활용하는 방법에 대한 더 많은 정보를 얻고 싶다면 홈페이지에서 IRIS 성과 지표의 선택과 사용에 대한 단계별 안내를 제공하는 IRIS 시작하기(Getting Started with IRIS, www.iris.thegiin.org)라는 문서를 참고해보자.

New Ventures
Enterprise
new-ventures.org

2012년 임팩트 보고서
VIDRIOS MARTE, S.A. DE C.V.

국　　가 : 멕시코
업　　종 : 제조업
목　　적 : 에너지와 연료 효율성
설립연도 : 1980년
홈페이지 : www.vidriosmarte.com

프로필

비드리오스 마르테는 절연유리를 제조, 판매한다. 주거 및 상업용 건물은 세계 에너지 소비의 20~40%를 차지한다. 절연유리는 건물의 단열효과를 높여 난방과 냉방 부하 및 건물의 에너지 소비를 줄여준다. 절연유리를 제조, 판매함으로써 비드리오스 마르테는 멕시코의 녹색 건축 운동을 확산하고 있다.

재무적 성과

2012년 매출액　　　　　　　　　　　13,846,153.84 달러

이로운 비즈니스 모델

2012년에 판매된 절연유리 면적　　　　　　298,873m²

직원

2012년 고용　　　　　　　　　　　　상근직 207명
2012년 평균 연봉　　　　　　　　　　　6,003 달러

환경적 운영 성과

2012년 온실가스 배출량i　　　2,631.55 이산화탄소 환산톤ii
2012년 담수 취수·폐수처리량　　　　　　1,913.08 리터

i 이것은 비드리오스 마르테가 추적하는 환경 지표의 샘플이다. 비드리오스는 자신들이 사업을 운영하면서 환경에 미치는 영향을 줄이고자 한다. 감축량을 파악하기 위해 비드리오스는 2012년 온실가스 배출량(IRIS 0111479), 2012년 담수 취수·폐수처리량(IRIS 017860)과 같은 지표를 연간 단위로 추적하여 매년 성과를 측정한다. 환경적 지표를 추적하는 것이 비드리오스에 있어 경영관리 도구이다.

ii 구매한 전력(2,122,340 kWh), 트럭 배송(8,175 톤, 178,815km), 자동차를 이용한 출장(19,200 km, 휘발유 추정치, 2005년부터 현재까지)으로부터 배출된 것.

[그림 11-6] IRIS.
[출처] www.iris.thegiin.org

글로벌 리포팅 이니셔티브(Global Reporting Initiative)

　　환경 보존은 많은 사회적 기업가에게 동기부여가 되는 사회문제이다. 글로벌 리포팅 이니셔티브(GRI)라는 기관은 지속가능성에 대한 보고 관행과 기준을 개발하는 데 특히 집중하기로 했다. GRI의 미션은 "모든 기업과 기관에게 지속가능성 보고를 표준 관행으로 만드는 것"이다(www.globalrerporting.org). GRI의 홈페이지에는 지속가능성 보고를 시작하는 방법에 대한 정보와 지속가능성 관련 계획을 수립하고 추적해 온 기업들의 보고서가 올라와 있다. 이와 같은 보고서 중에 주요 육계 사육 선도 공급사 중 하나인 콥-반트레스 기업(Cobb-Vantress Company)에 대한 보고서가 있다. 이 보고서에는 물, 공기, 탄소,

에너지 사용, 고형 폐기물, 포장, 지속가능한 농업 분야에 있어 환경에 미치는 영향을 책임 있게 관리하는 것에 대한 이 회사의 약속이 자세히 담겨있다. 또한, 직원 건강과 안전, 동물 복지, 자선 기부 영역에서 사회적으로 책임 있는 활동에 대해서도 다룬다. IRIS 사례 연구와 마찬가지로 GRI 홈페이지에 실려 있는 보고서는 기업들이 사회적, 환경적 목표를 향한 진척 상황을 어떻게 추적, 측정, 보고하는지에 대한 실제 사례를 제공해 준다.

요약

이 장에서는 소셜벤처에 있어 성공을 측정하는 것의 중요성을 강조했다. 상업적 기업에 대해서는 충분히 개발되고, 표준화되어 있으며 공통으로 알려진 몇 가지 성과 측정 방법이 있지만, 소셜 섹터는 아직 성과를 추적, 보고, 소통하기 위한 전략을 개발하는 초기 단계에 있다. 이 장에서는 이러한 접근법 중 몇 가지로 트리플 바텀 라인, SROI, 균형성과표, 그리고 비교적 최근에 개발된 IRIS를 설명했다. 이 접근법들은 영리 소셜벤처와 비영리 소셜벤처에서 모두 활용할 수 있다. 각 접근법에는 벤처들이 사회적 가치와 경제적 가치를 창출하는 방법을 성공에 대한 측정치가 모두 담아내야 한다는 인식이 바탕이 된다. 우리는 성과 측정이 진화하는 과정임을 보여주고자 했다. 따라서, 사회적 기업가정신이 떠오르는 분야로서 계속 발전함에 따라 기업가, 고객, 수혜자, 투자자, 다른 자금 출처, 공공정책을 수립하는 입법자와 공무원을 포함하는 넓은 범위의 이해관계자에게 성과를 측정하기 위한 전략은 가치 창출에 대해 소통함에 있어 더욱 중요해질 것이다.

11장 질문

1. 소셜벤처의 성과를 측정하는 것이 왜 중요한가? 어떤 유형의 이해관계자들이 성과 결과를 확인하고 싶어 할까? 그 이유는 무엇인가?

2. 몇몇 연구자는 경제적 가치보다 사회적 가치를 측정하는 것이 더 어렵다고 말했다. 이 말에 동의하는가? 그 이유는 무엇인가?

3. 경제적 가치라는 용어는 무엇을 의미하는가? 한 기관이 경제적 가치를 측정하기 위해 사용할 수 있는 측정 방법에 대해 논해보자.

4. 사회적 가치라는 용어는 무엇을 의미하는가? 한 기관이 사회적 가치를 측정하기 위해 사용할 수 있는 측정 방법에 대해 논해보자.

5. 트리플 바텀 라인이라는 용어는 무엇을 의미하는가?

6. 사회적 투자수익률 또는 SROI라는 용어는 무엇을 의미하는가? SROI는 어떻게 결정되는가?

7. 균형성과표란 무엇인가? 소셜벤처에 어떻게 적용될 수 있는가?

8. IRIS란 무엇인가? IRIS 등장의 배경이 된 목표는 무엇인가?

9. 성과 측정에 대한 다양한 접근법 사이의 유사점과 차이점은 무엇인가?

사례 공유

주니어 어치브먼트(Junior Achievement)

주니어 어치브먼트(JA)는 1916년 8월 메사추세츠주 스프링필드에서 열린 동부의 농업 및 산업 박람회 기간 중 설립되었다. 그곳에서 몇몇 농업 및 비즈니스 리더들이 모여 소년 소녀들을 돕기 위한 프로그램을 개발할 전략을 논의했다. 지역사회 구성원들이 모여 충족되지 않은 사회적 필요를 확인하고, 계획을 수립하고, 해당 필요를 다루기 위해 조직화했다는 점에서 JA는 헬렌 하우의 사회적 기업가정신에 대한 비영리 모델을 도입했다고 할 수 있다. 처음에는 소년 소녀국(局)으로 불린 이 그룹은 제1차 세계대전의 격변의 시간 동안 지속적으로 모였다. 1920년에 이름이 주니어 어치브먼트로 바뀌었고 미국 전역으로 확장했다. 1949년에는 JA가 18개 주, 27개 도시에서 운영 중이었다. 그 해, 12,409명의 학생들이 JA의 프로그램에 참여했다.

JA의 미션은 다음과 같다.

젊은 사람들이 세계 경제에서 성공할 수 있도록 영감을 주고 준비시키는 것

(2013년 주니어 어치브먼트 연례 보고서)

JA는 유치원에서 12학년까지(한국의 고등학교 3학년에 해당-역자주)의 학생들에게 일곱 가지 핵심 영역인 비즈니스, 시민권, 경제, 기업가정신, 윤리·성격, 금융 지식, 진로 개발에 대한 프로그램을 전달함으로써 이 미션을 달성한다. 이 프로그램은 자원봉사자들이 수업 시간 중 또는 방과 후에 가르친다. 자원봉사자 대다수는 해당 지역의 기업에 근무하는 사람들이며 사회적 기업가정신에 대한 과목에 접목할 실험적인 요소를 개발하는 대학에서도 점점 많은 봉사자가 나오고 있다. JA의 프로그램은 모든 유형의 지역사회와 학교에서 제공되고 있지만, 높은 학교 중퇴율, 높은 실업률, 높은 범죄율, 높은 빈곤 수준으로 특징지어지는 도심 지역사회에 있는 학교를 다니는 학생들을 타깃으로 하기도 한다. 하지만 JA의 프로그램은 보다 부유한 교외 지역사회의 필요에도 적합한데, 그곳의 학생들도 자신의 기회, 진로와 재정 건전성을 관리할 방법을 배워야 하기 때문이다.

주니어 어치브먼트 뉴 잉글랜드 남서부 대표인 루 골든(Lou Golden)은 다음과 같이 말했다.

JA는 젊은이들에게 희망을 준다. 미래의 방향성을 보여준다. 자신의 삶에서 영리하고 좋은 선택을 할 수 있도록 영향을 미친다. 가장 중요하게는, 자기 자신을 믿고 자신이 성공할 수 있는 능력이 있다는 것을 알게 해준다(2014년 대표의 글).

JA USA는 501(c)(3) 비영리기관으로 설립되었고, 미국 전국 사무소와 50개 주 모두에서 프로그램을 운영하는 119개의 JA 지역 기관으로 구성되어 있다. JA 지역 기관들은 스폰서십과 직접 후원을 통해 모금을 한다. 비즈니스와 시민사회 리더들에 의해 설립된 기관의 역사를 따라 대기업과 중간 규모의 기업 모두가 JA 프로그램의 스폰서가 됨으로써 재정적 지원을 한다. 이들 기업은 지역 학교에 JA 프로그램을 전달하기 위한 자원봉사자들도 제공한다. 예를 들어, 뉴 잉글랜드 남서부 JA에 참여하는 주요 기업으로는 트래블러스, 메트라이프, 뱅크 오브 아메리카, 웹스터 은행, 피플스 은행, 프루덴셜, 유나이티드 테크놀로지스, 스탠리 블랙앤데커가 있다. 많은 지역 회계 사무소 및 법률 사무소와 몇몇 소규모 제조업체도 참여하고 있다.

모든 소셜벤처의 과제 중 하나는 사업의 효과성과 임팩트를 측정하는 것이다. 주니어 어치브먼트는 다양한 방법으로 성공을 측정한다. 수강 학생 수, 접촉 시간, 자원봉사자 수, 진행된 강의 수는 연간 단위로 보고된다(JA WorldWide Fact Book, 2011-2012). 이 결과는 지역 기관들에 의해 지역 단위로 수집, 보고된다. 2012년 연례 보고서에서 주니어 어치브먼트의 뉴 잉글랜드 남서부 지부는 59개 지역사회의 165개 학교에 다니는 학생 354,577명을 도왔다고 보고했다. 그 해 2,500명의 자원봉사자들이 프로그램을 전달했다. 학생들의 지식, 태도, 신념에 대한 변화를 측정하기 위해 학생들은 각 프로그램에 대해 사전, 사후 시험을 본다. 또한, 학생들이 JA 프로그램에 참여함으로써 금융 지식, 진로 준비도, 기업가정신의 영역에서 역량이 발전되었는지를 확인하기 위해 담임 교사에 대한 설문조사도 진행한다.

루 골든은 성과 측정의 어려움 몇 가지에 대해 아래와 같이 말했다.

프로그램 수, 자원봉사자 수, 모금액 등과 같은 결과물을 측정하는 것은 쉽다. 임팩트를 측정하는 것은 훨씬 더 어렵다. 임팩트를 측정하기 위해서는 우리 프로그램이 한 학생에게 10년 후에 미친 영향을 알 수 있게 해주는 종적 자료가 정말 필요하다. 다행히 우리의 전국 사무소에서는 이런 자료를 일부 수집하지만, 지역 단위에서는 이런 종류의 평가와 추적을 진행할 자원이 없다. (2014년 인터뷰)

골든은 이어서 이렇게 말했다.

비영리기관으로서 우리는 사람들의 이야기를 다양한 방법으로 전한다. 한 가지 방법은 정량적 측정 방법과 수치를 통한 것이다. 반면, 두 번째 방법은 JA가 어떻게 학생들의 삶을 바꾸었는지에 대한 우리 이야기의 정성적인 면이다. 이 측면이 기부자와 자원봉사자 모두에게 가장 큰 울림을 주는 경우가 많다.(2014년 인터뷰)

1993년부터 JA 전국 사무소에서는 프로그램의 효과성과 임팩트를 측정하기 위해 독립된 제3자 평가자를 활용하고 있다. 이러한 평가 중 한 연구에서는 JA 졸업생들을 조사함으로써 JA 프로그램 참여의 장기적인 임팩트를 측정했다. 이 연구는 JA에 참여하지 않은 사람 중에서는 71 퍼센트가 개인적인 재정을 관리하는 자신의 능력에 자신감을 가지고 있는 것에 비교하여, JA 졸업생은 88 퍼센트가 자신감을 갖고 있음을 밝혔다. 마찬가지로, 졸업생 중 67 퍼센트가 JA에 참여함으로써 학교에 다니는 것의 중요성을 깨달았다고 응답했다(Junior Achievement Creates Alumni Success, 2014).

1994년에는 JA 프로그램에 대한 다른 나라들의 수요를 충족하기 위해 JA 인터내셔널이 설립되었다. 그 이후 합병을 통해 2004년에 JA 월드와이드가 만들어졌다. 2013년에 JA는 121개국에서 천만 명 이상의 학생들에게 프로그램을 제공했다. 이는 312,954명의 교육자와 이들과 함께 일한 402,815명의 자원봉사자의 협력을 통해 제공되었다(www.jaworldwide.org, 2014).

사례 질문

1. 주니어 어치브먼트의 미션은 무엇인가?

2. JA는 이 미션을 어떻게 달성하는가?

3. JA의 1)투입물, 2)산출물, 3)결과물, 4)임팩트는 무엇인가?

4. 위의 각각을 어떻게 측정하겠는가?

5. 3, 4번 질문에 대한 답을 바탕으로, 주니어 어치브먼트와 같은 소셜벤처의 성과를 측정하는 데 있어

    어떤 어려움이 있는지 생각해보자.

행동하기

당신의 지역사회 내에서 인터뷰할 사회적 기업가를 찾아보자. 30분 정도의 인터뷰 일정을 사전에 잡고 그의 소셜벤처에서 성공을 어떻게 측정하는지에 대해 몇 가지 질문을 하고 싶다고 설명해보자.

인터뷰에 다음 질문을 활용할 수 있다.

1. 당신의 소셜벤처의 미션은 무엇인가? 어떤 충족되지 않은 사회적인 필요를 다루는가?

2. 당신의 소셜벤처는 이 필요를 어떻게 다루는가?

3. 어떤 결과물을 얻고자 하는가?

4. 결과물들을 측정하는 데 어떤 전략을 사용하는가?

5. 이러한 성과 결과물을 어떻게 사용해 왔는지 질문해보자(예를 들어, 수혜자들에게 서비스를 전달하는
   방법을 바꾸기 위해, 모금을 위해, 수혜자들을 모으기 위해 등).

인터넷 활용하기

1997년에 설립된 로버츠 기업 개발 기금(REDF)은 일자리와 고용 기회 창출에 집중하는 벤처 기부(venture philanthropy[3]) 기관이다(www.redf.org). 이를 위해, 같은 목표를 공유하는 다른 비영리기관에게 펀딩과 역량 개발 지원을 제공한다. REDF는 소셜벤처의 성과 측정을 위해 SROI 접근법을 개발하고 홍보하는 데 중요한 역할을 했다. REDF 홈페이지에는 SROI를 실행해 볼 수 있는 템플릿과 관련 출판물, 그리고 이미 실행한 기관들의 사례 연구가 실려 있다. 이 사례 연구 중 하나를 통해 SROI가 실제로 어떻게 적용되는지 살펴보자. REDF 홈페이지에서 개별 사례 연구를 찾은 다음, 한 가지 사례 연구를 선택하여 아래 질문에 답해보자.

1. 해당 사례에서 소개된 소셜벤처의 미션은 무엇인가?

2. 누구를 돕고자 하는가?

3. 기업 가치를 측정하는 데 어떤 요소가 포함되는가?

4. 해당 벤처의 기업 가치는 얼마인가?

5. 사회적 목적 가치를 측정하는 데 어떤 요소가 포함되는가?

6. 해당 벤처의 사회적 목적 가치는 얼마인가?

7. 해당 벤처의 혼합 가치는 얼마인가?

8. 시간이 지남에 따라 가치 창출을 측정하고 추적하기 위해 어떤 비율 또는 지표를 개발했는가?

9. SROI 접근법의 이점은 무엇인가?

10. SROI 접근법의 약점은 무엇인가?

12
소셜벤처 확장하기

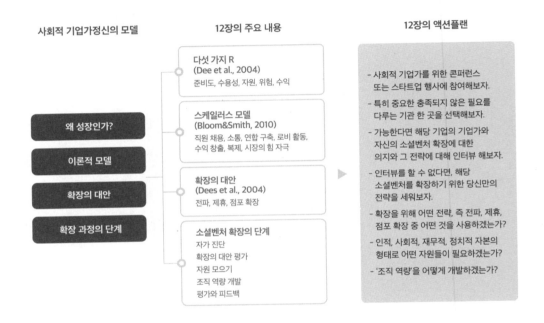

사회적 기업가정신의 모델

- 왜 성장인가?
- 이론적 모델
- 확장의 대안
- 확장 과정의 단계

12장의 주요 내용

다섯 가지 R
(Dee et al., 2004)
준비도, 수용성, 자원, 위험, 수익

스케일러스 모델
(Bloom&Smith, 2010)
직원 채용, 소통, 연합 구축, 로비 활동,
수익 창출, 복제, 시장의 힘 자극

확장의 대안
(Dees et al., 2004)
전파, 제휴, 점포 확장

소셜벤처 확장의 단계
자가 진단
확장의 대안 평가
자원 모으기
조직 역량 개발
평가와 피드백

12장의 액션플랜

- 사회적 기업가를 위한 콘퍼런스
  또는 스타트업 행사에 참여해보자.
- 특히 중요한 충족되지 않은 필요를
  다루는 기관 한 곳을 선택해보자.
- 가능하다면 해당 기업의 기업가와
  자신의 소셜벤처 확장에 대한
  의지와 그 전략에 대해 인터뷰 해보자.
- 인터뷰를 할 수 없다면, 해당
  소셜벤처를 확장하기 위한 당신만의
  전략을 세워보자.
- 확장을 위해 어떤 전략, 즉 전파, 제휴,
  점포 확장 중 어떤 것을 사용하겠는가?
- 인적, 사회적, 재무적, 정치적 자본의
  형태로 어떤 자원들이 필요하겠는가?
- '조직 역량'을 어떻게 개발하겠는가?

목표 ㅣ 이 장을 읽고 나면 다음을 할 수 있게 될 것이다.

1. 소셜벤처 확장의 유익 설명하기
2. 소셜벤처 확장의 어려움 설명하기
3. 소셜벤처 확장의 전략으로서 '다섯 가지 R(Five R's)'을 설명하고 적용하기
4. 소셜벤처 확장의 전략으로서 '스케일러스 모델(SCALERS Model)'을 설명하고 적용하기
5. 소셜벤처 확장의 다섯 단계를 설명하기

소셜벤처에게 가장 큰 기회이자 도전과제는 규모와 범위의 확장을 이루는 것이다. 상업적 기업들을 연구해 본 결과, 모든 기업의 99퍼센트가 소규모 기업으로 정의된 기업, 즉 직원 수가 500명 이하인 기업이다. 마이크로소프트, 홈데포, 디즈니, 포드 모터스와 같은 대규모 기업은 모든 기업 중 1퍼센트에 불과한 것이다. 그럼에도 불구하고 우리가 주로 얘기를 듣게 되는 것은 이러한 기업인데, 이는 이들이 상당한 수익을 창출하며 많은 수의 사람을 고용하고 세계적으로 영업 활동을 하기 때문이다. 이와 같은 패턴은 소셜벤처에게도 동일하게 나타난다. 대부분은 매우 소규모이고, 작은 비율의 소셜벤처만이 큰 규모와 범위를 달성한다. 사실 규모의 확장을 이루는 과제는 상업적인 벤처보다 소셜벤처에게 훨씬 더 벅찬 과제일 수 있는데, 두 유형의 기관 사이에 몇 가지 차이점이 있기 때문이다. 예를 들어, 성공을 측정하는 것에 관한 장에서 살펴본 것과 같이 상업적인 결과물보다 사회적인 결과물을 정의하고 측정하는 것이 훨씬 더 어렵다. 따라서 벤처를 확장하는 것의 타당성을 입증해 줄 사회적 결과물에 대해 소통하는 것이 더 어려울 수 있다. 또 다른 중요한 차이점은 소셜벤처의 '고객'은 자신이 제공받는 제품과 서비스에 대해 시장 가격을 지불하기 어려운 경우가 많다는 점이다. 어떤 고객은 값을 지불할 능력이 전혀 없다. 따라서 소셜벤처는 성장과 확장을 위한 재원으로 매출과 수익에 항상 의지할 수가 없다. 마지막으로 소셜벤처는 특정 지역사회의 특정한 필요에 대응하기 위해 설립되는 경우가 많다. 이러한 벤처들이 지역과 상황에 특화되어 있을수록 이들을 다른 지역사회에 복제 또는 확장하는 데 어려움이 있다.

하지만 이러한 어려움에도 불구하고, 더 많은 사람들과 사회 변화의 유익을 나누고 그렇게 함으로써 사람들의 삶뿐만 아니라 지역사회를 변화시킬 수 있는 잠재력 때문에 확장을 추구하는 것이다. 더 나아가 점점 더 많은 사회적 기업가가 자신의 벤처를 확장할 방법을 찾아냈고 이러한 추세를 통해 확장을 이루는 전략과 성공 사례를 모두 다 살펴볼 수 있다.

음주운전을 반대하는 엄마들(Mothers Against Drunk Driving)

베키 브라운(Beckie Brown)은 1979년, 19세 음주운전자가 일으킨 교통사고로 인한 부상으로 18세 아들 마커스가 비극적인 죽음을 맞이한 이후 음주운전을 반대하는 엄마들(Mothers Against Drunken Driving)[1]의 첫 지부를 설립했다. 이 조직의 미션은 "음주운전을 막고 이 폭력적인 범죄의 피해자를 지원하며 미성년자의 음주를 예방하는 것"이다. 대부분 음주운전의 결과로 인해 개인적으로 비통한

---

1. '음주운전자에 반대하는 엄마들'이라는 이름이 1984년에 '음주운전에 반대하는 엄마들'로 바뀌었다.

일을 겪은 사람들로 구성된, 헌신적인 자원봉사자로 운영되는 MADD는 성장하여 이제 미국 48개 주에 지부를 가지고 있다. MADD는 음주운전에 대한 대중의 태도를 바꾸고 공공정책에 영향을 미쳐 입법의 변화를 이끌어 내는 데 매우 효과적인 역할을 했다. MADD는 이러한 성공을 자신의 미션에 초점을 맞춘 활동과 이 중요한 사회적 필요를 다루기 위해 시민의 지원을 이끌어 낼 수 있도록 한 조직 구조의 덕으로 여긴다. 주별 지부에 더해 MADD는 최고경영자, 대표이사, 최고운영책임자, 최고재무책임자, 최고개발책임자, 공공정책 담당 부대표 등을 포함하는 대규모의 전국 조직을 가지고 있다. 또한 피해자, 자원봉사자, 연구자, 비즈니스 리더들로 구성된 전국 이사회가 있다. 2006년에는 모든 음주운전자의 차량에 시동잠금장치를 설치하도록 하는 법안 통과, 피해자 옹호자들의 전국적 네트워크 구축, 부모들을 대상으로 자녀에게 술과 음주운전에 대해 얘기 나누는 법을 가르쳐주는 훈련과 같은 활동을 통해 음주운전을 근절하기 위한 대규모 캠페인을 진행했다. 2011년에는 미국 내 음주운전으로 인한 사망자 수가 24퍼센트 감소했다(MADD 2011년 연례 보고서).

이론적 틀

디즈(Dees) 등은 소셜벤처 확장에 관한 논문에서 사회적 기업가들이 자신의 기업을 확장하기 위한 전략을 세우는 데 도움을 주기 위해 '다섯 가지 R(Five R's)'을 정리했다(2004). 이는 준비도, 수용성, 자원, 위험, 수익이다(그림 12-1). 준비도는 소셜벤처가 확장할 준비가 되어 있는지에 대한 평가를 말한다. 즉, '성공에 대한 분명하고 객관적인 증거가 있으며, 성공의 요인들이 확인되었는가?'를 점검한다. 수용성은 소셜벤처가 새로운 타깃 커뮤니티에서 잘 받아들여질지 확인하는 것을 말한다. '해당 커뮤니티에 동일한 충족되지 않은 사회적 필요가 있으며, 그들은 해당 소셜벤처를 성공하게 만들기 위해 필요한 시간과 자원을 투자하고자 하는가?'를 확인한다. 자원기반관점(RBV)을 기반으로 한 세 번째 R은 자원, 즉 벤처를 창업하고 성장시키는 데 필요한 재무적, 인적, 사회적 자본을 확보하기 위한 계획이다. 네 번째 R은 위험을 의미하는데, 새로운 지역에서 성공하지 못할 위험이나 더 심할 경우 해당 커뮤니티에 긍정적 영향이 아닌 부정적 영향을 미칠 위험 등을 말한다. 또한, 확장 시도가 실패할 경우 시간, 에너지, 자원의 낭비라는 결과를 낳을 위험도 있다. 마지막으로 다섯 번째 R은 품질을 유지하면서 더 많은 사람들과 커뮤니티를 돕는다는 관점에서의 수익을 의미한다. 너무 빨리 확장하거나 제대로 된 체계와 통제를 갖추지 않은 채 확장하는 소셜벤처는 자신을 독특하고 효과적으로 만들어주었던 특징을 잃을 위험이 있다. 이와 마찬가지로 지역적으로 분산된 거점에 조직문화를 확산하는 것은 더욱 어렵다.

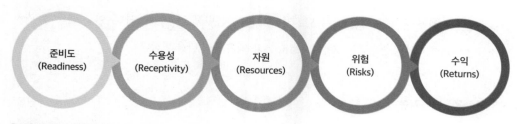

[그림 12-1] 소셜벤처 확장의 다섯 가지 'R'
[출처] Dees et al.(2004).

비슷한 맥락에서 블룸과 스미스는 소셜벤처 확장의 요인을 확인하기 위한 스케일러스 모델(SCALERS Model)을 개발했다(Bloom and Smith, 2010). 그림 12-2에 표현된 것과 같이, 이 요인들은 직원 채용(Staffing), 소통(Communicating), 연합 구축(Alliance-building), 로비 활동(Lobbying), 수익 창출(Earnings-generation), 복제(Replicating), 시장의 힘 자극(Stimulating market forces)으로, 각각의 첫 글자를 따서 스케일러스(SCALERS)라고 부른다. 이 모델의 각 요소에 대한 정의는 다음과 같다.

- 직원 채용 - 각각의 직책에 필요한 역량을 갖춘 직원을 찾는 능력
- 소통 - 핵심 이해관계자에게 다가가 그들을 설득하는 능력
- 연합 구축 - 목표를 달성하기 위해 관계, 즉, 파트너십, 연합체 등을 구축하는 능력
- 로비 활동 - 정부 정책을 옹호하는 것과 목표 달성에 도움이 되는 활동의 효과성
- 수익 창출 - 소득, 기부금, 지원금 및 다른 재원을 통해 비용을 초과하는 매출을 창출하는 능력
- 복제 - 벤처의 프로그램과 활동이 다른 지역에서 재생산될 수 있는 정도
- 시장의 힘 자극 - 벤처의 제품 또는 서비스에 대한 '시장'을 창출하는 데 있어서의 효과성(예: 소액 대출, 깨끗한 물, 적정한 가격의 의료 서비스와 교육, 훈련 등)

스케일러스 모델을 만드는 데 있어 블룸과 스미스는 생태계 접근법과 자원기반관점(RBV)을 바탕으로 했다. 생태계 접근법에서는 소셜벤처가 외부 환경과 맥락에 의해 형성된다고 주장한다. 7장에서 다룬 자원기반관점에서는 기업을 유형 자원과 무형 자원의 집합체로 본다. 사회적 기업가의 도전과제는 이러한 자원들을 확보하고 적용하여 경쟁적 우위를 만들어 내는 것이다. 블룸과 스미스는

금융, 인적, 사회적, 정치적 자본의 형태로 자원에 대해 특별히 언급한다. 사실, 이 모델의 몇 가지 요소들은 이러한 자본의 유형들을 구체적으로 다룬다. 예를 들면 다음과 같다.

- **직원 채용 = 인적 자본**
- **소통, 연합 구축 = 사회적 자본**
- **로비 활동 = 정치적 자본**
- **수익 창출 = 금융 자본**

기본적으로, 스케일러스 모델은 확장을 이루는 데 있어 환경과 맥락, 자원, 조직역량의 역할을 담아내고자 한다.

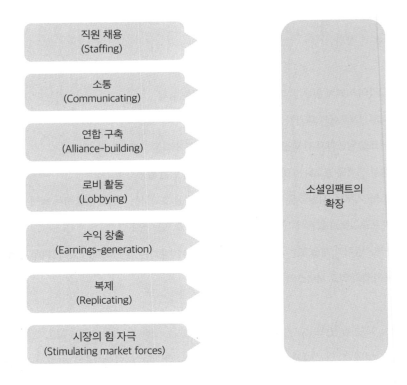

[그림 12-2] 스케일러스 모델
[출처] Bloom & Smith, 2010.

소셜벤처 확장의 단계

모든 소셜벤처와 사회적 기업가들이 서로 다르지만, 자신의 조직을 성장시키는 과정에서 공통적으로 밟는 단계들이 있다.

1단계: 자가 진단

소셜벤처 확장의 첫 단계인 자가 진단은 벤처와 사회적 기업가가 성장과 관련된 활동들을 실행할 준비가 되었는지를 판단하는 것이다. 이 단계에서 사회적 기업가는 몇 가지 주요 질문을 생각해 봐야 한다. 첫째로, '자신의 소셜벤처가 첫 지역에서 성공했는가?'이다. 많은 사회적 기업가들과 상업적 기업가들이 저지르는 실수는 첫 번째 지역에서 성공의 공식을 확실하게 확인하기 전에 확장을 하려고 하는 것이다. 벤처를 확장하는 것은 첫 번째 지역에서 '잘 작동했던 것'을 복제하는 일이 될 것이기 때문에 확장하기 전에 첫 번째 장소에서 성공을 이루는 것이 중요하다. 이러한 이유로 성과와 결과를 측정하는 체계를 갖추는 것이 아주 중요하다(11장). 이러한 결과들은 소셜벤처가 성장할 준비가 되었는지를 결정하는 데 귀중한 자료가 된다. 따라서 중요한 첫 번째 단계는 실제로 다른 지역에 적용될 수 있는 성공의 요인들을 확인하는 것이다.

이러한 요인에는 예를 들어 혁신적인 제품 또는 서비스, 새로운 전달 체계, 특화된 지식과 역량, 핵심 네트워크에 대한 접근성 또는 조직 문화가 있을 수 있다. 핵심은 소셜벤처가 첫 번째 지역에서 성공할 수 있었던 요인들을 확인할 수 있을 때까지는 확장할 준비가 되어 있지 않다는 것이다.

또한, 자가 진단 단계에서는 확장의 기회 또는 필요가 있는지도 알아본다. 즉, '다른 지역에도 같은 유형의 충족되지 않은 사회적 필요가 존재하는가? 존재한다면, 그 지역의 특징은 무엇인가?'하는 질문을 점검해야 한다. 같은 유형의 필요를 가지고 있지 않은 새로운 커뮤니티로 소셜벤처를 확장하는 것은 명백하게 이치에 맞지 않는다. 같은 맥락에서 사회적 기업가는 처음 지역에서 했던 것처럼 새로운 지역에서도 성공의 핵심 요인들을 동원할 수 있는가?'를 확인해야 한다.

자가 진단의 세 번째 측면은 확장에 대한 조직의 준비도와 역량 수준을 확인하는 것이다. 상업적 기업가정신과 마찬가지로 소셜벤처를 새로운 지역으로 확장하는 데는 상당한 관리 시간과 에너지, 그리고 확장을 뒷받침할 충분한 금융 자본이 필요하다. 이러한 점에 비추어 볼 때, 경험 많고 다양한 역량을 갖춘 경영관리 팀, 잘 갖춰진 조직 기반, 적절한 유형의 체계와 통제, 그리고 상대적으로 안정적인 재원을 갖고 있는 조직들이 확장하기에 가장 적합하다.

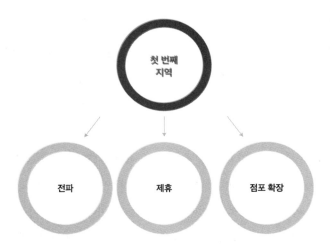

[그림 12-3] 소셜벤처 확장의 세 가지 전략
[출처] Dees et al.(2004).

2단계: 확장의 대안 평가

두 번째 단계는 확장의 대안들을 평가하는 것이다. 디즈(Dees) 등은 확장에 대한 세 가지 주요 전략을 정리했는데 이는 전파, 제휴, 점포 확장이다(그림 12-3). 각각에 대해 하나씩 살펴보자.

첫 번째 전략인 전파는 아이디어를 다른 지역으로 확산하여 해당 지역에서 자신들의 방법과 자원을 활용하여 아이디어를 적용하도록 하는 것이다. 이 전략은 '기존 지역'에게 가장 자원 집약적이지 않은 형태인데, 기본적으로 새로운 지역들이 아이디어를 가져가서 직접 운영하기 때문이다. 그리고 새로운 지역들이 기존 지역으로부터 독립적으로 운영하기 때문에 중앙 집중화 및 통제의 정도가 약하다. 그럼에도 불구하고 기존 지역이 전문성과 경험을 활용하여 새로운 지역들에게 정보와 도움을 줄 수 있다.

카붐!은 확장을 위해 전파 모델을 사용하는 소셜벤처의 예다. 앞서 다룬 것과 같이 카붐!의 미션은 안전한 놀이공간이 없는 지역사회의 어린이들을 위해 놀이공간을 지어주는 것이다. 카붐!은 기업과 지역사회 파트너들의 네트워크를 통해 이 미션을 달성한다. 카붐!의 기업 파트너들은 자신들이 속한 지역사회에 놀이터를 지을 수 있도록 자금과 자원봉사자들을 제공한다. 홈페이지에 따르면 카붐!은 지금까지 미국 전역에서 300개 이상의 기업들과 협력했다(www.kaboom.org). 여기에는 뱅크 오브 아메리카, 델타 항공, 휴매나, 모건 스탠리, 스타벅스, 징가와 같은 친숙한 기업들이 포함된다. 이에 상응하는 카붐!의 지역사회 파트너들은 놀이터를 기획하는 데 시간과 에너지를 제공하고 많은 경우 자신들의 자원봉사자들을 투입하는 지역 비영리기관들이다. 이 과정에서 카붐!의 역할은 펀딩 파트너(기업)와 뜻이 맞는 지역사회 파트너(비영리기관)를 매칭하는 '턴키(turnkey)' 서비스를 제공하고 프로젝트 관리 전문성을 전해주는 것이다. 이러한 접근법을 활용하여 카붐!은 백만 명의 자원봉사자들을 동원하여 모금을 통해 2,300개의 놀이터를 지었고 약 650만 명의 어린이들이 이 놀이터를 이용한다.

두 번째 전략인 제휴는 사회적 목표를 달성하기 위한 방법으로 다른 기관들과 협력하는 것을 말한다. 이 접근법의 이점은 이러한 목표들 중 어떤 측면을 일부 다루고 있는 기존 기관들을 연결한다는 점이다. 이러한 기관들은 이미 신뢰도, 네트워크, 이해관계자들을 가지고 있으며 해당 지역사회에 대한 지식과 이해도 갖고 있다. 유나이티드웨이(www.unitedway.org)는 제휴 전략의 한 사례이다.

유나이티드웨이는 1887년 미국 덴버에서 덴버시의 복지 문제를 해결하기 위해 협업해야 할 필요성을 인지한 한 여성과 한 신부, 두 명의 목사, 한 명의 유대교 랍비에 의해 설립되었다. 이들은 지역 자선단체들을 위해 자금을 모으고 수혜자들을 서비스 제공자들에게 연결해주기 위해 조직을 만들었다. 이러한 첫 시도는 2만 달러가 넘는 기부금으로 이어졌다. 그 이후로 유나이티드웨이는 미국 내외로 확장했고, 미국을 포함한 41개 나라에서 1,800개의 유나이티드웨이가 설립되었다. 2012년에 유나이티드웨이 인터내셔널과 유나이티드웨이 미국이 결합하여 유나이티드웨이 월드와이드가 됨으로써 전 세계에서 가장 큰 민간 비영리기관이 되었다. 2008년에 유나이티드웨이는 다음의 세 가지 영역에 집중하는 10년짜리 프로그램을 시작했다.

1. 교육

2. 재정적 안정성

3. 보건

유나이티드웨이는 기업과 개인 기부자들을 동원하고 이 세 가지 영역 중 한 가지를 다루는 지역사회 기관들과 제휴함으로써 이 목표들을 달성하고자 한다. 예를 들어, 볼티모어에서는 메릴랜드 중부 유나이티드웨이에서 이 도시의 '6세 이하 아이들의 성공을 위한 파트너십(Success by 6 Partnership)'을 설립하는 것을 조율했는데, 이는 저소득 지역 여성들에게 산전 서비스를 제공하는 프로그램이다. 이 프로그램을 통해 조산과 영아 사망률이 극적으로 감소했다(Goals for the Common Good, 2012).

확장의 세 번째 전략은 점포 확장으로, 가장 많은 자원을 필요로 하지만 가장 높은 수준의 중앙 집중화된 통제를 가능하게 하는 전략이다. 기업가정신의 측면에서 생각해보면, 맥도날드는 점포 확장 전략의 예가 될 수 있다. 각 맥도날드 매장은 독립적인 가맹점들이 소유하고 운영하지만, 맥도날드는 판매 제품, 매장 환경, 관리자와 직원들의 훈련 방법에 대해 높은 수준의 통제력을 가지고 있다. 이 장의 시작 부분에서 다룬 MADD도 점포 확장 전략의 사례이다. MADD는 매우 잘 갖춰진 중앙 집중화된 전국 사무소인 본사와 48개 주의 지부들을 가지고 있다.

전국 사무소는 모금, 공공정책, 주요 캠페인 개발 및 개시를 담당한다. 이러한 활동들은 그 후 지부 수준에서 운영된다. 지부들은 지역 단위에서 기부금과 스폰서를 모으고 모금과 인식 개선을 위한 행사를 진행하며, 음주운전 피해자들에게 지원 서비스를 제공한다.

앞서 언급한 바와 같이 확장을 위한 이러한 다양한 방법들을 평가하는 데는 각각의 장단점이 있다. 따라서 각 대안의 비용과 편익을 이해하는 것이 중요하다. 또한, 각 대안들은 중앙 집중화 및 통제의 정도와 실행에 필요한 자원의 정도에서 차이가 난다. 앞서 논의한 바와 같이 점포 확장 전략은 높은 중앙 집중화와 통제를 가능하게 하지만 필요한 자원의 측면에서는 비용이 많이 든다. 이와 대조적으로 전파 전략은 보다 적은 자원을 필요로 하지만 의사결정 및 통제에 있어 다른 기관들과 권한을 나눠야 한다. 다양한 대안들의 장단점을 평가할 때, 사회적 기업가들은 확장 시도가 불완전하거나 실패했을 때 따르는 위험요인들도 파악해야 한다. 확장 전략이 성공하지 못할 경우 수혜자들에게는 어떠한 위험요인이 있는가? 사회적 기업가에게는 자신의 시간, 주의, 에너지를 처음 장소에서 다른 곳으로 돌리는 것에 있어 어떠한 위험요인이 있는가? 마지막으로, 부정적인 홍보 효과, 지역사회와의 좋지 않은 관계 또는 실망한 기부자와 펀딩 기관들이라는 결과로 이어질 수 있는 평판상의 위험요인은 무엇인가?

3단계: 자원 모으기

확장의 세 번째 단계인 자원 모으기는 1, 2단계에서 논리적으로 자연스럽게 연결된다. 사회적 기업가는 1단계에서 성공의 요인을 확인함으로써 새로운 지역에서 성공하기 위해 필요한 자원의 유형에 대해 금융, 인적, 사회적, 정치적 자본의 형태로 이해하게 된다(그림 12-4). 각각의 자원에 대한 필요가 사회적 기업가가 자신의 벤처를 확장하는 데 어떻게 영향을 미치는지 살펴보자.

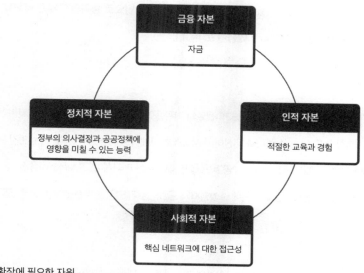

[그림 12-4] 확장에 필요한 자원

금융 자본

소셜벤처를 확장하는 데는 새로운 지역에 사업을 시작하고 유지하기 위한 추가적인 금융 자본이 필요하다. 또한, 확장에는 금융 자본을 조달하는 벤처의 전략에 있어 보다 높은 정교함과 전문성이 요구된다. 비영리기관과 재단에 자문을 제공하는 기업인 브릿지스팬 그룹(Bridgespan Group)은 소규모 소셜벤처들의 많은 수가 기부금, 작은 행사, 작은 지원금 등 뒤죽박죽 섞인 다양한 재원들에 의지하는 반면, 대형 비영리기관들은 주로 한 가지 주요한 재원에 집중하는 경향이 있다는 점을 발견했다. 이러한 재원의 우선순위는 해당 소셜벤처의 미션 및 목표와 일치한다(Foster & Fine, 2007). 또한, 브릿지스팬의 연구에서 이러한 대형 소셜벤처들은 자신들의 주요한 재원의 수요와 기대에 부합하는 전문적인 기관과 조직 구조를 수립한다는 점도 발견했다. 브릿지스팬은 144개의 고속 성장을 달성한 비영리기관들을 조사하여 다음과 같은 다섯 가지 주요 재원을 정리했다.

• 정부

이 연구에서 정부 자금은 고속 성장을 달성한 비영리기관들 중 40퍼센트가 꼽은 가장 지배적인 재원으로 부상했다. 정부 지원금을 받은 비영리기관들은 보건, 기아, 빈곤, 또는 외교와 같은 해당 정부 기관의 미션과 일치하는 필요를 다뤘다. 미국 중앙정부와 지역정부의 자금도 복지, 고용, 교육 분야의 기관들에게 전달되었다. 이러한 결과는 중앙, 주, 지역 단위의 정부가 효율적이고 비용 효과적인 방법으로 충족되지 않은 사회적 필요를 다룰 방법으로써 소셜벤처에 점점 더 의지하고 있음을 보여준다.

• 서비스 이용료

브릿지스팬 연구가 밝힌 두 번째 주요 재원은 33퍼센트의 기관들이 선정한 서비스 이용료였다. 서비스 이용료는 서비스 수혜자가 지불할 수도 있고, 수혜자를 대신하여 서비스를 구매하는 다른 주체(정부 또는 민간기관)가 지불할 수도 있다. 이러한 모델의 예로 의료 서비스 제공 비용을 변제해 주는 메디케이드(Medicaid)를 들 수 있다. 또 다른 예로 실업자들에게 직업 훈련을 제공하기 위해 소셜벤처와 중앙 정부가 협약을 맺는 경우를 들 수 있다.

• 기업

이 연구에서 기업은 고속 성장을 이룬 비영리기관의 19퍼센트가 지배적인 재원이라고 꼽았다. 대부분의 기업 자금은 현금보다는 공간, 식료품, 의약품, 교육용 교구 등과 같은 현물 기부의 형태로 제공된다.

• 개인

이 연구에서 조사된 비영리기관들 중 개인이 주된 재원인 곳은 6퍼센트에 불과했다. 연구자들은 이러한 형태의 자금에 의존하는 벤처들은 큰 규모의 기부금에 의존하기보다 다양한 기반을 통해 여러 건의 작은 기부금을 모은다는 점을 확인했다. 이렇게 하기 위해 이 벤처들은 기아 또는 어린이 건강과 같이 많은 사람들에게 공감을 일으킬 수 있는 주제에 집중했다. 그리고 메시지를 분명하고 간단하게 전달했으며 자신들의 '브랜드'를 구축하기 위해 노력했다.

• 재단

브릿지스팬 연구 결과, 재단은 고속 성장을 이룬 비영리기관들에게 가장 드문 형태의 재원인 것으로 확인되었다(2퍼센트). 이러한 결과는 재단들이 스타트업에게 중요한 재원임에도 불구하고 이미 설립되어 운영 중인 벤처들을 확장하는 데 역할을 할 가능성은 낮음을 보여준다. 따라서 확장을 위해서는 사회적 기업가가 앞서 논의한 다른 재원들 중 하나를 개발해야 한다.

인적 자본

소셜벤처든 상업적인 벤처든 대부분의 벤처들은 한 명의 창업가로 시작하고 어떤 경우에는 그 외 두세 명의 핵심 사람들이 모여 시작한다. 벤처의 초기 단계에서는 이 사람들이 생산, 마케팅, 영업, 인사, 재무를 포함하여 모든 것을 다 한다. 이 바쁜 창업가는 필요에 의해 '무엇이든지 하는 사람'이 되는데, 외부 전문가를 고용하기에는 재정적 자원이 충분하지 않으며, 그렇게 하는 것이 상대적으로 작은 벤처의 규모에 타당하지 않은 경우가 많기 때문이다. 이 전략은 벤처의 가장 첫 단계에서는 잘 적용되지만 이후 단계에서는 보다 전문적이고 구조화된 접근법을 사용해야 한다. 소셜벤처가 성장하고 확장함에 따라 기업가가 성장을 뒷받침해 줄 조직을 구축하기 위해 필요한 인재를 데려오는 것이 중요하다. 이것은 모든 것을 스스로 하고 통제하는 데 익숙해진 창업가에게 매우 어려운 변화일 수 있다. 그럼에도 불구하고 이것은 매우 중요하고 필요한 단계이며, 전문성의 수준과 근무 시간이 상이한 자원봉사자들에게 크게 의존하는 경우가 많은 소셜벤처들에게 특히 더 그렇다.

사회적 자본

앞서 논의한 것과 같이 사회적 자본은 다른 필요한 자원들에 접근할 수 있게 해주는 핵심 네트워크를 말한다. 소셜벤처들에게는 사회적 자본이 자신의 미션을 달성하는 수단이 될 수도 있다. 예를 들어, 앞서 언급한 확장의 전략 중 하나로 '제휴', 즉, 뜻을 같이 하는 기관들과 연계하는 방법이 있다. 이 전략을 사용하기 위해서는 사회적 기업가가 새로운 커뮤니티에서 그러한 기관들을 확인하고, 그들에게 다가가 파트너십을 구축하기 위한 전략을 수립하는 것이 필요하다. 소셜벤처가 최초 지역에서 좋은 성공 실적을 가지고 있을수록 새로운 지역에서 잠재적인 파트너들을 모으고 연합을 구축하기가 쉽다.

정치적 자본

정치적 자본은 사회적 기업가로 하여금 정부의 의사결정과 공공정책에 영향을 미칠 수 있게 한다. 이런 관점에서 정치적 자본은 소셜벤처의 미션에 대한 더 큰 지지를 이끌어내는 동시에 확장을 뒷받침할 기회들을 만들어 낼 수도 있다. 예를 들어, MADD는 술을 마시고 운전하는 사람들로 인해 목숨을 잃게 된 젊은 사람들에 대한 대중의 인식을 제고했다. 이로 인해 미국의 많은 주에서 더욱 강력한 음주운전 관련 법을 도입했고 술을 책임 있게 다룰 필요에 대한 사람들의 인식이 높아졌다. 또한, 안전을 위한 운전자 알코올 감지 체계(Driver Alcohol Detection System for Safety, DADSS) 연구 프로젝트와 같은 활동에 대해 정부가 상당한 자금을 지원하는 결과로 이어졌다(www.madd.org). DADSS에서는 운전자의 알코올 농도가 일정 수준을 초과할 경우 차의 시동을 걸지 못하게 하는 기술을 개발하고 있다.

4단계: 조직역량 개발

4단계인 조직역량 개발은 조직 기반구조를 구축하고, 사회적 기업가가 가진 자원을 가장 효과적으로 동원할 수 있도록 절차, 체계, 통제, 네트워크를 개발하는 것을 말한다. 이 장에서 다룬 스케일러스 모델이 이 단계를 이해하는 데 도움이 되는 틀을 제시해 줄 수 있다. 스케일러스는 성공의 핵심 요인들을 확인하게 해줌으로써 사회적 기업가가 새로운 지역에서 사업을 시작하고 운영하는 데 필요한 요소들에 집중할 수 있게 해준다. 그리고 이러한 역량들은 자원들을 '변형'시키는 데 사용될 수 있다. 본질적으로 아래와 같이 정리할 수 있다.

자원 + 조직역량 = 실행

따라서 역량으로써의 효과적인 직원 채용은 이용 가능한 인적 자본을 '변형'시키며, 연합 구축은 가능한 네트워크와 연결고리들을 '변형'시킨다. 어떤 의미에서는 스케일러스 모델에 구현된 조직역량은 기업가가 모은 자원들을 활용할 수 있게 하는 열쇠이다. 이러한 역량은 기업가로 하여금 자원을 동원하여 성공적인 확장을 이루는 데 활용하게 한다. 스케일러스 모델이 실제로 어떻게 작동하는지 알아보기 위해 이 장의 앞 부분에서 다룬 MADD의 사례를 다시 살펴보자.

스케일러스 모델의 요소

· 직원 채용

MADD는 '지부'로 조직화된 자원봉사자들을 동원함으로써 인적 자본을 활용했다. 또한, 규모 있고 수준 높은 전국 단위의 조직을 구축하여 공공정책, 로비 활동, 모금과 같이 모든 지부에 혜택이 돌아가는 이슈들을 처리했다.

· 소통

MADD는 분명하고 직접적인 사명선언문을 만들었다. 이에 더해 MADD의 메시지를 전파하고 인식 제고를 하기 위한 파트너로서 지역, 주, 전국 단위에서 언론과 지속적으로 협력했다.

· 연합 구축

MADD는 음주운전과 관련된 문제들에 대한 연구를 수행하기 위해 정부와 협력했다. 또한, 대규모 기업들의 후원도 끌어냈는데, 그 중에는 음주운전과 관련된 인명피해 및 다른 비용들을 줄이는 것에 있어 MADD와 공통의 이해관계를 가진 보험회사들도 있다.

· 로비 활동

앞서 언급한 바와 같이 MADD는 보다 강력한 음주운전 관련 법안을 통과시키기 위한 로비 활동과 가족들에게 훈련 및 지원을 제공하는 활동을 매우 효과적으로 수행했다. 예를 들어, MADD의 2011년 연례 보고서에서는 14개 주에서 차량 내 시동 잠금 장치를 설치하는 법안이 통과된 것과 운전자 알코올 감지 체계를 개발하기 위한 연구에 대해 중앙정부 차원에서 자금을 지원한 것이 언급되어 있다.

· 수익 창출

2011년에 MADD는 4천만 달러의 수입을 올린 것으로 보고했다. 이 중 약 40퍼센트는 개인 기부와 특별 행사로 이루어져 있으며 MADD의 폭넓은 지지 기반을 보여준다. 25퍼센트는 정부로부터 왔으며 MADD의 성공적인 연합 구축과 로비 활동을 강화해준다. 약 9퍼센트는 재단과 몇몇 주요 보험 회사를 포함한 기업들로부터 왔다.

· 복제

1979년 플로리다에 설립된 첫 지부에서 시작한 MADD의 '비즈니스 모델'은 총 48개 주에 지부를 설립함으로써 복제되었다. MADD가 다루는 문제인 음주운전의 부정적 영향은 그 범위에 있어 보편적이라는 점이 복제를 촉진했다. 따라서 다수의 지역사회와 주에서 높은 수준의 지지와 수용성을 보인다.

· 시장의 힘 자극

MADD는 음주운전의 인적, 사회적 비용뿐만 아니라 경제적 비용도 강조함으로써 자신의 제품과 서비스에 대한 '시장'을 효과적으로 만들어 냈다. 이러한 비용에는 인명 손실, 심각한 부상, 비탄에 빠진 가족, 재산 피해로 인한 비용, 의료비, 소송이 포함된다. 이러한 비용들의 엄청난 규모로 인해 MADD는 정부, 법 집행 기관, 대학, 주요 보험

회사로부터 재정적 후원을 비롯한 다양한 형태의 후원을 확보할 수 있었다.

이 간단한 분석을 통해 MADD가 스케일러스 모델의 모든 요소들을 연결함으로써 상당한 규모와 범위를 뒷받침할 수 있는 조직역량을 개발했음을 볼 수 있다. 이를 통해 MADD가 조직을 확장하고 미션을 달성하는 데 성공할 수 있었던 이유를 설명할 수 있을 것이다.

5단계: 평가와 피드백

소셜벤처 확장의 핵심 요소는 어떤 것이 작동하고 어떤 것이 작동하지 않는지를 알아내어 새로운 지역에 '성공 사례'가 공유되도록 하는 것이다. 11장에서 다룬 것과 같이 고객·수혜자, 커뮤니티 내 파트너, 후원자를 포함한 핵심 이해관계자에게 피드백을 제공하기 위해 효과적인 평가가 필요하다. 이 장을 준비하면서 큰 규모와 범위를 달성한 기관들은 일반적으로 성과 평가 체계와 목표 달성을 향한 진척 상황을 소통하기 위한 전략을 잘 갖추고 있다는 점을 발견했다. 예를 들어, 유나이티드웨이는 자신들의 세 가지 타깃 영역인 교육, 재정적 안정성, 보건에 대해 핵심 지표를 설정했다(Goals for the Common Good, 2012). 이러한 지표들은 10년 후 목표를 향한 진척 상황을 측정하는 데 사용된다.

재정적 안정성 영역에 해당하는 목표 중에 재정적으로 불안정한 상황에 처한 노동자 가정의 수를 반으로 줄이는 것이 있다(Goals for the Common Good, 2012, p. 2). 이 목표를 달성하기 위해 유나이티드웨이는 2008년에 재정적 안정성 원스톱 센터를 아홉 곳 설립하여 매월 생활비를 충당하기 위해 애쓰는 중간 및 저소득 가정들에게 다양한 서비스를 제공했다. 이 사업의 자금은 유나이티드웨이 캠페인 기금, 민간 재단, 기업, 정부, 대행사 및 서비스 파트너를 포함한 다양한 재원으로부터 제공되었다. 몇몇 '파트너 기관'들은 각 센터에서 서비스를 제공한다. 자료 추적과 보고는 이 사업의 효과성을 평가하는 데 있어 중요한 요소이다. 설정된 성과를 바탕으로 매년 각 센터의 성과를 측정한다. 여기에는 구직, 자동차 대출 승인, 경제 지식에 대한 강좌 수료, 저축 목표 달성과 같은 측정치가 포함된다. 다양한 센터들에서 도출된 성과 결과를 통합하는 것이 유나이티드웨이의 과제인데, 이는 각 센터가 각각의 성과 지표를 설정하고 해당 지역사회의 필요에 맞춘 서비스들을 전달하기 때문이다. 이 사업에 대한 최근 보고서에서는 자료 관리 체계와 절차에 있어서의 비효율성을 해결해야 할 과제로 꼽았다. 또한, 이 보고서는 "이 모델의 효과성을 입증하고 추가적인 자금 제공자를 모으기 위해서는 자료 수집, 성과 측정, 투자 대비 수익에 대한 추가적인 평가가 필요하다"고 결론지었다(Achieving Financial Stability for

Individuals and Families Through Integrated Service Delivery, 2011, p. 45).

요약

이 장에서는 소셜벤처를 확장하는 것에 따르는 유익과 어려움을 살펴봤다. 확장에 대한 의지의 주된 동기는 소셜벤처의 혜택을 보다 많은 사람들에게 돌려줄 수 있는 잠재력에 있다. 이 책 전반에서 살펴본 것과 같이 많은 소셜벤처들은 기아, 보건, 주거, 빈곤, 환경, 사회 정의와 같은 영역에서 충족되지 않은 필요를 다루기 위한 제품과 서비스를 제공하여 사용자들의 삶을 바꾸거나 생명을 살린다. 사회적 기업가는 이러한 기본적인 필요 중 하나를 다루는 '성공 공식'을 개발하면 그 아이디어를 최대한 많은 수혜자에게 확산하고 싶어한다. 이런 관점에서 확장 가능한 소셜벤처들은 넓은 지역에 걸쳐, 그리고 국적, 문화, 언어의 차이를 넘어 공통적인 필요를 다루는 벤처들이다. 이들은 '큰 솔루션'으로 '큰 문제'를 해결하고자 하는 '큰 아이디어'를 가지고 있다. 상업적 기업가정신의 관점에서 생각해 보면 '큰 아이디어'의 예로 정보, 대중매체, 엔터테인먼트에 언제 어디서나 접근할 수 있게 만들어준 아이패드를 들 수 있다. 이와 마찬가지로 MADD는 미국 전역의 사람들을 동원하여 음주운전과 그 결과로 발생하는 인적, 경제적 비용의 문제를 해결하는 '큰 아이디어'다. 이 장에서는 확장을 위한 다양한 전략으로 전파, 제휴, 점포 확장에 대해 다뤘다. 어떤 전략을 사용할지는 해당 기관의 목표를 달성하는 데 필요한 중앙 집중화 및 통제의 정도에 따라 결정되는 경우가 많다. 또한, 소셜벤처 확장의 다섯 단계인 1) 자가 진단, 2) 확장의 대안 평가, 3) 자원 모으기, 4) 조직역량 개발, 5) 평가와 피드백을 설명했다. 스케일러스 모델을 설명했고 이 모델이 어떻게 적용될 수 있는지를 설명하기 위해 MADD를 예로 들었다. 상업적 벤처들과 마찬가지로 실제로 상당한 규모와 범위를 달성하는 소셜벤처는 극히 일부이다. 하지만 확장에 성공하는 소셜벤처들은 수백만 명의 사람들의 삶을 개선한다. 그러므로 그들의 전략, 절차, 사례들을 연구하는 것은 충분히 가치가 있다.

12장 질문

1. 소셜벤처 확장의 이점 몇 가지를 설명해보자. 알고 있는 대규모 소셜벤처의 사례들을 제시해보자.

2. 소셜벤처 확장의 어려움 몇 가지를 설명해보자. 상업적 벤처들이 직면하는 어려움과 같거나 다른 점은 무엇인가?

3. 스케일러스 모델의 요소들을 설명해보자. 확장을 이루는 데 각각의 요소들이 왜 중요한지 논해보자.

4. 한 기관이 확장을 하기 위해 사용할 수 있는 세 가지 전략인 전파, 제휴, 점포 확장에 대해 논해보자. 각 전략에 대한 예를 들어보자.

5. 이 장에서 다룬 소셜벤처 확장의 다섯 단계는 무엇인가? 각 단계에 어떤 활동들이 포함되는가?

사례 공유

캐서린 홀-트루히요(Kathryn Hall-Trujillo)와 출산 프로젝트(Birthing Project)

캐서린 홀-트루히요는 1976년부터 1991년까지 캘리포니아주에서 보건 행정관으로 일했다. 해당 기간동안 캐서린은 산전 관리가 아기들의 생존과 미래 건강에 극적인 영향을 준다는 것을 확신하게 되었다. 이는 특히 아프리카계 미국인 아기들에게 해당되는데, 이 아이들이 첫 해에 사망할 확률은 백인 아이들 보다 두 배 높았다(www.ashoka.org). 출산 프로젝트(www.birthingprojectusa.org)는 1988년, 보다 나은 산전 관리를 통해 특히 아프리카계 미국인 아기들의 영아 사망률을 줄이기 위해 시작되었다. 홀-트루히요는 출산 프로젝트를 '새로운 삶을 위한 지하철도'라고 부른다(Birthing Project USA 2012 Annual Report). 미국 내 아프리카계 미국인들이 노예제도에서 탈출하여 새로운 삶의 기회를 실현하기 위해 지하철도를 활용했던 것처럼 출산 프로젝트는 임신한 여성들이 산전, 산후의 위험을 극복하여 건강하게 출산하고 자녀들에게 건강한 유년기를 만들어 줄 수 있도록 돕는다.

출산 프로젝트는 '언니 친구 모델(Sister Friend Model)'이라고 불리는 상대적으로 간단하고 확장 가능한 모델을 바탕으로 한다. 이 모델을 만들 때 홀-트루히요는 임신 기간이 젊은 흑인 여성들에게 매우 취약하고 무서운 시기임을 인식했다. 이들 중 많은 수는 도시 커뮤니티에 거주하며 미혼이고, 스스로 서비스를 찾아나서거나 스스로를 옹호할 자신감과 지식이 부족하다. 이런 관점에서 이들은 신뢰하는 멘토나 친구의 정서적 지지에 열려 있고 아기에게 해가 될 만한 행동을 바꿀 의지가 있다.

'언니 친구'는 임신한 여성과 아기의 건강에 대해 최소한 아기의 첫 1년까지, 약 18개월동안 책임을 지고자 하는 아프리카계 미국인 여성이다. 이 역할을 맡은 언니 친구는 보건의료 시스템과 임신한 여성의 개인적인 상황을 전부 다루는 데 필요한 모든 것을 한다. 여기에는 '여동생'이 의사에게 정기적으로 진료를 받도록 하는 것, 규칙적이고 건강한 식사를 하게 하는 것, 안전한 주거 공간을 찾는 일을 돕는 것, 약물 중독 치료를 받도록 하는 것, 언어의 장벽을 다루는 것, 개인적인 재정 관리법을 배우도록 돕는 것 등이 포함된다.

언니 친구는 아홉 명의 다른 여성을 그룹으로 모으는 그룹리더에게 훈련을 받는다. 그룹리더는 자신과 출산 프로젝트의 책임을 명시한 출산 프로젝트 합의서에 서명한다. 그 후, 출산 프로젝트 USA에서 훈련팀의 구성원을 파견하여 그룹리더와 며칠 동안 시간을 보내며 기본적인 가치와 훈련 내용을 공유하도록 한다. 그룹을 대상으로 하는 훈련은 그룹 구성원들이 공통의 프로젝트를 위해 협력하면서 동시에 정보를 공유하고 서로 지지하는 네트워크를 만들 수 있도록 하는 퀼트 실습으로 시작된다. 홀-트루히요는 언니 친구로 하여금 여동생이 이용 가능한 자원의 종류, 의료 서비스 등을 이해할 수 있도록 훈련 내용을 구성했다. 또한, 훈련 프로그램에서는 여동생이 이러한 자원을 확보하고자 할 때 직면할 수 있는 장애물의 종류와 그에 대한 극복 방법을 언니 친구가 이해할 수 있도록 돕는다. 언니 친구는 실제적인 지원과 정서적인 지원을 모두 제공하는 방법을 배우는 것이다.

출산 프로젝트는 확장을 위해 두 가지 전략을 개발했다. 첫 번째 전략은 자신들의 커뮤니티에서 출산 프로젝트를 시작하는 것에 대해 홀-트루히요에게 연락하는 여성들에게 응하는 것이다. 홀-트루히요는 영아사망률이 높은 커뮤니티와 허리케인 카트리나의 피해를 입은 후의 뉴올리언스 경우와 같이 모성보건과 영아사망에 영향을 미칠 만한 위기를 경험하고 있는 커뮤니티를 우선순위로 둔다. 이러한 새로운 지역에 진입할 때, 홀-트루히요는 출산 프로젝트 USA가 제공하는 첫 훈련 이후의 지속적인 훈련에 대해서는 각 지역의 출산 프로젝트가 책임져야 함을 강조한다. 이는 각 프로젝트가 그룹을 훈련시키는 데 필요한 적절한 전문가와 지역사회 봉사 제공자를 확인하고 모집해야 한다는 것을 의미한다. 항상 약 30개의 출산 프로젝트가 진행 중이다. 일부는 가정집에서 운영되며 일부는 교회, 의원, 보건 부서, 병원, 봉사 단체, 또는 기업과의 제휴로 운영된다(www.birthingprojectusa.org).

또한, 각 그룹은 스스로 모금을 책임져야 하며 홀-트루히요는 이들의 미션을 지지해 줄 마치 오브 다임스(March of Dimes) 또는 헬시 스타트(Healthy Start)와 같은 다른 기관들과 협력할 것을 장려한다. 이 전략을 활용함으로써 그룹들은 모금 활동에 지나친 시간을 소비하지 않고 서비스 전달에 집중할 수 있다. 그룹들이 더 강해지고 지역사회에서 더 확고히 자리를 잡으면 언젠가는 보다 공식적인 501(c)(3) 비영리기관을 설립하는 것을 원할 수도 있다. 그렇게 되면 보다 본격적인 모금 활동을 진행하는 것이 더 용이할 것이다.

홀-트루히요가 확장을 위해 사용한 두 번째 전략은 자신의 인지도와 성공을 활용하여 미국 전역의 흑인 여성을 동원한 것이다. 홀-트루히요는 아쇼카 펠로우로 선정되었을 뿐 아니라 'CNN 영웅'으로도 선정되었다. 출산 프로젝트의 창업자이자 대변인으로서, 홀-트루히요는 기관의 미션과 메시지를 확산하기 위해 간담회, 인터뷰, 언론 행사에 응한다. 성장과 지역적 확장을 뒷받침하기 위해 출산 프로젝트는 전국 자원 센터(National Resource Center)를 설립했다. 이 센터에서는 직통전화와 소통을 조정하기 위한 수단을 제공한다. 또한 모델 복제, 훈련, 지역사회 자원, 모금, 파트너십에 대한 정보도 제공한다.

오늘날까지 출산 프로젝트는 미국 내 100개 이상의 지역에 복제되었다. 인터내셔널 출산 프로젝트도 온두라스, 말라위, 가나, 나이지리아, 우간다에서 진행되고 있다(Birthing Project USA 2012 Annual Report). 출산 프로젝트를 통해 태어난 13,000명 이상의 아기들은 출생 시 체중이 약 3.4킬로그램으로, 미국 전역의 아프리카계 미국인 아기의 평균 체중인 2.9킬로그램보다 많다. 출산 프로젝트의 평가 결과에 따르면 출산 프로젝트에 참여하는 어머니들은 산전 진찰의 80퍼센트와 산후 진찰의 70퍼센트에 참석하는데, 해당 타깃층의 참석률은 각각 35퍼센트, 40퍼센트다(www.ashoka.org).

사례 질문

1. 출산 프로젝트의 미션은 무엇인가?

2. 출산 프로젝트는 어떻게 사회적 가치를 창출하는가?

3. 언니 친구 모델을 설명해보자. 이 모델은 어떻게 작동하는가?

4. 새로운 지역사회로 확장하기 위해 출산 프로젝트는 어떤 전략을 사용하는가? 이러한 전략들의 이점은 무엇인가? 잠재적인 약점은 무엇인가?

5. 출산 프로젝트가 규모와 범위의 확장을 이루도록 돕는 데 홀-트루히요의 유명세가 지위가 어떤 역할을 하는가?

행동하기

점점 더 많은 지역사회에서 사회적 기업가를 위한 콘퍼런스와 스타트업 행사를 주최하고 있다. 이런 종류의 행사는 일반적인 기업가를 대상으로는 오랫동안 진행되어 왔지만 사회적 기업가에게는 상대적으로 새로운 것이다. 사회적 기업가를 초청하는 행사, 모임 또는 콘퍼런스를 찾아보자. 해당 행사에 참석하여 다양한 소셜벤처의 발표를 듣고 그들이 어떤 종류의 충족되지 않은 필요를 다루는지 알아보자. 확장 가능한 '큰 아이디어'를 갖고 있는 소셜벤처를 찾아보자. 이 장에서 배운 내용을 토대로, 해당 벤처는 어떻게 상당한 규모와 범위의 확장을 이룰 수 있을지 생각해보자.

인터넷 활용하기

이 장에서는 MADD의 사례를 들어 스케일러스 모델을 설명했다. 아쇼카 홈페이지에 접속해서,(www.ashoka.org 또는 ashokakorea.org). 상당한 규모와 범위의 확장을 이룬 소셜벤처 하나를 선택해보자. MADD의 사례와 같이 해당 벤처에 스케일러스 모델을 적용하여 해당 소셜벤처가 이 모델의 각 요소를 어떻게 다루었는지 설명해보자. 이 과제를 수행하기 위해서는 아쇼카 웹사이트에 제공된 정보를 넘어 추가적인 '조사'를 할 필요가 있을 것이다. 즉, 해당 소셜벤처의 홈페이지에 직접 접속하여 추가적인 정보와 벤처의 발전 및 활동 연혁을 확인해야 할 수도 있다.

13
임팩트를 창출하고 사회적 기업가 정신의 성공 사례를 공유하기

사회적 기업가정신의 모델	13장의 주요 내용	13장의 액션플랜

충족되지 않은 사회적 필요를 다룸	**사회적 기업가정신의 프로세스**
	- 기회 식별
	  · 맥락의 역할
	- 필요한 자원 획득
	  · 혼합 가치를 추구하는 경향
	  · 지역사회의 역할
	- 자원의 활용
	  · 혁신적인 비즈니스 모델
	  · 가치사슬 재구성
	- 평가와 피드백
		- 소셜벤처 사업계획서 경영대회를 조사하고 지원할 대회 한 가지를 택해보자.
		
		- 개인 또는 팀을 구성하여 창업하고 싶은 소셜벤처의 사업계획을 수립해보자.
		
		- 사업계획서에는 주요 이해관계자에 대한 설명과 그들을 참여시킬 방법, 비즈니스 모델, 가치사슬의 연결고리, 예상 결과물, 기대하는 임팩트가 담겨야 한다.
		
		- 마지막으로, 해당 벤처가 어떻게 지속가능성과 확장을 이루고 변화의 주체로서 역할을 할 것인지를 설명해야 한다.

사회적 가치를 창출함		
변화의 주체로서 역할을 함		
장기적으로 지속가능한 솔루션을 개발함	**정의에 대한 재고**	
	변화의 주체로서 역할을 함	

목표 ㅣ 이 장을 읽고 나면 다음을 할 수 있게 될 것이다.

1. 사회적 기업가정신의 정의의 핵심 요소를 이해하고 설명하기
2. 사회적 기업가정신의 프로세스인 1) 기회 식별, 2) 자원 획득, 3) 자원 활용, 4) 평가와 피드백을 이해하고 설명하기
3. 사회적 기업가정신 영역의 혁신적인 활동인 1) 혼합 가치를 추구하는 경향, 2) 이해관계자 포용 및 참여, 3) 혁신적인 비즈니스 모델, 4) 가치사슬 재구성에 대한 창의적인 접근을 이해하고 설명하기
4. 맥락의 역할과 기회 확인, 자원 확보와 활용, 지속가능성과 확장을 이루기 위한 전략에 있어 맥락의 영향력 이해하기
5. 소셜벤처가 '변화의 주체'로서의 역할을 하는 방법과 사례에 대해 논하기

1장에서 사회적 기업가정신의 특징을 아래와 같이 설명했다.

1. 충족되지 않은 사회적 필요를 다룸

2. 사회적 가치를 창출함

3. 소셜 섹터의 변화의 주체로서 활동함

4. 사회적 문제에 대해 장기적으로 지속가능한 솔루션을 개발함

앞선 장에서 이러한 다양한 특징을 다루었고 각각의 특징 또는 모든 특징을 설명하는 구체적인 사례를 제시했다. 마지막 장인 이번 장에서는 이 주제로 돌아가 이를 요약하고 하나로 엮어 중요하고도 지속가능한 임팩트를 만들 수 있는 유의미한 완전체로 만들고자 한다. 즉, 상당히 다른 경제적, 문화적 환경에 속해 있는 많은 사람들에게 사회적 가치를 전달할 수 있는 능력을 갖춘 대규모 벤처의 독특한 점은 무엇인가? 제대로 작동하는 사회적 기업가정신의 모델은 한 가지인가, 아니면 공통의 주제를 공유하는 모델이 여러 가지 있는가?

정의에 대한 재고

지금까지 우리의 연구 결과는 전자보다는 후자를 시사해주며 이 책에서 우리는 소셜벤처를 정의하는 데 '빅텐트(big tent)' 접근법을 취했다. 따라서 영리와 비영리 소셜벤처, 그리고 두 가지를 혼합한 하이브리드 소셜벤처의 사례 분석을 모두 포함시켰다. 또한, 앞서 살펴본 것처럼 사회적 기업가정신은 식량, 물, 보건의료, 빈곤, 교육, 지역사회 개발, 인권, 사회 정의 등 넓은 범위의 충족되지 않은 필요를 망라한다. 사회적 기업가정신은 연령, 젠더, 인종, 교육 수준, 부의 경계를 망라한다. 마지막으로, 소셜벤처는 선진국과 개발도상국을 포함하여 매우 다양한 맥락 속에서 만들어진다.

사회적 기업가정신의 정의에 대해서는 이견이 있고 불분명하다는 시각이 많다. 흥미롭게도, 사회적 기업가 정신의 의미에 대한 이와 같은 명백한 명확성의 부재는 사실 사회적 기업가정신의 놀라운 영향력, 다시 말해 그것의 역동적인 유연성의 기반이기도 하다(Nicholls, 2006, p. 10).

사실상 니콜스는 사회적 기업가정신을 특별하게 만드는 것 중 하나이자 '사회적 문제에 대해 장기적으로 지속가능한 솔루션'을 개발하는 데 있어 '변화의 주체'로 활동할 수 있는 사회적 기업가정신의 능력을 향상시켜 주는 것은, 바로 그것이 좁은 정의에 깔끔하게 맞아떨어지지 않는 점이라고 말하고 있다. 이와 반대로 사회적 기업가정신은 이 책 전반에 걸쳐 강조한 사례 공유에서 살펴본 것과 같이 큰 임팩트의 잠재력을 담고 있는 넓은 개념이다.

사회적 기업가정신의 프로세스

또한, 사회적 기업가정신의 프로세스에 담긴 역동성도 살펴보았다. 프로세스는 다음과 같다.

1. 기회 식별

2. 필요한 자원 획득

3. 자원 활용

4. 평가와 피드백

기회 식별

기회 식별의 영역에서는 보다 높은 수준의 부와 교육, 다국적 기업 및 기관의 등장과 성장, 소통 방법의 개선과 기술의 활용을 통해 세계의 충족되지 않은 사회적 필요에 대한 우리의 인식이 높아지게 되었다. 이와 동시에, 보건, 환경, 소득 불평등과 빈곤, 교육에 대한 접근성, 사회 정의와 같은 분야의 문제를 해결해줄 세계적인 솔루션에 대한 요구가 생겨났다. 이 모든 것은 세계 금융위기 이후에 사회적인 필요를 다루는 프로그램에 대한 정부 예산 삭감으로 인해 일어나고 있다(Zahra, Newey & Li., 2014). 이와 유사하게 사회적인 필요를 다루는 많은 비영리기관도 전통적인 수입원으로부터 충분한 자금을 모으기 위해 애쓰고 있다.

사회적 기업가정신의 맥락에서 기회 식별은 부와 편익의 불공평한 분배를 낳는 시장 마찰 또는 시장의 불완전성과 연관되어 있는 경우가 많다(Austin, Stevenson & Wei-Skillern, 2006; Cohen & Winn, 2007; Zahra, Newey & Li, 2014). 이러한 마찰은 지역사회에서, 국가적 차원에서, 세계적인 차원에서 발생할 수 있다. 미국과 같은 발전되고 부유한 국가 내에서도 부유한 사람과 가난한 사람 사이의 소득 격차가 커지고 있다. 이러한 격차는 소득과 부, 교육, 영양과 보건의료, 기회에 대한 접근성의 차이 때문에 발생하는 경우가 많다. 지역사회 차원에서 소셜벤처가 시장 마찰을 일부 해소하고자 하는 경우가 있는데, 하우스 오브 브래드의 경우 그 방법으로 무료 급식소를 운영한다. 이와 마찬가지로 국가적 차원에서는 카붐!과 같은 소셜벤처가 도시 지역사회의 어린이들에게 안전한 놀이공간을 제공해주고자 한다.

국제적, 세계적인 차원에서도 같은 패턴이 나타난다. 무하마드 유누스는 많은 농촌 지역의 대출자와 여성이 은행 대출에서 제외되어 가족을 먹이고 부양하기 위한 작은 사업을 시작할 수 있는 자금을 마련하지 못하는 것을 알게 되었다. 이에 대응하여 유누스는 소액 대출과 그라민 은행을 만들었고 이는 소액 대출자들이 금융 자본에 접근할 수 있는 방법에 혁신을 가져왔다. 국경없는의사회(Medecins sans Frontieres)는 양질의 보건의료 서비스에 대한 접근성이 세계적으로 불공평하게 분배되어 있는 것을 인식했다. 이러한 시장의 불완전성에 대응하기 위해 창립자 베르나르 쿠시네(Bernard Kouchner)는 가장 절박하게 도움이 필요한 지역에 의사와 양질의 의료 서비스를 제공할 수 있는 기관을 설립했다.

기업가정신을 연구하는 학자들은 기회를 발견하거나 새롭게 만들 수 있다고 주장한다(Alvarez & Barney, 2007). 앞서 설명한 시장의 불완전성 이론과 같은 맥락에서, 자산이나 자원의 불공평한 분배를 인식하게 될 때 기회를 발견한다. 이러한 자산과 자원을 재분배함으로써 다른 사람들의 행복을 실질적으로 침해하지 않으면서도 특정 집단에 속한 사람들의 삶을 개선할 수 있다. 티치 포 아메리카는 다수의 이해관계자에게 혜택을 주는 기회 식별의 사례이다. 대부분 첫 일자리를 구하는 데 어려움을 겪는 대학을 갓 졸업한 청년들을 고용하고 훈련하여 학교에서 2년 동안 가르치도록 한다. 대상 학교는 학업 성취도가 낮고 학교 중퇴율이 높으며 범죄가 많은 도시 지역사회에 있는 경우가 많다. 새로운 교사들은 귀중한 경험과 네트워크를 얻으며, 다양성이 많고 어려운 상황에 처해있는 지역사회를 다루는 역량을 기르는 혜택을 받는다. 그 결과 학생들은 주로 젊고 에너지가 넘치며, 열심히 일하고 배려하는 교사로부터 혜택을 받는다. 마지막으로, 학생들이 더 좋은 성과를 내고 학교에 남음으로써 범죄 및 다른 사회적 문제가 줄어들면 지역사회 전체가 혜택을 받는다.

반면, 기회를 만들 때에는 새로운 정보, 체계, 기술을 활용하여 개인이나 집단에 혜택을 준다. 아포포는 새로운 정보와 기술을 활용하여 사회적 가치를 창출하는 기관의 사례이다. 창업자 바트 윗젠스는 특정 종류의 쥐를 훈련시켜 지뢰를 탐지할 수 있다는 것을 발견했다. 이 새로운 정보를 활용하여 윗젠스는 쥐를 훈련시키고 무력 분쟁이 있었던 지역으로 보내는 프로그램을 개발했고, 그 결과 지뢰 폭발로 인한 인명 피해와 심각한 부상 발생 건수를 감소시켰다.

필요 자원 획득

혼합 가치 접근법을 추구하는 경향에 대해, 몇몇 연구자들은 사회적 기업가정신이 두 가지 세계의 가장 좋은 것들을 결합함으로써 오늘날의 문제들에 대해 새로운 솔루션을 제시해준다고 언급했다. 상업적 기업가정신과 비영리 경영 분야에서 얻은 교훈을 바탕으로(Nicholls, 2006; Weerawardena & Mort, 2006; Zahra, Newey & Li, 2014) 세계적인 임팩트를 창출하는 대규모 소셜벤처들은, 일반적으로 경제적 가치와 사회적 가치를 모두 창출하고자 하는 혼합 가치 접근법을 취한다. 이 학자들은 사회적 가치 창출이 우선이기는 하지만 상당한 규모와 범위를 달성하고자 하는 사회적 기업가는 경제적 가치를 창출할 혁신적인 방법도 찾아야 한다고 주장한다. 그렇게 하지 못하는 기업가는 점점 더 경쟁이 심해지는 환경에서 생존하지 못할 수도 있다. 다른 기관 역시 기관의 운영과 성장에 필요한 자금을 충당하지 못한다면 생존할 수는 있을지 몰라도 작고 제한된 범위에 머물러 있게 될 것이다.

뉴먼스 오운 사례를 상기해 보면 폴 뉴먼은 중환자 어린이들에게 캠핑 경험과 재미를 제공해 주고 싶어했다. 그래서 뉴먼은 뉴먼스 오운 식품 라인을 만들었고 여기서 매년 4천만 달러에 가까운 매출이 나온다. 이윤의 100퍼센트가 뉴먼스 오운 재단에 기부되고, 재단은 전 세계적으로 홀인더월 캠프를 운영한다. 따라서, 샐러드 드레싱과 100개 이상의 다른 제품들을 판매함으로써 창출한 경제적 가치가 뉴먼의 주요 동기이자 목표였던 사회적 가치를 창출할 수 있게 해주었다. 이런 관점에서 경제적 가치를 창출하는 제품 라인의 존재는 뉴먼스 오운 재단이 세계적인 규모에서 소셜미션을 추구할 수 있도록 '해방'시켜 준다.

지역사회의 역할 관점에서 살펴보면, 많은 소셜벤처의 독특한 특징 중 하나는 지역사회가 참여하고 권한을 갖는다는 점이다. 이런 관점에서 사회적 기업가정신은 사회적 필요를 다루는 '하향식' 방식이자 '상향식' 방식이다. 이 책에서 살펴본 것과 같이, 지역사회 구성원과 서비스를 받는 사람들은 벤처의 비즈니스 모델과 가치사슬에 적극적으로 참여하는 사람들이다(Haugh, 2007). 이것은 보다 전통적인 비영리 자선 기반의 접근법에서 극적으로 변화한 것인데, 전통적인 방식에서는 주로 지역사회와 그곳의 필요로부터 멀리 떨어진 곳에 있는 사람들이 프로그램과 서비스를 기획하고, 서비스를 받는 사람들은 해당 프로그램과 서비스의 수동적인 수혜자가 된다. 자흐라, 뉴위, 리는 이것을 외부의 주체가 지역사회에 솔루션을 강요하는 '기술 지원 접근법'이라고 부른다(Zahra, Newey, and Li, 2014).

이와 대조적으로 사회적 기업가정신에서는 지역사회 내의 자원을 동원하여 충족되지 않은 필요를 충족하고 사회 변화를 이룰 수 있다고 가정하는 '자원 기반 모델'을 적용한다. 따라서 자원 기반 모델에서 활용되는 접근법은 지역사회 내부의 문제 해결 역량과 주인의식을 개발하기 위한 것이다. 우리는 도시 지역사회에 거주하는 어린이들을 위해 중고 자전거를 수리하는 세컨드 라이프 바이크스의 사례를 통해 이 접근법을 살펴봤다. 케리 마틴은 어린이들이 기술, 재능, 학습 능력과 일할 의지가 있다는 것을 확인하고 이를 자원으로 활용하여 어린이들이 자전거 매장에서 자원봉사를 하며 실제 수리를 할 수 있게 했다. 이렇게 함으로써 각 어린이는 자신의 자전거를 얻음과 동시에 직무 관련 기술과 태도를 개발할 수 있었다. 더 나아가, 자원 기반 모델의 전제와 동일하게, 어린이들은 자신의 자전거와 지역사회 다른 구성원의 자전거를 수리함으로써 엄청난 주인의식과 자부심을 갖게 되었다. 이는 아이들이 지역사회에 무엇인가를 돌려줌으로써 위상과 자존감을 얻을 수 있는 방법이다.

자원 활용의 혁신적인 방법

혁신적인 비즈니스 모델: 이 책을 쓰면서 가장 큰 즐거움을 느꼈던 것은 이 책이 독자들에게 완전히 새로운 유형의 비즈니스 모델을 나눌 기회를 마련해 주었다는 점이다. 벤처가 가지고 있는 비즈니스 모델의 핵심 요소 중 하나는 수익 모델, 즉, 소셜벤처가 어떻게 비용을 초과하는 매출을 창출할 것인지에 대한 계획이다. 이 목표를 달성하지 못하는 것이 스타트업에게 흔한 일이지만, 어느 정도 시간이 흐른 뒤에도 이 목표를 달성하지 못하는 기관들은 실패할 수 밖에 없다. 이는 사회적 기업과 상업적 기업 모두에 해당된다. 각각이 매출을 얻는 곳은 매우 다를지라도 말이다. 예를 들어, 상업적 벤처는 매출원으로 제품과 서비스의 판매에 의존하는 반면 소셜벤처는 기부금에 크게 의존할 수 있다.

사례 공유에서 살펴본 것처럼 많은 소셜벤처가 수익 모델의 매출 또는 비용 요소를 해결하는 매우 창의적인 방법을 사용해 왔다. 탐스 슈즈와 뉴먼스 오운과 같은 곳은 지속적인 매출원을 만들기 위해 수익을 창출하는 주체와 비영리기관을 짝지었다. 그라민 은행과 카붐! 같은 곳은 지역사회 주민들로 하여금 은행 대출에 대한 결정을 내리도록 권한을 부여함으로써, 그리고 지역사회 놀이터를 짓는 데 직장인 자원봉사자를 활용함으로써 주요 비용 항목을 제거하거나 감소시킬 방법을 찾았다. 필요한 자원과 역량을 확보하는 이러한 혁신적인 방법은 큰 임팩트를 창출하는 소셜벤처의 주요 특징 중 하나이다. 또한, 이러한 방법을 활용하는 소셜벤처는 독립적인 기업으로 활동하기 보다는 네트워크와 파트너십을 갖춘 비즈니스 모델을 갖게 된다. 예를 들어, 카붐!은 기획과 감독을 돕는 지역사회 집단과 노동력을 제공하는 직장인 자원봉사자들 없이는 미국 전역의 지역사회에 놀이터를 지을 수 없었을 것이다. 따라서 혁신적인 비즈니스 모델에 대한 우리의 논의는 소셜벤처가 가치사슬의 차원에서 어떻게 혁신하는가에 대해 논의하는 데 바탕이 된다.

가치사슬 재구성: 하버드 대학교의 마이클 포터 교수(Porter, 1985, p. 37)가 처음 개발한 가치사슬은 벤처가 어떻게 투입물을 확보하여 최종 제품을 판매하며 고객에게 후속 서비스를 제공하는가를 망라하는 일련의 활동을 가리킨다. 가치사슬의 첫 단계에서는 벤처가 어떻게 원자재, 노동력, 시설, 장비의 형태로 자원을 획득하는가를 설명한다. 그 다음 단계는 이러한 자원이 제품 또는 서비스로 변환되는 것을 말한다. 3단계는 제품 또는 서비스를 목적지로 전달하는 것을 말하며, 4단계는 제품이나 서비스가 어떤 마케팅을 통해 어떻게 팔리는가를 설명한다. 마지막으로, 5단계는 수리와 고객 서비스와 같은 후속 활동을 말한다. 이 다섯 가지 주요 단계를 보다 구체적인 요소로 세분화하기도 한다. 예를 들어, 자동차 제조사는 여러 대리점을 통해 제품을 전달하지만(3단계) 자동차 대출 등을 통해 차의 구매를 촉진하기도 한다. 가치사슬상의 이 두 가지 별개의 요소는 모두 3단계에 속한다.

상업적 벤처와 마찬가지로 상당한 규모, 범위, 임팩트를 달성한 소셜벤처도 일련의 활동으로 구성된 가치사슬을 가지고 있다. 그림 13-1은 아래와 같은 다섯 단계를 갖춘 소셜벤처 가치사슬의 사례를 보여준다.

1. **투입물:** 소셜벤처 운영에 필요한 자원
2. **활동:** 소셜벤처가 제품과 서비스를 만들고 이를 목표 고객에게 전달하는 방법
3. **산출물:** 소셜벤처의 운영에 따른 지표와 기타 측정가능한 활동
4. **결과물:** 소셜벤처 활동의 결과로 인한 태도, 행동, 지식, 기술, 지위, 기능하는 정도의 구체적인 변화
5. **목표와의 부합:** 소셜벤처가 목표를 달성했는지 여부를 평가하는 과정 및 목표를 달성하지 못 했을 경우 목표 달성을 위한 전략 개발(Clark et al., 2004).

소셜벤처의 가치사슬에는 투입물을 제공하고 벤처의 활동을 수행하며 제품과 서비스를 전달하는 역할을 하는 다양한 이해관계자가 포함된다. 예를 들면, 자금을 제공하는 후원자, 노동력을 제공하는 자원봉사자, 스폰서가 되어줌으로써 인지도를 높여주는 주요 기업, 지역사회에서 알려져 있고 인정 받는 지역사회 집단, 필요가 있는 사람들에게 제품과 서비스를 배분, 전달하기 위한 세계적인 네트워크를 갖춘 비정부기관이 있다. 어떤 면에서 이는 기업의 가치사슬을 관리하는 것에 대해 매우 자유로움을 주는

접근법인데, 소셜벤처가 가치사슬의 모든 부분을 소유하고 통제할 필요가 없다는 점에서 그렇다. 오히려 소셜벤처는 다양한 곳에서 가치사슬의 요소를 활용할 수 있도록 해주는 파트너십, 네트워크, 연합을 개발할 수 있다.

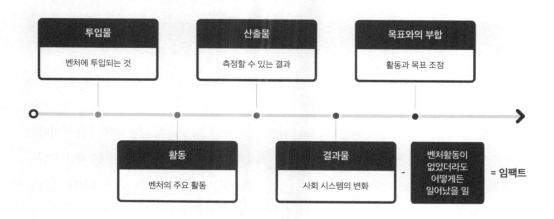

[그림 13-1] 임팩트 가치사슬
[출처] Clark et al 2004

풍요의 순환(The Abundance Cycle)

그림 13-1에서 소셜벤처 가치사슬의 한 사례로 더블 바텀 라인 프로젝트의 연구(Clark et al., 2004)를 바탕으로 한 소셜임팩트 가치사슬을 제시했다. 더 애틀랜틱 대학교의 제이 프리들랜더(Jay Friedlander) 교수가 개발한 풍요의 순환은 가치사슬에 대한 또 다른 접근법으로, 기업이 전략적 경영과 지속가능성을 위한 활동을 통합할 수 있는 방법을 설명한다(Friedlander, 2014). 풍요의 순환에는 다음의 여섯 가지 요소가 포함된다. 1) 들어오는 자원, 2) 이 자원을 변환하는 활동, 3) 나가는 제품과 서비스, 4) 마케팅, 5) 서비스 지원, 6) 미판매 생산품. 기업에서는 풍요의 순환을 활용하여 경쟁 우위가 있는 영역과 개선할 부분이 있는 영역을 파악할 수 있다. 또한, 이 모델은 기업이 순환의 각 요소에 지속가능성을 위한 활동을 통합할 수 있도록 해주는 일련의 '풍요 전략'과 연결되어 있어, 기업의 환경에 대한

부정적인 영향력을 감소시켜주는 동시에 이해관계자에게 제공하는 가치를 높여준다.

따라서, 풍요의 순환은 지속가능성과 경제적 가치가 기업에게 별개의 상충되는 목표와 방향을 대변하는 것이 아님을 보여준다. 오히려 지속가능성을 전략적 경영의 필수적인 부분으로 만듦으로써 기업은 두 영역 모두에서 이익을 얻을 수 있다.

평가와 피드백

이러한 경향은 비영리, 영리, 하이브리드 소셜벤처 모두에서 나타난다. 대부분의 자원은 어떠한 면에서든 제약을 가지고 있다. 재능과 전문성, 인력, 시설과 장비, 금융 자본과 같은 필수적인 자원에 있어 확실히 그렇다. 어떤 자원은 제약이 있는 것을 넘어 특정 지역에서는 완전히 희소하다. 이러한 자원으로는 공기, 물, 경작 가능한 농지, 전반적인 환경의 질을 들 수 있다.

이처럼 자원의 제약과 희소성이 있는 영역을 인식한 소셜벤처의 이해관계자들은 소셜벤처가 가지고 있거나 생산할 수 있는 자원을 어떻게 분배하는지에 대해 점점 더 높은 안목으로 바라보고 있다. 이해관계자들은 결과물, 임팩트 '투자 만큼의 가치'를 보기 원한다. 후원자, 투자자, 정부, 지역사회 집단, 서비스 수혜자의 이러한 요구는 단기적, 장기적으로 결과를 측정하고 임팩트를 평가하는 것을 강조하는 결과를 가져왔다. 이러한 결과에 대한 효과적인 보고를 통해 소셜벤처와 해당 벤처의 미션에 대한 더 많은 지지를 이끌어낼 수 있고, 그렇게 함으로써 지속가능성과 규모, 범위의 확장을 이룰 기회를 확보할 수 있다. 그레고리 디즈(Gregory Dees)는 최근 한 논문에서 이렇게 밝혔다.

> **자신이 후원하는 기관이 효과를 내지 못하고 있다는 점이 분명해진다면 자선 활동의 따뜻한 빛은 꺼질 수 있다. 점점 많은 소위 '자선' 기관들이 문제 해결 방식의 운영 체제로 전환하고 기관 후원자는 자신들의 자금을 가장 큰 영향력을 가지는 곳에 집중하는 상황에서 소셜임팩트 성과 정보를 더 많이 생산하고 제공하려는 움직임이 있다(Dees, 2012, p. 331).**

이런 관점에서, 성과 결과물을 측정하고 보고하는 것에 대한 더욱 분석적인 접근을 취하는 경향이 커지면서 이에 따라 앞으로 생존하고 성장할 기업과 지원 부족으로 약해질 기업들이 나뉘게 될 수 있다.

소셜벤처의 성과를 측정하는 현재의 접근법은 통합되어 있지 않고 완전히 개발되지 않았지만, 임팩트 보고 및 투자 기준(IRIS)과 같은 최근의 시도가 이 영역의 미래 가능성을 보여준다.

성공적인 소셜벤처의 공통적인 특징

메이어와 쇤은 규모, 지속가능성, 소셜임팩트 측면에서 성공한 것으로 널리 알려진, 각기 다른 나라의 소셜벤처 세 곳을 연구했다(Mair and Schoen, 2007). 이 세 기관은 방글라데시의 그라민 은행, 이집트의 세켐(Sekem), 스페인의 몬드라곤 협동조합 복합체(Mondragon Corporation Cooperative, MCC)이다. 그라민 은행과 창업자 무하마드 유누스는 가난한 지역사회의 대출자들에게 작은 규모의 대출을 제공할 방법으로 소액금융서비스를 만들었다. 세켐은 훈련과 교육을 통해 이집트에 유기농법을 도입했으며 참가자들이 사회적, 문화적 활동에 참여하는 것을 장려했다. 마지막으로, MCC는 내전 이후의 스페인에서 일자리와 기회를 창출했고 지역사회의 힘을 키워주었다. 메이어와 쇤은 이 세 가지 매우 유명하고 성공적인 소셜벤처를 연구하면서 자원 획득과 자원 활용의 영역에서 몇 가지 공통적인 특징을 발견했다.

비즈니스 모델의 일부로서의 자원 전략

첫째로, 이 세 기관은 자원 전략을 비즈니스 모델의 필수적인 부분으로 만들었다. 따라서, 계속해서 자원을 찾아다닌 것이 아니라 지속적으로 자신의 자원을 생산해낸 것이다. 예를 들어, 세켐의 창립자 이브라힘 아불리쉬(Ibrahim Abouleish)는 유기농법을 시도하고 관련 훈련을 제공할 수 있도록 농지를 확보했다. 이를 통해 유기농업 커뮤니티의 모델인 '어머니 농장'도 만들 수 있었다. 이와 유사하게 아불리쉬는 일찍부터 두 명의 독일 유통업자와 파트너십을 맺어 이집트에서는 구할 수 없는 유기농법으로 키운 작물과 허브의 형태로 원자재를 공급받았다.

가치사슬을 만드는 데 있어서의 혁신

메이어와 쇤의 연구에서 드러난 두 번째 특징은 이 세 가지 소셜벤처가 기존에 존재하던 가치사슬의 어느 지점에 단순히 자리를 잡은 것이 아니라 사회적인 비전을 공유하는 기관과 기업의 네트워크로 구성된 자신만의 가치사슬을 만들었다는 점이다. MCC는 교육, 금융, 보험, 연구 개발과 같이 다양한 영역의 서비스를 제공하는 다양한 기업과 협동조합의 네트워크로 구성된 가치사슬을 가지고 있다는 점에서 이러한 접근의 상징이다. 메이어와 쉰은 다음을 확인했다.

몬드라곤 그룹 내의 협동조합은 네트워크 내의 다른 기업의 제품을 보완하는 제품이나 솔루션을 제공함으로써 서로를 지원할 뿐 아니라 어려울 때 재정적으로도 서로 지원해 준다.

1955년에 설립된 MCC는 이러한 접근을 활용하여 경제적으로 자급자족하는 가치사슬을 통해 다양한 사회적 필요를 다룰 수 있었다.

초기에 타깃 그룹을 가치사슬에 통합

메이어와 쉰의 연구에서 밝힌 큰 임팩트를 창출하는 대규모 소셜벤처의 공통적인 특징 세 번째는 각각이 돕고자 하는 대상을 초기 단계에 자신의 네트워크에 통합했다는 점이다.

이 세 가지 소셜벤처는 각각 고객을 자신의 사회적 가치 네트워크에 통합하거나 가능할 경우 자신의 조직에까지 통합함으로써 자신의 타깃그룹과 만나는 독특한 접점을 만들었음을 발견했다. 그렇게 함으로써 타깃층은 가치 창출 과정에 참여하게 되며 스스로 가치를 얻을 수 있게 된다. 이 접근법은 기부금이나 많은 보조금을 지원 받아 낮은 가격에 제공하는 서비스에 대한 단순한 수혜자로서 타깃그룹을 가치사슬의 맨 끝에 두는 일반적인 개발 기관들과 이들 소셜벤처를 구분해 준다(p. 64).

이 분석은 '기술 지원' 접근법과 '자원 기반 모델'의 차이에 대한 우리의 논의와 일치한다. 후자에서는 타깃 그룹을 자원, 솔루션, 실행에 있어 필수적인 원천으로 여긴다. 따라서 도움을 받을 집단 또는 커뮤니티는 가장 초기 단계에서부터 가치사슬의 핵심 요소이다. 이 접근법은 사회적 기업가정신의 가장 놀라운 특징 중 하나인데, 이전까지는 스스로를 무력하게 여겼을 수도 있는 개인과 집단에게 권한을 실어줄 수 있는 잠재력이 있기 때문이다.

그 예로, 유누스는 그라민 은행을 설립할 때 방글라데시에서 가장 가난한 지역사회를 타깃으로 삼았고 그에게서 돈을 빌린 사람은 주로 가난한 농촌 지역의 여성이었다. 유누스는 이 여성들을 지역사회 집단으로 조직하여 서로에게 주는 대출에 대한 결정을 내릴 권한을 주었다. 마찬가지로, 이 여성들이 대출을 받고 상환하면 다른 사람에게 롤 모델의 역할을 함으로써 집단의 가치를 만들어갔고

은행을 튼튼하게 만들어줬다. 그라민 은행은 이런 대출을 통해 극도로 가난한 여성들이 자신과 가족의 생계를 꾸릴 수 있는 기업가가 되도록 도와주었다. 마지막으로, 그라민 은행은 지역사회 구성원들이 주식을 가짐으로써 대출자이면서 소유주가 될 수 있게 했다. 따라서 이제 그라민 은행 주식의 대부분은 현재 및 과거 대출자가 소유하고 있다.

참여와 권한 부여라는 주제는 사회적 기업가정신에 대한 연구에서 폭넓게 등장한다. 알보드 등은 특정 집단의 자산과 역량이 그들을 돕고자 하는 소셜벤처의 발전에 필수적임을 확인했다(Alvord et al., 2002) 이러한 이유로 소유권과 통제가 공유되지 않으면 벤처는 실패하게 된다. 소셜벤처가 성공하기 위해서는 지역사회와 그 구성원이 자신의 삶을 개선할 수 있는 방법으로 그들의 내재된 강점을 동원해야 한다.

맥락의 역할

사회적 기업가정신의 매력 중 하나는 너무나 다양한 방식으로 매우 다양한 유형의 지역사회와 국가, 지역에서 나타난다는 점이다. 이 책에서 제시한 사례는 충족되지 않은 사회적 필요가 폭넓은 맥락에서 어떻게 다뤄지고 있는지에 대한 작은 예시일 뿐이다. 이런 관점에서 사회적 기업가정신은 선진국과 개발도상국에서 모두 번창하고 있다. 더 나아가, 이처럼 두 가지 다른 맥락에 있는 소셜벤처에서 앞서 '공통적인 특징'이라고 설명한 많은 특징과 패턴이 동일하게 나타난다. 맥락은 기회 식별과 자원 획득 및 활용 방법에 있어 중요한 역할을 한다. 앞서 살펴본 것처럼 개발도상국의 소셜벤처는 식량, 물, 보건, 빈곤,

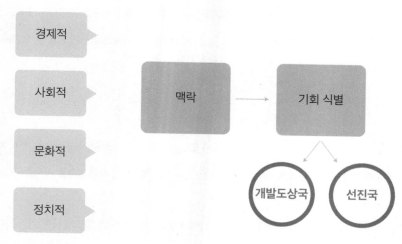

[그림 13-2] 맥락과 기회 식별

교육, 안전, 인권의 영역에서 기본적인 인간의 필요를 다루는 경우가 많다. 이와 대조적으로, 선진국의 소셜벤처는 이러한 영역의 기본적 인간의 필요에 더해 삶의 질과 관련된 문제를 다룬다(그림 13-2).

규모와 범위의 확장에 대한 주제에서 다룬 것처럼 강력한 비즈니스 모델을 가지고 큰 임팩트를 창출하는 소셜벤처는 한 지역사회나 국가에서 시작되어 다른 곳으로 확장되는 경우가 많다. 자흐라 등은 소셜벤처의 글로벌화를 돕는 다섯 가지 기준을 아래와 같이 정리했다(Zahra et al., 2008).

- **보편성**

  기아 또는 빈곤 같이 충족되지 않은 사회적 필요가 여러 나라에 존재한다.

- **중요성**

  보건의료와 같이 사회적 기회가 사회적 기업가들의 주의를 끌만큼 충분히 중요하다.

- **긴급성**

  재난 구조, 전쟁, 대량학살 같이 충족되지 않은 사회적 필요가 중요하며 즉각적인 대응을 요구한다.

- **접근성**

  사회적 기회가 일반적으로 정부나 자선 단체가 제공하는 전통적인 지원 방식으로 해결되지 못하고 있다. 따라서, 사회적 기업가가 혁신적인 솔루션을 이용할 수 있다. 이집트에서 유기농법과 관련 교육 및 훈련을 도입한 세켐이 여기에 해당하는 사례이다.

- **급진성**

  충족되지 않은 사회적 필요를 해결하기 위해 완전히 새롭고 시도되지 않은 솔루션이 필요하다. 무하마드 유누스와 그라민 은행이 만든 소액금융서비스와 같이 급진적인 솔루션은 혁신적인 사회 변화를 가져올 가능성이 크다.

위 기준을 모두 또는 대부분 충족하는 소셜벤처는 세계적인 규모와 범위를 달성할 가능성이 가장 크다. 광범위하고 중요하면서 충족되지 않은 사회적 필요를 혁신적인 방법으로 해결할 가장 큰 기회를 갖고 있기 때문이다.

변화의 주체가 된다는 것

1장에서 다음의 잘 알려진 격언을 언급했다.

어떤 사람에게 물고기를 잡아 준다면 그는 하루 동안 먹게 될 것이다. 어떤 사람에게 물고기 잡는 방법을 알려준다면 그는 평생 동안 먹게 될 것이다.

이를 아쇼카의 창립자이자 CEO인 빌 드레이튼의 말과 비교했다.

사회적 기업가는 단지 물고기를 잡아 주거나 물고기 잡는 방법을 알려주는 것으로 만족하지 않는다. 어업 분야 전반에 걸친 혁신을 이룰 때까지 멈추지 않을 것이다(www.ashoka.org).

드레이튼의 말은 사회적 기업가정신의 혁신적인 성격을 보여주는데, 이는 타깃층이 제품, 서비스 및 다른 종류의 지원에 대한 수동적인 수혜자로 존재하는 전통적인 자선 기반의 '주는 모델'을 넘어서게 해 준다. 이와 반대로, 사회적 기업가정신은 혁신적인 모델에 집중하고, 새로운 비즈니스 모델을 만들며, 전통적인 가치사슬을 재구성하고, 초기 단계부터 타깃층을 참여시키고 그들에게 권한을 부여한다. 이런 혁신적인 모델은 기존의 것들을 흔들어 놓는 경우가 많으며 이런 모델을 개발하는 것은 많은 시간이 소요되는 골치 아픈 과정일 수 있다. 드레이튼이 지적한 것처럼 사람들에게 스스로 자신의 필요를 채우도록 가르치는 과정을 실제로 밟는 것보다 그저 돈이나 음식을 주는 것이 훨씬 쉽다. 카니아와 크레이머는 이를 '집합적 임팩트'의 과정이라고 칭하며 아래와 같이 말했다.

시스템 차원의 변화는…궁극적으로 한 분야 전체의 역량과 조직화 능력을 향상시키는 지속적인 활동에 달려 있다(Kania & Kramer, 2011).

선진국에서든 개발도상국에서든 상당한 규모와 범위의 확장을 이룬 성공한 소셜벤처를 살펴보면 폭넓은 참여, 역량 강화, 집합적 임팩트의 패턴을 일관되게 발견할 수 있다. 캐서린 홀-트루히요가 설립한 출산 프로젝트는 임신한 젊은 아프리카계 미국인 여성('여동생')을 아프리카계 미국인 ('언니 친구')과 짝지어주고, 언니 친구가 임신한 여성을 멘토링하고 해당 여성과 아기를 의료 및 사회복지 서비스 네트워크에 안내하도록 한 점에서 이러한 패턴의 훌륭한 사례이다. 미국 전역에 걸친 아프리카계 미국인 언니 친구의 커뮤니티를 구축함으로써 출산 프로젝트는 언니 친구를 위한 리더십 및 커뮤니티 개발 기회를 만들었고, 여동생에게는 교육, 훈련 및 더 나은 모성 의료서비스를 제공한다. 마찬가지로 국가 골수 기증 사업(NMDP)은 골수 기증자와 수혜자를 실험실, 제대혈 은행, 병원을 포함하는 서비스 제공자와 정부, 기업, 종교 단체를 포함하는 자금 제공자와 연결시킨다. 이 책을 쓰는 시점을 기준으로 NMDP는 선진국과 개발도상국에 걸쳐 41개 나라에서 폭넓게 파트너십을 구축했다.

요약

이 마지막 장에서는 책 전반에서 소개한 주제와 개념을 정리했다. 1장에서 처음 소개한 사회적 기업가정신의 정의를 다시 살펴보았다. 정의에는 네 가지 요소가 있다. 1) 충족되지 않은 사회적 필요를 다룸, 2) 사회적 가치를 창출함, 3) 변화의 주체로서 역할을 함, 4) 장기적으로 지속가능한 솔루션을 개발함. 마찬가지로, 7장에서 소개한 사회적 기업가정신의 프로세스 네 단계를 다시 살펴보았다. 1) 기회 식별, 2) 필요한 자원 획득, 3) 자원 활용, 4) 평가와 피드백. 사회적 기업가정신의 정의와 프로세스를 다시 살펴보면서 그 가변적이고 유연한 특성을 강조했다. 사회적 기업가정신은 선진국과 개발도상국 모두의 폭넓은 사회적, 환경적 필요를 망라한다. 이러한 필요와 그것이 발생하는 맥락이 소셜벤처 탄생의 원동력이 된다. 마찬가지로, 경제적, 정치적, 법률적, 문화적 환경을 포함하는 맥락과 관련된 요인들이 소셜벤처의 진화 과정에 영향을 미친다.

자원 획득과 활용의 영역에서는 앞선 장의 주제를 반복하여 살펴보았다. 그 중 하나는 혼합 가치 접근법을 추구하는 경향과 하이브리드 비즈니스 모델의 등장이다. 사회적, 경제적 목표와 전략을 통합하는 이 접근법의 이점은 벤처가 소셜미션을 추구하는 데 필요한 재정적 자원을 창출하는 수단으로서의 역할을 한다는 점이다. 두 번째로 다룬 주제는 소셜벤처의 시작, 발전, 성공에 있어 다양한 이해관계자가 맡고 있는 역할의 중요성이다. 사회적 기업가정신의 맥락에서 이해관계자는 제품이나 서비스의 수동적인 수혜자가 아니라 기업의 프로세스 전반에 걸쳐 참여하고 동원되어야 할 '자산'이다. 따라서, 이해관계자는 가치사슬의 끝부분에 덧붙여지기보다 가치사슬 전반에 통합된다.

사회적 기업가정신 프로세스의 유연하고 역동적인 특성을 고려하여, 이 프로세스의 일부로서 평가와 피드백의 중요성을 강조했다. 이 요소는 사회적 기업가로 하여금 타깃층에게 제공하는 서비스를 개선할 수 있게 해준다. 이와 유사하게, 평가와 피드백은 사회적 기업가가 혁신, 다변화, 확장의 기회를 찾는 데 도움이 될 수 있다. 마지막으로, 평가와 피드백은 소셜벤처가 실제로 소셜미션을 달성하고, 목표를 이루며, 임팩트를 창출하고 있다는 것에 대한 증거를 제시해 준다. 이 마지막 특성은 재단, 지원금, 정부, 임팩트 투자자와 같은 자금 제공자에게 특별히 중요하다. 임팩트에 대한 주제는 우리를 사회적 기업가에 대한 정의로 다시 데려온다. 사회적 기업가는 장기적으로 지속가능한 솔루션을 개발함으로써 변화의 주체로서 역할을 하는 사람이다. 사회적 기업가는 새로운 비즈니스 모델을 만들고 전통적인 가치사슬을 재구성하며 초기 단계부터 타깃층을 참여시키고 그들에게 권한을 부여함으로써 이 목적을 달성한다.

13장 질문

1. 소셜벤처의 네 가지 주요 특징은 무엇인가? 이 책에서 다룬 소셜벤처나 그 외 알고 있는 소셜벤처에서 각 특징에 대한 예를 들어보자.

2. 소셜벤처의 기회 식별에 기여한 요인, 조건, 흐름에는 어떤 것이 있는가? 당신이 속한 커뮤니티나 전국적, 세계적 커뮤니티에서 예를 들어보자.

3. '혼합 가치' 접근법이란 무엇인가? 왜 소셜벤처에서 혼합 가치를 추구하는 경향이 커지는가? 혼합 가치를 창출하고자 노력하는 소셜벤처의 예를 들어보자.

4. 소셜벤처의 주요 이해관계자는 누구인가? 각 유형의 이해관계자는 어떤 역할을 하는가? '기술 지원 접근법'과 '자산 기반 모델'의 차이점을 설명해보자.

5. '수익 모델'이란 무엇을 의미하는가? 소셜벤처가 매출 또는 수익을 창출할 수 있는 혁신적인 방법에는 어떤 것이 있는가? 비용을 최소화하거나 없앨 수 있는 혁신적인 방법에는 어떤 것이 있는가?

6. '가치사슬'이란 무엇을 의미하는가? 소셜벤처가 가치사슬을 재구성하는 창의적인 방법에 대한 예를 들어보자.

7. 사회적 기업가정신의 프로세스에서 평가와 피드백은 어떤 역할을 하는가? 왜 중요한가?

8. 맥락이라는 용어는 무엇을 의미하는가? 소셜벤처의 맥락에 포함되는 요소에는 어떤 것이 있는가? 소셜벤처가 기회를 식별하는 방법에 맥락이 어떤 영향을 미치는가? 소셜벤처가 자원을 획득하고 활용하는 방법에 어떤 영향을 미치는가? 예를 들어보자.

9. 이 책을 통해 배운 것을 바탕으로 사회적 기업가정신의 공통적인 특징 또는 '성공 사례'를 설명해보자.

사례 공유

리자트(Lijjat): 여성의 권한을 강화하는 길

리자트(www.lijjat.com)는 여성의 권한을 강화하고 자영업의 기회를 제공하려는 목적으로 1959년 인도 봄베이(현재는 뭄바이)에서 7명의 여성에 의해 창립되었다. 당시에는 인도에 만연한 성차별로 인해 많은 여성이 교육을 받거나 일자리를 얻기 어려웠다. 마찬가지로, 문화적 규범상 여성보다 남성을 교육하는 것이 선호되었고 여성에게 가정과 가족을 돌보는 전통적인 책임을 넘어서는 기회는 제한되었다.

일곱 명의 창업자는 창업 자금으로 2달러 상당의 대출을 받아 인도의 전통 간식으로 바삭한 빵의 일종인 파파드를 생산하여 판매하기 시작했다. 이들은 집에서 일하고 지역에서 제품을 판매했다. 이 벤처에 대한 관심과 제품에 대한 수요는 급증했고 7명의 여성으로 시작했던 팀이 6개월만에 25명으로 늘어났다. 창업자들과 마찬가지로 새로운 구성원들도 가난한 도시 지역사회에서 왔으며 교육과 취업의 경험이 많지 않았다. 수익은 사르보다야(Sarvodaya), 즉, '모두의 진보(Datta & Galley, 2012)'라는 간디의 신념에 따라 모든 참여자에게 균등하게 분배되었다.

리자트는 처음부터 협동조합으로 조직되었는데, 협동조합은 별도의 경영 계층이 아닌 근로자들에 의해 운영되는 조직이다. 어떤 협동조합에서는 근로자들이 지속적으로 경영 의사결정에 참여한다. 근로자들이 조직의 방향을 이끌 관리자를 선출하는 협동조합도 있다. 주주가 소유주인 전통적인 형태의 기업과는 대조적으로 협동조합에서는 근로자가 소유주이다. 근로자는 소유주로서 경영과 의사결정에 목소리를 내며 벤처가 창출하는 수익을 균등하게 나눠 갖는다.

1962년에는 리자트의 구성원이 300명으로 늘어났고 모두가 제품을 손으로 생산하는 일에 참여했다. 이 시점에 개별 가정집에서 파파드 반죽을 만들기보다 중앙의 한 지점에서 생산하자는 결정이 내려졌다. 매일 아침 여성들이 생산 시설에 와서 자신의 반죽을 가져가서 집에서 반죽을 민 후 다음날 다시 생산 시설에 나왔다. 숙련된 여성으로 하여금 완제품을 검사하게 함으로써 품질 관리 조치도 도입했다. 또한, 기존의 여성들이 새로운 여성들을 훈련하고 멘토링하면서 리자트 '자매'가 만들어졌다.

1966년에 리자트는 가내 공업으로 인도 정부에 공식적으로 등록되고 인정받았다. 이를 통해 리자트는 약 18,000달러의 운전자본 대출을 받을 수 있었다. 또한, 면세 혜택도 받을 수 있게 되었다. 마지막으로, 이렇게 공식적으로 인정 받음으로써 시장에서 리자트의 인지도가 높아졌고 조직의 성장, 확장과 제품 다양화를 추진할 수 있었다. 1975년에는 리자트의 분점이 여러 개로 늘어났으며 제분소, 향신료, 인쇄, 포장 등의 다른 영역으로 사업이 확장되었다. 각각의 새로운 사업 영역에서도 수익이 창출되었다. 핵심 제품과 직접적으로 연관된 품목으로 제품을 다양화한 것에 이어 비누 및 세제와 같은 완전히 새로운 품목으로도 구성을 다양화했다.

리자트의 생존, 성공, 큰 규모와 범위를 달성할 수 있었던 능력에는 몇 가지 핵심 가치가 작용했다. 그 중 첫 번째는 생산하고 판매하는 제품의 품질에 대한 약속이다. 앞서 언급한 바와 같이 리자트는 초기부터 매일 제품을 검사하는 것과 같은 품질 관리 조치를 개발하여 제품이 품질 기준에 부합하도록 했다. 식제품을 준비하는 데 참여하는 리자트 자매들은 개인 위생과 청결함의 기준에 대한 훈련도 받았다. 이런 체계를 갖추기 위해 리자트는 전통적인 제조업과 가정집 기반의 환경에서 생산되는 다른 종류의 제품에서 얻은 교훈을 적용했다(Empowering Women with a Wafer-Thin Idea, 2014).

또한, 리자트는 숙련된 자매들로 하여금 새로운 자매들을 가르치고 멘토링하며 감독하도록 함으로써 훈련과 교육에 대한 약속을 실천했다. 이러한 지속적인 형태의 역량 개발을 통해 여성들은 돈벌이가 되는 일자리를 얻을 수 있고, 그에 따라 자신의 경제적 상황을 개선하며 가족 및 지역사회 내에서의 위상을 높일 수 있다. 리자트는 사업을 모두가 서로를 돌보고 서로를 돕는 가족의 확장으로 보며 아래와 같이 말했다.

우리 기관은 구성원인 자매들과 함께 상호 간에 가족 사랑, 돌봄, 신뢰의 개념을 도입했다. 기관의 모든 일은 가족이 매일 집안일을 하는 것과 비슷한 방식으로 운영된다(www.lijjat.com).

두 번째 핵심 가치는 자급자족으로, 조직과 구성원 모두에 적용된다. 리자트는 여성을 위해, 여성에 의해 설립되었고 초창기부터 수익을 창출할 수 있는 제품을 생산하는 것을 목적으로 했다. 이렇게 함으로써 리자트는 자신들의 핵심 가치를 공유하지 않을 수도 있는 정부나 민간 기부자에 의존하는 대신 자급자족할 수 있었다. 이 목표에 따라 리자트는 수익을 창출하는 상업적 벤처로서 다양한 제품 판매를 통해 얻는 수익에만 의존한다. 리자트의 홈페이지에 이러한 방향성이 표현되어 있다.

우리 기관은 초창기부터 비즈니스의 개념을 도입했다. 모든 거래는 견실하고 실용적인 토대 위에서 이루어지며 양질의 제품을 합리적인 가격에 생산한다. 우리는 어떤 자선, 기부, 선물, 지원금도 받은 적이 없으며 앞으로도 받지 않을 것이다(www.lijjat.com).

세 번째로 매우 기본적인 핵심 가치는 여성, 특히 빈곤, 차별 및 교육과 훈련의 기회 부족으로 소외된 여성에게 권한을 부여해 주는 것이다. 다타와 게일리는 리자트가 최소한 세 가지 방법으로 구성원들에게 권한을 부여해줬다고 말한다(Datta and Gailey, 2012). 첫째로, 혼자서는 사업을 시작하지 못했을 여성들에게 자영업의 기회를 주었다. 그 결과, 여성들은 경제적 수익을 얻게 되었고 자신감과 자존감이 향상되었다. 둘째로, 리자트는 이제 기업가적인 역량과 태도를 갖춘 엄청나게 큰 여성 집단을 배출했다. 기본적으로 각자의 집에서 파파드 반죽을 미는 리자트 자매들은 기업가이다. 따라서 이들에게 언제 어떻게 제품을 만들지, 얼마나 많이 만들지, 자신의 몫으로 돌아오는 수익금으로 무엇을 할지를 결정할 책임과 자유가 있다. 다른 누군가를 풍족하게 하기 위해 일하는 것이 아니다. 자신을 풍족하게 하기 위해 스스로의 노동력과 의지를 가지고 일하는 것이다. 셋째로, 리자트는 여성이 가정에 기여할 수 있는 방법을 늘려주었다. 기존의 가난한 인도 여성은 요리, 청소, 육아와 같은 전통적인 가사 책임에 묶여 있었다. 리자트는 여성의 경제적 기회를 창출함으로써 여성이 경제적으로도 기여할 수 있는 힘을 실어 주었다. 이를 통해 구성원들은 교육, 식량, 보건, 주거와 같은 혜택을 제공하는 데 참여할 수 있다. 이러한 경제적 기여로 인해 가정 내 여성의 역할과 지위가 달라졌다. 리자트의 자매 구성원은 피부양자이자 거의 하인과 같은 존재에서 동반자로 바뀌었고 그에 따라 가정과 직장 내에서 힘과 영향력의 균형을 바꾸어 놓았다.

오늘날 리자트에는 43,000명 이상의 자매들이 있고 인도 전역에 81개의 분점이 있다(www.lijjat.com). 2013년에는 약 1억 달러의 연간 매출을 올렸다(Empowering Women with a Wafer-Thin Idea, 2014).

사례 질문

1. 리자트는 어떤 충족되지 않은 사회적 필요를 다루는가?

2. 리자트가 어떻게 혼합 가치 접근, 즉, 사회적 변화를 이루기 위해 사회적, 경제적 가치를 모두 창출하는 접근을 활용하는지 설명해보자.

3. 리자트의 혁신적인 비즈니스 모델을 설명해보자. 이러한 유형의 비즈니스 모델에는 어떤 이점이 있는가?

4. 리자트는 어떻게 이해관계자를 가치사슬과 의사결정 과정에 통합하는가? 왜 이것이 중요한가?

5. 충족되지 않은 사회적 필요와 이를 해결하기 위해 리자트가 사용한 전략을 식별하는 데 있어 맥락의 역할을 설명해보자.

6. 리자트는 어떻게 사회적 가치를 창출하는가? 그 임팩트는 무엇인가?

7. 리자트의 창업자들은 변화의 주체였는가?

8. 리자트의 성공, 지속성, 규모와 범위의 확장을 이룬 능력에 기여한 요인을 요약하고 논해보자.

행동하기

팀을 구성하여 지역 사회의 소셜벤처에게 프로젝트를 제안해보자. 프로젝트의 목적, 소요 시간, 기업가에게 돌아갈 결과와 유익에 대해 구체적으로 설명하고 다음을 진행해보자.

1. 소셜벤처의 미션과 목표, 지금까지의 발전 경과, 주요 도전과제에 대해 기업가를 인터뷰해보자.

2. 해당 벤처가 얼마나 미션을 달성하고 있는지 이해하기 위해 주요 이해관계자를 인터뷰해보자.

3. 소셜벤처의 기회를 평가해보자. 충족되지 않은 필요가 얼마나 큰가? 이 필요를 다루는 다른 경쟁자가 있는가?

4. 필요한 자원을 획득하고 활용하는 데 사용하는 전략을 평가해보자.

5. 수익 모델을 평가해보자. 비용을 초과하는 매출을 창출하기 위한 현실적인 계획이 있는가?

6. 지역사회를 얼마나 효과적으로 참여시키는가?

7. 혁신적인 제품, 서비스, 전달 체계, 경영 방식을 개발했는가?

8. 결과물과 사회적 임팩트를 어떻게 평가하는가?

9. 확장의 잠재력이 있는 소셜벤처인가?

10. 변화의 주체로서 역할을 했는가?

11. 장기적으로 지속가능성을 담보하기 위한 전략을 개발했는가?

작업한 내용을 토대로 사회적 기업가에게 전달할 결과와 제언을 요약해보자. 사회적 기업가에게 피드백을 요청하고 그가 적용하고자 하는 제언을 실행하는 데 도움을 줄 방법을 찾아보자.

개인적으로 또는 팀으로 창업하고 싶은 소셜벤처의 사업계획서를 작성해보자. 사업계획서에는 다음의 내용을 설명해야 한다. 1) 식별한 소셜벤처의 기회, 2) 필요한 자원과 확보 방법, 3) 타깃층을 돕기 위한 자원의 활용법, 4) 사회적 가치 창출 차원에서 보는 벤처의 성공 측정. 그 외 사업계획서의 다른 요소에는 아래 사항이 포함되어야 한다.

1. 주요 이해관계자와 각각의 역할

2. 수익 모델, 즉, 비용을 초과하는 매출·수입을 어떻게 창출할 것인가

3. 가치사슬과 가치사슬상의 다양한 '연결고리'를 담당할 사람

4. 더 많은 사람들이 혜택을 받을 수 있도록 벤처를 확장하기 위한 구체적인 전략

5. 산출물, 결과물, 임팩트에 대한 예측

6. 벤처의 결과물과 소셜임팩트를 평가하고 소통하며 활용하기 위한 구체적인 전략

7. 소셜벤처가 어떻게 지속가능성을 달성하고 변화의 주체로서 역할을 할 것인가에 대한 설명

사업계획서 작성을 완료하면 커뮤니티 내의 경험 많은 사회적 기업가나 소셜임팩트 투자자에게 검토를 부탁하여 빠진 부분과 비현실적인 가정, 기타 약점을 확인해보자. 이 피드백을 반영하여 계획을 수정하고 대회에 제출해보자.

인터넷 활용하기

인터넷에서 개발도상국 또는 신흥 시장의 성공한 소셜벤처를 검색해보자. 성공한 벤처를 설립된 지 최소한 5년이 넘었고 다수의 지역사회나 국가로 확장하여 활동하고 있는 곳이면 좋다. 이 책에서 이미 다룬 소셜벤처 이외의 곳을 선택해보자.

그 후 아래의 질문에 답해보자.

1. 선택한 소셜벤처는 어떤 충족되지 않은 사회적 필요를 다루는가?

2. 해당 벤처의 비즈니스 모델에서 혁신적이거나 주목할 만한 점은 무엇인가?

3. 해당 벤처의 가치사슬에서 혁신적이거나 주목할 만한 점은 무엇인가?

4. 해당 벤처에는 어떤 이해관계자가 어떻게 참여하는가?

5. 해당 벤처는 규모와 범위의 확장을 이루기 위해 어떤 전략을 취했는가?

6. 해당 벤처의 긍정적인 사회적 임팩트는 무엇인가?

7. 해당 벤처를 '변화의 주체'라고 말할 수 있겠는가? 그 이유는 무엇인가?

사회적 기업가의 핵심 과업 중 하나는 문서화된 사업계획서를 만드는 것이다. 사업계획서를 작성하는 일은 시간이 소요되지만 내부적, 외부적으로 도움이 되는 필수적인 과업이다. 내부적으로는 사업계획서가 기업가에게 로드맵 역할을 한다. 사업계획서는 기업가가 벤처의 모든 구성 요소에 대해 생각했고, 각 부분이 전체에 응집되어, 벤처로 하여금 목표를 달성할 수 있게 해줄 것이라는 점을 보장해 준다. 사업계획서의 두 번째 목적은 사회적 기업가가 인적, 사회적, 금융 자본의 형태로 자원에 접근하는 데 도움이 되는 다리 역할을 하는 것이다. 예를 들어, 사업계획서가 주요

경영자와 직원을 모집하고 참여시키는 수단이 될 수 있다. 이와 마찬가지로 잠재적인 파트너 기관과의 논의를 시작하는 수단이 될 수 있다. 마지막으로, 사회적으로 책임 있는 기업에 투자하는 것에 집중하는 투자사로부터 금융 자본을 얻고자 하는 벤처에게는 '필수'이다.

사업계획서의 중요성을 고려할 때, 어떤 요소가 포함되어야 하는지 사회적 기업가가 사업계획서를 어떤 방향으로 개발시켜야 하는지 어떻게 배울 수 있을까? 다행히 소셜벤처에 특화된 사업계획서를 개발하는 데 도움이 되는 자료 출처가 몇 가지 있다. 우리가 선호하는 것 중 하나는 하버드 비즈니스 스쿨의 뉴 벤처 경진대회 홈페이지이다(www.hbs.edu/newventurecompetition). 해당 사이트에서 'Social Enterprise Track'을 선택한 뒤 'Social Enterprise Tools'를 선택해보자. 이 페이지에서 사회적 기업의 사업계획서를 개발하는 법에 대한 발표 자료와 동영상을 확인할 수 있다. 또한 대학원생들이 하버드의 연례 뉴 벤처 경진대회에 제출했던 사회적 기업의 사업계획서 사례도 볼 수 있다. 2014년의 수상작 중 하나는 토마토 조스(Tomato Jos)라는 기업의 사업계획서로, 해당 기업의 미션은 나이지리아 농부들에게 지속가능하고 수익성 있는 토마토 생산 사업을 만들어주는 것이었다. 사업계획서의 주요 부분으로는 다음의 사항이 포함된다. 개요, 소개, 운영 요약, 시장 분석, 성장 전략, 경영 요약, 재무 계획. 각 부분을 살펴볼 시간을 갖고 어떤 요소가 포함되는지 익혀보자. 기업가들이 자신의 소셜벤처의 다양한 측면을 얼마나 철저히 생각해 봤는지에 대해 깨닫고 놀라게 될 것이다. 이것이 사업계획서를 개발하는 유익 중 하나이다. 이 과정은 중요한 것을 빠뜨릴 가능성을 줄여준다.

참고문헌

1장

- Austin, James, Howard Stevenson, and Jane Wei-Skillern. 2006, January. Social and Commercial Entrepreneurship: Same, Different, or Both? Entrepreneurship Theory and Practice, 1-22.

- Bornstein, David. 1998, January. Changing the World on a Shoestring. The Atlantic Monthly 281 (1), 34-39.

- Certo, S. Trevis, and Toyah Miller. 2008. Social Entrepreneurship: Key Issues and Concepts. Business Horizons 51, 267-271.

- Dees, J. Gregory. 1998. The Meaning of "Social Entrepreneurship." Center for the Advancement of Social Entrepreneurship. (2013.11.13). www.caseatduke.org

- Growing CHILDLINE Through Social Franchising. 2013. International Centre for Social Francising. (2013.11.13). www.the-icsf.org

- International Monetary Fund. 2009a. Impact of the Global Financial Crisis on Sub-Saharan Africa. (2014.04.09) www.imf.org

- International Monetary Fund. 2009b. The Implications of the Global Financial Crisis for Low-Income Countries. (2014.04.09). www.imf.org

- Mair, Johanna, and Ignasi Marti. 2005, April. Social Entrepreneurship Research: A Source of Explanation, Prediction, and Delight. Working Paper No. 546. IESE Business School, University of Navarra, Spain.

- Martin, Roger L., and Sally Osberg. 2007, Spring. Social Entrepreneurship: The Case for Definition. Stanford Social Innovation Review, 28-39.

- Peredo, Ana Maria, and Murdith McLean. 2006. Social Entrepreneurship: A Critical Review of the Concepts. Journal of World Business 41, 56-65.

- Porter, Michael E., and Mark R. Kramer. 2011, January-February. Creating Shared Value. Harvard Business Review, 2-17.

- Roeger, Katie L., Amy S. Blackwood, and Sarah L. Pettijohn. 2012. The Nonprofit Almanac 2012. Washington DC: The Urban Institute Press.

- Seelos, C., and J. Mair. 2005. Social Entrepreneurship: Creating New Business Models to Serve the Poor. Business Horizons 48 (3), 241-246.

- Terjesen, Siri, Jan Lepoutre, Rachilda Justo, and Niels Bosma. 2012. Global Entrepreneurship Monitor 2009 Report on Social Entrepreneurship. Babson College, Babson Park, MA.

- U.S. Business Cycle Expansions and Contraction. 2014. National Bureau of Economic Research. (2014.04.09). http://nber.org

2장

- Apopo Annual Report. 2012.(2013.11.27). www.apopo.org

- Austin, James, Howard Stevenson, Jane Wei-Skillern. 2006. Social and Commercial Entrepreneurship: Same, Different, or Both? Entrepreneurship Theory and Practice, 1-22.

- Baker, T. 2007. Resources in Play: Bricolage in the Toy Store(y). Journal of Business Venturing 22: 694-711.

- Baker, T., and R. E. Nelson. 2005. Creating Something from Nothing: Resource Construction through Entrepreneurial Bricolage. Administrative Science Quarterly 50(3): 329-366.

- Barney J. 1991. Firm Resources and Sustained Competitive Advantage. Journal of Management 17(1): 99-120.

- Brigham, Eugene F., and Michael C. Ehrhardt. 2014. Financial Management Theory and Practice. 14th ed. Mason, OH: South-Western.

- Carter, Terrance S., and Karen J. Cooper. 2009. The Legal Context of Nonprofit Management. In The Management of Nonprofit and Charitable Organizations in Canada. 2nd ed. Vic Murray, ed. Ontario: LexisNexis Canada, 147-177.

- Cohan, Peter. 2011, June 16. Embrace Warms Up Premature Babies at the Bottom of the Pyramid. Forbes.(2013.11.21). http://www.forbes.com

- Dees, J. Gregory, and Beth Battle Anderson. 2003. For-Profit Social Ventures. In Social Entrepreneurship. Marilyn L. Kourilsky and William B. Walstad, eds. Birmingham, UK: Senate Hall.(2015.03.13). https://centers.fuqua.duke.edu

- Eggers, J. P., and Kaplan, S. 2013. Cognition and capabilities. The Academy of Management Annals, 7(1), 293-338.

- Embrace the One-Percent Solution for Saving Lives. 2012, May 17. BusinessWeek.(2013.11.21). http://www.businessweek.com

- Field, Anne. 2013. Secrets of a Successful Social Enterprise. Entrepreneurs(blog).(2013.11.25). http://www.forbes.com

- Levi-Strauss, C. 1967. The Savage Mind. Chicago: University of Chicago Press.

- McCarthy, Jeffrey. 2013. The Embrace Infant Warmer for the Treatment of Hypothermia in Resource Limited Settings.(2015.05.07). http://www.ele.uri.edu/courses/bme281/F13/1_JeffM_1.pdf.

- Medecins Sans Frontieres International Activity Report 2012.(2014.04.21). http://www.msf.org

- McLaughlin, Eliott C. 2010, September 8. Giant Rats Put Noses to Work on Africa's Land Mine Epidemic. CNN.com. (2013.11.26). http://www.cnn.com

- Mitchell, R. K., L. W. Busenitz, T. Land, P. P. McDougall, E. A. Morse, and J. S. Smith. 2002. Entrepreneurial Cognition Theory: Rethinking the People Side of Entrepreneurship Research. Entrepreneurship Theory and Practice 27(2), 93-104.

- Mitchell, R. K., L. W. Busenitz, B. Bird, C. M. Gaglio, J. S. McMullen, E. A. Morse, and J. B. Smith. 2007. The Central Question in Entrepreneurial Cognition Research. Entrepreneurship Theory and Practice 31(1), 1-27.

- Non-governmental Organizations. United Nations Rule of Law.(2013.11.27). www.unrol.org

- Penrose E. 1959. The Theory of the Growth of the Firm. Oxford: Basil Blackwell.

- Rats for Demining: An Overview of the Apopo Program. Apopo.(2013.11.27). http://www.apopo.org

- Sarasvathy, S. D. 2001. Causation and Effectuation: Toward a Theoretical Shift from Economic Inevitability to Entrepreneurial Contingency. Academic Management Review 26(2), 243-288.

- Sarasvathy, S. D. 2004. Making It Happen: Beyond Theories of the Firm to Theories of Firm Design. Entrepreneurship Theory and Practice 28(6), 519-531.

- Wernerfelt B. 1984. A Resource-Based View of the Firm. Strategic Management Journal 5(2): 171-180.

3장

- Ajzen, I. 1987. Attitudes, Traits, and Actions: Dispositional Prediction of Behavior in Social Psychology. Advances in Experimental Social Psychology 20: 1.63.

- Ajzen, I. 1991. Theory of Planned Behavior. Organizational Behavior and Human Decision Processes 50: 179.211.

- Alvord, S. H., L. D. Brown, and C. W. Letts. 2004. Social Entrepreneurship and Societal Transformation: An Exploratory Study. The Journal of Applied Behavioral Science, 40(3): 260.282.

- Argyris, C. 1976. Increasing leadership effectiveness. New York: Wiley.

- Austin, J., H. Stevenson, and J. Wei-Skillern. 2006. Social and Commercial Entrepreneurship: Same, Different or

Both? Entrepreneurship: Theory & Practice 30(1): 1.22.

- Bird, B. 1988. Implementing Entrepreneurial Ideas: The Case for Intentions. Academy of Management Review 13: 442.454.

- Borgaza, C., and J. Defourny. 2001. The Emergence of Social Enterprise. New York: Routledge.

- Bornstein, D. 2004. How to Change the World: Social Entrepreneurship and the Power of Ideas. New York: Oxford University Press.

- Brinkerhoff, D. W., and J. M. Brinkerhoff. 2004. Partnerships between International Donors and Nongovernmental Development Organizations: Opportunities and Constraints. International Review of Administrative Sciences 70: 253.270.

- Cogliser, C. C., and K. Brigham. 2004. The Intersection of Leadership and Entrepreneurship: Lessons to Be Learned. The Leadership Quarterly 15: 771.799.

- Colquitt, J. A., J. A. LePine, and R. A. Noe. 2000. Toward an Integrative Theory of Training Motivation: A Meta-analytic Path Analysis of 20 Years of Research. Journal of Applied Psychology 85(5): 678.707.

- Covin, J. G., and D. P. Slevin. 1991. A Conceptual Model of Entrepreneurship as a Firm Behavior. Entrepreneurship Theory and Practice 16: 7.26.

- Dacin, P. A., M. T. Dacin, and M. Matear. 2010. Social Entrepreneurship: Why We Don't Need a New Theory and How We Move Forward From Here. Academy of Management Perspectives 24(3): 37-57.

- Dees, J. G. 1998a, January-February. Enterprising Nonprofits: What Do You Do When Traditional Sources of Funding Fall Short? Harvard Business Review 76(1): 55-67.

- Dees, J. G. 1998b. The Meaning of "Social Entrepreneurship." Comments and suggestions contributed from the Social Entrepreneurship Founders Working Group. Durham, NC: Center for the Advancement of Social Entrepreneurship, Fuqua School of Business, Duke University. http://faculty.fuqua.duke. edu/centers/case/files/dees–SE.pdf.

- Dees J. G., and B. B. Anderson. 2003. For-Profit Social Ventures. In Social Entrepreneurship, M. L. Kourilsky and W. B. Walstad, eds. Birmingham, UK: Senate Hall.

- Dees, J. G. and B. B. Anderson. 2003. For-Profit Social Ventures. International Journal of Entrepreneurship Education(special issue on social entrepreneurship) 2: 1-26.

- Drayton, B. 2002. The Citizen Sector: Becoming as Entrepreneurial and Competitive as Business. California Management Review 44(3): 120-132.

- Ensley, M. D., J. W. Carland, and J. C. Carland. 2000. Investigating the Existence of the Lead Entrepreneur. Journal of Small Business Management 38: 59-78.

- Guclu, A., J. G. Dees, and B. B. Anderson. 2002. The Process of Social Entrepreneurship: Creating Opportunities Worthy of Serious Pursuit. Durham: NC: Fuqua School of Business/Duke University Press.

- Gupta, V., I. MacMillan, and G. Surie. 2004. Entrepreneurial Leadership: Developing a Cross-Cultural Construct. Journal of Business Venturing 19: 241-260.

- Herzberg, F. 1968. One More Time: How Do You Motivate Employees? Harvard Business Review 46: 53-62.

- Katz, J., and W. B. Gartner. 1988. Properties of Emerging Organizations. Academy of Management Review 13: 429-441.

- Klein, H. J. 1998. An Integrated Control Theory Model of Work Motivation. Academy of Management Review 14(2): 130-172.

- Kreiser, P. M., L. D. Marino, and K. M. Weaver. 2002. Assessing the Psychometric Properties of the Entrepreneurial Orientation Scale: A Multi-country Analysis. Entrepreneurship Theory and Practice 26: 71-93.

- Krueger, N. F., Jr., M. D. Reilly, and A. L. Carsrud. 2000. Competing Models of Entrepreneurial Intentions. Journal of

Business Venturing 15: 411-432.

- Larwood, L., C. M. Falbe, M. P. Kriger, and P. Miesing. 1995. Structure and Meaning of Organizational Vision. Academy of Management Journal 38: 740-769.

- Lasprogata, G. A., and M. N. Cotton. 2003. Contemplating Enterprise: The Business and Legal Challenges of Social Entrepreneurship. American Business Law Journal 41: 67-113.

- Latané, B. 1981. The Psychology of Social Impact. American Psychologist 36: 343-365.

- Latané, B., and M. J. Bourgeois. 1996. Experimental Evidence for Dynamic Social Impact: The Emergence of Subcultures in Electronic Groups. Journal of Communication 46: 35-47.

- Lee, J., and S. Venkataraman. 2006. Aspiration, Market Offerings, and the Pursuit of Entrepreneurial Opportunities. Journal of Business Venturing 21: 107-123.

- Levin, I. 2000. Vision Revisited. The Journal of Applied Behavioral Science 36: 91-107.

- Lumpkin, G.T., and G. G. Dess. 1996. Clarifying the Entrepreneurial Orientation Construct and Linking It to Performance. Academy of Management Review 21: 135-172.

- Mair, J., and I. Martí. 2006. Social Entrepreneurship Research: A Source of Explanation, Prediction, and Delight. Journal of World Business 41: 36-44.

- Martin, R. J., and S. Osberg. 2007. Social Entrepreneurship: The Case for a Definition. Stanford Social Innovation Review 5(2): 28-39.

- Maslow, A. H. 1970. Motivation and Personality. New York: Harper & Row.

- Nanus, B. 1992. Visionary Leadership: How to Re-vision the Future. Futurist 26: 20-25.

- Nowak, A., J. Szamrej, and B. Latané. 1990. From Private Attitude to Public Opinion: A Dynamic Theory of Social Impact. Psychological Review 97(3): 362-376.

- Pearce, J. 2003. Social Enterprise in Any Town. London: CalousteGulbenkian Foundation.

- Peredo, A. M., and J. J. Chrisman. 2006. Towards a Theory of Community-Based Enterprise. Academy of Management Review 31: 309-328.

- Peredo, A.M., and M. McLean. 2006. Social Entrepreneurship: A Critical Review of the Concept. Journal of World Business 41: 56-65.

- Ruvio, A., Z. Rosenblatt, and R. Hertz-Lazarowitz. 2010. Entrepreneurial Leadership Vision in Nonprofit vs. For-Profit Organizations. Leadership Quarterly 21: 144-158.

- Sarasvathy, S. D. 2001. Causation and Effectuation: Toward a Theoretical Shift from Economic Inevitability to Entrepreneurial Contingency. Academy of Management Review 26(2): 243-263.

- Sashkin, M. 1988. The Visionary Leader. In Charismatic Leadership, J. A. Conger and R. N. Kanugo, eds., pp. 120-160. San Francisco: Jossey-Bass.

- Shaver, K., and L. Scott. 1992. Person, Process, and Choice: The Psychology of New Venture Creation. Entrepreneurship Theory and Practice 16: 23-45.

- Vroom, V. H. 1964. Work and Motivation. New York: Wiley.

- Zahra, S. A., E. Gedajlovic, D. O. Neubaum, and J. M. Shulman. 2009. A Typology of Social Entrepreneurs: Motives, Search Processes and Ethical Challenges. Journal of Business Venturing 24(5): 519-532.

- Zahra, S. A., R. H. Rawhouse, N. Bahwe, D. O. Neubaum, and J. C. Hayton. 2008. Globalization of Social Entrepreneurship Opportunities. Strategic Entrepreneurship Journal 2(2): 117-131.

4장

- Aaken, D. van, V. Splitter, and D. Seidl. 2013. Why Do Corporate Actors Engage in Pro-social Behaviour? A Bourdieusian Perspective on Corporate Social Responsibility. Organization 20(3):349-371.

- Alvord, S. H., L. D. Brown, and C. W. Letts. 2004. Social Entrepreneurship and Societal Transformation: An Exploratory Study. Journal of Applied Behavioral Science 40(3): 260-282.

- Austin, J., H. Stevenson, and J. Wei-Skillern. 2006. Social and Commercial Entrepreneurship: Same, Different, or Both? Entrepreneurship, Theory and Practice 30(1): 1-22.

- Basu, K., and G. Palazzo. 2008. Corporate Social Responsibility: A Process Model of Sensemaking. Academy of Management Review, 33(1):122-136.

- Baum, J. R., and E. A. Locke. 2004. The Relationship of Entrepreneurial Traits, Skill, and Motivation to Subsequent Venture Growth. Journal of Applied Psychology 89: 587-598.

- Baum, J. R., E. A. Locke, and S. Kirkpatrick. 1998. A Longitudinal Study of the Relation of Vision and Vision Communication to Venture Growth in Entrepreneurial Firms. Journal of Applied Psychology 83: 43-54.

- Dees, J. G. 1998, January-February. Enterprising Nonprofits: What Do You Do When Traditional Sources of Funding Fall Short? Harvard Business Review 76(1): 55-67.

- Dees, J. G., B. B. Anderson, and J. Wei-Skillern. 2004. Scaling Social Impact. Stanford Social Innovation Review 1: 24-32.

- Ensley, M. D., J. W. Carland, and J. C. Carland. 2000. Investigating the Existence of the Lead Entrepreneur. Journal of Small Business Management 38: 59-78.

- Ensley, M. D., A. Pearson, and C. L. Pearce. 2003. Top Management Team Process, Shared Leadership, and New Venture Performance: A Theoretical Model and Research Agenda. Human Resource Management Review 13: 329-346.

- Greenberger, D. B., and D. L. Sexton. 1988. An Interactive Model of New Venture Initiation. Journal of Small Business Management 26: 1-7.

- Hitt, M. A., R. D. Ireland, S. M. Camp, and D. L. Sexton. 2001. Strategic Entrepreneurship: Entrepreneurial Strategies for Creating Wealth. Strategic Management Journal(Special Issue) 22: 479-491.

- Levin, I. 2000. Vision Revisited. Journal of Applied Behavioral Science 36: 91-107.

- Mair, J., and I. Martí. 2006. Social Entrepreneurship Research: A Source of Explanation, Prediction, and Delight. Journal of World Business 41: 36-44.

- Moore, M. 2000. Managing for Value: Organizational Strategy in For-Profit, Nonprofit, and Governmental Organizations. Nonprofit and Voluntary Sector Quarterly 29(1): 183-204.

- Nanus, B. 1992. Visionary Leadership: How to Re-vision the Future. Futurist 26: 20-25.

- Nowak, A., J. Szamrej, and B. Latané. 1990. From Private Attitude to Public Opinion: A Dynamic Theory of Social Impact. Psychological Review 97(3): 362-376.

- Porter, M. E. 1980. Competitive Strategy. New York: Free Press.

- Rangan, V. K., S. Karim, and S. K. Sandberg. 1996, May-June. Do Better at Doing Good. Harvard Business Review, 4-11.

- Rudd, M. A. 2000. Live Long and Prosper: Collective Action, Social Capital and Social Vision. Ecological Economics 34(1): 131-144.

- Santos, F. M. 2010. A Positive Theory of Social Entrepreneurship. INSEAD Working Paper No. 2009/23/EFE/INSEAD Social Innovation Centre. Available at SSRN: http://ssrn.com/abstract=1553072.

- Smillie, I., and J. Hailey. 2001. Managing for Change: Leadership, Strategy, and Management in Asian NGOs. London:

Earthscan.

- Strange, J. M., and M. D. Mumford. 2002. The Origin of Vision: Charismatic versus Ideological Leadership. Leadership Quarterly 13: 343-377.

- Sullivan, D. M. 2007. Stimulating Social Entrepreneurship: Can Support from Cities Make a Difference? Academy of Management Perspectives 21(1):77-78.

- Thompson, J. L., G. Alvy, and A. Lees. 2000. Social Entrepreneurship—a New Look at the People and Potential. Management Decision 38: 328-338.

- Weaver, G., L. K. Treviño, and P. Cochran. 1999. Integrated and Decoupled Corporate Social Performance: Management Commitments, External Pressures, and Corporate Ethics Practices. Academy of Management Journal 42(5):539-552.

- Witt, U. 2007. Firms as Realizations of Entrepreneurial Visions. Journal of Management Studies 44: 1125-1140.

5장

- Austin, J., H. Stevenson, and J. Wei-Skillern. 2006. Social and Commercial Entrepreneurship: Same, Different, or Both? Entrepreneurship Theory and Practice 30: 1-22.

- Borzaga, C., and J. Defourney. 2003. The Emergence of Social Enterprise. New York: Routledge.

- Cameron, K. S., R. E. Quinn, J. DeGraff, and A. V. Thakor. 2006. Competing Values Leadership: Creating Value in Organizations. Northampton, MA: Edward Elgar.

- Dees, J. G. 1998(Reformatted and revised: May 30, 2001). The Meaning of "Social Entrepreneurship." Kansas City, MO and Palo Alto, CA: Kauffman Foundation and Stanford University.

- Diochon, M., G. Durepos, and A. R. Anderson. 2011. Understanding Opportunity in Social Entrepreneurship as Paradigm Interplay. In Social and Sustainable Entrepreneurship, G. T. Lumpkin and Jerome A. Katz, eds. Advances in Entrepreneurship, Firm Emergence and Growth. Vol. 13, 73-110. Bingley, UK: Emerald.

- Ferguson, N. 2011. Civilization: The West and the Rest. New York: Penguin.

- George, G., and S. Zahra. 2002. Culture and Its Consequences for Entrepreneurship. Entrepreneurship, Theory and Practice 15(4): 974-993.

- Hofstede, G. 1991. Culture and Organisations: Software of the Mind. New York: McGraw-Hill.

- Hoogendoorn, B., E. Pennings, and R. Thurik. 2010. What Do We Know about Social Entrepreneurship? An Analysis of Empirical Research. January 6, 2010. ERIM Report Series. Reference number: ERS-2009-044-ROG. http://ssrn.com/abstract=1462018.

- House, R. J., P. J. Hanges, M. Javidan, P. W. Dorfman, and V. Gupta, eds. 2004. Culture, Leadership and Organizations: The GLOBE Study of 62 Societies. Thousand Oaks, CA: Sage.

- Karnani, A. 2005. Misfortune at the Bottom of the Pyramid. Greener Management International 51: 99-111.

- Kuriyan, R., I. Ray, and K. Toyama. 2008. Information and Communication Technologies for Development: The Bottom of the Pyramid Model in Practice. Information Society: An International Journal 24(2): 93-104.

- Landes, D. S. 1999. The Wealth and Poverty of Nations: Why Some Are So Rich and Some So Poor. New York: Norton.

- Leiserowitz, A. A., R. W. Kates, and T. M. Parris. 2006. Sustainability Values, Attitudes, and Behaviors: A Review of Multinational and Global Trends. Annual Reviews of Environmental Resources 31: 413-444.

- Neuwirth, R. 2011. Stealth of Nations: The Global Rise of the Informal Economy. New York: Pantheon Books.

- Prahalad, C. K. 2010. The Fortune at the Bottom of the Pyramid. 5th anniversary ed. Upper Saddle River, NJ: Pearson Education.

- Rao, H., C. Morrill, and M. N. Zald. 2000. Power Plays: How Social Movements and Collective Action Create New Organizational Forms. In Research in Organizational Behavior, R. I. Sutton and B. M. Staw, eds., 237-281. Greenwich, CT: CAI Press.

- Schein, E. H. 2004. Organizational Culture and Leadership. 3rd ed. San Francisco: Jossey-Bass.

- Shepherd, D. A., and H. Patzelt. 2011. The New Field of Sustainable Entrepreneurship: Studying Entrepreneurial Action Linking "What Is to Be Sustained" with "What Is to Be Developed." Entrepreneurship, Theory and Practice 35(1): 137-164.

- Wooten, L., and K. Cameron. 2010. Enablers of a Positive Strategy: Leadership & Culture. In The Oxford Handbook of Positive Psychology and Work, P. A. Linley, S. Harrington, and N. Garcea, eds. New York: Oxford University Press.

6장

- Acquaah, M. 2006. Does the Implementation of a Combination Competitive Strategy Yield Incremental Performance Benefit? A New Perspective from Transition Economy in Sub-Saharan Africa. Journal of Business Research 61: 346-354.

- Amin, A., A. Cameron, and R. Hudson. 2002. Placing the Social Economy. New York: Routledge.

- Ansoff, I. 1957. Strategies for Diversification. Harvard Business Review 35(5): 113-124.

- Anthony, S. D., M. Eyring, and L. Gibson. 2006. Mapping Your Innovation Strategy. Harvard Business Review 84(5): 104-113.

- Austin, J., H. Stevenson, J. Wei-Skillern. 2006. Social and Commercial Entrepreneurship: Same, Different, or Both? Entrepreneurship, Theory and Practice 30(1): 1-22.

- Bonaccorsi, A., S. Giannangeli, and C. Rossi. 2006. Entry Strategies under Competing Standards: Hybrid Business Models in the Open Source Software Industry. Management Science 52(7): 1085-1098.

- Caslin, J. M., M. Sachet, and E. Shevinsky. 2012. An Overview of Structural Options and Issues. In Social Entrepreneurship: How Businesses Can Transform Society, Thomas S. Lyons, ed., 1-27. Santa Barbara, CA: Praeger.

- Cennamo, L., and D. Gardner. 2008. Generational Differences in Work Values, Outcomes and Person-Organisation Values Fit. Journal of Managerial Psychology 23(8): 891-906.

- Christensen, C. M., H. Baumann, R. Ruggles, and T. M. Sadtler. 2006. Disruptive Innovation for Social Change. Harvard Business Review 84(12): 94-101.

- Dacin, P. A., M. T. Dacin, and M. Matear. 2010. Social Entrepreneurship: Why We Don't Need a New Theory and How We Move Forward from Here. Academy of Management Perspectives 24: 337-357.

- Dalhammar, C., B. Kogg, and O. Mont. 2003. Who Creates the Market for Green Products? Proceedings for Sustainable Innovation, October 27-28, Stockholm, Sweden.(2008.09.08). www.iiiee.lu.se/Publication.nsf/$webAll/3323918431A47CCCC1256E55004D85D4/$FILE/Whopercent20createspercent20thepercent20marketpercent20forpercent20greenpercent20products.pdf

- Doherty, B., H. Haugh, and F. Lyon. 2014. Social Enterprises as Hybrid Organizations: A Review and Research Agenda. International Journal of Management Reviews 16(4): 417-436.

- Givaudan Sustainability Report. 2013.(2014.11.05). www.givaudan.com. GlaxoSmithKline Corporate Responsibility Report. 2013.(2014.11.05). www.gsk.com

- Goldstein, J. A., J. K. Hazy, J. Silberstang. 2008. Complexity and Social Entrepreneurship: A Fortuitous Meeting.

Emergence: Complexity & Organization 10(3): 9-24.

- Gopalakrishna, P., and R. Subramanian. 2001. Revisiting the Pure versus Hybrid Dilemma: Porter's Generic Strategies in Developing Economy. Journal of Global Marketing 15(2): 61-79.

- Hofer, C. W. 1973. Some Preliminary Research on Patterns of Strategic Behavior. Academy of Management Proceedings 1: 46-59.

- Hofer, C. W., and D. Schendel. 1978. Strategy Formulation: Analytical Concepts. St. Paul, MN: West.

- Kerlin, J. 2009. A Comparison of Social Enterprise Models and Contexts. In Social Enterprise: A Global Comparison, J. A. Kerlin, ed., 184-201. Medford, MA: Tufts University Press.

- Leadbeater, C. 2007. Social Enterprise and Social Innovation: Strategies for the Next Ten Years; A Social Enterprise Think Piece for the Office of the Third Sector. Cabinet Office, Office of the Third Sector, London.(2015.03.17). http://charlesleadbeater.net/2007/11/social-enterprise-and-social-innovation-strategies-for-the-nextten-years/

- Lin, Y. 2006. Hybrid Innovation: How Does the Collaboration between the FLOSS Community and Corporations Happen? Knowledge, Technology and Policy 18(4): 86-100.

- Marhdon, M., F. Visser, and I. Brinkley. 2010. Demand and Innovation. How Customer Preferences Shape the Innovation Process. London: NESTA.(2010.07.11). www.nesta.org.uk/library/documents/Working-Paper-Demand-and-Innovation-v7.pdf

- Martin, R. L., and S. Osberg. 2007. Social Entrepreneurship: The Case for Definition. Stanford Social Innovation Review 5(2): 28-39.

- Miles, R. E., and C. C. Snow. 1978. Organizational Strategy, Structure, and Process. New York: McGraw-Hill.

- Miller, D., and P. Friesen. 1978. Archetypes of Strategy Formulation. Management Science 24: 253-280.

- Mintzberg, H. 1973. Strategy-Making in Three Modes. California Management Review 16(2): 44-53.

- Mulgan, G., S. Tucker, R. Ali, and B. Sanders. 2007a. Social Innovation: What It Is, Why It Matters and How It Can Be Accelerated. Oxford Said Business School, Skoll Center for Social Entrepreneurship, Working Paper.

- Mulgan, G., R. Ali, R. Halkett, and B. Sanders. 2007b. In and Out of Sync: The Challenge of Growing Social Innovations. London: National Endowment for Science, Technology and the Arts.(2009.11.30). www.socialinnovationexchange.org/node/238

- Peterson, G. 2009. Ten Conclusions from the Resilience Project. The Resilience Alliance.(2009.11.14). www.geog.mcgill.ca/faculty/peterson/susfut/rNetFindings.html

- Phills, J. A., K. Deiglmeier, and D. T. Miller. 2008. Rediscovering Social Innovation. Stanford Social Innovation Review 6(4): 34-43.

- Proff, H. 2000. Hybrid Strategies as a Strategic Challenge. The Case of the German Automotive Industry. International Journal of Management Science 28: 541-553.

- Rogers, E. M. 2003. Diffusion of Innovations. 5th ed. New York: Free Press.

- Spanos, Y., G. Zaralis, and S. Lioukas. 2004. Strategy and Industry Effects on Profitability: Evidence from Greece. Strategic Management Journal 25(2): 139-165.

- Strang, D., and S. Soule. 1998. Diffusion in Organisations and Social Movements: From Hybrid Corn to Poison Pills. American Review of Sociology 24: 265-290.

- Westall, A. 2001. Value Led, Market Driven. London: Institute of Public Policy Research.

- Westall, A. 2007. How Can Innovation in Social Enterprise Be Understood, Encouraged and Enabled? A Social Enterprise Think Piece for the Office of the Third Sector. Cabinet Office, Office of the Third Sector, London. (2015.03.17). http://webarchive.nationalarchives.gov.uk/+/http:/www.cabinetoffice.gov.uk/upload/assets/www.cabinetoffice.gov.uk/third_sector/innovation_social_enterprise.pdf

- Westley, F. 2001. The Devil in the Dynamics: Adaptive Management on the Front Lines. In Panarchy: Understanding Transformations in Human and Natural Systems. Lance H. Gunderson and Crawford. S. Holling, eds, 333-360. Washington, DC: Island.

- Wong, M., E. Gardiner, W. Lang, and L. Coulon. 2008. Generational Differences in Personality and Motivation: Do They Exist and What Are the Implications for the Workplace? Journal of Managerial Psychology 29(8): 878-890.

7장

- Barney, J. 1991. Firm Resources and Sustained Competitive Advantage. Journal of Management 17(1): 99-120.

- Brush, C. G., P. G. Greene, and M. M. Hart. 2001. From Initial Idea to Unique Advantage: The Entrepreneurial Challenge of Constructing a Resource Base. Academy of Management Executive 15(1): 64-78.

- Corner, Patricia Doyle, and Marcus Ho. 2010, July. How Opportunities Develop in Social Entrepreneurship. Entrepreneurship Theory and Practice 34: 635-659.

- Davidsson, Per, Leona Achtenhagen, and Lucia Naldi. 2006. What Do We Know about Small Firm Growth? In The Life Cycle of Entrepreneurial Ventures, Simon Parker, ed., 361-398. New York: Springer.

- Guclu, Ayse, J. Gregory Dees, and Beth Battle Anderson. 2002, November. The Process of Social Entrepreneurship: Creating Opportunities Worthy of Serious Pursuit. Center for the Advancement of Social Entrepreneurship, Fuqua School of Business, Duke University.(15.03.18). www.impactalliance.org/ev_en.php?ID=22738_201&ID2=DO_TOPIC

- Haugh, H. 2007. Community-Led Social Venture Creation. Entrepreneurship Theory and Practice 31(2), 161-182.

- Leach, J. Chris, and Ronald W. Melicher. 2012. Entrepreneurial Finance. 4th ed. Mason, OH: South-Western Cengage Learning.

- Meyskens, Moriah, Colleen Robb-Post, Jeffrey A. Stamp, Alan L. Carsrud, and Paul D. Reynolds. 2010, July). Social Ventures from a Resource-Based Perspective: An Exploratory Study Assessing Global Ashoka Fellows. Entrepreneurship Theory and Practice 34: 661-680.

- Schumpeter, Joseph. 1934. The Theory of Economic Development. Cambridge, MA: Harvard University Press.

- Stevenson, Howard H., Michael J. Roberts, H. Irving Grousbeck. 1989. New Business Ventures and the Entrepreneur. 3rd ed. Boston: McGraw Hill-Irwin.

- Timmons, Jeffry A., and Stephen Spinelli. 2004. New Venture Creation: Entrepreneurship for the 21st Century. 6th ed. Boston: McGraw Hill-Irwin.

8장

- Aldrich, H. E., and N. M. Carter. 2004. Social Networks. In The Handbook of Entrepreneurial Dynamics: The Process of Organizational Creation, William B. Gartner, Kelly G. Shaver, Nancy M. Carter, and Paul D. Reynolds, eds., 324-335. Thousand Oaks, CA: Sage.

- Aldrich, H. E., A. Elam, and P. T. Reese. 1996. Strong Ties, Weak Ties, and Strangers: Do Women Business Owners Differ from Men in Their Use of Networking to Obtain Assistance? In Entrepreneurship in a Global Context, S. Birley and I. MacMillan, ed., 1-25. London: Routledge.

- Biggs, S. 2007. Thinking about Generations: Conceptual Positions and Policy Implications. Journal of Social Issues 63: 695-711.

- Bird, B. 1989. Entrepreneurial Behavior. Glenview, IL: Scott, Foresman.

- Blau, P. 1977. Inequality and Heterogeneity. New York: Free Press.

- Cennamo, L., and D. Gardner. 2008. Generational Differences in Work Values, Outcomes, and Person-Organisation

Values Fit. Journal of Managerial Psychology 23(8): 891-906.

– Chrislip, D. D., and C. E. Larson. 1994. Collaborative Leadership: How Citizens and Civic Leaders Can Make a Difference. San Francisco: Jossey Bass.

– Coser, R. 1975. The Complexity of Roles as Seedbed of Individual Autonomy. In The Idea of Social Structure: Essays in Honor of Robert Merton, L. Coser, ed., 236-263. New York: Harcourt Brace Jovanovich.

– Davidsson, P., and B. Honig. 2003. The Role of Social and Human Capital among Nascent Entrepreneurs. Journal of Business Venturing 18(3): 301-331.

– Davis, A., L. Renzulli, and H. E. Aldrich. 2006. Mixing or Matching? The Influence of Voluntary Associations on the Occupational Diversity and Density of Small Business Owners' Networks. Work & Occupations 33(1): 42-72.

– Dries, N., R. Pepermans, and E. de Kerpel. 2008. Exploring Four Generations' Beliefs about Career: Is "Satisfied" the New "Successful"? Journal of Managerial Psychology 29(8): 907-928.

– Eisenhardt, K. M., and C. Bird Schoonhoven. 1990. Organizational Growth: Linking Founding Team, Strategy, Environment, and Growth among U.S. Semiconductor Ventures, 1978-1988. Administrative Science Quarterly, 35, 504-529.

– Elkington, J., and P. Hartigan. 2008. The Power of Unreasonable People: How Social Entrepreneurs Create Markets That Change the World. Boston: Harvard Business School Press.

– Fayolle, A., and H. Matlay. 2010. Handbook of Research on Social Entrepreneurship. Cheltenham, UK: Edward Elgar.

– Feld, S. 1981. The Focused Organization of Social Ties. American Journal of Sociology 86(5): 1015-1035.

– Friedkin, N. 1980. A Test of the Structural Features of Granovetter's "Strength of Weak Ties" Theory. Social Networks 2: 411-422.

– Gartner, W. 1985. A Conceptual Framework for Describing the Phenomenon of New Venture Creation. Academy of Management Review 10: 696-706.

– Granovetter, M. S. 1973. The Strength of Weak Ties. American Journal of Sociology 78(6): 1360-1380.

– Granovetter, M. S. 1974. Getting a Job: A Study of Contacts and Careers. Cambridge, MA: Harvard University Press.

– Granovetter, M. S 1976. Network Sampling: Some First Steps. American Journal of Sociology 81: 1287-1303.

– Granovetter, M. 1985. Economic Action and Social Structure: The Problem of Embeddedness. American Journal of Sociology 91: 481-510.

– Greve, A. and J. W. Salaff. 2003. Social Networks and Entrepreneurship. Entrepreneurship Theory and Practice 3: 1-22.

– Hamit, F. M., J. Berger, and R. Z. Norman. 1991. Participation in Heterogeneous Groups: A Theoretical Integration. American Journal of Sociology 97: 114-142.

– Howe, J. 2006. The Rise of Crowdsourcing. Wired 14(6): 1-5.(15.03.18). www.wired.com/wired/archive/14.06/crowds_pr.html on 3/18/15.

– Howe, N., and W. Strauss. 2007. The Next 20 Years: How Customers and Workforce Attitudes Will Evolve. Harvard Business Review 85(7/8): 41-52.

– Ibarra, H. 1997. Paving an Alternative Route: Gender Differences in Managerial Networks. Social Psychology Quarterly 60: 91-102.

– Jack, S. L., S. D. Dodd, and A. R. Anderson. 2008. Change and Development of Entrepreneurial Networks over Time: A Processual Perspective. Entrepreneurship and Regional Development 20: 125-159.

– Jack, S. L., and A. R. Anderson. 2002. The Effects of Embeddedness on the Entrepreneurial Process. Journal of Business Venturing 17: 467-487.

– Kalleberg, A., D. Knoke, P. Marsden, and J. Spaeth. 1996. Organizations in America: Analyzing Their Structures and

Human Resource Practices. Thousand Oaks, CA: Sage.

- Mayhew, B., J. M. McPherson, T. Rotolo, and L. Smith-Lovin. 1995. Sex and Race Homogeneity in Naturally Occurring Groups. Social Forces 74: 15-52.

- Middleton, J. 2007. Beyond Authority: Leadership in a Changing World. New York: Palgrave Macmillan.

- Rubin, H. 2009. Collaborative Leadership: Developing Effective Partnerships for Communities and Schools. 2nd. ed. Thousand Oaks, CA: Corwin.

- Ruef, M., H. E. Aldrich, and N. Carter. 2003. The Structure of Organizational Founding Teams: Homophily, Strong Ties, and Isolation among U.S. Entrepreneurs. American Sociological Review 68(2): 195-222.

- Scott, J. 2000. Is It a Different World to When You Were Growing Up? Generational Effects on Social Representations and Child-Rearing Values. British Journal of Sociology 51(2): 355-376.

- Smola, K.W., and C. D. Sutton. 2002. Generational Differences: Revisiting Generational Work Values for the New Millennium. Journal of Organizational Behavior 23(4): 363-382.

- Thompson, J., G. Alvy, and A. Lees, A. 2000. Social Entrepreneurship—a New Look at the People and the Potential. Management Decision 38(5): 328-338.

- Urban, B. 2008. Insights into Social Entrepreneurship and Associated Skills. International Journal of Entrepreneurial Behaviour and Research 14: 346-364.

- Vesper, K. 1990. New Venture Strategies. Englewood Cliffs, NJ: Prentice Hall

9장

- Ahlstrom, J., and N. Egels-Zanden. 2008. The Processes of Defining Corporate Responsibility: A Study of Swedish Garment Retailers Responsibility. Business Strategy and the Environment 17(4): 230-244.

- Amidon, D. M. 1997. Innovation Strategy for the Knowledge Economy: The Ken Awakening. Boston: Butterworth-Heinemann.

- Andriof, J., S. Waddock, B. Husted, and R. S. Sutherland, eds. 2002. Unfolding Stakeholder Thinking: Theory, Responsibility and Engagement. Sheffield, UK: Greenleaf.

- Aragon-Correa, J. A., and S. Sharma. 2003. A Contingent Resource-Based View of Proactive Corporate Environmental Strategy. Academy of Management Review 28(1): 71-88.

- Barney, J. B., and M. H. Hansen. 1994. Trustworthiness as a Source of Competitive Advantage. Strategic Management Journal 15: 175-190.

- Berkman, R. 2013. How Social Tools Can Help Your Company Avoid Strategic Failure. MIT Sloan Management Review 54(2): 1-4.

- Buysee, K., and A. Verbeke. 2003. Proactive Environmental Strategies: A Stakeholder Management Perspective. Strategic Management Journal 24(5): 453-470.

- Castka, P., M. A. Balzarova, C. J. Bamber, and J. M. Sharp. 2004. How Can SMEs Effectively Implement the CSR Agenda? A UK Case Study Perspective. Corporate Social Responsibility and Environmental Management 11: 140-149.

- Clarkson, M. B. E. 1995. A Shareholder Framework for Analyzing and Evaluating Corporate Social Performance. Academy of Management Review 20(1): 571-610.

- David, P., M. Bloom, and A. J. Hillman. 2007. Investor Activism, Managerial Responsiveness, and Corporate Social Performance. Strategic Management Journal 28(1): 91-100.

- Donaldson, T., and L. E. Preston. 1995. The Stakeholder Theory of the Corporation: Concepts, Evidence and Implications. Academy of Management Review 20(1): 65-91.

- Enderle, G. 2004. Global Competition and Corporate Responsibilities of Small and Medium-Sized Enterprises. Business Ethics: A European Review 14(1): 51-63.

- Fowler, S. J., and C. Hope. 2007. Incorporating Sustainable Business Practices into Company Strategy. Business Strategy and the Environment 16: 26-38.

- Frank, H. R. 1988. Passions within Reason: The Strategic Role of the Emotions. New York: Norton.

- Freeman, R. E.1984. Strategic Management: A Stakeholder Approach. Boston: Pitman.

- Fuller, T., and Y. Tian. 2006. Social and Symbolic Capital and Responsible Entrepreneurship: An Empirical Investigation of SME Narratives. Journal of Business Ethics 67: 287-304.

- Galbreath, J. 2006. Does Primary Stakeholder Management Positively Affect the Bottom Line? Some Evidence from Australia. Management Decision 44(8): 1106-1121.

- Global Reporting Initiative(GRI). 2002. Sustainability Reporting Guidelines, Global Reporting Initiative.(15.03.19). www.globalreporting.org/reporting/g4/Pages/default.aspx

- Guadamillas-Gomez, F., and M. J. Donate. 2011. Ethics and Corporate Social Responsibility Integrated into Knowledge Management and Innovation Technology. Journal of Management Development 30(6): 569-581.

- Heugens, P. P., F. A. J. Van Den Bosch, and C. B. M. Van Riel. 2002. Stakeholder Integration. Business and Society 41(1): 36-60.

- Hillman, A. J., and G. D. Keim. 2001. Shareholder Value, Stakeholder Management and Social Issues: What's the Bottom Line? Strategic Management Journal 22(2): 125-139.

- Hong, P., and J. Jeong. 2006. Supply Chain Management Practices of SMEs: From a Business Growth Perspective. Journal of Enterprise Information Management 19(3): 292-302.

- Jenkins, H. 2006. Small Business Champions for Corporate Social Responsibility. Journal of Business Ethics 67: 241-256.

- Lepoutre, J., and A. Heene. 2006. Investigating the Impact of Firm Size on Small Business Social Responsibility: A Critical Review. Journal of Business Ethics 67: 257-273.

- McGee, J. 2003. Strategic Groups: Theory and Practice. In The Oxford Handbook of Strategy. Vol. 1: A Strategy Overview and Competitive Strategy, D. Faulkner and A. Campbell eds., 261-301. New York: Oxford University Press.

- Moore, G., and L. Spence. 2006. Editorial: Responsibility and Small Business. Journal of Business Ethics 67: 219-226.

- Murillo, D., and J. Lozano. 2006. SMEs and CSR: An Approach to CSR in Their Own Words. Journal of Business Ethics 67: 227-240.

- Perrini, F. 2006. SMEs and CSR Theory: Evidence and Implications from an Italian Perspective. Journal of Business Ethics 67: 305-316.

- Porter, M. E. 1985. Competitive Aadvantage. New York: Free Press.

- Porter, M. E. 2004. Competitive Advantage: Creating and Sustaining Superior Performance. New York: Free Press.

- Porter, M., and M. Kramer. 2006. Strategy & Society. Harvard Business Review 84(12): 78-92.

- Porter, M., and C. van der Linde. 1995. Green and Competitive. Harvard Business Review 73: 120-134.

- Sarbutts, N. 2003. Can SMEs "Do" CSR? A Practitioner's View of the Ways Smalland Medium-Sized Enterprises Are Able to Manage Reputation through Corporate Social Responsibility. Journal of Communication Management 7(4): 340-347.

- Spence, L., R. Schmidpeter, and A. Habisch. 2003. Assessing Social Capital: Small and Medium-Sized Enterprises in Germany and the UK. Journal of Business Ethics 47: 17-29.

- Uhlaner, L., A. van Goor-Balk, and E. Masurel. 2004. Family Business and Corporate Social Responsibility in a Sample of Dutch Firms. Journal of Small Business and Enterprise Development 11(2): 186-194.

10장

- Baker, T. 2007. Resources in Play: Bricolage in the Toy Store(y). Journal of Business Venturing 22: 694-711.

- Baker T., A. S. Miner, and D. T. Eesley. 2003. Improvising Firms: Bricolage, Account Giving and Improvisational Competencies in the Founding Process. Research Policy 32(2): 255-276.

- Baker, T., and R. E. Nelson. 2005. Creating Something from Nothing: Resource Construction through Entrepreneurial Bricolage. Administrative Science Quarterly 50(3): 329-366.

- Berger, Allen N., and Gregory F. Udell. 1998. The Economics of Small Business Finance: The Roles of Private Equity and Debt Markets in the Financial Growth Cycle. Journal of Banking & Finance 22: 613-673.

- Bugg-Levine, Antony. 2009, May-June. Impact Investing: Harnessing Capital Markets to Drive Development at Scale. Beyond Profit, 17-21.

- Clark, Cathy, Jed Emerson, and Ben Thornley. 2012, March. The Impact Investor: People and Practices Delivering Exceptional Financial and Social Returns. Durham, NC: Duke Center for the Advancement of Social Entrepreneurship.

- Coleman, Susan, and Richard Cohn. 2000. Small Firms' Use of Financial Leverage: Evidence from the 1993 National Survey of Small Business Finances. Journal of Business and Entrepreneurship 12(3): 81-98.

- Dees, J. Gregory. 1998, January-February. Enterprising Nonprofits. Harvard Business Review, 55-67.

- Dees, J. Gregory, and Beth Battle Anderson. 2003. For-Profit Social Ventures. In Social Entrepreneurship, M. Kourilsky and W.B. Walstad, eds. Birmingham, UK: Senate Hall.

- An Environmentalist's Latest Laundry List. 2011, February 23. New York Times.

- Interview with Robert Forrester, CEO of Newman's Own. 2013, June 10. Farmington, Connecticut.

- Kariv, Dafna, and Susan Coleman. 발간 예정. Toward a Theory of Financial Bricolage: The Impact of Small Loans on New Businesses. Journal of Small Business and Enterprise Development.

- Levi-Strauss, C. 1967. The Savage Mind. Chicago: University of Chicago Press.

- Lyons, Thomas S., and Jill R. Kickul.(2013). The Social Enterprise Financing Landscape: The Lay of the Land and New Research on the Horizon. Entrepreneurship Research Journal 3(2): 147-159.

- Modigliani, Franco, and Merton H. Miller.(1958). The Cost of Capital, Corporate Finance and the Theory of Investment. American Economic Review 48(3): 261-297.

- Myers, Stewart C. 1984. The Capital Structure Puzzle. Journal of Finance 39(3): 575-592.

- Myers, Stewart C., and Nicholas S. Majluf. 1984. Corporate Financing and Investment Decisions When Firms Have Information That Investors Do Not Have. Journal of Financial Economics 13: 187-221.

- Senyard, J. M., T. Baker, and P. Davidsson. 2011, August. Bricolage as a Path to Innovation for Resource-Constrained New Firms. Paper presented at the 2011 Academy of Management Annual Meeting, San Antonio, Texas.

- Seventh Generation Expands Lineup: Despite Boardroom Drama, Brand Is Rekindling Growth with New Products. 2012, May 6. Advertising Age.

- Using Innovative, Low-Cost Solutions to Provide Safe Drinking Water in India. 2012, September 27.(13.10.14) http://knowledge.wharton.upenn.edu/india/article.cfm?articleid=4704

- WaterHealth International Makes Global Cleantech 100 List for 2nd Year.(13.10.14) http://waterhealth.com

- Wilson, Fiona, and James E. Post. 2013. Business Models for People, Planet(&Profits): Exploring the Phenomena of

Social Business; a Market-based Approach to Social Value Creation. Small Business Economics 40: 715-737.

11장

- Annual Letter from Bill Gates. 2013.(13.08.01) www.gatesfoundation.org

- Arvidson, Malin, Fergus Lyon, Stephen McKay, and Domenico Moro. 2010. The Ambitions and Challenges of SROI. Third Sector Research Centre, Southhampton, UK.(14.10.29). www.birmingham.ac.uk/generic/tsrc/documents/tsrc/workingpapers/briefing-paper-49.pdf

- Bagnoli, Luca, and Cecilia Megali. 2011. Measuring Performance in Social Enterprises. Nonprofit and Voluntary Sector Quarterly 40(1): 149-165.

- Bill and Melinda Gates Foundation 2011 Annual Report.(13.08.01) www.gatesfoundation.org.

- Elkington, John. 1994. Towards the Sustainable Corporation: Win-Win-Win Business Strategies for Sustainable Development . California Management Review 36(2): 90-100.

- Emerson, J. 2003. The Blended Value Proposition: Integrating Social and Financial Returns. California Management Review 45(4): 35-41.

- From Our President. Junior Achievement.(14.02.04). www.jaconn.net

- Gair, Cynthia. 2000. A Report from the Good Ship SROI.(13.07.30). http://redf.org

- Getting Started with IRIS.(14.10.27). www.iris.thegiin.org

- Gibbon, Jane, and Colin Dey. 2011. Developments in Social Impact Measurement in the Third Sector: Scaling Up or Dumbing Down? Social and Environmental Accountability Journal 31(1): 63-72.

- Interview by authors with Louis Golden, President of Junior Achievement of Southwest New England. Conducted on 2/6/14 in Hartford, Connecticut.

- JA Worldwide Fact Book 2011-2012.(14.02.04). www.jaworldwide.org

- Junior Achievement Annual Report(2013).(14.02.04). http://www.juniorachievement.org

- Junior Achievement Creates Alumni Success.(14.02.04). www.ja.org

- Kaplan, Robert S. 2001. Strategic Performance Measurement and Management in Nonprofit Organizations. Nonprofit Management & Leadership 11(3): 353-370.

- Kaplan, Robert S., and D. P. Norton. 1992, January-February. The Balanced Scorecard: Measures That Drive Performance. Harvard Business Review, 71-79.

- Luke, Belinda, Jo Barraket, and Robyn Eversole. 2013). Measurement as Legitimacy versus Legitimacy of Measures: Performance Evaluation of Social Ventures. Qualitative Research in Accounting and Management 10(3/4): 234-258.

- National Marrow Donor Program Case Study. 2009. Cary, NC: Balanced Scorecard Institute. www.balancedscorecard.org.

- New Ventures Mexico.(13.08.05). www.iris.thegiin.org

- Nicholls, Jeremy, Eilis Lawlor, Eva Neitzert, and Tim Goodspeed. 2012, January. A Guide to Social Return on Investment U.S. Edition.(14.10.29). www.thesroinetwork.org

- Ormiston, Jarrod, and Richard Seymour. 2011. Understanding Value Creation in Social Entrepreneurship: The Importance of Aligning Mission, Strategy and Impact Measurement. Journal of Social Entrepreneurship 2(2): 125-150.

- Porter, Michael. 1985. Competitive Advantage. New York: Free Press..

- Rohm, Howard. 2005. A Balancing Act. Perform Magazine 2(2): 1-8.(14.03.18). www.ventes-marketing.com/References/Performance%20et%20indicateurs/A%20Balancing%20Act.pdf
- 2011 IRIS Data Report.(13.08.05). www.giin.org
- 2012 Report to the Community. National Marrow Donor Program/Be The Match.(13.07.31) http://bethematch.org
- Zeyen, Anica, Markus Beckmann, Susan Meuller, J. Gregory Dees, Dmitry Khanin, Norris, Krueger, Patrick J. Murphy, Filipe Santos, Mariarosa Scarlata, Jennifer Walske, and Andrew Zacharakis. 2012. Social Entrepreneurship and the Broader Theories: Shedding New Light on the "Bigger Picture." Journal of Social Entrepreneurship 4(1): 88-107.

12장

- Achieving Financial Stability for Individuals and Families Through Integrated Service Delivery: Highlights from the United Way System. 2011.(13.09.25). http://speakunited.org
- Birthing Project USA 2012 Annual Report.(14.02.10) http://www.birthingprojectusa.org
- Bloom, Paul N., and Brett R. Smith. 2010. Identifying the Drivers of Social Entrepreneurial Impact: Theoretical Development and an Exploratory Empirical Test of SCALERS. Journal of Social Entrepreneurship 1(1): 126-145.
- Dees, Gregory, Beth Battle Anderson, and Jane Wei-Skillern. 2004, Spring. Scaling Social Impact: Strategies for Spreading Social Innovations. Stanford Social Innovation Review: 24-32.
- Foster, William, and Gail Fine. 2007, Spring. How Nonprofits Get Really Big. Stanford Social Innovation Review: 46-55.
- Goals for the Common Good: The United Way Challenge to America(2012).(13.09.25). www.unitedway.org
- MADD 2011 Annual Report.(13.09.12). www.madd.org

13장

- Alvarez, S. A., and J. B. Barney. 2007. Discovery and Creation: Alternative Theories of Entrepreneurial Action. Strategic Entrepreneurship Journal 1(1-2): 11-26.
- Alvord, Sarah H., L. David Brown, and Christine W. Letts. 2002, November. Social Entrepreneurship and Social Transformation: A Exploratory Study. Harvard University Hauser Center for Nonprofit Organizations and Kennedy School of Government. Working Paper #15.
- Austin, James, Howard Stevenson, and Jane Wei-Skillern. 2006, January. Social and Commercial Entrepreneurship: Same, Different, or Both? Entrepreneurship Theory and Practice: 1-22.
- Clark, Catherine, William Rosenzweig, David Long, and Sara Olsen. 2004. Double Bottom Line Project Report: Assessing Social Impact in Double Bottom Line Ventures. University of California, Berkeley, Working Paper #13. (14.11.24) http://repositories.cdlib.org/crb/wps/13
- Cohen, Boyd, and Monika I. Winn.(2007. Market Imperfections, Opportunity and Sustainable Entrepreneurship. Journal of Business Venturing 22: 29-49.
- Datta, Punita Bhat, and Robert Gailey. 2012, May. Empowering Women through Social Entrepreneurship: Case Study of a Women's Cooperative in India. Entrepreneurship Theory and Practice: 569-587.
- Dees, J. Gregory. 2012. A Tale of Two Cultures: Charity, Problem Solving, and the Future of Social Entrepreneurship. Journal of Business Ethics 111: 321-334.
- Empowering Women with a Wafer-Thin Idea. World Intellectual Property Organization.(14.03.24). http://wipo.int.org

- Friedlander, Jay. 2014, May 6. Strategic Sustainability: Five Steps to Create Abundance.(14.11.25). www.triplepundit.com

- Haugh, Helen. 2007, March. Community-Led Social Venture Creation. Entrepreneurship Theory and Practice: 161-182.

- Kania, John, and Mark Kramer. 2011, Winter. Collective Impact. Stanford Social Innovation Review: 36-41.

- Mair, Johanna, and Oliver Schoen. 2007. Successful Social Entrepreneurial Business Models in the Context of Developing Economies: An Exploratory Study. International Journal of Emerging Markets 2(1): 54-68.

- Nicholls, Alex. 2006. Social Entrepreneurship: New Models of Sustainable Social Change. Oxford: Oxford University Press.

- Porter, Michael. 1985. Competitive Advantage: Creating and Sustaining Superior Performance. New York: Free Press.

- Weerawardena, Jay, and Gillian Sullivan Mort. 2006. Investigating Social Entrepreneurship: A Multidimensional Model. Journal of World Business 41: 21-35.

- Zahra, Shaker A., Hans N. Rawhouser, Nachiket Bhawe, Donald O. Neubaum, and James C. Hayton. 2008. Globalization of Social Entrepreneurship Opportunities. Strategic Enterpreneurship Journal 2: 117-131.

- Zahra, S. A., L. R. Newey, and Y. Li. 2014. On the Frontiers: The Implications of Social Entrepreneurship for International Entrepreneurship. Entrepreneurship Theory and Practice 38: 137-158.

소셜벤처
창업
핸드북

초판 발행 2019년 9월 6일

저자 수잔 콜먼, 다프나 카리브
역자 윤지선, 정재인
교정 교열 박선하
표지 디자인 나미소
내지 디자인 네모연구소

발행처 주식회사 엠와이소셜컴퍼니(MYSC)
발행인 김정태
주소 서울시 성동구 뚝섬로1나길 5 헤이그라운드 G402호
홈페이지 www.mysc.co.kr
문의 02) 532-1110 / info@mysc.co.kr
출판등록 제2015-000064호
인쇄 네모연구소

ISBN 979-11-967888-0-3
※ 이 도서의 국립중앙도서관 출판예정도서목록(CIP)은 서지정보유통지원시스템 홈페이지(http://seoji.nl.go.
 kr)와 국가자료종합목록 구축시스템(http://kolis-net.nl.go.kr)에서 이용하실 수 있습니다. (CIP제어번호 :
 CIP2019032433)
※ 이 책의 한국어판 저작권은 EYA(Eric Yang Agency)를 통해 Taylor & Francis Group사와 독점계약한 주
 식회사 엠와이소셜컴퍼니에 있습니다.